Company Law
A Real Entity Theory

本体性视野下的公司法

[英] 伊娃·米歇尔（Eva Micheler）/ 著
韦子唯 / 译

法律出版社 | LAW PRESS
北京

著作权合同登记号
图字：01-2023-4083

代序言
公司的本体性与作为本体性的公司法

一

公司是现代商业社会中被运用最广泛的组织形式之一,公司法律制度在商法中的基础核心地位是毋庸置疑的。不但公司行为的价值取向及其行为逻辑成为商法区别于其他法律的重要支撑因素,而且其治理理念和治理结构甚至对整个社会的治理规则构建都产生着广泛且深刻的影响。正是缘于公司制度对现代社会治理和社会经济发展所具有的无可替代的强大促进功能,自公司制度出现以来,对公司制度的本体属性及其作用发挥机制的探讨就一直受到包括法学家、经济学家、社会学家等在内的众多学界精英的高度关注。时至今日,关于何为公司、公司制度的设计应该以何理论为起点、公司制度的解释应该以何学说为基础等问题仍属于让无数学者沉迷其中的热点话题。我们也应当看到,有关公司和公司法理论的每一次重大突破和重要转型,不但伴随着公司制度的重大革新,而且直接影响整个社会的发展道路和理念变化。从某种意义上说,没有 2005 年中国公司法从管制型向自治型、从社会目的服务型向效益导向型的转变,就不可能有近 20 年中国经济的高速增长。2023 年年底我们对公司存在目的和功能分布的再一次调整,同样会对未来中国社会经济的发展趋向产生持久而深远的影响。而所有这些关于公司法律制度的更新与变革都是以科学的理论为先导的。原因在于,关于公司理论的研究并非徒具形而上学的意义,实际上基础理论和具体制度具有一体性,理论研究可以发现法律制度中存在的问题,并为具体制度的完善和创新提供理论支持和实践指导,帮助我们更好地把握公司法的本质和发展趋势。也正是从这个意义上来说,在设计法律规范和解决具体法律问题时,理论始终是制度的依托。

英国是现代公司制度的重要发源地,若以英国东印度公司作为起算点,发端于英国的有现代意义的股份公司制度距今已有400余年。英国公司制度中所蕴含的程序至上的精神、公平优先的理念、恪守规则的意识等不但使其成为世界上最具影响力的法律制度之一,而且深刻影响了几乎所有其他国家的公司制度设计。受益于英国绵长的法律文化的滋养和深厚的法学理论功底,英国著名公司法学者伊娃·米歇尔(Eva Micheler)教授作为伦敦政治经济学院的法学教授和系统性风险中心的管委会成员,不但具有跨学科的专业背景,而且还广泛参与欧洲证券市场的投资者保护和欧洲商业法实践,对公司的运作具有深刻的感知能力。其对公司法的诸多感悟和理性思考,集中体现在《本体性视野下的公司法》这部著作中。本书以英国公司制度为解构对象,对公司的本体属性进行了富有价值的探索,并创造性地提出了本体性公司理论。无论其宏观架构还是其理论基点都是对目前主流公司法理论的一种反动,这既可能为公司法的理论提供一个新的观察视角,同时又可能为公司法的具体制度设计带来理论检视和指导。

二

相较于其他同类著述而言,本书的主要特点是既侧重于对公司本质问题的探讨并对自己的独到见解进行了非常清晰的说理和阐释,同时又深入具体规范的解释论和立法论层面,从纵横两个维度对自己的观点进行了非常充分的论证,从而既强化了说服力,又大大增强了文章的可读性。在纵向维度上,19世纪法学家关于法人本质之争的法人拟制说、法人实在说和法人否认说均在历史上留下了浓墨重彩的篇章。本书重点论及了在20世纪初占主导地位的法人实在说。彼时的法人实在说涉及诸多拟人化的表达,其中最著名的莫过于基尔克充满"泛灵论"的主张。基尔克将公司描述为"一个活的有机体"和"一个真正的人,有自己的身体、成员和意志"。[1] 然而,随着20世纪20年代末和20世纪30年代初工具主义和法律现实主义的兴起,法人实在说迎来了诸多批判,实体理论被称为是"文学之事"[2],并被斥为"先验的胡言乱语"[3]。直至伯利和米恩斯的时代,支持实体理论的学术成果已经非常罕见,大有销声匿迹之势。伴随经济学、社会学等其他学科对组织性质的讨论,出现了现代特许权理论以及关系契约模型和代理理论,这些理论和19世纪的经典法人学说遥相呼应,同时又形成了新的理论构造,尤其是关系契约模型和代理理论极具影响力,成为理解现代公司及公司制度的主流理论。本书站在大历史的角度,纵横捭阖,谈古论今,上承19世纪以来公司本质争论的精髓,下接现代各学科对公司本质探索的新章,不但清晰勾画出法人本质理论发展的脉络,而且为后续研究提供了众多有价值的理论和视角。

在横向维度上,就研究领域而言,公司问题横跨诸多法律,涉及私法和公法的交错,强制和自治的协调。本书广泛论及实体法和程序法、成文法和判例法、私法和公法、普通法法系和大陆法系之各法域,通过展示公司存在的多维空间和在不同空间中的运行样态,归纳出公司的本质特性。较为典型的,如作者除了分析公司法的规定之外,还梳理了公司在侵权责任法和刑法中的责任演变,并探究了最近在刑法领域发展出的和组织过错相关的归责规则,以支持本书的理论和观点。又如,在谈及如何正确理解法人人格否认制度之时,作者不仅剖析了众多经典案例,还分析了不同部门法的相关规定,试图说明在本体性公司理论的假设之下,"人格否认"是一种误导性的说法。就研究视角而言,本书并

---

〔1〕 See Otto Gierke, *Political Theory of the Middle Age*, trans. with an intro. by F. W. Maitland, CUP, 1900, Thoemmes Press reprinted, 1996, p. xxvi; Joshua S. Getzler, *Frederic William Maitland-Trust and Corporation*, 35 University of Queensland Law Journal 171 (2016).

〔2〕 Radin, Max, *The Endless Problem of Corporate Personality*, 32 Columbia Law Review 667 (1932).

〔3〕 Cohen, Felix S., *Transcendental Nonsense and the Functional Approach*, 35 Columbia Law Review 809 (1935).

未拘泥于法学视角，而是开阔视域，关注经济学、管理学、社会学、政治学、心理学等学科关于人类行为模式和组织研究的巨大进展，以延展对公司本质的理解。随着纵横两个维度的交错查究，本书深化了在20世纪初占主流地位的法人实在说，并在此基础上提出了既具历史性又具前瞻性的本体性公司理论。

三

从结构安排上来说，本书主要分为两大板块。第一个板块主要对现行主流公司理论进行了梳理，重点肯定了目前占主导地位的关系契约模型和代理理论之贡献，又批判性地看到了以该理论为基础来构建公司制度及解释现行英国公司制度所引发的问题。

目前在经济学上占主导地位的委托代理理论，其基本假设是行为人都是理性的主体，每个主体都对自己的利益有最好的把握，因此通过个人的理性行为就可以实现社会财富最大化，与此相适应，私人秩序乃安排行为主体的最优方式。稍后出现的关系契约模型并非对委托代理理论的否定，而更像是委托代理理论的进阶版。该模型以代理理论和交易成本理论为基础，认为企业是合同的枢纽，它集合了单个行为人的经济贡献，是其参与者贡献的总和。企业作为多种行为的一种媒介或中介，“仅仅是对在契约安排下组织活动的一种简便的描述”〔4〕，在具体权利义务的承受上几乎没有“实质性内容”〔5〕。作者严厉批评了这种观点，认为：第一，关系契约模型忽视了企业的社会现实，其关注的是企业背后个人的行为，这种以“原子化个人主义术语”构建的企业理论，其构成要素是给定的理性行为人，没有考虑到个人的偏好可能会被企业的结构和文化所左右，也没有考虑到这种现象对于分析和理解企业来说至关重要。第二，该理论所假设的人类行为模型并不完整，这种假设无助于我们分析由感情、社会、文化和历史决定的人类行为所引发的公司问题，也无助于我们理解组织层面产生

〔4〕 Cheung, Steven N. S., *The Contractual Nature of the Firm*, 26 Journal of Law and Economics 3 (1983).

〔5〕 Jensen, Michael C. & William H. Meckling, *Theory of the Firm: Managerial Behavior, Agency Costs and Capital Structure*, 3 Journal of Financial Economics 311 (1976).

的问题,有时,组织出现问题是因为其程序过时或文化“有毒”。第三,该理论忽视了法律的强制性规范属性,没有关注公司法对公司的规制目的。基于上述判断,作者总结:虽然代理理论的确可以帮助我们深入理解有利益冲突的情形,但代理理论限制了我们的分析范围,且未能呈现公司制度的整体框架。该理论会诱使我们将重点放在双边对立行为人之上,从而忽视和该双边单个参与者有关的其他规则。不仅如此,在代理理论之下,我们很容易陷入夸大股东影响力的陷阱之中。而这种忽视和夸大是支持关系契约模型和代理理论的结果,而不是法律的结果。该理论模型并不能充分解释现行英国公司制度,也无法精准而全面地提出规范性建议。

第二个板块是本书的重点,作者不仅详细阐释了其独创的本体性公司理论的基本要素及其理论构成,而且以此理论为基础解构了英国的现代公司制度,并为英国未来公司法律制度的完善提出了诸多富有建设性的意见和建议。本书首先充分肯定了传统法人实在说将公司视为独立公司本体观点的存在价值,认为其触及公司的本质,但同时又秉持客观冷静的立场,抨击了其公司“生命论”的主张,认为用拟人化来表达公司本体属性是一种误导,因为其描述了一种没有个人能动性的极端模型。得益于大量分析和解释社会力量如何塑造组织行为以及组织内个人行为的学术研究成果,作者另辟蹊径,为公司本体属性提供了一种全新的论证依据。借助社会学家涂尔干的思想,作者认为“实体”指向的是一种“社会事实”,而非“原始事实”,公司的真实性并不在于有形,而在于它会影响人类行为。受益于社会学、经济学、心理学对人类行为模式的研究,作者得出结论认为人类行为并不总是理性的,人类大部分决策和行为都是自动化的,人类行为通常以习惯为基础。另外,人类之间的互动会产生习惯、惯例、过程、程序以及文化,这些都是社会结构,组织也是人类行为共同产生的社会结构,人类行为由社会结构所塑造。在此基础上,吸收经济学和社会学有关企业本质的研究成果,作者阐释了其所独创的本体性公司理论的主要内容:公司是法律之外的一种社会事实,当人类在公司中行为时,习惯、惯例、过程、程序以及文化会得以形成,公司是以这些习惯、惯例、过程、程序以及文化为特征的自主行为主体,并通过其有机运作而决策、行动,公司不是“活”的有机体,而是

"自主"的社会存在。这些习惯、惯例、过程、程序以及文化对塑造人类行为和组织行为都至关重要,组织可以通过创设过程以帮助人类理性行为,同时,人类也可以改变组织结构,但需要花费大量时间和精力。

在前述论证的基础上,作者得出的结论是:公司法应以公司是自主行为主体这一社会事实为制度设计的起点,并支持组织的自主行动。具体而言,公司不但是一个能够与股东进行有效分离和适当隔离的独立存在,而且更是一个有自己独立存在价值、独立利益诉求、独立意志表达和独立社会使命的独立组织体。不仅如此,相较于传统的公司法人实在说理论,即仅将公司认定为独立于股东的一种实际存在的理论,本体性公司理论更加强调在处理公司组织与其他利益主体,包括股东、债权人、职工和利益相关者的关系时,公司应是优先考虑的对象,因为公司既是其他利益主体利益产生的源泉,也是其他利益主体利益实现的物质保障。因此为了实现上述目标,公司法的主要作用就是承认公司的存在,并为其提供法律人格,以使组织能够稳定地作为法律上的主体发挥作用。不仅如此,为促进组织决策,进而引发组织行动,公司法应规定公司运作的程序框架,创设并规制董事、股东、审计师和公司秘书等角色,同时,为适应组织的灵活性,公司法应允许公司章程进一步正式化公司的决策程序。除此之外,公司法还应处理正式结构与非正式安排脱节,以及组织现实和法律现实不匹配的情景。

以前述本体性公司理论为基础,本书对英国公司制度中的法律人格、公司能力、有限责任、公司行为、公司责任、组织框架、公司宪章性质、公司内部决策权的分配、董事义务等问题进行了深入探讨,认为该理论是解释英国公司制度的最佳理论,并以此理论为基础对未来公司法的改革提出了许多规范性建议。作者主张,在规范层面,不仅要看到自然人的能动性,更要看到组织本身的能动性。有时,不理想的结果之所以出现,可能并非因为自然人本身出了问题,而是因为决策结构和程序出了问题。有鉴于此,作者认为,以程序为导向的干预是引导公司行动的最佳方案,因为这种干预可以触及组织行动的核心且更容易被商事组织所接受。作者也不忘时刻"友情提示"我们,尽管程序性干预和以其社会结构为特征的公司相契合,但这并不是包治百病的"灵丹妙药",过分繁杂的程序性干预不但会影响实质理性主义的顺利实现,而且还可能会导致“形式主义”的泛化。因此从总体上说,本书所提出的本体性公司理论与构成新古典经济学基础的“方法论的个人主义”还是有实质性差别的,其重点关注的是组织本身所具有的能动性,同时,该理论又拒绝了传统法人实在说描述的没有个人能动性的极端模型。本体性公司理论假设公司是以其过程为特征的自主行为主体,承认习惯、惯例、过程、程序以及文化与人类能动性之间的复杂互动,并以此作为法律解释和制度构建的基础。可以说,本书所极力倡导的本体性公司理论既具理论参考价值,又有较强的适用性,从而使公司法真正在现实中而非纯理论环境中发挥作用,同时也可以为我国公司法的体系化构建和实践操作提供有益借鉴。

四

我国的公司组织形式在晚清时代就已出现,并在19、20世纪之交正式进入立法阶段。然而,在新中国成立后,由于我国在经济制度和法律制度上采纳苏联的做法,所以我们在全面废除国民政府《六法全书》的同时,也舍弃了公司法律制度,并用以维护社会主义公有制为目的、以国有(国营)为代表的企业组织取代了服务于市场经济的公司制度。这种情况即使在改革开放后的较长一段时间都没有得到明显改变,直至1993年《公司法》颁布,公司这一组织形式才正式作为市场经济主体逐步进入人们的视野,公司也才真正被赋予促进经济发展的重任。此后,我国公司法经历了数次“大小修”,可以说,每一次修订(正)都既是备受瞩目的制度变迁,也是引人深思的理论革新。总体而言,历经数次修改,我国公司法在制度理念、立法结构、规范表达等方面都有了很大改观。如果说2005年《公司法》推进了我国公司法的第一次现代化的话,那么2023年《公司法》(新《公司法》)就是在吸收我国公司法第一次现代化的成果之上,重新审视商业实践需求和公司理论之后,全面深化了我国公司法的第二次现代化。尽管如此,由于社会关系的动态更迭和人类认知的局限,任何法律都不可能完全契合社会发展的需求。新《公司法》的颁布不仅要求我们关注法律适用的操作规程,更要求我们高度关注其立法目的的实现效果并为后续法律的进一步完善提供相应的理论储备。因此,新《公司法》的颁布并不意味着会终结关于公司本体性问题的探讨,反而会开启对公司存在目的及功能定位等基础理论问题的全新探索之旅。进一步言之,在新的时代背景之下,如何正确理解新《公司法》中的具体规定的本质含义并对其进行正确适用,都有赖于对公司法嬗变规律的探讨和公司基础理论的追根溯源。

我国首部公司法脱胎于经济体制改革探索初期,由于彼时市场经济刚被确立为我国的基本经济形式,计划经济向市场经济的转轨尚未完成,整个社会对市场经济的本质属性及其作用发挥机理的认知也还停留在较为表层的程度。为了迎合社会实践的需要,尽量减少因法律规则与社会实践理念的不一致所带来的动荡,因此1993年《公司法》中设置了大量的强制性规定。这部法律的出台首次以立法的形式充分肯定了公司在市场经济中的核心位置,从而对有效利用公司制度促进社会经济的繁荣进步作出了不可磨灭的贡献。但我们也应看到,由于该部法律并没有完全摒弃计划经济的思维,对公司总体采取的是“管”而不是“放”的态度,因此在一定程度上剥夺了公司自主决策权,这不仅否定了公司法的私法属性,而且在一定程度上侵害了公司的自主意志,影响了社会的创新能力。随着我国经济的快速发展和市场经济的全面改革,在自由主义全盛时期生根发芽的公司关系契约模型和代理理论在我国的改革浪潮中也得到了迅速传播和发扬。为回应时代需求,2005年《公司法》高举效益优先的大旗,大幅度降低注册资本、完善法人治理结构、健全股东权益保护、增加股东派生诉讼等,在一定程度上强化了公司法的自由主义精神和股东利益最大化导向。2013年资本制度和登记制度的改革以及2018年股份回购的修改可以说是延续了2005年《公司法》的精神,进一步彰显了意思自治和股东利益至上的理念。正是由于公司法对公司主体人格的充分尊重,助推了我国社会经济的迅猛发展并初步迈入了高质量发展阶段。

在最近一些年,随着国际范围内以无形贸易壁垒为代表的新保守主义的“抬头”和国内改革触及深水区的多重因素叠加,社会迎来百年未有之大变局时代,公司法赖以存在的社会背景和肩负的时代使命又一次发生了根本性变化。为了应对这一变化,亟须对公司的本质及公司法的基本立法价值予以重新审视,在这一背景之下,对公司法的修改就成为顺理成章的事情。

新《公司法》的主旋律依旧尊重公司“理性经济人”的假设,强调公司自治和股东利益至上。在此主旋律下,新《公司法》积极引导公司在经营过程中兼顾环境保护等社会利益,并在一定程度上关注对职工、债权人、消费者等利益相关主体合法权益的保护,试图找到股东利益最大化和保护其他多元利益主体权利之间的平衡,以顺应新时代的发展趋势。这种通过公司法追求多重价值目标实现的立法初衷无疑是值得肯定的,但同样不容忽视的是,承载多元价值诉求的同时也会导致公司法功能目标的发散性和公司法作为团体法价值本位的弱化等不良后果的出现。更为严重的是,法律在保护公司各参与人通过各种方式追求自己最大利益的同时,却忽视了对公司本身作为一个法律实体的利益的保护,甚至有意无意地遗忘了公司的独立存在价值。尽管新《公司法》中多处出现“公司利益”的用语,却没有关于其内涵的规定。从司法实践上看,法院或将公司利益等同于股东利益,或将公司利益简化为公司利润等财产利益,而忽视了公司作为一个整体的特殊利益。〔6〕 从理论模型上看,关系契约理论和股东利益至上产生的“个体主义”倾向和对股东利益的过度保护将公司股东的行为简单抽象为公司的行为,这也直接导致了对公司存在价值的误读和对公司主体的忽视。〔7〕

五

鉴于上述判断,我们有必要对既有的公司制度进行冷静反思,基于新时代赋予的高质量发展要求,重新思考公司法的理论根基,并相应矫正其价值导向,以打造一部符合公司发展规律且有助于社会总体目标实现的公司法。

目前围绕公司的价值取向主要有两个核心论点。第一种观点是基于关系契约模型和代理理论的股东利益至上模式,认为公司应关注股东利润最大化,

〔6〕 参见甘培忠、周游:《公司利益保护的裁判现实与理性反思》,载《法学杂志》2014 年第 3 期。
〔7〕 参见赵万一:《论我国〈公司法〉的绿色愿景及其法律实现》,载《法学评论》2023 年第 2 期。

任何与之相冲突的目的都是不合理且低效的。[8] 股东利益至上的优点有很多,如可以有效激励股东投资、其目标单一带来了确定性和可实施性等。然而,随着商业社会的持续发展,其简洁性和高效性似乎受到了挑战,这会导致短期主义和缺乏道德依据等批评声越发震耳。当股东利益至上的地位受到严重挑战时,利益相关者理论隆重登场,并迅即发展成主流观点。利益相关者理论不再一味强调对股东利益的保护,认为董事不仅代表股东利益,也要代表非股东主体的利益,董事在做决策时要充分考虑债权人、消费者、职工、社区以及环境等利益。利益相关者理论因其优雅和善良的理念以及宏大的叙事不但在学理上受到青睐,而且获得了众多的立法和司法实践支撑。当然,也有反对者指称该理论不但在理论上极其荒谬,而且在实践中难以实施,因此总体上是“极度危险且毫无根据”[9]的。究其原因在于,“利益相关者”的含义具有极度模糊性,且利益群体也会因为利益的异质化而难以确定优劣位次,因此要求董事权衡所有利益相关者的利益似乎是一项不可能完成的任务。简言之,利益相关者理论虽承载着乌托邦式的美好理想,却未能设计出一个具有可操作性的框架。总之,支持和反对上述两种价值取向的观点不一而足,在不同时期,学者们的重心也有所不同,甚至有学者认为关于这一问题的争论已经到了“令人厌烦”的程度[10],但即便如此,它似乎仍然无解。

同时我们还应清醒地看到,无论是利益相关者模式还是股东利益至上模式都强调对某一类或某几类主体的保护,其关注的是个人,而非公司本身。也就是说,以上理论都或多或少地忽视了一个重要的问题,即无论哪一个主体都应该同时也只能通过公司这一媒介而获得回报,只有公司有机运作并持续发展,各主体的利益才能最终得以实现。为此,有必要复兴公司本体观,因为只有在聚焦公司本体权利的语境下探讨平衡各参与者的利益才有意义,利益平衡本身

---

〔8〕 See Milton Friedman, *The Social Responsibility of Businessis to Increase Its Profits*, New York Times Magazine(1970).

〔9〕 E. Sternberg, *The Defects of Stakeholder Theory*, 5 Corporate Governance 3 (1997).

〔10〕 See H. N. Butler & F S. McChesney, *Why They Give at the Office: Shareholder Welfare and Corporate Philanthropy in the Contractual Theory of the Corporation*, 84 Cornell L Rev 1195 (1999).

并不是目的,而是手段,其最终目的是维护黏合公司的利益共同体,实现公司本体利益的最大化。也只有在公司本体观的引领之下,才会引发各参与者对公司的群体忠诚,而这种群体忠诚又将内化于公司的组织结构中,优化公司的程序和过程,推进公司的自主运作。不仅如此,由于公司制度具有强大的外溢性,因此根植于公司内部的这种群体忠诚还会外化为对整个社会的诚信塑造,从而推进社会关系的优化和社会行为的良性互动,提高社会财富的创造能力,并进而实现全人类社会福祉的提高和共同富裕。

六

要想实现对公司本体观的复兴,有几个关键要素是必须予以充分关注的。第一个要素是复兴公司本体观意味着公司法不应仅关注任何一组或几组参与者,其焦点应该是公司本身。所有参与者的权利都不优先于公司本身的权利,任何参与者的权利都建立在公司本体利益得到保障的前提之下,并通过公司的有机运作而最终得以实现。所谓“皮之不存,毛将焉附”,离开公司本身来探讨任何一组参与者的利益都将是空中楼阁。也正是基于这样一个原因,公司本体观的第二个要素就是维持公司的可持续发展。这要求我们带着前瞻性和整体性的眼光看待公司,任何仅追求短期成功或负外部性过高的行为都将被拒绝。公司并非孤立的,公司通过提供就业和创造财富支撑着经济和社会的发展,而经济和社会的发展又可以反过来为公司提供更好的生存环境和人才输送。公司与社会共生共荣,只有与公司内外部主体建立相互尊重和相互信任的关系,才能实现公司可持续发展的内生性,并最终实现人与公司、公司与社会的良性交互。诚然,董事以公司本体观为指导作决策时,可能会涉及如何平衡各参与者之间的利益这一问题,这也是传统利益相关者模式面临的问题。需要注意的是,利益相关者模式把重点分散地放在不同参与者身上,并试图充当所有参与者的“保护神”。但在公司本体观之下,董事的焦点是公司本身的可持续发展,即便涉及利益平衡问题,平衡的目的也应聚焦公司的持续繁荣,因为任何利益都是基于此而流向参与者。这也意味着,董事没有义务让每个参与者都对同一个决策感到满意,但董事有义务为自己的决策提供充分解释,以防止不必要的退出或群体内的不忠诚。综上可见，公司本体观的本质要义在于充分聚焦公司本身，把公司组织本身作为公司法律制度设计的逻辑起点和最重要的服务对象，在此基础上强调对不同利益主体的利益分配平衡和权利的平等保护，并不断引导公司主体的功能转型以重塑公司的过程和文化。同时高度重视行为的内生性塑造以及公司和自然人、社会的关系，以期充分发挥公司作为社会调节器的功能，最终实现整个社会结构的优化。

七

若用公司本体观来审视我国新《公司法》的修订，我们会惊喜地发现，此次修订中不乏对公司本体观的立法呼应，这种呼应虽然不一定直接来源于本书，但至少可以从本书中寻得一些理论支撑。

本次新《公司法》修订的第一个亮点关涉公司主体制度。在公司本体观之下，只有公司实现存续状态，公司的经营活动才能进行，公司参与者的投资才能有所回报。新《公司法》关注到公司享有不同于股东和利益相关者的特殊权利和义务，强调公司主体的存在和发展是公司在法律上发挥功能的基石。就具体制度层面而言，新《公司法》延续了以强制性规范为主的逻辑，旨在确保为没有物理存在的公司提供一个和第三方交易的稳定连接点和界限，从而强化公司主体的独立性和持久性。从内在结构来说，公司主体制度主要包括公司主体的设立、维持和退出制度。就主体的设立制度而言，新《公司法》将公司登记单独作为一章，简化了公司设立登记程序，推进了公正透明的市场规则。这克服了公司是无形的社会实体的事实，促进了公司和第三人的交易。就公司主体的维持制度而言，公司法设置了法定化的组织形态，以提高交易效率、保障交易的安全。另外，新《公司法》对公司资本的流入、维持和流出制度也进行了修改，以进一步保障公司独立的财产权。为了克服 2013 年《公司法》修改时所确立的无限制认缴资本制在具体实施过程中所带来的注册资本无底线、无上限，注册期限无限长等乱象，新《公司法》规定了有限公司的限期认缴制，并配套董事催缴义务和股东失权制度，以倒逼市场主体回归理性状态。新《公司法》还规定了等比例减资、简易减资以及违法减资的法律后果等，以确保公司财产的高效及安全流出,优化资本结构,促进公司的可持续发展。就公司的退出制度而言,新《公司法》第 232 条不区分公司类型,规定董事为公司清算义务人,弥补了过去公司清算义务人制度的空白,同时完成了和《民法典》有关清算义务人规定的衔接,全面保障了股东和债权人的权利以及市场主体的有序退出。这些制度无一不着眼于保障公司主体人格的存续。当然,如果说公司的主体制度还存在不足的话,那就是没有充分考虑不同样态和不同存在状态下的公司不同的存续维持途径,特别是没有对困境企业的存续给出更多可选择的法律救赎方案。因此为增加公司陷入财务困境时的多维选择和与《破产法》的有效衔接,可以考虑建立非破产重整机制,通过自愿建立困境识别和干预机制增强困境公司的存续能力。〔11〕

本次新《公司法》修订的另一个亮点就是对董事、监事、高管的忠实义务和勤勉义务做了体系化规定。新《公司法》明确规定,董事、监事、高管忠实义务和勤勉义务的对象是"公司"(第 180 条),而非股东或任何特定的其他参与者,而且,相关主体若违反忠实义务的所得也应该"入库归公"(第 186 条),即其他参与者仅能通过公司间接获得弥补。此外,新《公司法》第 182 ~ 184 条规定,董事、监事、高管若和本公司进行交易、利用公司机会或同业竞争,均须向股东会或董事会报告并按照章程的规定经股东会或董事会决议通过。第 185 条还对第 182 ~ 184 条规定的事项的决议作了程序上的限制性规定。董事、监事、高管想要进行自我交易或有利益冲突的交易必须履行报告义务并经相关机关决议通过。对于这些规定,传统上我们习惯于从董事、监事、高管对公司负有信义义务的角度进行观察,却忽略了隐含在其中的公司本体主义观的内生性要求。由于公司本身缺乏足够的自我保护能力,也无从判断其内心真实的意志或意识,因此只能通过完备的程序要求对其进行周全的保护。换句话说,由于公司是一个独立的有特殊结构和程序的实体,公司各方利益都通过该程序和结构得以调和,因此,只有保护和健全公司程序,公司的社会结构才会更优,从而向内外反哺各参与者利益的实现以及社会整体利益的提升。因此我们可以看到,在

〔11〕 参见赵万一:《论我国〈公司法〉的绿色愿景及其法律实现》,载《法学评论》2023 年第 2 期。

为法律所禁止的这些行为中,公司或某一方是否从相关交易中受损或获益并不重要,董事、监事、高管是否是善意也不重要,只要董事、监事、高管没有按照法律的规定履行披露和表决程序,法律就推定其与公司存在利益冲突,并进而基于利己主义的行为假定,推导出在存在利益冲突的情况下,董事、监事、高管为了实现自己的利益当然会作出损害公司利益的选择。由此可见,在这些制度设计的逻辑中,法律并非完全关注经济因素,也并不为保护任一特定主体的利益,其重点保护的是公司的决策程序,以确保公司不会被剥夺就有利益冲突的交易形成正式意见的机会。

当然,此次《公司法》的修订也存在一些值得进一步完善的地方,主要表现为程序性规定不够细化、操作性不够强等。就忠实义务而言,自我交易和有利益冲突交易的董事、监事、高管应该在何时向公司报告?是否可以在事后进行补充报告?股东会和董事会的事后决议是否能消除利益冲突?若有利益冲突的董事同时是多数股东,通过股东会治愈利益冲突是否失去了意义?就勤勉义务而言,新《公司法》第180条规定,董事、监事、高管应该为"公司"的最大利益尽到管理者通常应有的合理注意。可以肯定的是,该条看到了公司利益的重要性,且明确了"理性人标准"。然而,对于如何判断是否尽到"管理者通常应有的合理注意",以及责任如何量化等问题,法律却未给出明确的指引。而对于这些问题,尽管在本书中并没有全部给予正面回答,但根据公司本体观的相关原理,我们也许能够获得有启发性的答案。

此次新《公司法》修订的第三个亮点是尝试通过多元市场主体共治的方式探索公司治理新模式,以促进公司与社会各方和谐发展。公司治理的过程就是公司程序和惯例运行的过程,各参与者通过与这一过程的互动创造出最优决策。多元共治的参与式民主治理是将相应利益纳入公司考量的良方,这既符合公司的过程属性,又满足了公司各利益的代表治理的需求。新《公司法》的多元共治规则主要体现在两个方面,第一个是职工参与,第二个是董事会中专门委员会的设置。就职工参与制度而言,新《公司法》第17条规定,公司应建立健全以职工代表大会为基本形式的民主管理制度,同时规定公司在研究决定改制、解散等重大问题以及制定重要的规章制度时,应当听取公司工会的意见。

这进一步强化了职工代表在公司治理中的地位和作用。此外,新《公司法》第68条还对职工董事适用的公司类型进行了扩张,实现了更加全面的职工参与。就董事会专门委员会的设置而言,新《公司法》第121条明确规定,公司可按照公司章程的规定在董事会中设置其他委员会。值得肯定的是,这种通过给个人参与者分配角色,要求他们关注某个特定方面,旨在对特定利益发表意见,从而塑造决策过程的措施与公司的结构特性以及公司法的组织法特色十分契合。公司本体观的核心要义在于通过完善公司的内部组织建设,凸显公司的本体属性;通过优化公司的内部治理机制,充分激发公司创造社会财富的潜能;通过对公司利益的特别保护,彰显公司独立的存在价值。我们须看到,新《公司法》虽然在公司本体观的塑造上取得了诸多进步,但远没有达到完善的程度,仍有许多值得进一步完善的空间。以最近非常热门的公司ESG责任[企业在环境(environmental)、社会(social)和公司治理(governance)三个方面所承担的责任]为例,ESG责任之所以引起社会的广泛关注,一方面在于ESG责任承载了社会公众对公司组织在社会发展中所应肩负的特殊使命的期许,另一方面则在于这一责任要求与公司作为一个实体性组织在现代社会治理中有能力履行的义务之间具有高度的契合性。如果公司不是一种实体性的存在,那么公司就既没有义务,也没有能力履行ESG责任,相关的ESG责任也就会分解、转移给董事、监事、高管和控股股东与实际控制人。当然,若想将ESG责任落到实处,尚需通过严谨的制度设计才能真正达到预期目的,为此可以考虑在原有公司治理架构上增加ESG委员会,由委员会负责ESG事项的计划和与有关部门的对接。为杜绝ESG委员会仅仅充当一个"门面"或"花瓶"的角色,还需确保进一步落实和ESG委员会相关的程序性规定,从而保证ESG委员会能切实发挥其应有的作用。

新《公司法》修订的第四个亮点是首次将合规制度植入了公司法。新《公司法》第177条规定:"国家出资公司应当依法建立健全内部监督管理和风险控制制度,加强内部合规管理。"这意味着有的公司可以通过自主合规以获得相关利益群体的认可,提高公司地位,助推公司长期稳定的可持续发展。但是,目前我国的公司合规要求主要侧重于国企,并没有实现体系化的规则构建。为全面推进公司和其他市场主体及社会之间的共生共赢关系，有必要按公司类型和规模的不同，在其结构中嵌入合规要求。合规要求的一个重点是与刑事责任追究相关联的合规不起诉制度。在公司本体观之下，在责任的追究上，可将规制的重点放在程序和控制系统上，着重考察影响和决定个人行为的公司程序和习惯是否有效防止了组织内犯罪行为的发生。合规体系的建设是一个漫长的过程，但通过这一途径，可以将良善的社会和交易习惯、道德规则以及最佳治理准则嵌入公司治理过程，以引导公司和公司内个人的行为，从而提高整个社会的总体诚信度和守约意识。

当然，如果用本体性公司理论加以检视，我们会发现本次《公司法》修订中还存在一些与公司本体观不相容的制度，其中最为典型的是在理论界一直饱受争议的董事对第三人责任的条款。自 2021 年《公司法(修订草案)(一次审议稿)》(以下简称一审稿)首次在第 190 条中出现董事直接对第三人承担连带责任的规定之后，学者对该问题的争议就一直没有停息。后续发布的《公司法(修订草案)(二次审议稿)》(以下简称二审稿)对一审稿进行了完善，改变了董事应当承担连带责任的表述，且在《公司法(修订草案)(三次审议稿)》和新《公司法》第 191 条都保留了二审稿的规定，即董事、高管执行职务给他人造成损害的，若董事和高管存在故意或重大过失，应当承担赔偿责任。在众多学者都在探讨何为“重大过失”且法律并无明确规定之时，我们若再深入挖掘，便会发现，董事、高管对第三人承担赔偿责任似乎从根本上违反了传统民法理论和公司法理论的表述逻辑。根据公司本体观的基本理论，虽然董事参与了决策，但是董事的个人身份被组织角色吸收，和第三人形成基础法律关系的是公司，而非董事，若对第三人造成损失，损失理应由公司承担。高管作为由公司董事会任命的公司事务的管理者和执行者，其职务行为来源于董事会的授权，其本身不享有公司事务的决策权，其履行职务的所有行为都是在董事会的领导下进行的，即便是对外的行为，高管在未经授权的情况下，也不享有代表公司的权利，因此高管并不具备对外承担责任的资格和能力。从这种意义上说，直接让董事和高管承担责任既是对公司主体地位的否定，也是对责任承担依据的蔑视。当然在新《公司法》已对董事和高管对外承担责任作出明确规定的情况下,一味地指摘这一规定的不合理性并不能阻止这一责任的实际适用,我们更应该考虑的是如何将这一制度审慎地予以落地,特别是明确董事、高管对第三人责任的性质、构成要件以及如何实现与其他法律规范的科学兼容。这些问题的解决既需要今后的理论和实践给出答案,当然也可以在本书中寻得些许答案。值得强调的是,虽然本书的内容和我们要解决的问题之间并不一定有直接关系,但本书中弥漫的公司本位思想及其成熟的研究方法,无疑会成为解决中国问题的他山之石。

八

现代社会是高度组织化的社会,国家、公司和家庭成为自然人身心的重要依靠。大多数人一旦走出家庭,首先感知和踏入的便是公司等社会组织。事实上,为了应对个人无法抗衡的风险,我们一直都在探寻加入各种组织,而这也是我们实践和凝结社会知识的有效途径。过去,我们往往认为组织是个人的副产品,是个人主体人格的延伸和放大,但如今我们却发现,组织并非单纯地依附于个人,个人同样是组织的附属品和有机组成部分。组织的运行虽然有赖于个人的积极行为,但组织本身同时也蕴含着巨大的能动性,组织文化和规范对个人行为的影响超出了我们的想象,尤其在现代社会,个人事实上已成为组织体的产物,任何人都无时无刻不在各种组织体的影响之下,传统意义上的自然人越来越异化为各种类型的社会人。因此,在规范层面上充分了解组织体对个人的影响方式,深入解析人类行为模型以及将个人黏合在一起的过程是如何影响个人行动和组织行动的无疑是至关重要的。

作为从事公司法研究的学者,我们一直热衷于对公司发展的表面化解读。但我们更应当思考和研究的是:究竟何为公司?公司的使命是什么?公司法承载的价值究竟是多元好还是一元好?公司的善恶能否通过公司法进行评价?公司法中是否可以以及如何植入适量的道德元素?在公司利益与股东利益、利益相关者利益发生冲突时,公司应该何去何从?在个人主义和集体主义、理想主义和现实主义之间,法律究竟应该作何选择?这些质疑都是值得倡导和肯定的,因为它既可能代表了公司未来的发展方向,同时也彰显着我们对公司法日趋完善的憧憬。

本书的译者韦子唯博士长期致力于破产法和公司法的研究，不但在破产法领域勤奋耕耘，曾翻译出版了包括《中小微企业破产：模块法》在内的一些破产法方面的著作，而且在公司法领域也同样多有斩获。呈现在读者面前的这本《本体性视野下的公司法》就是其近期研究的一个结晶。我相信本译著的出版将不仅有助于读者更加深刻地反思有关公司的基础理论，更加全面地了解英国的公司制度，同时也有助于读者从一个新的视角对我国新《公司法》进行审视和领悟。因此本译著不仅对公司法的理论研究和教学具有启发思路的作用，而且对于从事法律实务的法官和律师也会多有教益，甚至对未来中国公司法律制度的完善也会起到一定的借鉴作用。同时我们也期望能有更多的理论工作者不是从规则而是从理念和基础理论层面关注我国公司制度的改革和公司法的完善，群策群力，兼容并蓄，努力打造一部既能充分释放公司的内在潜能，又能有效促进社会高质量发展和引领社会道德进步，同时还能承载中华民族优良品性的良善性《公司法》。

作为韦子唯博士学习期间的导师，在欣然受邀作序之余，我郑重向读者推荐此书，并期待韦子唯博士今后有更多的学术成果面世。

是为序。

赵万一 *

2025 年 1 月 16 日

---

* 赵万一为西南政法大学民商法学教授、中国法学会商法学研究会副会长。

如果没有我家人的帮助，这本书的写作将永远无法完成。我要感谢史蒂文(Steven)的爱和支持，感谢奥瑞利亚(Aurelia)和西奥多(Theodore)的鼓励和理解，还要感谢伊丽莎白(Elisabeth)这个好姐妹。

前　言

本书是我20多年来从事研究生和本科生公司法教学的产物。在这期间,我发现,目前研究公司法的方法在某些方面发挥了作用,但在某些方面却不尽如人意。2015年,我利用休假时间研究了另一种范式——以真实实体理论为基础的公司本体理论。真实实体理论曾在20世纪上半叶主导了公司法学术研究。当时,对真实实体理论的研究以直觉为基础。那时,对组织和组织背景下人类行为的研究才刚刚开始,弗雷德里克·温斯洛·泰勒(Frederick Winslow Taylor)等人撰写了关于优化生产过程的文章。不幸的是,当其他社会学科开始对组织进行研究时,真实实体理论开始在法学界衰落。今天,受益于大量分析和解释社会力量如何塑造组织行动以及组织内个人行动的学术研究成果,本书以此为基础,提出了本体性公司理论。

关系契约模型(nexus of contract model)和代理理论(agency theory)对公司法的分析产生了长期且重大的影响。从历史上看,关系契约模型对于解释《1844年公司法》之前的产权授予契约公司(deed of settlement companies)发挥了很大作用。这些公司并没有成文法基础,它们通过合同创建,并适用信托法,在一定程度上类似于现代单位信托。毫不奇怪,现代公司前身的这些特性影响了早期公司法所采用的规则。然而,此后发生的改革已致使法律超越了关系契约模型。股东仍然有一定的自由来定制宪章,但是,现代公司法可以被合同法解释的程度可能被夸大了。关系契约模型低估了现代公司法所包含的强制性规则,忽略了判例法通常拒绝用合同法来分析公司宪章,还忽视了股东执行章程的能力受到了严重限制。本书第 6 章将得出结论,最好将有时被称为法定条文合同(statutory contract)* 的宪章定义为由私人行动通过的法定文件(statutory instrument)。

代理理论有助于对利益冲突的分析。它将董事定义为股东的代理人,并将人类无法超越自我利益这一尖锐的问题纳入其分析焦点。这种观点非常有价值,然而,它并没有为我们提供一个有关董事规则的准确图景。法律明确规定董事对公司负有义务。《2006 年公司法》没有规定董事与股东或任何其他选民(constituency)** 之间的法律关系。

此外,代理理论使我们无法充分认识到董事的地位。《2006 年公司法》规定了若干董事义务,这些义务并不要求董事为股东争取最大回报。从整体上来看,这些规定非常微妙。虽说股东利益优先,但是断定公司是只为股东利益服务的工具,那就错了。

目前分析公司的方法之所以有缺陷,还因为其不符合我们对公司的经验认知。在日常生活中,我们并不会把公司想象成合同。我们通常把公司视为行动者(actors),街角的商店、全科医生的诊所、学校、大学、图书馆或超市,都被我们认为是以特定方式影响我们生活的行动者。

这与人类在群体和组织中以独特方式行事的证据相吻合。人类的行为由社会力量塑造。人与人之间的互动带来了习惯、惯例、过程和程序,这使组织本身成为自主的行动者。组织有了自己的生命力,影响着其参与者的行为。参与者本身也可以影响组织的行为,并改变习惯、惯例、程序和文化,但这需要时间和精力。组织没有独特的物理表现形式,然而,组织在其后果中是真实的。

---

* 这是指某些条款由专门的法律规定的一种合同,如美国的住宅开发合同,在该合同中,一些条文便是由法律专门规定的。参见宋雷主编:《英汉法律用语大辞典》(第 2 版),法律出版社 2019 年版,第 1998 页。——译者注

** 在这里,实际上是借用了政治学中的选举概念,将董事比喻为某一选区的候选人,而影响该董事提名的机构或个人则被视为“选民”。一般来说,“选民”主要有股东、债权人、职工、政府等。——译者注

公司法发现了这一现象,并朝着支持组织自主行动的方向发展。本书将论证一种可以阐释公司法基本特征的方法,即把公司视为通过社会力量塑造个人参与者行为的自主行动者。本书还提出,当公司行为需要被改变时,最好是通过改变公司决策程序这一干预措施来实现。这比采用诸如变更公司目标等方式更有可能达到预期效果。

真实实体理论有时是通过一个比喻来表达的,即把公司比作一个人的身体,董事是“大脑”,作出由雇员执行的决定。这种比喻并无太大助益。将作为真实实体的组织与物理、生物实体相比是无用的,相反,组织之所以真实,是因为它创造了影响其参与者行为的社会规则。公司法助益于组织的自主运作,而法律的内容则由组织的特性决定。

对我来说重要的是,无论哪个司法管辖区赋予股东(相对于其他选民而言)多大的影响力,本书所提出的理论都成立。本书并不赞成或反对以利益相关者为导向的公司模式。从本书的角度来看,股东与利益相关者的辩论是一种干扰。这场辩论是在代理理论之下,通过代理人和委托人的视角来分析公司法这一实践的产物。虽然这种视角有助于我们更好地理解利益冲突,但是我们不应该把自己限制在一个会干扰我们理解组织行为本质的视角中。

伊娃·米歇尔

2021 年 8 月

致　谢

我非常感谢保罗·戴维斯(Paul Davies)、大卫·金迪斯(David Gindis)、丹尼尔·戈兹曼(Daniel Gozman)、杰里米·霍尔德(Jeremy Horder)、大卫·克肖(David Kershaw)、斯蒂芬·莱克斯宁(Stephan Leixnering)和罗尔夫·冯·吕多(Rolf von Lüdow)的慷慨评论。我从伦敦政治经济学院(London School of Economics and Political Science,LSE)法律工作人员研讨会与会者对文献的评论和建议中获益匪浅。我要感谢莎拉·沃辛顿(Sarah Worthington)和路易丝·古利弗(Louise Gullifer)邀请我在剑桥大学法学院(Cambridge Law Faculty)发言,并感谢布莱恩·切芬斯(Brian Cheffins)在该研讨会前的评论。蒂尼西亚·凯特露佐(Dinoysia Katelouzou)邀请我在伦敦国王学院(King's College London)潘迪森法学院(Dickson Poon School of Law)发言,我要感谢布伦达·汉尼根(Brenda Hannigan)和约翰·洛瑞(John Lowry)的评论和提问。汤姆·韦泽(Tom Wetzer)邀请我在牛津大学(Oxford University)演讲,我要感谢约翰·阿默(John Armour)和乔什·盖茨勒(Josh Getzler)在该研讨会上的评论。弗洛里安·海因德勒(Florian Heindler)在维也纳的西格蒙德·弗洛伊德大学(Sigmund Freud University)组织了一次研讨会,我非常感谢沃尔特·多拉特(Walter Doralt)的评论。卡斯特·盖勒布耶勒(Carsten Gerner-Beuerle)邀请我在伦敦大学学院

(University College London,UCL)法学院演讲,并在我演讲后作出了非常慷慨的评价。我还要感谢马克・摩尔(Marc Moore)和艾丽斯・邱(Iris Chiu)的评论和提问。马蒂欧・索利纳斯(Matteo Solinas)为我提供了在惠灵顿维多利亚大学(Victoria University of Wellington)介绍我理论的机会,我非常感谢黛博拉・萨巴洛特・迪恩(Deborah Sabalot Deane)在那次研讨会中以及之后提出的问题和评论。

在LSE法学院,乔・布雷斯韦特(Jo Braithwaite)、贾库・邦霍夫(Jacco Bomhoff)、维尔勒・海瓦尔特(Veerle Heyvaert)、伊丽莎白・豪厄尔(Elizabeth Howell)、乔・默肯斯(Jo Murkens)、菲利普・帕奇(Philip Paech)、莎拉・帕特森(Sarah Paterson)、埃德蒙・舒斯特(Edmund Schuster)、玛丽・斯托克斯(Mary Stoke)和伊曼纽尔・沃亚基斯(Emmanuel Voyakis)一直是我疫情期间的力量来源,那时,写完这本书似乎是一项不可能完成的任务。

目 录

1. 本体性公司理论 001
1.1 引言 001
1.2 合同理论 002
1.2.1 引言 002
1.2.2 关系契约理论和代理理论 003
1.2.3 股东与利益相关者 006
1.2.4 评价 008
1.3 特许权理论 015
1.3.1 引言 015
1.3.2 现代特许权理论 017
1.4 实体理论 023
1.4.1 引言 023
1.4.2 股东与利益相关者 025
1.4.3 本体性公司理论的基础 026
1.4.4 将本体性公司理论应用于公司法 036
1.4.5 本书结构 039
1.4.6 股东与利益相关者 043

2. 公司人格 045
2.1 引言 045

2.2 用于所有合法目的的法律人格 047
2.3 一人公司 050
2.4 公司集团 052
2.5 公司的开始和结束 054
2.6 理论观察 056

3. 公司能力 058
3.1 引言 058
3.2 合同对越权原则的解释 058
3.3 越权原则的崩塌 062
3.4 公司目标 065
3.5 理论观察 066

4. 有限责任 068
4.1 引言 068
4.2 刺破面纱 070
4.2.1 假象和外壳 070
4.2.2 规避 071
4.2.3 掩盖 073
4.2.4 理论观察 075
4.3 股东和董事的个人责任 076
4.3.1 欺诈 076
4.3.2 欺诈性交易 078
4.3.3 不当交易 079
4.3.4 凤凰公司 080
4.3.5 取消董事资格 080
4.3.6 侵权责任 081

4.3.7 理论观察 083
4.4 法规的适用 083
4.4.1 法规的一般适用 083
4.4.2 集团 085
4.4.3 理论观察 088
4.5 理论观察 088

5. 公司行为 091
5.1 合同 091
5.2 侵权 094
5.3 犯罪 098
5.3.1 引言 098
5.3.2 同一视学说 099
5.3.3 对同一视学说的批判 105
5.3.4 替代责任 107
5.3.5 严格责任犯罪与已尽合理注意抗辩 108
5.3.6 组织未能防止犯罪 111
5.3.7 延缓起诉协议和修复 114
5.3.8 理论观察 115
5.4 结论 121

6. 组织框架 122
6.1 引言 122
6.2 法规的地位 123
6.2.1 引言 123
6.2.2 宪章性事项 124
6.2.3 管理公司 125

6.2.4 记录置备和报告 127
6.2.5 股东决策的程序 129
6.2.6 *Duomatic* 原则 129
6.2.7 董事决策的程序 130
6.2.8 结论 132
6.3 宪章的地位和性质 133
6.3.1 引言 133
6.3.2 虚假陈述、胁迫和不当影响 135
6.3.3 更正 135
6.3.4 准合伙人的相互谅解 136
6.3.5 执行 137
6.3.6 结论 145
6.4 结论 146

7. 董事的地位 147
7.1 引言 147
7.2 对公司的义务 150
7.3 按照公司宪章和适当目的行事的义务 151
7.4 促进公司成功的义务 153
7.4.1 引言 153
7.4.2 《2006 年公司法》第 172 条 153
7.4.3 结论 158
7.4.4 理论观察 159
7.5 行使独立判断的义务 161
7.6 行使合理技能和注意的义务 161
7.6.1 引言 161
7.6.2 早期普通法 162

7.6.3 后来的普通法和成文法干预 163
7.6.4 董事资格取消 166
7.6.5 《2018 年英国公司治理准则》 170
7.6.6 结论 173
7.6.7 理论观察 174
7.7 避免利益冲突的义务 175
7.7.1 引言 175
7.7.2 《2006 年公司法》第 175 条 176
7.7.3 与合伙企业法的对比 179
7.7.4 利益冲突交易的授权 181
7.7.5 理论观察 183
7.8 自我交易 186
7.8.1 引言 186
7.8.2 在拟议交易或安排中公布利益的义务 186
7.8.3 对自我交易的批准 187
7.8.4 对股东批准的限制 188
7.8.5 结论 188
7.9 薪酬 189
7.9.1 引言 189
7.9.2 衡平法和成文法制度 189
7.9.3 股东的地位 191
7.9.4 结论 193
7.9.5 理论观察 193
7.10 记录和报告的义务 197
7.10.1 引言 197
7.10.2 置备会计记录的义务 198
7.10.3 编制年度账目的义务 200

7.10.4 置备叙述性报告的义务 203
7.10.5 核查账目和报告的义务 209
7.10.6 公布账目和报告的义务 212
7.10.7 关于特定社会和环境事务的报告 214
7.10.8 制裁 215
7.10.9 结论和理论观察 216
7.11 遵守法定分配规则的义务 219
7.11.1 引言 219
7.11.2 股东无法批准非法分配 221
7.11.3 董事的责任 221
7.11.4 股东的责任 223
7.12 理论观察 223

8. 股东的地位 225
8.1 引言 225
8.2 宪章性事项 227
8.2.1 公司的组建和结束 227
8.2.2 修改宪章的权力 228
8.2.3 任命和罢免董事的权力 231
8.2.4 董事并非股东的代理人 232
8.2.5 任命和罢免审计师的权力 236
8.3 管理公司 236
8.3.1 股份发行 236
8.3.2 收购 241
8.3.3 批准交易 244
8.3.4 追认董事违反义务的行为 252
8.4 会计记录和年度账目 254

8.5 分配 255
8.6 尽职管理 257
8.7 反射损失 260
8.7.1 引言 260
8.7.2 双重赔付 261
8.7.3 因果关系 263
8.7.4 便于解决争议 264
8.7.5 保护公司的自主权 265
8.7.6 理论观察 267
8.8 结论 267

9. 执行 271
9.1 引言 271
9.2 私人执行 271
9.2.1 引言 271
9.2.2 公司决策程序至上——*Foss v. Harbottle* 272
9.2.3 欺诈和不当行为人控制 273
9.2.4 越权和非法行为 276
9.2.5 特别决议 277
9.2.6 法定制度 277
9.2.7 第一阶段 278
9.2.8 第二阶段——必须拒绝许可 278
9.2.9 第二阶段——法院的自由裁量 282
9.2.10 第二阶段——未规定证明标准 285
9.2.11 对继续诉讼的有限许可 287
9.2.12 费用补偿 287
9.2.13 理论观察 287

9.3 公共执行 293

10. **利益相关者** 295

11. **结论** 299

CHAPTER 01 >>

1. 本体性公司理论

1.1 引　　言

本书提出了本体性公司理论。在该理论中，公司是一个允许组织在法律上自主行为的法律实体，公司法确立了促进组织自主决策的程序。

该理论建立在这样一种见解之上：组织或公司是法律之外的一种社会现象，它们本身就是自主行动者，不仅是其参与者之贡献的总和，还独立于其参与者的观点和利益行事。之所以出现这种情况，是因为当人们作为群体或组织的成员行事时，会改变自己的行为。在一个团体中，我们倾向于发展和遵守一个共同的标准。当我们在组织中行动时，习惯、惯例、过程和程序会得以形成，文化也会随之出现。它们都有其自身的生命力，影响着参与者的行为。参与者本身可以影响组织行为，并改变习惯、惯例、程序和文化，但是这需要时间和精力。公司法发现了这一现象，并将支持组织的自主行为作为发展方向。

在本书中，我们将会看到，把公司视为以其惯例、程序和文化为特征的自主真实实体这一本体性公司理论从正面解释了现行公司法。该理论还有助于制定指导法律改革和司法的规范性建议。

本体性公司理论有时与主张赋予利益相关者（如雇员）更大影响力的规范性论点相联系。对于利益相关者是否应该有比目前更大的影响力这一规范性问题,本书不持任何立场。无论法律如何微调各主体对公司决策的影响力,本书所提的理论都成立。

关于公司有三种主要的理论。第一种理论将公司解释为一种合同,它构成了代理理论的基础。第二种理论认为公司是国家特许权。第三种理论将公司视为一个真实实体。下面将依次阐释这些理论,然后,我们将诠释本体性公司理论。

1.2 合同理论

1.2.1 引言

“合同理论”(contract theory)一词似乎是被美国学术界创造出来的。〔1〕然而,该理论与19世纪在“拟制理论”(fiction theory)标签下表达的观点产生了共鸣。〔2〕该理论有诸多变体,但它们有共同的特征,这些特征和我们今天所知的关系契约理论的特征相一致。拟制理论将我们现在所知的“公司”称为“一个拟制个体”(an artificial individual)。〔3〕在这个框架中,公司是一个“单一枢纽”(single nexus),在该枢纽中,权利和义务通过合同而得以维系。〔4〕将公司定性为合同,可以解释为什么已经规定了合同自由的立法机关应该允许公司的自由设立,而非通过个别特许设立。〔5〕

---

〔1〕 Henry Butler, *The Contract Theory of the Corporation*, 11 George Mason Law Review 99 (1989).

〔2〕 David Gindis, *From Fictions and Aggregates to Real Entities in the Theory of the Firm*, 5(1) Journal of Institutional Economics 25(2009); Friedrich Carl von Savigny, System des heutigen Roemischen Rechts, Band 2. Veit & Comp Berlin. 1840, § 85, § § 89–90; H. L. A. 哈特(H. L. A. Hart)将该理论和霍菲尔德(Hohfeld)联系了起来(See H. L. A. Hart, *Definition and Theory in Jurisprudence*, in H. L. A. Hart, Essays in Jurisprudence and Philosophy, OUP, 1983, p. 40–43); see also Martin Petrin, *Reconceptualizing the Theory of the Firm-From Nature to Function*, 118 Penn State Law Review 1(2013).

〔3〕 Otto von Gierke, Deutsches Privatrecht, Band 1. Verlag von Duncker & Humbolt, 1895, S. 464 f., (available from http://dlib-pr.mpier.mpg.de/index.htm).

〔4〕 ibid 465.

〔5〕 John Lowry & Arad Reisberg, *Pettet's Company Law: Company Law and Corporate Finance*, 4th edition, Pearson, 2012, p. 58–59.

在英国法律史上，人们也曾用合同法和信托法来创建产权授予契约公司。[6] 这使得为投资者提供有限责任成为可能。然而，受托人要对为信托资产之利益所负之债承担全部责任。

1.2.2 关系契约理论和代理理论

当代学术建立在新古典经济理论的基础之上。它与史料无关。[7] 然而，它还是接受了契约论的观点。公司从正面被描述为"关系契约"(nexus of contract)。[8]

19 世纪的学者将公司视为股东之间的合同。[9] 公司法被认为是合伙企业法的一个分支。[10] 董事和公司的任何其他参与者都不是合同的当事人。现代合同理论学者采取了一种不同的方法。他们依赖交易成本经济学，因此，他们假定公司的所有参与者都是理性的行为人，每个人的决策都以货币回报最大化为目标。交易成本经济学建立以罗纳德·科斯(Ronald Coase)的

---

〔6〕 Michael Lobban, *Joint Stock Companies*, in William Cornish et al., The Oxford History of the Laws of England, Volume XII, 1820 – 1914 Private Law, OUP, 2010, p. 613; William Cornish et al., *Law and Society in England* 1750 – 1950, Hart, 2019, p. 243 – 44; John Armour, *Companies and Other Associations*, in Andrew Burrows ed., English Private Law, OUP, 2013; Paul Davies, *Gower's Principles of Modern Company Law*, 6th edition, Sweet & Maxwell, 1997, p. 29 – 31; John Morley, *The Common Law Corporation: The Power of the Trust in Anglo-American Business History*, 116 Columbia Law Review 2145 (2016); Joshua Getzler & Mike Macnair, *The Firm as an Entity before the Companies Act*, University of Oxford Faculty of Law Legal Studies Research Paper Series, Working Paper No 47/2006; Joshua Getzler, *Plural Ownership, Funds, and the Aggregation of Wills*, (2009) 10 Theoretical Inquiries in Law 241; see also Paddy W. Ireland, *The Rise of the Limited Liability Company*, 12 International Journal of Sociology of Law 239 (1984).

〔7〕 David Gindis, *From Fictions and Aggregates to Real Entities in the Theory of the Firm*, 5 (1) Journal of Institutional Economics 25 (2009).

〔8〕 Michael C. Jensen & William H. Meckling, *Theory of the Firm: Managerial Behavior, Agency Costs and Ownership Structure*, 3 Journal of Financial Economics 305 (1976).

〔9〕 F. W. Maitland & Otto Gierke, *Political Theory of the Middle Age*, reprint of the 1900 edition, Thoemmes Press, 1996, p. xxiv – xxv, xxii – xxiii; Nathaniel Lindley, *A Treatise of the Law of Partnerships, Including its Application on Joint-stock and other Companies*, T & JW Johnson, 1980.

〔10〕 Nathaniel Lindley, *A Treatise of the Law of Partnerships, Including its Application to Joint Stock and other Companies*, T & JW Johnson, 1860.

开创性文章《企业的性质》(*The Nature of the Firm*)为基础,该文章发表于1937年,但直到20世纪70年代,才因奥利弗·威廉姆森(Oliver Williamson)而产生影响力。[11] 根据该理论,市场上有许多交易,人们购买和出售商品或服务。使用市场来交易涉及成本,交易成本的例子有:前往市场所花费的时间和金钱,在市场上寻找买家或卖家所花费的时间和金钱,支付给代理人的费用或支付给律师起草合同的费用。企业是一个有助于减少这些交易成本的机制。人们可以通过企业建立长期商业关系,而不是重复使用市场来购买特定服务。雇员可以同意在经理的指导下提供服务。自此,双方都不需要每天去市场,经理只需指示雇员按照企业的要求执行任务。因此,企业是一个枢纽,通过它进行的交易的交易成本低于市场交易成本。企业是市场的另一种形式,[12]它集合了单个行为人的经济贡献,[13]是其参与者贡献的总和。

在关系契约理论之上,现代学者还运用代理理论来分析围绕这个枢纽的关系。代理理论由迈克尔·C.詹森(Michael C. Jensen)、威廉·H.麦克林(William H. Meckling)和尤金·F.法玛(Eugene F. Fama)首次提出。[14] 代理理论的学者识别出存在代理关系的两个参与者。当一个人(代理人)的行

---

〔11〕 Ronald H. Coase, *The Nature of the Firm*, 4 Economica 385(1937); Oliver E. Williamson, *Markets and Hierarchies: Analysis and Antitrust Implications*, New York, Free Press, 1975; Oliver E. Williamson, *The Economic Institutions of Capitalism*, New York, Free Press, 1985.

〔12〕 Oliver Williamson, *Transaction-Cost Economics: The Governance of Contractual Relations*, 22 Journal of Law and Economics 233(1979).

〔13〕 Grant M. Hayden & Matthew T. Bodie, *The Uncorporation and the Unraveling of the "Nexus of Contract Theory"*, 109 Michigan Law Review 1127(2010–2011); William W. Bratton Jr., *The Nexus of Contract Corporation: A Critical Appraisal*, 74 Cornell Law Review 407(1989); David Gindis, *From Fictions and Aggregates to Real Entities in the Theory of the Firm*, 5(1) Journal of Institutional Economics 25(2009); see David Wishart, *A Reconfiguration of Company and/or Corporate Law Theory*, 10(1) Journal of Corporate Law Studies 151(2010); James G. March & Johan P. Olsen, *The New Institutionalism: Organizational Factors in Political Life*, 78 The American Political Science Review 734(1984).

〔14〕 Eugene F. Fama, *Agency Problems and the Theory of the Firm*, 88 Journal of Political Economy 288(1980); Eugene F. Fama & Michael C. Jensen, *Agency Problems and Residual Claims*, 26 Journal of Law & Economics 327(1983); see Michael C. Jensen & William H. Mecking, *The Theory of the Firm: Managerial Behaviour, Agency Costs and Ownership Structure*, 3 Journal of Financial Economics 305(1976); John W. Pratt & Richard J. Zeckhauser, *Principals and Agents: The Structure of Business*, Harvard Business School Press, 1985.

为影响到另一个人(委托人)的福祉时,就会产生这种代理关系。通过公司建立的联系被认为有利于促进两个特定参与者之间的多个代理关系。〔15〕

代理理论并不重视公司具有独立法人人格这一事实。它认为,股东利益取决于董事的行动,并将董事定性为股东的代理人。这是因为,股东的收益如何取决于董事的决定。同样,大股东是小股东的代理人,因为小股东的利益取决于大股东的决定。该分析识别出了两组参与者之间的双边关系。其关注的是这两个群体各自的动机,以及这些动机是如何相互冲突的。

雷尼尔·克拉克曼(Renier Kraakman)等人区分了三种代理冲突。第一种代理冲突发生在股东和董事之间。第二种代理冲突发生在多数股东和少数股东之间。第三种代理冲突发生在"企业本身——特别是包括其所有者——和与公司签订合同的其他各方,如债权人、雇员和客户之间"。〔16〕耐人寻味的是,第三种代理冲突的表达方式与前两种代理冲突不同。它提到了"企业本身",承认了公司的独立法律人格。这一点很重要,因为从原则上来说,董事、股东、债权人、雇员、客户和其他利益相关者在与公司的互动上并没有区别,他们都与有独立法律人格的公司有法律关系,因此公司是正式的枢纽。若认为企业是一个除了作为调解双边关系的焦点之外没有任何实质内容的枢纽,那么对第三种代理冲突的阐释应该和前两种一样,即诸如债权人与董事或债权人与股东之间的冲突。雷尼尔·克拉克曼并没有解释为什么在描述债权人关系方面会存在差异。我们可以推测,他认为董事和股东的关系不同于其他参与者的关系。

无论如何,代理理论关注的都是代理人为委托人利益行事的能力。它假定理性的行为人旨在增加他们各自的经济福利。因此,代理人的行为是机会主义的。亚当·斯密(Adam Smith)有句名言:"这些公司[股份公司(joint stock companies)]的董事……他们管理的是别人的钱,而不是自己的钱,所以,不能

---

〔15〕 See Jeffrey N. Gordon & Wolf-Georg Ringe, *The Oxford Handbook of Corporate Governance*, OUP, 2018 or Reinier Kraakman et al., *The Anatomy of Corporate Law*, 3rd edition, OUP, 2017.

〔16〕 Reinier Kraakman et al., *The Anatomy of Corporate Law*, 3rd edition, OUP, 2017, p. 30.

指望他们在看管这些钱的时候会像私人合伙企业的合伙人经常看管自己的钱那样，时刻保持不安的警惕。”[17] 机会主义行为给委托人带来了成本。[18] 这种代理成本的例子包括欺诈或贪污，也包括推卸责任或建立帝国。法律的作用是通过确保代理人的行为符合委托人的利益而非个人利益以降低代理成本。法律经以下途径做到这一点：规定合同的执行、通过信息披露以促进合同缔结，以及提供默认规则以降低合同缔结成本。法律还在创建法律人格方面发挥了作用，这使公司的资产能够独立于股东的资产。[19] 另外，只有在市场未能处理代理冲突的某一特定方面时，才应适用强制性法律规定。[20]

1.2.3 股东与利益相关者

关系契约和代理理论本身并不能解释股东和其他参与者之间的权力分配，也不能提供关于如何分配权力的建议。[21] 将公司视为代理关系之枢纽的观点将该枢纽和每个参与者之间的关系定性为合同关系，但是，其并没有告诉我们参与者之间的影响力应如何分配。

要完整地再现围绕关系契约理论提出的各种理论贡献几乎是不可能的。尽管如此，我们还是可以看到，这一领域的大多数学者都从正面解释了为什么股东比其他参与者有更大的影响力。他们还建议公司法在规范层面上优先考虑股东而非其他参与者的利益。[22] 这并不是因为股东被定义为公司的

---

〔17〕 Adam Smith, *The Wealth of Nations*, Intelex Corporation, 1778, reprint 2000, p. 699.

〔18〕 Reinier Kraakman et al., *The Anatomy of Corporate Law*, 3rd edition, OUP, 2017, p. 29.

〔19〕 H. Hansmann & R. Kraakman, *The Essential Role of Organizational Law*, 110 Yale Law Journal 387 (2000); John Armour & M. J. Whincop, *The Proprietary Foundations of Corporate Law*, 27 Oxford Journal of Legal Studies 429 (2007).

〔20〕 Brian Cheffins, *Company Law*, OUP, 1997, p. 134 – 58; Brian Cheffins, *Corporations*, in Mark Tushnet & Peter Cane eds., The Oxford Handbook of Legal Studies, OUP, 2005, p. 485, 491.

〔21〕 See also Olivier Weinstein, *Understanding the Roots of Shareholder Primacy: The Meaning of Agency Theory, and the Conditions for its Contagion*, in Thomas Clarke et al. eds., The Oxford Handbook of the Corporation, OUP, 2019, p. 139, 149, 161.

〔22〕 Thomas Clark & Justin O'Brien, *The Evolving Corporation: Economy, Law and Society*, in Thomas Clarke et al. eds., The Oxford Handbook of the Corporation, OUP, 2019, p. 1, 4.

所有者(owners)或经济所有者(economic owners)。股东从正面来说享有优先权,并应在规范层面上享有优先权,因为他们是“剩余索取权人”,只有在债权人得到偿付后,他们才能得到回报。在清算中,这一点通过参与者获得支付的顺序得以实现;而当公司是一个持续经营的企业时,这一点则通过分配规则来实现。将股东排在最后会激励股东以对所有主体都有利的方式发挥其影响力。

剩余索取权人的论点本身很有说服力。我们将在下文中看到,英国的公司不能被视为具有合同的性质。〔23〕 但是,剩余索取权人的论点还是为《2006年公司法》第172条的起草提供了参考,正如我们将在下文看到的那样,该条规定董事应“为了公司成员*的整体权益”促进公司的成功,并在这样做时“考虑到”(have regard... to)雇员、供应商、客户和其他方面。这假定“股东整体”的利益与其他利益集团的利益存在重叠,以及照顾其他利益集团对股东来说有利。然而,我们将看到,将这一规定作为公司法只关注股东的证据是错误的。〔24〕

有一些学者遵循代理理论,并将公司定性为理性行为的枢纽,但是其并未采用股东中心模式(shareholder-centred model)。例如,玛格丽特·M. 布莱尔(Margaret M. Blair)和林恩·A. 斯托特(Lynn A. Stout)提出了一种团队生产理论,该理论建立在关系契约模型和代理分析的基础上,但是其强调公司是一个载体,通过这个载体,股东、债权人、经理、雇员和其他利益相关者团体将对公司特定资源的控制权让渡给了董事会;董事会协调指挥团队活动,分配产出,并调解成员之间的纠纷,这使作为理性行为人的团队成员可以进行有效的合作。他们承认公司是一个独立的法律实体,但是不认为它是一个自主

---

〔23〕 本书6.3部分。

* 英国《2006年公司法》区分了股东“shareholder”和成员“member”。两者的细微差别在于是否已登记于股东登记册:如果已经登记,称为成员,享有完全的股东权利;如果未登记,但是取得了将其登记为成员的权利,则称为股东。——译者注

〔24〕 本书7.4和7.12部分。

行动者。独立法律人格的目的是隔离资产,使其不受生产团队成员的影响。[25]

1.2.4 评价

代理理论和关系契约理论主导了公司法解释的现代框架。[26] “怎么强调代理理论的学术影响都不为过”[27]的说法是正确的。其中的原因有很多。

代理理论依赖于源自新古典经济学的成果。[28] 经济学是一个广泛的学科,有一些经济学家对新古典方法和代理理论持批评态度。[29] 然而,新古典主

---

〔25〕 Margaret M. Blair & Lynn A. Stout, *A Team Production Theory of the Corporation*, 85(2) Virginia Law Review 247(1999); Margaret M. Blair & Lynn A. Stout, *Specific Investment: Explaining Anomalies in Corporate Law*, 31 Journal of Corporate Law 719(2006); most recently, Margaret M. Blair, *Corporate Law as a Solution to Team Production Problems*, in Thomas Clarke et al. eds. The Oxford Handbook of the Corporation, OUP, 2019, p. 201 – 202; Lynn Stout, *Corporations as Sempiternal Legal Persons*, in Thomas Clarke et al., eds., The Oxford Handbook of the Corporation, OUP, 2019, p. 220; Guiseppe Dari-Mattiacci et al., *The Emergence of the Corporate Form*, 33(2) The Journal of Law, Economics and Organization 193(2017); see also Martin Petrin, *Reconceptualizing the Theory of the Firm-From Nature to Function*, 118 Penn State Law Review 1(2013); see also John Armour & Michael J. Whincop, *The Proprietary Foundations of Corporate Law*, 27 Oxford Journal of Legal Studies 429(2007); Ronald Daniels, *Stakeholders and Takeovers: Can Contractarianism be Compassionate?*, 43 University of Toronto Law Journal 351(1993); see also Brian Cheffins & Richard Williams, *Team Production Theory Across the Waves*, 74 Vanderbilt Law Review 1583(2021).

〔26〕 Ronald J. Gilson, *From Corporate Law to Corporate Governance*, in Jeffrey Gordon & Wolf-Georg Ringe eds., The Oxford Handbook of Corporate Law and Governance, OUP, 2018, p. 4; Marc Moore & Martin Petrin, *Corporate Governance: Law, Regulation and Theory*, Macmillan, 2017, p. 45 – 48.

〔27〕 Ronald J. Gilson, *From Corporate Law to Corporate Governance*, in Jeffrey N. Gordon & Wolf-Georg Ringe eds., Corporate Law and Governance, OUP, 2018, p. 4; see also Marc T. Moore & Martin Petrin, *Corporate Governance, Law, Regulation and Theory*, Macmillan, 2017, p. 45 – 46.

〔28〕 Brian Cheffins, *Corporations*, in Mark Tushnet & Peter Cane eds., The Oxford Handbook of Legal Studies, OUP, 2005, p. 485, 491, 493 – 94.

〔29〕 See eg William Lazonick, *Business Organization and the Myth of the Market Economy*, CUP, 1992; P. Collier, *The Future of Capitalism*, Penguin, 2018; see also cited in W. Richard Scott, *Institutions and Organizations*, 4th edition, Sage, 2014, p. 33 as Geoffrey M. Hodgson, *The Return of Institutional Economics*, in Neil J. Smelser & Richard Swedberg eds., The Handbook of Economic Sociology, Princeton University Press, 1994, p. 70. 其写道,基于交易成本的企业理论被批评为是以“原子化个人主义术语”(atomistic individualistic terms)构建的。它的构成单元便是那种具有投机取巧倾向的个体。该理论的支持者没有考虑到个人的偏好可能会被企业的结构和文化所左右,也没有考虑到这种现象对于分析和理解企业可能具有重要意义。

义分析目前在经济学术界还是占主导地位，在许多人看来，经济学是社会科学中的主要学科。[30]

直观看来，与经济学相关的学派也非常适合对公司法进行功能分析。毕竟，公司是经济活动的载体，经济因素可以为公司法的分析提供有益的参考。[31] 然而，这并不意味着我们应该把自己限制在由关系契约模型或代理理论所产生的观点中。下文将表明，在经济学和更广泛的社会科学中存在其他方法，用它们来解释现行法律以及制定规范性建议更为合适。[32]

代理理论是在特定的社会环境中成为一种主导理论的。该理论与其被广泛接受时所盛行的政治和学术氛围十分吻合。[33] 一旦一个理论框架站稳了脚跟，它往往是持久的。[34] 从社会角度来看，我们仍然相信以市场为基础的经济；但是，我们对当时盛行的自由放任主义采取了更加批判的态度。[35] 当关系契约理论和代理理论开始流行时，其假设是从每个参与者的角度来看，通过市场这只无形的手，价值的最大化可得以实现，社会福利也会得以提高。我们现在对于市场是否有能力提供可持续和有弹性的经济活动以造福更广泛的社会持更加怀疑的态度。因此，一个假设有效市场的理论从某种程度上来说已经失去了一些吸引力。现在是时候考虑以一种新的范式来分析公司法了。

---

〔30〕 Marion Fourcade, Etienne Ollion & Yann Algan, *The Superiority of Economists*, 29(1) Journal of Economic Perspectives 89(2015).

〔31〕 Stephen Copp, *Company Law Reform and Economic Analysis: Establishing Boundaries*, 1 Journal of Corporate Law Studies 1(2000).

〔32〕 本章 1.4.3 部分。

〔33〕 Brian Cheffins, *Corporations*, in Mark Tushnet & Peter Cane eds., The Oxford Handbook of Legal Studies, OUP, 2005, p.485, 494；以股东为中心的分析可以带来社会和政治利益，参见 Jonathan Macey, *The Central Role of Myth in Corporate Law*, European Corporate Governance Institute, Working Paper No 519/2020。

〔34〕 Brian R. Cheffins, *The Trajectory of (Corporate Law) Scholarship*, 63 Cambridge Law Journal 456(2004).

〔35〕 Annie Pye, *Boards and Governance: 25 Years of Qualitative Research with Directors of FTSE Companies*, in Mike Wright et al. eds., The Oxford Handbook of Corporate Governance, OUP, 2013, p.135. 简要总结了自 20 世纪 80 年代中期以来与公司治理有关的法规和理论变化。See also John Armour & Jeffrey N. Gordon, *Systemic Harms and Shareholder Value*, (2014) 6 The Journal of Legal Analysis, https://papers.ssrn.com/sol3/papers.cfm?abstract_id=2307959#.

代理理论和关系契约模型因其“思想上的优雅”而受到称赞。[36] 这种优雅源于它们的简洁。该理论引导其支持者确定两个参与者,并明确他们之间出现的问题。然后,该理论会筛选出解决这一特定二元冲突的法律规则,并分析其效率形成看法。这是很有用的。利益冲突和激励措施非常重要,它们影响着组织的决策。意识到激励措施是如何影响行为的,这一点很重要。代理理论是一个绝佳工具,它可以帮助我们深入理解产生利益冲突的情形。彻底否定代理理论的贡献是不对的。

虽然代理理论让我们明确了公司法需要解决的重要问题,但是它并没有从正面为我们深入分析法律提供指导。剩余索取权人的论点是优雅的,它从正面解释了为什么股东比其他参与者有更大的影响力,而不必(不准确地)将他们描述为“所有者”。

剩余索取权人的论点从抽象的最高层次上来看也是正确的。股东最终从公司产生的盈余中获益,其以股息或股价上涨的形式获得该盈余。只有在有可分配利润的情况下才能支付股东股息,而利润分配规则又可以确保公司有足够的资产来满足债权人的需求。[37] 因此,在这个分析层面上,认为股东的福利取决于公司在董事会指导下产生的盈余是正确的。

从正面来看,同样正确的是现行法律赋予了股东在公司中绝大部分的治理权。但是,剩余索取权人的论点仅能解释股东为何相对于其他参与者而言享有更多的公司权利。这个论点可以用来解释英国、德国、美国和任何其他国家的公司模式。在笔者所知的所有司法管辖区,股东都比其他参与者享有更多的权利。不过,在这些不同的司法管辖区,股东的影响力水平差异仍然很大。剩余索取权人的论点无法解释这些差异,其只是解释或建议股东享有或应该享有比其他人更多的权利,无助于理解或确定股东有或应该有多大的影响力。

有时,代理理论在非常细微的层面上也是正确的。《2006 年公司法》第

〔36〕 Brian Cheffins, *Corporations*, in Mark Tushnet & Peter Cane eds., The Oxford Handbook of Legal Studies, OUP, 2005, p.485.

〔37〕 我们将在下文中看到,无论采用哪种测试来确定可分配利润的数额,这一论点都成立。

168 条允许股东在没有理由的情况下以简单多数罢免董事。如果孤立地分析，该规则支持这样的结论，即董事在其决策中要有利于股东。但是，如果在此基础上得出结论，认为公司法只为股东的利益服务，那就错了。在公司需要通过财产授予契约设立时，以及在有限责任公司可以自由设立后的一段时间内，股东可能是公司法的主要焦点。[38] 但此后的法定干预以及不断发展的普通法，已经将公司法变成一个不能被定性为只为股东服务的框架。虽然股东比其他参与者享有更多的权利并最终获得公司产生的利润，但是股东的作用在很大程度上受到了法规和普通法的限制。这些限制综合考虑了其他群体的利益，因此不能被章程所推翻。

代理理论会诱使其支持者夸大股东的影响力。[39] 这种夸大是代理理论而非法律的结果。识别双边对立行为人的要求会引导我们过滤掉与该双方单个参与者有关的规则。为了探讨股东和董事之间的代理冲突，我们选择了影响他们之间关系的规则，并得出结论：股东对董事有很大权力。如果我们就此停止分析，便会忽视董事应承担的广泛义务。其中一些涉及股东，而另一些则要求董事采取能够增进债权人利益的行动。[40] 董事需要同时考虑以上两方面，如果不履行以债权人为导向的义务，就会导致其资格被取消，并引发刑事责任。此外，我们还忽略了股东应受到普通法和《2006 年公司法》的约束，这些约束都有助于促进债权人的利益。[41] 因此，如果得出结论，董事要以实现股东财富最大化为目的来经营公司，那就错了。这在《2006 年公司法》和判例法中都没有依据。[42] 公司法并不要求实现任何一个参与者的福利最大

---

〔38〕 Limited Liability Act 1855(18 &19 Vict c 133).

〔39〕 See also Jonathan R. Macey, *The Central Role of Myth in Corporate Law*, European Corporate Governance Institute Law, Working Paper No 519/2020, p. 22 – 32, https://ecgi. global/working-paper/central-role-myth-corporate-law? mc_cid = c2b21cd551&mc_eid = 4d7098df5d; Lynn Stout et al., *The Modern Corporation Statement on Company Law*, SSRN, (October 6, 2016), https://papers. ssrn. com/sol3/papers. cfm? abstract_id = 2848833; Simon Deakin, *The Coming Transformation of Shareholder Value*, 13(1) Corporate Governance 11(2005).

〔40〕 本书第 7 章。

〔41〕 本书第 8 章。

〔42〕 本书第 7、8 章。

化。[43] 《2006 年公司法》也并非完全以股东利益为导向。[44]

本书将表明,法律不是围绕二元冲突而建立的。法律调整不同选民的利益,并制定考量和权衡这些利益的程序。公司法由整合各选民利益的规则组成。股东虽比其他主体有更大的影响力,但是他们并非公司法的唯一焦点。[45]

代理理论低估了独立法律人格的重要性。[46] 这绝非一个小缺陷。例如,萨姆欣勋爵(Lord Sumption)在 *Prest v. Petrodel* 案中指出,"公司的独立人格和财产有时被描述为是一种拟制,在某种意义上的确如此。但这种拟制是英国公司法和破产法的全部基础"。[47] 忽视独立法律人格的方法不仅在法律上是不准确的,而且还被批评为"与来自其他学科(更广泛的社会科学)铺天盖地的观点相悖……这些观点揭示并解释了企业的社会现实"[48]。

除了法人人格之外,还有大量的其他强制性规范是代理理论所无法解释的。[49] 特别是代理理论学者提出强制性法律可以被解释为市场模仿(market

〔43〕 本书 7.4 部分。

〔44〕 本书第 8 章。

〔45〕 本书第 8 章。

〔46〕 David Gindis, *Legal Personhood and the Firm: Avoiding Anthromorphism and Equivocation*, 12 Journal of Institutional Economics 499(2015); Eric W. Orts, *Business Persons: A Legal Theory of the Firm*, OUP, 2013, p. 66 – 67; Sarah Worthington, *Shares and Shareholders: Property, Power and Entitlement: Part* Ⅰ, 22 Company Lawyer 258(2001); Susan Watson, *The Corporate Legal Person*, 19 Journal of Corporate Law 137, 138(2019); see also C. W. Maugham & Kevin McGuiness, *Towards an Economic Theory of the Corporation*, 1 Journal of Corporate Law Studies 141(2001).

〔47〕 *Bank of Tokyo Ltd v. Karoon*(Note)[1987]AC 45, 64.

〔48〕 Eric W. Orts, *Business Persons: A Legal Theory of the Firm*, OUP, 2013, p. 27.

〔49〕 See most recently Marc T. Moore, *Private Ordering and Public Policy: The Paradoxical Foundations of Corporate Contractarianism*, 34(4) Oxford Journal of Legal Studies 693(2014); see also Simon Deakin, *The Corporation as Commons: Rethinking Property Rights, Governance and Sustainability in the Business Enterprise*, 37(2) Queen's Law Journal 367(2012); David Gibbs-Kneller, David Gindis & Derek Whayman, *Not by Contract Alone: The Contractarian Theory of the Corporation and the Paradox of Implied Terms*, 23 European Business Organization Law Review 573(2022); Grant M. Hayden & Matthew T. Bodie, *The Uncorporation and the Unraveling of the "Nexus of Contract Theory"*, 109 Michigan Law Review 1127(2010 – 2011); Michael Klausner, *The "Corporate Contract" today*, in Jeffrey N. Gordon et al. eds., The Oxford Handbook of Corporate Law and Governance, OUP, 2018, p. 84; see also William M. Bratton, *The "Nexus of Contract" Corporation: A Critical Appraisal*, 74 Cornell Law Review 407(1989); D. M. Daily, C. R. Dalton & A. A. Canella, *Corporate Governance: Decades of Dialogue and Data*, 28(3) Academy of Management Review 371(2003).

mimicking),这一观点假定立法机关制定规则以及法院适用规则时都旨在模仿当事人的意愿,即他们制定或适用当事人在有效运作的市场中会采用的规则。[50] 马克·摩尔(Marc Moore)正确地指出,强制性法律就其本质而言,是为了取代一种结果,即当事人在被允许议价的情况下本会取得的结果。在现实中,立法机关用符合特定经济或社会监管偏好的结果来取代以市场为基础的结果。[51]

关系契约和代理理论的简单性使我们无法从正面理解法律的精髓,[52] 不仅如此,该理论也无法为具体法律规则的规范性发展提供精细的指导。[53] 此外,关系契约和代理理论的许多事实假设在实证检验中根本站不住脚。一个近期的文献调查得出如下结论,实证主义学者们"几乎没有留下任何该理论的主张"。[54] 例如,股价反映的信息范围要比公司的经济前景广泛得多,这一实证发现削弱了股市力量为董事提供问责的假设。[55]

代理理论所采用的规范性方法被认为是造成伤害的原因。最近由英国社会科学院(British Academy)主持,科林·梅尔(Colin Mayer)主导的一个项目得出结论:将股东视为公司唯一利益相关方的错误观念和偏执态度是造成环境

---

〔50〕 Brian Cheffins, *Company Law*, OUP, 1997, p. 227 – 49, 264 – 307.

〔51〕 Marc Moore, *Private Ordering and Public Policy: The Paradoxical Foundations of Corporate Contracterianism*, 34(4) Oxford Journal of Legal Studies 693(2014); Marc Moore, *Corporate Governance in the Shadow of the State*, Hart, 2013, p. 227.

〔52〕 See also Eric W. Orts, *Business Persons: A Legal Theory of the Firm*, OUP, 2013, p. 14.

〔53〕 Stephen Copp, *Company Law Reform and Economic Analysis: Establishing Boundaries*, 1 Journal of Corporate Law Studies 1(2001); Iain MacNeil, *Company Law Rules: An Assessment from the Perspective of Incomplete Contract Theory*, 1 Journal of Corporate Law Studies 107(2001).

〔54〕 Michael Klausner, *Fact and Fiction in Corporate Law and Governance*, 65 Stanford Law Review 1325(2013); see also Catherine M. Daily, Dan R. Dalton & Albert A. Canella, *Corporate Governance: Decades of Dialogue and Data*, 28 The Academy of Management Review 371(2003).

〔55〕 Andrei Shleifer & Lawrence H. Summers, *The Noise Trader Approach to Finance*, 4(2) Journal of Economic Perspectives 19(1990); Robert J. Shiller, *From Efficient Markets Theory to Behavioral Finance*, 17(1) Journal of Economic Perspectives 83(2003); Ronald J. Gilson & Reinier Kraakman, *The Mechanisms of Market Efficiency Twenty Years Later: The Hindsight Bias*, 28 Journal of Corporation Law 715(2003).

问题、社会紧张局势和政治反弹日益严重的原因。[56] 人们还发现，对公司业绩的关注会激发非法行为。[57]

代理理论建议将绩效薪酬作为股东监督的方法并没有经受住时间的考验。业绩薪酬最初被认为是解决代理问题的方法，其观点是让高管薪酬与股东回报挂钩可以使董事会促进股东利益的实现。[58] 现在，我们把高管薪酬理解为代理问题的一个例子，而不是解决该问题的方法。现代学界的重点是设计治理机制，以确保高管薪酬不会鼓励过度冒险。[59] 目前还没有证据表明有可能设计出能够引导董事采取长期可持续性行为的业绩目标。[60]

关系契约和代理理论有助于我们更好地理解利益冲突，但限制了我们的分析范围。它们未能准确呈现整个框架，而假设了一个不完整的人类行为模型，[61] 把人类设想为追求经济收益最大化的理性行动者。这种方法无助于我们分析由情感、社会、文化和历史决定的人类行为所引发的公司问题，[62] 也无助于我们理解组织层面产生的问题。有时，组织出现问题是因为其程序

〔56〕 Colin Mayer et al., *Reforming Business for the 21st Century, A Framework for the Future of the Corporation*, *The British Academy*, *Future of the Corporation*, The British Academy, (November 2018), p. 14 – 15, https://www.thebritishacademy.ac.uk/sites/default/files/Reforming-Business-for – 21st-Century-British-Academy.pdf; see also William Lazonick et al., *The Modern Corporation Statement on Economics*, SSRN, (November 4, 2016), https://ssrn.com/abstract = 2864246 or http://dx.doi.org/10.2139/ssrn.2864246.

〔57〕 Yuri Mishina et al., *Why "Good" Firms Do Bad Things: The Effects of High Aspirations, High Expectations, and Prominence on the Incidence of Corporate Illegality*, 53 Academy of Management Journal 701(2010).

〔58〕 在20世纪80年代，绩效奖励被认为是有效管理的一个关键因素[Noel M. Tichy, *Managing Change Strategically: The Technical, Political and Cultural Keys*, 11 (2) Organizational Dynamics 59 (1982).]；可见本书7.9部分。

〔59〕 一个精彩的概论，see Guido Ferrarini & Maria Christina Ungureaunu, *Executive Remuneration*, in Jeffrey Gordon & Wolf-Georg Ringe eds., The Oxford Handbook of Corporate Law and Governance, OUP, 2018, p. 334; see also Emilios Avgouleas, *Governance of Global Financial Markets: The Law, the Economics, the Politics*, CUP, 2012, p. 125 – 26, 289 – 94.

〔60〕 参见本书7.9部分。

〔61〕 Eric W. Orts, *Business Persons: A Legal Theory of the Firm*, OUP, 2013, p. 13 – 16.

〔62〕 Jean-François Chanlat, *Corporations, Organization, and Human Action: An Anthropological Critique of Agency Theory*, in Thomas Clarke et al. eds., The Oxford Handbook of Corporations, OUP, 2019, p. 387, 393 – 406.

已经过时,或者因为其文化有毒(toxic)。代理理论和关系契约模型无法帮助我们分析这些问题,也无法帮助我们对其提出改进建议。有人正确地指出,虽然"一个狭义的概念更容易数学化(mathematize)……如果制度影响的因果过程的精髓被排除在模型之外,那么,我们就成功地将抽象的经验主义数学化了,这是一种没有现实生活复杂性的经验主义"〔63〕。

1.3 特许权理论

1.3.1 引言

特许权理论将国家置于主导地位,其假定公司是法律的产物。公司之所以存在,是因且仅因立法机关在一定范围内赋予了它们生命。从历史上看,有人认为这解释了中世纪行会(guilds)和行政单位(administrative units)的组建方式,比如伦敦金融城公司(the City of London Corporation),它以"伦敦金融城市长、社区及公民"(Mayor and Communality and Citizens of the City of London)的名义行事。〔64〕其他现存的例子包括律师学院(Inns of Court)和大学学院(university colleges)。曾经,社会是由上而下按等级组织起来的,国王会授予某些主体以相对自治的方式开展某些活动的特权。〔65〕这样做是为了某一特定的目的,并旨在赋予其一个独立于其组成成员的存在和超越其组成成员

〔63〕 Arthur L. Stinchcombe, *On the Virtues of Old Institutionalism*, 23 Annual Reviews 1(1997); see also Mary Stokes, *Company Law and Legal Theory*, in W. Twining ed., Legal Theory and Common Law, Blackwell, 1986, p.155, 164. 该作者认为,在股东分散的大公司中,关系契约是人为拟制的。在这样的公司中,股东几乎不参与治理。任何以下想法似乎都纯属虚构:认为公司内部之权力划分是股东之间协商一致安排的结果。

〔64〕 City of London, www.cityoflondon.gov.uk/footer/legal-notices.

〔65〕 Paul Davies, *Gower's Principles of Modern Company Law*, 6th edition, Sweet & Maxwell, 1997, p.18–19; J.E. Parkinson, *Corporate Power and Responsibility*, Clarendon Press, 1993, p.25–30; but see Antony Black, *Guild and State*, Routledge, 2017. 该作者认为,行会、城镇和大学都向王室申请了法人身份(corporate status)。这表明它们在被授予特许状之前就已经存在,这反过来又支持了公司本体理论。[我非常感谢大卫·金迪斯(David Gindis)提醒我注意这一文献。]

寿命的生命周期。[66]

从 17 世纪开始,公司还被用来支持重商主义目标。[67] 英国开始成为一个帝国,公司被用来协助国家的管理。公司是根据皇室特许令(Royal Charter)或议会私法法令(Private Act of Parliament)设立的。他们的名字来源于地理区域:哈德逊湾、东印度、中国南海。例如,哈德逊湾公司于 1670 年成立,其名称为"进入哈德逊湾贸易的英格兰总督和冒险家公司"(The Governor and Company of Adventurers of England trading into the Hudson's Bay)。[68] 它最初的目的就是促进哈德逊湾的贸易,其中包括征税和履行司法职能,此外还包括在该地区进行某些经济活动的垄断。与中世纪的行会成员一样,公司成员最初也以独立账户进行交易。[69] 从历史上看,在特许权制度之下,公司的设立需经由宪法指定的国家机关的临时个别批准。

随着时间的推移,出现了以合股方式进行交易的公司。[70] 于是,现代股份公司的概念就此诞生。在《南海泡沫法》(The South Sea Bubble Act)出台之前,这种公司一直被用来为一个共同的目的而筹集资金。公司须出于某些经批

---

〔66〕 Leonardo Dvoudi, Christopher McKenna & Rowena Olegario, *The Historical Role of the Corporation in Society*, 6(1) Journal of the British Academy 17(2018). 关于有限责任和对某些投资的公共政策偏好之间的联系,也出现在了现代关于尽职管理(stewardship)和社会责任投资的讨论中(see eg Law Commission, *Pension Funds and Social Investment*, LawComNo 374, 2017)。法律人格还被用来保护具有自然和文化意义的物体,如新西兰的旺格努伊河(National Geographic, www. nationalgeographic. com/culture/2019/04/ maori-river-in-new-zealand-is-a-legal-person/, last visited October 2, 2020);以及印度恒河(The Guardian, www. theguardian. com/world/2017/mar/21/gangesand-yamuna-rivers-granted-same-legal-rights-as-human-beings, last visited October 2, 2020)。

〔67〕 See also Leonardo Dvoudi, Christopher McKenna & Rowena Olegario, *The historical role of the corporation in society*, 6(1) Journal of the British Academy 17(2018).

〔68〕 William Schooling, *The Governor and Company of Adventurers of England Trading Into Hudson's Bay During Two Hundred and Fifty Years*: 1670 – 1920, Hudson's Bay Company, 1920;关于这种模式可能出岔子的描述,参见 William Dalrymple, *The Anarchy*, *The Relentless Rise of the East India Company*, Bloomsbury, 2019。

〔69〕 Paul Davies, *Gower's Principles of Modern Company Law*, 6th edition, Sweet & Maxwell, 1997, p. 20.

〔70〕 Leonardo Dvoudi, Christopher McKenna & Rowena Olegario, *The Historical Role of the Corporation in Society*, 6(1) Journal of the British Academy 17(2018); Giuseppe Dari-Mattiacci, Oscar Gelderblom et al., *The Emergence of the Corporate Form*, 33(2) Journal of Law, Economics and Organizations 193(2017).

准的目的而专门设立。1720 年至 1844 年,《南海泡沫法》使公司的设立变得非常困难。[71] 在那段时间,几乎不可能获得特许令。在英国,这导致了产权授予契约公司(deed of settlement companies)的出现。[72] 前面已经提到,这些公司是在合同法和信托法的基础上组建和运作的。[73]

1.3.2 现代特许权理论

自《1844 年公司法》颁布以来,英国已经可以通过登记而非个别特许的方式设立公司了。自 1855 年以来,立法就允许通过登记设立有限责任的公司了。

尽管如此,仍存在一种现代版本的特许权理论。该理论主张完全根据法规规定和判例法来理解公司。[74] 虽然并非所有支持该理论的学者都把他们的主张与法律理论联系起来,但是,在特许权理论和法律实证主义之间建立一种联系是有可能的。法律实证主义认为,应根据法律的条款而非参考诸如效率或道德等因素来理解法律。[75] 我们将在下一部分看到,英国法官对这种理解公司法的方式最为满意。

判例法

Salomon v. Salomon 案就是一个例子,法官专注于《公司法》中所载文字的含义,并抵制在法律明文规定之外去定性公司。他们研读法条,并解释他们发现的内容。霍尔斯伯里勋爵(Lord Halsbury)在 *Salomon v. Salomon* 案中写道:"我在这里只研究法规的规定,在我看来,法律应该只承认这种拟制的存在,这对拟制创造来说至关重要。"[76] 赫谢尔勋爵(Lord Herschell)说:

---

〔71〕 The South Sea Bubble Act 1720, 6 Geo Ⅰ, c 18.

〔72〕 Nathaniel Lindley & Samuel Dickinson, *A Treatise on the Law of Partnership Including its Application to Companies*, 4th edition, Westminster Hall, 1878, p. 7.

〔73〕 本章 1. 2. 1 部分。

〔74〕 See also Katsuhito Iwai, *Persons, Things and Corporations: The Corporate Personality Controversy and Comparative Corporate Governance*, 47 American Journal of Corporation Law 583(1997).

〔75〕 H. L. A. Hart, *The Concept of Law*, 3rd edition, OUP, 2012.

〔76〕 *Salomon v. Salomon*[1896]AC 22, 30.

> 除了通过审查公司法的条款,并找出其作为有限责任的交易条件而施加的规定外,我不知道有什么办法可以确定《2006 年公司法》的意图和含义……立法机关……显然准许这样的计划,即除六股外的所有股份都由一个人持有,而这六股的价值也不过是名义上的。[77] ……法规……当然没有规定签署备忘录的七个人中的每一个都必须对他所认购的股份享有实际权利。[78]

他承认,像萨洛蒙有限公司(Salomon Ltd)的这种情形可能在"批准有限责任的法案通过之时,并没有被立法机关考虑到"。[79] 但是,他接着说:"我们必须解释法律,而不是制定法律。"[80]

另一个例子则可以在霍夫曼勋爵(Lord Hoffman)在 *Meridian Global Funds Management Asia Ltd v. Securities Commission* [81]一案的判决理由中找到,他写道:

> 在这个阶段,有必要暂停一下,说明一个似乎显而易见的点。任何关于一个公司做了什么或没有做什么,或者能做什么或不能做什么的陈述,都必然指向适用于该公司的(主要和一般)归因规则。法官有时会说,一个公司"本身"不能做任何事情,它必须由雇员或代理人行事。这似乎是一个不足为奇,甚至是陈词滥调的说法。当然,其含义通常也是非常清楚的。但是,提到公司"本身",可能意味着需要有一种叫作公司的东西,人们说它能或不能做什么才有意义。事实上,不存在公司本身这样的东西,没有自在之物(*ding an sich*),只有可适用的规则。说一个公司不能为某事,只意味着根据可适用的归因规

[77] ibid 45.

[78] ibid 45 – 46.

[79] ibid 46.

[80] ibid 46.

[81] *Meridian Global Funds Management Asia Ltd v. Securities Commission* [1995] 2 AC 500 (PC), 506 – 07.

则,一个人的行为不能算作公司的行为。[82]

纽伯格勋爵(Lord Neuberger)在 *Bilta v. Nazir* 案中赞同这一点,他写道:"公司是一种拟制的构造,只能通过自然人行事。它没有实际的思想,尽管法律一直坚持将其拟人化。对此,请看霍夫曼勋爵所言……不存在任何'自在之物'。"

法官们对经济理论并不感兴趣。在 *Prest v. Petrodel* 案中,萨姆欣勋爵赞同罗伯特·戈夫法官(Robert Goff LJ)* 的附带意见(dictum)**。罗伯特·戈夫法官指出,在这个领域,"我们关注的不是经济而是法律。这两者之间的区别在法律上是根本性的"[83]。萨姆欣勋爵继续说道:

> 他完全有理由补充说,这不仅在法律上是根本的,在经济上也是根本的,因为一个多世纪以来,有限公司一直是商业生活的主要单位。它们的独立人格和财产是第三方有权且通常会和它们进行交易的基础。[84]

除了将他们的分析限制在其找到的法律范围内,法官们还赞同这样的观点,即设立公司是立法机关在某些条件下授予的特权。例如,切姆斯福德勋爵(Lord Chelmsford)在 *Ashbury Railway v. Riche* 案中指出,公司"完全是法律的产物"。[85] 为了保护那些与公司签订合同的人,创设公司的"特权"只应在符合某些条件

---

〔82〕 作者斜体。

* LJ 全称为"Lord Justices of Appeal",指上诉法院法官,本文统一译为"法官"。——译者注

** dictum 或 obiter dictum,即法官附带意见,指法官在作出判决的过程中的陈述,它并非为判决所必需,与被作为判决依据(ratio decidendi)或作为一部分判决依据的陈述有区别。尽管法官的附带意见可能有一定的说服价值,但是对其他法庭没有约束力。某一特定陈述是判决依据或一部分判决依据还是仅仅属于法官意见,是一个由考虑将该判决看做是一个先例的后来组成的法庭自己决定的事情,从而该陈述可能对今后案件的判决具有指导作用。参见[英]戴维·M. 沃克:《牛津法律大辞典》,李双元等译,法律出版社 2003 年版,第 323 页。——译者注

〔83〕 *Bank of Tokyo Ltd v. Karoon*(Note)[1987]AC 45, 64.

〔84〕 *Prest v. Petrodel* [2012]EWCA Civ 1395,[2013]UKSC 34,[2013]2 AC 415,[476].

〔85〕 *Ashbury Railway v. Riche*(1874 – 75)LR 7 HL 653, 678; see also Lord Crains(克雷恩勋爵)(670):"法律赋予公司生命力和权力的范围和程度", Lord O'Hagan(欧哈根勋爵)(690):"法案赋予了某些特权,并规定了某些条件",and Lord Selborne(塞尔伯恩勋爵)(693):"成文法上的公司(statutory corporation)根据议会立法而设立,旨在实现某一特定目的"。

下才能获得,而这些条件应该被公众所知悉。[86]

在最近的判例法中,也可以找到一种"特许权式"论点(concession-style argument)。大卫·理查兹法官(David Richards LJ)拒绝了有限责任是一种特权的主张,他认为这是"错误的"(mistaken)。但是,他继续指出,有限责任"是法规以无条件的措辞赋予的一项权利,是议会170多年前为了公共利益和促进国家经济福祉而创造的权利"[87]。虽然这种陈述将有限责任定性为一项权利而非特权,但其还是认可了这样的观点,即议会是为了某些公共利益的政策目标而授予设立公司的权利。

学术贡献

特许权理论在现代学术界也有追随者。苏珊·沃森(Susan Watson)将现代公司描述为国家的产物,认为公司人格源于国家(通过登记程序获得)。[88] 马克·摩尔强调:公司是公共行为而非私人行为的产物;公司权力的行使建立在社会许可(social licence)的基础之上;公司法须以公共政策为依据,有诸如调整"经济—组织权力失衡"或实现"明显的公共目标"(公共利益)的意图,例如通过问责制"确保公司权力的合法性";[89]公司治理"归根结底是一种拟制的、以监管为基础的现象(尽管其有显著的内生演化动力)"[90]。马丁·佩特林(Martin Petrin)写到,法律实体仅应被看作立法机关选择的一种工具,使个人能够以更有效和更方便的方式追求某些目标。[91] 这些都是"特许权式"的论点。

---

〔86〕 ibid 678; see also 684 Lord Hatherely, 667 Lord Chancellor Crains, 677 – 79 Lord Chelmsford, 684 and 687 Lord Hatherley, 690 – 92 Lord O'Hagan, and 693 – 94 Lord Selborn.

〔87〕 *BTI* 2014 *LLC v. Sequana SA* [2019] EWCA Civ 112, [2019] 1 BCLC 347, [151] (David Richards LJ).

〔88〕 Susan Watson, *The Corporate Legal Person*, 19 Journal of Corporate Law Studies 137(2019).

〔89〕 Marc T. Moore, *Corporate Governance in the Shadow of the State*, Hart Publishing, 2013, p. 280 – 81; Marc T. Moore, *Private Ordering and Public Policy: The Paradoxical Foundations of Corporate Contracterianism*, 34(4) Oxford Journal of Legal Studies 693(2014).

〔90〕 Marc T. Moore, *Corporate Governance in the Shadow of the State*, Hart Publishing, 2013, p. 280; Marc T. Moore, *Private Ordering and Public Policy: The Paradoxical Foundations of Corporate Contractarianism*, 34(4) Oxford Journal of Legal Studies 693(2014).

〔91〕 Martin Petrin, *Reconceptualizing the Theory of the Firm-From Nature to Function*, 118 Penn State Law Review 1(2013).

国家授予法人形式,并有权制定反映政府政策选择的条款。然而,马丁·佩特林并不赞同法律实证主义。[92]

哈特用法律实证主义论证理论阻碍了对法律的理解。[93] 他写道,"什么是公司?"这个问题对正确分析法律规则没有帮助,反而会造成混淆;更好的问题是:"法律在什么情况下将责任归于公司?"在回答这个问题时,法官被引导去判断为自然人制定的规则是否可以通过类推适用于公司。对问题的这种重新表述还表明,如果一个类推被接受,那么随之而来的是"意思"的"转变"(shift in meaning),而这种"意思"的"转变"是使有关规则适应公司基本法律所必需的。[94] 可以将这一分析与特许权理论相联系。国家制定了公司法,人们应根据国家规定的条款来理解该法律。

在非法律文献中也可以找到"特许权式"的论证。埃里克·奥茨(Eric Orts)为法经济学学者写道,更多地关注规制公司的法规和判例法将有助于我们更好地理解公司。[95] 格兰特·海登(Grant Hayden)和马修·博迪(Matthew Bodie)将公司描述为"政府创建的对其参与者施加特定限制的组织机构"。[96] 他们都没有将特许权这一点和法律实证主义联系起来。

从特许权理论的角度来看,公司法优先为政府的事项服务。它是通过议会程序所做的政策决定的产物。对于哪一个利益集团应该成为公司法的核心焦点,该理论并没有提出任何规范性建议。

然而,倡导强化利益相关者参与的学者们可以将该理论作为其跳板,用该

---

〔92〕 马丁·佩特林采用了法律现实主义的模式,他认为,就企业有哪些权利和义务这一问题而言,应根据法律试图解决的基本经济和社会问题来确定[Martin Petrin, *Reconceptualizing the Theory of the Firm-From Nature to Function*, 118 Penn State Law Review 1(2013)]。

〔93〕 H. L. A. Hart, *Definition and Theory in Jurisprudence*, in H. L. A. Hart, Essays in Jurisprudence and Philosophy, OUP, 2012, p. 43 – 47; see also Martin Petrin, *Reconceptualizing the Theory of the Firm-From Nature to Function*, 118 Penn State Law Review 1(2013).

〔94〕 Martin Petrin, *Reconceptualizing the Theory of the Firm-From Nature to Function*, 118 Penn State Law Review 1(2013).

〔95〕 See eg Eric W. Orts, *Business Persons*: *The Legal Nature of the Firm*, OUP, 2013.

〔96〕 Grant M. Hayden & Matthew T. Bodie, *The Uncorporation and the Unraveling of the* "*Nexus of Contract Theory*", 109 Michigan Law Review 1127(2010 – 2011).

理论论证对公司社会责任施以强制性规范的论点。[97] 这种论点是，如果国家为设立公司提供了可能性，那么国家就有权要求得到一些回报。

评价

鉴于法官将他们的分析限制在他们所看到的法律上而对公司设立理论没有兴趣，那么法律实证主义是否更适合我们？我们花时间进行理论辩证真的值得吗？

本书将论证，理论分析是有用的。对法律规则所应对的现象的理解，可以阐明立法机关所制定的规则，这反过来又有助于我们从正面理解这些规则。理论还有助于对现有框架提出改进建议。

此外，法律实证主义有时很难适应边界现象（borderline phenomena）。这种现象的典型例子就是一人公司。最近，最高法院在 *Stone & Rolls v. Moore Stephens* 案中的判决就充分说明了这一困难。[98] 该案认为，斯通和罗尔斯有限公司（Stone & Rolls Ltd）的审计师因疏忽未能发现公司唯一股东/董事的欺诈行为，但是，公司不能向该审计师索赔。英国上议院认为，该公司之所以无法索赔，是因为它本身对欺诈负有责任，不能将自己的不当行为作为索赔的依据。可以说，该案忽略了公司的独立法律人格。[99] 公司独立于其所有参与者。[100] 即使公司只有一个股东，该股东还担任该公司唯一的董事，公司仍然是一个独立的法律主体，并且可以成为该股东董事欺诈行为的受害者。

当然，普通法也会迅速纠正自己的错误。在 *Stone & Rolls* 案判决后仅 6 年，纽伯格勋爵就在 *Bilta v. Nazir* 案中建议将其“放在一边”，“不要再看

---

〔97〕 Stefan J. Padfield, *Corporate Social Responsibility and Concession Theory*, 6 William & Mary Business Law Review 1(2015).

〔98〕 *Stone & Rolls v. Moore Stephens*[2009]UKHL 39,[2009]1 AC 1391.

〔99〕 Sarah Worthington, *Corporate Attribution and Agency*: *Back to Basics*, 133(1) Law Quaterly Review 118(2017); see also *Singularis Holdings Ltd v. Daiwa Capital Markets Europe Ltd*[2019]UKSC 50, [2019]3 WLR 997,[27],[31]and[34].

〔100〕 *Singularis Holdings Ltd v. Daiwa Capital Markets Europe Ltd* [2019]UKSC 50,[2019]3 WLR 997,[27].

了”。[101] 在 *Bilta* 案判决几年后，黑尔女男爵（Lady Hale）同意 *Singularis Holdings v. Daiwa* 案中初审法官的判决，即“没有任何法律原则表明，在公司因第三方违反其对公司所负义务而提起的任何诉讼程序中，如果该公司是一人公司，董事的欺诈行为应归因于该公司”。关于任何“是否将欺诈董事的知情归因于公司”的问题，答案“始终要考虑归因的相关背景和目的”。黑尔女男爵同意这一指导原则，并得出结论：“*Stone & Rolls* 案终于可以‘安息’了。”[102]

然而，*Stone & Rolls* 案可以作为一个例子，以说明了解法律旨在解决的现实生活现象有助于对规则的应用。公司的独立法律人格不仅仅是一种法律形式。有必要将公司法视为组织运作的框架。公司法主要为股东服务，但也为债权人服务。因此，一家公司可以因其唯一股东兼董事的行为而遭到损害。如果董事违反其对公司应尽的注意义务，对银行发出欺诈性指示，那么公司也可以向执行了该指示的银行索赔。[103]

1.4 实体理论

1.4.1 引言

公司是一个真实实体，这一主张可归功于德国法学家奥托·冯·基尔克*（Otto von Gierke）和社会理论家沃尔特·冯·拉特瑙（Walter von Rathenau）的著作。[104] 奥托·冯·基尔克将公司描述为一个“活的有机体”和“一个真正的人，

---

〔101〕 *Bilta v. Nazir*[2015]UKSC 23,[2016]1 AC 1,[30].

〔102〕 *Singularis Holdings Ltd v. Daiwa Capital Markets Europe Ltd*[2019]UKSC 50,[2019]3 WLR 997,[34]; *Hamblin v. World First Ltd*[2020]EWHC 2383(Comm),[2020]6 WLUK 314.

〔103〕 *Singularis Holdings Ltd v. Daiwa Capital Markets Europe Ltd*[2019]UKSC 50,[2019]3 WLR 997.

* 我国学者一般将基尔克关于法人本质的学说称为法人有机体说，该学说是法人实在说的一个分支。——译者注

〔104〕 Ron Harris, *The Transplantation of the Legal Discourse on Corporate Personality Theories: From German Codification to British Political Pluralism and American Big Business*, 63(4) Washington and Lee Law Review 1421(2006), 作者追溯了该理论的起源；see generally Joshua Getzler, *Law, History and the Social Sciences: Intellectual Traditions of Late Nineteenth-and Early Twentieth-Century Europe*, in Andrew Lewis & Michael Lobban eds., Law and History: Current Legal Issues, Volume 6, OUP, 2004, p.215。

有自己的身体、成员和意志”。[105] 沃尔特·冯·拉特瑙的作品创造了“企业本身”[enterprise as such(Unternehmen an sich)]这一术语。[106] 支持真实实体理论的另一位著名学者是弗雷德里克·梅特兰(Frederic Maitland)。[107]

就早期公司而言,公司是“真实的”这一论点可能有助于证明向立法机关提出的以下要求是合理的:允许公司自由设立,而非通过特许设立。如果公司真实存在,立法机关的作用就是承认这一点,并赋予其法人人格。[108] 在20世纪初,真实实体理论可以说是首选方法。[109] 在美国,它似乎被用来反对国家对公司的监管。[110] 它还有助于支持这样的主张:是公司而不是(或者除了)其股

---

〔105〕 Otto Gierke, *Political Theory of the Middle Age*, trans. with an intro. By F. W. Maitland, CUP, 1900, Thoemmes Press reprinted, 1996, p. xxvi; Joshua S. Getzler, *Frederic William Maitland-Trust and Corporation*, 35 University of Queensland Law Journal 171(2016).

〔106〕 Martin Gelter, *Taming or Protecting the Modern Corporation? Shareholder-Stakeholder Debates in a Comparative Light*, 7 New York University Journal of Law & Business 641(2010–2011); Stephan Leixnering, Renate E. Meyer & Peter Doralt, *The Past as Prologue: Purpose Dynamics in the History of the Aktiengesellschaft*, in Renate E. Meyer, Stephan Leixnering & Jeroen Veldman, The Corporation: Rethinking the Iconic Form of Business Organization, Research in the Sociology of Organizations, volume 78, Emerald Publishing Limited, 2022(forthcoming); see also Ewan McGaughey, *The Co-Determination Bargains: The History of German Corporate and Labor Law*, 23(1) Columbia Journal of European law 135(2016–17); Walter Rathenau, Vom Aktienwesen; Eine geschaeftliche Betrachtung, Fischer Verlag Berlin, 1917; Walter Rathenau, Von den kommenden Dingen, Fischer Verlag Berlin, 1918.

〔107〕 Otto Gierke, *Political Theory of the Middle Age*, trans. with an intro. By F. W. Maitland, CUP, 1900, Thoemmes Press reprinted, 1996; see also Frederick Hallis, *Corporate Personality A Study in Jurisprudence*, OUP, 1930; see also Adolf Berle, *The Theory of Enterprise Entity*, 47 Columbia Law Review 343(1947). 拉特瑙(Rathenau)的研究被引用在阿道夫·伯利(Adolf Berle)和格迪纳·米恩斯(Gardiner Means)的开创性著作中:Adolf Berle & Gardiner Means, *The Modern Corporation and Private Property*, Legal Classics Library, 1993, p.352[see Martin Gelter, *Taming or Protecting the Modern Corporation? Shareholder-Stakeholder Debates in a Comparative Light*, 7 New York University Journal of Law & Business 641(2010–2011)]; see also Ernst Freund, *The Legal Nature of Corporations*, University of Chicago Press, 1897。

〔108〕 John Lowry & Arad Reisberg, *Pettet's Company Law: Company Law and Corporate Finance*, 4th edition, Pearson, 2012, p.58.

〔109〕 Daniel Lipton, *Corporate Capacity for Crime and Politics: Defining Corporate Personhood at the Turn of the Twentieth Century*, 96 Virginia Law Review 1911(2010) citing scholars around Berle and Means; David Gindis, *From Fictions and Aggregates to Real Entities in the Theory of the Firm*, 5(1) Journal of Institutional Economics 25(2009); see also Ewan McGaughey, *Ideals of the Corporation and the Nexus of Contract*, 76(6) Modern Law Review 1057(2015).

〔110〕 Daniel Lipton, *Corporate Capacity for Crime and Politics: Defining Corporate Personhood at the Turn of the Twentieth Century*, 96 Virginia Law Review 1911(2010).

东或董事要对公司的犯罪行为负责并享有人权。[111]

1.4.2 股东与利益相关者

有学者提出应强化利益相关者对公司决策的影响力,真实实体理论也与之相关。例如,马克·摩尔和马丁·佩特林认为,实体理论无法说明股东比其他利益相关者有更大的影响力。[112] 他们写道,赋予公司自主地位"决定了"组织权力的持有者不应该为自己的利益自由行使权力,而应该"为了受该组织影响的主体的利益"行使权力。[113]

按照类似的思路,西蒙·迪金(Simon Deakin)将公司设想为"公共池"(commons)。[114] 公共池是一种"公共资源池"(common-pool resource),其由集体为多种利益持有和管理,比如集体管理的灌溉、渔业或林业体系。[115] 大卫·维斯哈特(David Wishart)将公司设想为"一个成员共同体"(a community of members)或一个"具有自我管理能力的政治机构"(political institution with self-governing capacity),并认为这可以让我们摆脱"法律的唯一焦点是人类"(the sole focus of law being human beings)。[116] 伊万·麦高利(Ewan McGaughey)将公司描述为一种"社会制度"(social institution)。[117] 这三位作者都站在了各自的理论立场,支持以利益相关者为中心的公司模式。

我们已经看到,关系契约和代理理论本身并不能解释为什么股东比其他选民有更大的影响力。为了解释股东相对较大的影响力,代理理论需要引入一个

---

〔111〕 Mark M. Hager, *Bodies Politic: The Progressive History of Organizational "Real Entity" Theory*, 50 University of Pittsburgh Lawa Review 575(1989); Michael J. Phillips, *Reappraising the Real Entity Theory of the Corporation*, 21 Florida State University Law Review 1061(1994); Martin Petrin, *Reconceptualizing the Theory of the Firm-From Nature to Function*, 118 Penn State Law Review 1(2013).

〔112〕 Marc Moore & Martin Petrin, *Corporate Governance: Law, Regulation and Theory*, Macmillan Education, 2017, p. 26 - 27.

〔113〕 Marc Moore & Martin Petrin, *Corporate Governance: Law, Regulation and Theory*, Macmillan Education,2017, p. 27(原文斜体)。

〔114〕 Simon Deakin, *The Corporation as Commons: Rethinking Property Rights, Governance and Sustainability in the Business Enterprise*, 37 Queen's Law Journal 339(2012).

〔115〕 ibid 368.

〔116〕 David Wishart, *A Reconfiguration of Company and/or Corporate Law Theory*, 10(1)Journal of Corporate Law Studies 151(2010).

〔117〕 Ewan McGaughey, *Ideals of the Corporation and the Nexus of Contract*, 76(6) Modern Law Review 1057(2015).

额外的论点：剩余索取权理论。

真实实体的观点与任何公司法律制度中股东影响力程度的设计也没有逻辑上的联系。真实实体理论最初是在股东比其他选民有更大影响力的制度背景下构思的。德国法律在20世纪30年代引入了目前的双董事会模式，赋予董事会相对较高的独立于股东的地位，这远晚于奥托·冯·基尔克首次撰文的时间。诚然，沃尔特·冯·拉特瑙是真实实体理论的支持者，其对20世纪30年代改革前存在的股东影响力也持批评态度。但是，这并不能从逻辑上将真实实体理论与任何特定水平的股东影响力联系起来。就像关系契约理论和特许权理论一样，真实实体理论并没有从正面告诉我们权力是如何在不同群体之间分配的，也没有告诉我们权力应该如何在规范层面上进行分配。

事实上，本书认为，引入真实实体理论的同时，就公司决策而言赋予股东比其他利益集团相对更多的权利，是描述当前英国公司模式的最佳方式。股东既不是公司的所有者，公司法也不完全以他们的利益为导向。公司法规定了一个决策程序，允许组织自主决策。与其他选民相比，股东的影响力究竟有多大取决于许多因素，这些因素与我们将公司比作合同还是组织无关。

1.4.3 本体性公司理论的基础

组织“是”(are)真实实体的说法超越了法律范畴。在19世纪和20世纪初，当学者们提出真实实体理论时，既没有理论分析也没有经验证据来支持这一主张，他们的主张基于直觉。现今，已有理论研究支持真实实体学说，本书以此为基础提出了本体性公司理论。

关于事实(facts)

在我们进一步分析支持真实实体学说的理论研究之前，有必要明确我们所说的公司或组织是一个真实实体的说法是什么意思。明确在何种意义上可以将一个事实定性为“存在于现实中”(existing in reality)十分必要。

埃米尔·涂尔干(Emile Durkheim)创造了“社会事实”(social facts)这一著名术语。他指出，社会互动导致了行为模式的产生。这些模式外在于个人，并构成了社会学领域的研究对象。[118] 制度经济学家理查德·阿德尔斯坦

〔118〕 Steven Lukes, *Durkheim: and Selected Texts on Sociology and its Method*, Macmillan Education, 2013, p.49 -71.

(Richard Adelstein)区分"原始事实"(brute facts)(岩石、树木、狗、人)与"社会事实"时,便以此为基础。[119] 原始事实独立于人类的任何意志而存在;社会事实之所以存在,是因为有其存在的集体意志和共识。企业类似于足球队,其有两个特征。首先,成员并不是以个人身份,而是作为企业的一部分行事。其次,非成员也会参与到该集体意志中,因为他们也承认企业的成员是一个整体,并构成了一个社会事实。这种共识使企业成为现实。[120] 根据该共识,企业是被"每个人"都视为"活跃的社会单位"的东西。[121]

我们还可以识别社会单位(如企业)的特征。企业通过真实的人实时执行独特的惯例来行事。[122] 企业的运行规则就是企业。[123] 这近乎将企业重新定义为一个"超个体的存在(supraindividual being)",通过惯例的运作在市场上获取知识、作出决策,并采取行动。[124] 企业内部的互动创造了独特的习惯、惯例、过程和程序,以及一种组织文化,它们无时无刻不体现在不断变化的参与者名册中。[125] 惯例是一种社会现象,企业不是"活"(living)的有机体,而是"自主的"(autonomous)甚至"栩栩如生的存在"(lifelike beings);企业的存在独立于它们的临时参与者,其有自己的意志和社会行为。[126]

本书认为,组织在社会意义上是真实存在的。它们不像原始事实那样是有形的,但它们会影响人类的行为,因此组织在其后果中是真实的。下一部分将进一步讨论社会环境影响人类行为的观点。

自然、群体和组织行为

在社会科学中,实证主义和解释主义之间存在长期争论。[127] 实证主义者与自然科学相关联,强调测量和量化的必要性。解释论者认为社会世界主要受

[119] Richard Adelstein, *Firms as Social Actors*, 6(3) Journal of Institutional Economics 329(2010); relying on John R. Searle, *The Construction of Social Reality*, New York, Free Press, 1995, p. 2-26.

[120] Richard Adelstein, *Firms as Social Actors*, 6 Journal of Institutional Economics 329(2010).

[121] ibid 346.

[122] ibid 347.

[123] ibid 340.

[124] ibid 341-42.

[125] ibid 342.

[126] ibid 333.

[127] Michael Crotty, *The Foundations of Social Research: Meaning and Perspective in the Research Process*, Sage, 2003.

制于人的解释,不认为测量或量化有助于分析社会现象。

本书并不赞同这两种观点。本书观察到群体和组织对人类行为的影响,这一点对于解释论者来说,不需要经验证据就可以接受;而这种影响是可以测量和量化的,因此,也满足了实证分析方法论的要求。

人类的行为因社会环境而异。本书作者会根据其以私人身份还是以学者身份行事而调整自己的行为。在以学者身份行事的时候,其行为取决于对象是学生、学术界的同仁,还是行业外的个人。本书作者的行为还因其所在的特定大学或部门而异。其职业行为受到该大学或部门所采用的做事方法、程序和政策的影响。在跟与其身处同一社会环境中工作的其他人互动时,会形成非正式理解,其行为还受到该非正式理解的影响。

经验表明,人类有能力采取理性的行为,但是行为并不总是建立在理性决策的基础上。理性行为需要耗费脑力和时间,所以很少发生。[128] 人类的大部分决策和行为都是自动化的(automated)。人类会承袭习惯和惯例。[129]

也有研究表明,人类行为是由社会决定的。与他人的互动塑造了人类的行为方式。"群体思维"(Group think)会导致个人脱离自己的判断力。"群体忠诚"(Group loyalty)会导致成员继续实践已被证明是无效的做法。组织有办法凌驾于个人判断和看法之上。[130] 例如,林恩·祖克(Lynn Zucker)在一个实验中证明,当个人认为自己是一个组织的一部分时,他们的行为会有所不同。对组织环境的感知会使个人调整他们对现实世界中"原始"事实的认知。[131] 黛安·沃恩(Diane Vaughan)表明,挑战者号航天飞船的灾难是一个以高风险技术文化为特征的组织环境造成的,在这种组织环境下,人们将显示有问题的证

---

[128] Daniel Kahneman, *Thinking, Fast and Slow*, Penguin, 2011, p. 21 - 38.

[129] See also Roger C. Shank & Robert P. Abelson, *Script, Plans, Goals and Understanding: An Inquiry into Human Knowledge Structures*, Hillsdale, 1997. 其认为,人类行为是在模式识别(pattern recognition)的基础上运作的。当新情境显示出与以往经验的相似性时,就会触发原有的脚本,并导致从已知情境中借鉴的一系列行动。

[130] See further Christian List & Philipp Pettit, *Group Agency: The Possibility, Design, and Status of Corporate Agents*, OUP, 2011; Susanna K. Ripken, *Corporations are People Too: A Multi-Dimensional Approach to the Corporate Personhood Puzzle*, 15 Fordham Journal of Corporate and Financial Law 97 (2009) and also Christian Witting, *Liability of Corporate Groups and Networks*, CUP, 2018, p. 49.

[131] Lynne G. Zucker, *The Role of Institutionalization in Cultural Persistence*, 42 American Sociological Review 726 (1977).

据视为正常的偏差。没有任何一个人有过错。灾难的原因是“组织生活的陈腐”(banality of organizational life),而不是违反了任何特定的安全规则。[132] 米歇尔·埃伦哈德(Michel Ehrenhard)和蒂莫·菲奥里托(Timo Fiorito)对25家卷入公司丑闻的银行员工行为进行了研究。他们发现,这些行为大多归因于系统性问题,银行的多个部门,通常包括董事会,对这些问题都有所了解。[133] 引发丑闻的原因是一种特殊的文化,而不是行为失常的个人。另外,这与这些银行采用诸如诚信、专业和公平等企业价值观的事实无关。[134]

制度理论

到目前为止,我们已经得出结论,组织在其后果中是真实的,它们塑造了人类的行为方式。在本部分,我们将分析对组织研究的理论贡献。这些理论使用其各自的术语:经济学家倾向于使用“企业”一词,其他社会科学家则倾向于使用“组织”这一术语。我们将不再赘述这一差异。以下分析的目的是,表明已有学术研究,分别将企业和组织视为以其过程为特征的自主行动者,而不是代理关系的枢纽。

制度理论认为,人类行动由社会力量塑造。当个人互动时,他们创造了法律、习俗和文化。[135] 这些力量塑造了人类行为并被称为“制度”(institutions),人类和组织行为被称为“制度化”(institutionalized)。该领域的理论家分析了

---

[132] Dianne Vaughan, *The Challenger Launch Decision*, University of Chicago Press, 1996; see also David Welsh et al., *The Slippery Slope: How Small Ethical Transgressions Pave the Way for Larger Future Transgressions*, 100 Journal of Applied Psychology 114(2015).

[133] Michel Ehrenhard & Timo Fiorito, *Corporate Values of the 25 Largest European Banks: Exploring the Ambiguous Link with Corporate Scandals*, 18 Journal of Public Affairs 1(2018); see also Henrich Greve, Donald Palmer & Jo-Ellen Pozner, *Organizations Gone Wild: The Causes, Processes, and Consequences of Organizational Misconduct*, 4(1) The Academy of Management Annals 53(2010).

[134] Michel Ehrenhard & Timo Fiorito, *Corporate Values of the 25 Largest European Banks: Exploring the Ambiguous Link with Corporate Scandals*, 18 Journal of Public Affairs 1(2018).

[135] 有关该学派的研究,参见 Peter L. Berger & Thomas Luckmann, *The Social Construction of Reality: A Treatise in the Sociology of Knowledge*, Open Road Media, 1967; 也可参见 Philip Selznick, *Foundations of the Theory of Organization*, 13(1) American Sociological Review 25(1948); Philip Selznick, *TVA and the Grass Roots: A Study in the Sociology of Formal Organization*, Berkeley University of California Press, 1949。

这些力量对个人和组织的影响，他们对社会学、政治学和经济学等学科都有贡献。[136]

争论存在于两个层面。在宏观层面上，学者们讨论了组织行为在多大程度上是外部力量而非组织能动性的产物。例如，保罗·迪马吉奥（Paul DiMaggio）和沃尔特·鲍威尔（Walter Powell）就非常重视影响组织行为的宏观社会力量。[137] 关注组织能动性的制度理论家认为这种观点过于绝对，并认为组织在应对外部压力时有一定的自主性。然而，这两个阵营都对"诸如新古典经济学家提出的社会过程的原子论解释"持怀疑态度。[138] 在微观层面上，也出现了关于组织结构与人类能动性的争论。同样，人们一致同意，结构和文化制约着人类行动。该争论的焦点是，人类行动者在多大程度上被组织强加给他们的过程、程序和文化所影响。最近的学术研究倾向于持一种调和立场，即承认人类能动性和组织结构是组织行动的决定因素。[139]

在迈克尔·汉南（Michael Hannan）和约翰·弗里曼（John Freeman）的文章中可以找到一个更具结构主义观点的例子。他们认为组织结构是理解组织的"中心"；[140] 要取得成功，组织需要适应环境的变化；组织结构是过程，它产生的结构惰性会限制组织的适应能力。[141] 一个例子是，这种结构惰性会限制组织

---

[136] W. Richard Scott, *Institutions and Organizations*, 4th edition, Sage, 2014.

[137] Paul J. DiMaggio & Walter W. Powell, *The Iron Cage Revisited: Institutional Isomorphism and Collective Rationality in Organizational Fields*, 48 American Sociological Review 147 (1983). 作者用了马克斯·韦伯（Max Weber）的著名比喻。

[138] Pursey P. M. A. R. Heugens & Michel W. Lander, *Structure! Agency! (And Other Quarrels): A Meta-Analysis of the Institutional Theories of Organisation*, 52 Academy of Management Journal 61 (2009).

[139] See eg Patricia H. Thornton, William Ocasio & Michael Lounsbury, *The Institutional Logics Perspective: A New Approach to Culture, Structure and Process*, OUP, 2012; Thomas B. Lawrence, Roy Suddaby & Bernard Leca eds., *Institutional Work*, CUP, 2009; see also Pursey P. M. A. R. Heugens & Michel W. Lander, *Structure! Agency! (And Other Quarrels): A Meta-Analysis of the Institutional Theories of Organisation*, 52 Academy of Management Journal 61 (2009).

[140] Michael T. Hannan & John Freeman, *The Population Ecology of Organizations*, 82(5) American Journal of Sociology 929 (1977); Michael T. Hannan & John Freeman, *Structural Inertia and Organizational Change*, 49 American Sociological Review 149 (1984).

[141] Michael T. Hannan & John Freeman, *The Population Ecology of Organizations*, 82(5) American Journal of Sociology 929 (1977).

灵敏性的内部结构安排，包括对大型机器、设备和专业人员的安排；另一个例子是，组织无法向决策者提供充分的信息。然而，最重要的例子是内部政治制约。变化会在组织的内部单位之间重新分配权力，这些内部单位会抵制变化。最后，组织还受到其历史的制约。一旦人们对任务和权力分配的标准和程序达成规范性共识，变化的成本就会大大增加。[142] 虽然组织结构限制了组织的灵敏性，但它是组织生存的关键因素，使组织能够可靠地复制和存储知识和信息。此外，尽管存在结构惰性，但仍有变化的空间，以使组织能够适应周围环境的改变。[143]

理查德·斯科特（W. Richard Scott）更看重个人能动性。[144] 他把组织描述为“符号”（figures），这些“符号”由其所运行的环境所渗透和构成。[145] 带着对结构主义的认同，他指出，所有（甚至是创新）的行动都受到现有环境的影响，并且必须适应现有环境。[146] 但是，他也强调，对组织的认知——组织以其过程为特征，该特征会影响人类行为——不应被误解为是对保守的标准安排的认可。过程也可以是发生变化的渠道，它是一把双刃剑。[147]

有经验证据证实了组织惰性。例如，有证据表明，一个组织的创始人所采取的战略会在公司的整个生命周期中持续影响公司的战略规划。沃伦·博克尔（Warren Boecker）研究了 53 家半导体企业的样本，发现那些在一个行业早期成立的企业更有可能继续奉行抢先战略（first-mover strategy），而在最近几年成立的企业则更有可能制定并奉行利基战略（也称市场细分战略）

---

〔142〕 Michael T. Hannan & John Freeman, *The Population Ecology of Organizations*, 82(5) American Journal of Sociology 929(1977).

〔143〕 Michael T. Hannan & John Freeman, *Structural Inertia and Organizational Change*, 49(2) American Sociological Review 149(1984).

〔144〕 See also Julie Battilana & Thomas D'Aunno, *Institutional Work and the Paradox of Embedded Agency*, in Thomas B. Lawrence, Roy Suddaby & Bernard Leca, Institutional Work, CUP, 2009, p. 31

〔145〕 W. Richard Scott, *Institutions and Organizations*, 4th edition, Sage, 2014, p. 262.

〔146〕 See also V. Lynn Meek, *Organizational Culture: Origins and Weaknesses*, 9(4) Organizations Studies 453(1988).

〔147〕 W. Richard Scott, *Institutions and Organizations*, 4th edition, Sage, 2014, p. 272 – 73; see also Anthony Giddens, *The Constitution of Society*, Berkeley University of California Press, 1984, p. 25 – 28, 327. 作者观察到，个人同时受到社会结构的约束和赋权。Joanne Martin & Caren Siehl, *Organizational Culture and Counterculture: An Uneasy Symbiosis*, 12(2) Organizational Dynamics 52(1983).

(niche strategy)。[148] “在创立阶段作出的决定会在组织特征中留下烙印,这有助于确定组织的未来方向”。[149] 沃伦·博克尔还指出,由于研究者倾向于用当前的现象来解释当前的特征,所以有时会忽略烙印的力量。[150]

类似地,阿瑟·斯廷奇科姆(Arthur Stinchcombe)研究了1870年至1900年在美国设立的新大学的特点。在那个时期,大学的建立如“春笋般爆发”。大学根据最初设立时间的不同采用了不同的形式,这些形式在很长一段时间内得以持续。因此,组织被“印”(imprinted)上了它们最初设立时的特征。[151] 随着同一时期(或更确切地说,同一类型)的组织越来越多,组织的合法性也随之增强,其结构模板也随之得以强化。[152]

研究企业文化的学者拓宽了我们分析组织的视野。[153] 人们普遍认为,文化对一个组织的成功来说至关重要。[154] 文化也被认为是影响组织遵守监管要求的关键因素。[155]

---

〔148〕 Warren P. Boeker, *The Development and Institutionalization of Subunit Power in Organizations*, 34(3) Administrative Science Quarterly 388(1989).

〔149〕 ibid 408.

〔150〕 ibid 408.

〔151〕 W. Richard Scott, *Institutions and Organizations*, 4th edition, Sage, 2014, p. 194; Arthur L. Stinchcombe, *Social Structure and Organizations*, in James G. March ed., Handbook of Organizations, Rand McNally, 1965, p. 142.

〔152〕 W. Richard Scott, *Institutions and Organizations*, 4th edition, Sage, 2014, p. 194.

〔153〕 V. Lynn Meek, *Organizational Culture: Origins and Weaknesses*, 9(4) Organizations Studies 453(1988).

〔154〕 See eg Financial Reporting Council, *Corporate Culture and the Role of Boards*, July 2016, p. 2–3, available from www. frc. org. uk/getattachment/3851b9c5-92d3-4695-aeb2-87c9052dc8c1/Corporate-Culture-and-the-Role-of-Boards-Report-of-Observations. pdf; Boris Groysberg et al., *The Leader's Guide to Corporate Culture*, 96(1) Harvard Business Review 44(2018); Julie Goran, Laura LaBerge & Ramesh Srinivasan, *Culture for a Digital Age*, McKinsey Quarterly, (July 2017), https://www. mckinsey. com/business-functions/ mckinsey-digital/our-insights/culture-for-a-digital-age#.

〔155〕 Financial Conduct Authority, *Transforming Culture in Financial Services*, DP18/2, (March 2018), available from www. fca. org. uk/publication/discussion/dp18-02. pdf; Anthony Salz, *Salz Review and Independent Review of Barclay's Business Practices*, Salz Review, (April 2013), p. 177–95, https://online. wsj. com/public/resources/documents/SalzReview04032013. pdf; Jitendra Aswani & Franco Fiordelisi, *Tournament Culture and Corporate Misconduct: Evidence Using Machine Learning*, SSRN, (Nov. 6, 2023), https://papers. ssrn. com/sol3/papers. cfm? abstract_id=3708313.

组织文化可以被描述为一种“多层次的、等级化的、涉及价值观以及与行为相关的社会现象”。[156] 企业文化属性的例子有仪式、符号、意识形态和神话。[157] 在文化方面,也有学者认为,组织被打上了过去的烙印。[158] 脸书公司和苹果公司是众所周知的例子,其创始人的愿景和性格塑造了它们非常独特的企业文化。企业文化由组织中的参与者集体保持,该文化影响着他们,但也可以被他们改变。在这里,也存在关于人类个体能动性与文化决定论的争论。争论的内容是,在学者一致认为改变需要个体参与者付出时间和努力的前提下,文化的作用究竟有多大。[159]

经济学中的制度理论

有一些早期的制度经济学家强调,人类行为由社会互动所塑造。索斯坦·维布伦(Thorstein Veblen)在 20 世纪初写道,个人的行为被“他与群体内同伴的习惯性关系(habitual relations)所左右和指导”,这些关系具有“制度性”,并“随着制度场景的变化而变化”。[160]

诺贝尔经济学奖得主赫伯特·西蒙(Herbert Simon)的著作也强调了惯例、过程和程序对塑造人类行动和组织行为的重要性。[161] 他的分析重点是组

---

〔156〕 Nien-He Hiseh et al., *Getting Clear on Corporate Culture: Conceptualisation, Measurement and Operationalisation*, 6 Journal of the British Academy 155(2018).

〔157〕 Andrew M. Pettigrew, *On Studying Organizational Cultures*, 24(3) Administrative Science Quarterly 570(1979); see also John W. Meyer & Brian Rowan, *Institutionalized Organizations: Formal Structure as Myth and Ceremony*, 83 American Journal of Sociology 340(1977).

〔158〕 Andrew M. Pettigrew, *On Studying Organizational Cultures*, 24(3) Administrative Science Quarterly 570(1979).

〔159〕 See eg Mats Alvesson & Stefan Sveningsson, *Changing Organizational Culture: Cultural Change Work in Progress*, Routledge, 2008; Kim S. Cameron & Robert E. Quinn, *Diagnosing and Changing Organizational Culture: Based on a Competing Values Framework*, 3rd edition, Jossey-Bass, 2011; W. Brook Tunstall, *Cultural Transition at AT & T*, 25(1) Sloan Management Review 15(1983); Noel M. Tichy, *Managing Change Strategically: The Technical, Political and Cultural Keys*, 11(2) Organizational Dynamics 59(1982).

〔160〕 Thorstein Veblen, *The Limitations of Marginal Utility*, 17 Journal of Political Economy 620(1909); see also Andrew Van de Ven, *The Institutional Theory of John R. Commons: A Review and Commentary*, 18 Academy of Management Review 129(1993).

〔161〕 Herbert Simon, *Administrative Behavior: A Study of Decision-Making Processes in Administrative Organizations*, 4th edition, The Free Press, 1997.

织决策，而不是个人动机。[162] 在他的框架中，人类行动者能够理性行动，但也会表现出非理性的行为。组织通过创设过程以帮助个人采取理性的行为。[163] 惯例是组织行为的精髓，其提供了指导人类行为的执行程序(performance programmes)。*

可以肯定的是，赫伯特·西蒙的贡献强调了组织对个人行为的影响。他并未提出存在一个人类共同行为的社会维度，使组织行为独立于其贡献者的贡献和意志。尽管如此，他的研究在这里仍然是有意义的，因为他把组织看作过程，而非个人贡献的集合。

理查德·R. 纳尔逊(Richard R. Nelson)和西德尼·G. 温特(Sidney G. Winter)利用演化理论来解释经济变化的模式。对他们来说，惯例同样起着非常关键的作用。企业是历史的实体(historical entities)，会为了在竞争性市场中取得成功而承袭惯例。这些惯例是一个内生的、基于经验的学习过程的结果，[164] 由有意识的知识和隐性知识组成；这种知识由"社会持有"，[165] 以惯例的形式得以保存，并塑造了组织行为。[166] 纳尔逊和温特的研究很少关注个人能动性的水平，因此，他们的理论被描述为在研究"未明确简化为个人行为的集合实体(aggregate entities)，特别是惯例和组织能力"。[167] 这与构成新古典经济学基础的"方法论的个人主义"(methodological individualism)不一致。[168] 在他们的框架中，组织行为超越了赫伯特·西蒙提出的有限理性的概念。它的特点是引入了

---

〔162〕 Michael Mintrom, *Herbert A Simon*, *Administrative Behavior*: *A Study of Decision-Making Processes in Administrative Organizations*, in Martin Lodge et al. eds., The Oxford Handbook of Classics in Public Policy and Administration, OUP, 2015, p. 16 – 17.

〔163〕 Michael Mintrom, *Herbert A Simon*, *Administrative Behavior*: *A Study of Decision-Making Processes in Administrative Organizations*, in Martin Lodge et al. eds., The Oxford Handbook of Classics in Public Policy and Administration, OUP, 2015, p. 12.

* 根据赫伯特·西蒙的观点，这里的执行程序指的是为面对各种重复要求的个体而预先设定的惯常程序。——译者注

〔164〕 W. Richard Scott, *Institutions and Organizations*, 4th edition, Sage, 2014, p. 36.

〔165〕 Nicolai J. Foss, *Bounded Rationality and Tacit Knowledge in the Organizational Capabilities Approach*: *An Assessment and a Re-Evaluation*, 12(2) Industrial and Corporate Change 185(2003).

〔166〕 ibid 190.

〔167〕 ibid 186.

〔168〕 ibid 186, 198.

"有机理性"(organic rationality)的概念。[169] 有人批评它没有充分解释个人行为和隐性知识/组织行为之间的联系。[170] 尽管如此,值得注意的是,在经济学文献中存在一个既定的思想流派,把企业视为有自己独特组织行为的实体。

隐性知识和惯例在资源经济学领域也发挥着关键作用。[171] 该领域的灵感源于伊迪丝·彭罗斯(Edith Penrose)的研究,她强调企业最重要的资产是对资源(包括雇员技能)的专门使用,并创立了一个称为资源基础经济学的子领域。[172] 与新古典经济学不同的是,这门学科坚持认为,有些资源即使价格合适,也无法在市场上轻易获得;[173] 它们随着时间的推移而发展,并且难以复制,因为它们以隐性知识为基础。这种知识使企业能够产生其他变量的复杂组合。在这个模型中,企业不被认为是一个枢纽,以汇集有特殊动机的个人的贡献,而被认为是知识的持有者,这些知识使企业能够利用特定的资源。

最近在制度经济学领域作出贡献的大卫·金迪斯提出了一种企业理论,该理论与 20 世纪初法律学者提出的真实实体方法密切相关。他将"集合"(aggregates)或"堆"(heaps)与"可识别"且具有"特殊基本结构"的社会实体区分开来。[174] 社会实体具有"影响其他事物和被其他事物影响的能力"。[175] 他把社会实体称为"整体"(wholes),这些整体源于一种结构,并且"在本质上不同于其单独或集体的部分"。[176] 认为这些整体"只不过"是它们的组成部分,或认为这些整体"没有超越"其组成部分已不再可能。[177] 他强调,这种结构是

---

〔169〕 ibid 191.

〔170〕 ibid 198.

〔171〕 近期的一些法律文献也强调了隐性知识的重要性:see eg Brian Cheffins, *Corporations*, in Mark Tushnet & Peter Cane eds., The Oxford Handbook of Legal Studies, OUP, 2005, p. 485, 497; Edward B. Rock & Michael L. Wachter, *Islands of Conscious Power: Law, Norms, and the Self-Governing Corporation*, 149 Univerisity of Pennsylvinia Law Review 1619(2001).

〔172〕 Edith Penrose, *The Theory of Growth of the Firm*, 4th edition, OUP, 1995; W. Richard Scott, *Institutions and Organizations*, 4th edition, Sage, 2014, p. 37 – 38.

〔173〕 W. Richard Scott, *Institutions and Organizations*, 4th edition, Sage, 2014, p. 37.

〔174〕 David Gindis, *From Fictions and Aggregates to Real Entities in the Theory of the Firm*, 5(1) Journal of Institutional Economics 25(2009).

〔175〕 ibid 37.

〔176〕 ibid 38.

〔177〕 ibid 38.

“一个组织的本质基础”,“程序性规则是有组织的行动的基础……并构成了作为法人行动者的组织”。[178] “基于允许复制行为模式和集体惯例的基本结构”,企业在经济上和法律上都“随着时间的推移而持久存在”。“即使任何特定企业的现有所有人类成员都被逐渐取代,它也会继续存在,这种独立性使企业有资格成为一个真实实体”。[179]

结论

从我们的角度来看,重要的是要注意到人类行为以习惯为特征,而社会互动会产生惯例、过程、程序和文化,这些都可以被称为社会结构。组织是人类共同工作时产生的社会结构,社会结构是持久的:新的参与者加入,学习行为,实施行为,并将其传授给后来加入的人。由于社会结构塑造了人类行为,我们可以得出结论:组织是真实的,其真实性不在于有形,而在于后果。

然而,人的能动性是存在的,它能够偏离社会结构;随着时间的推移,人类能动性也会改变社会结构。

本书假设组织是真实的社会行动者,它们既塑造了人类行为,也被人类行为所塑造。惯例、过程、程序和文化与人类能动性之间的互动是复杂的。分析个人激励和利益冲突的后果是有用的。但是,公司法不能被归纳为直接的双边关系或可识别的个人贡献的集合。一个将组织描述为自主行动者的理论比关系契约模型更能阐释公司法旨在支持的经验现象。

1.4.4 将本体性公司理论应用于公司法

到目前为止,我们已经确定,公司或组织是自主行动者,而不仅仅是其参与者之贡献的集合。可以肯定的是,这并没有把它们定性为人类,不是一种拟人的做法。拟人主义是错误的,因为这种比喻只适合于没有人类能动性的极端结构模式。组织以人类社会互动产生的习惯、惯例、过程、程序、隐性知识以及文

[178] ibid 39.
[179] ibid 39.

化为特征。这些都不是生物现象,而是社会现象,我们可以并正在用社会科学的方法来研究和理解这些现象。除了存在塑造人类行动并进而创造组织行动的社会结构之外,还存在能够偏离社会结构的人类能动性。

那么,法律在此的作用是什么?从历史上看,有关组织法律形式的规定恰逢出现在启蒙运动之后。从那时起,个人、组织和民族国家成为主要的行动者类别。通过法律承认独立的法律人格并不是组织兴起的原因,而是"随着这些新的公司形式(corporate forms)在法律上被承认为法人(legal persons),表明其独立性日益增强的一个指标"。[180]

法律发现组织是一种社会现象,并作出了以下贡献:其提供了独立的法律人格,使组织能够作为法律上的主体发挥作用。[181] 《2006 年公司法》还规定了公司运作的程序框架,[182] 明确了参与者的角色,并赋予了这些角色权力,从而促进组织决策,引发组织行动。《2006 年公司法》要求公司宪章进一步正式化公司的决策程序。在大公司中,惯例通过政策和程序得以进一步确立。例如,《2006 年公司法》要求上市公司制定高管薪酬政策,该政策由董事会制定,并由股东通过。

公司法还会处理正式结构与非正式安排脱节的情形。例如,当公司宪章没有反映公司成员的理解时,不公平妨害(unfair prejudice)请求规则便可以解决这个问题。全体股东非正式一致同意原则(*Duomatic* 原则)* 赋予了非正式但一致的股东合意以法律效力。

---

〔180〕 W. Richard Scott, *Institutions and Organizations*, 4th edition, Sage, 2014, p. 89.

〔181〕 See also David Gindis, *From Fictions and Aggregates to Real Entities in the Theory of the Firm*, 5(1) Journal of Institutional Economics 25(2009); 法人人格也使组织的资产不受股东及其债权人的影响[H. Hansmann & R. Kraakman, *The Essential Role of Organizational Law*, 110 Yale Law Journal 387 (2000)]; see also David Gindis, *Ernst Freund as the Precursor of the Rational Study of Corporate Law*, 16 (5) Journal of Institutional Economics 597(2020).

〔182〕 See also Edward B. Rock & Michael L. Wachter, *Islands of Conscious Power: Law, Norms and the Self-Governing Corporation*, 149 University of Pennsylvania Law Review 1619(2001); see also Ronald J. Gilson, *From Corporate Law to Corporate Governance*, in Jeffrey N. Gordon & Wolf-Georg Ringe eds., The Oxford Handbook of Corporate Law and Governance, OUP, 2018, p. 7 – 8.

* 由于该原则源于 *Re Duomatic* Ltd, Re [1969] 2 Ch 365 案,故又称该原则为"*Duomatic* 原则"。——译者注

罗纳德·吉尔森(Ronald Gilson)写到,公司法使公司有可能成为一个"真正的男孩"。[183] 我认为情况恰恰相反。公司法让真实实体有可能成为法律上的正式主体,允许一个社会实体正式融入法律体系。

当然,并非所有的组织都是公司。组织有时以非公司的形式运作,立法机关提供了许多组织形式。在英国,公司形式的多样性不如其他司法管辖区。《2006年公司法》规定的公司形式被用于绝大多数商业组织的运营。但是,所有的公司形式都是为服务组织而设计的。

公司还被用在比商业组织运营更为广泛的领域。例如,它们被用来经营慈善机构或管理公寓楼;它们还被用作特殊目的工具,以处理贷款和其他融资安排。对公司形式的这种特殊利用没有组织性要素,为公司法所允许;但是,这并不影响公司是为了促进组织行动而建立的观点。

公司立法是一个演进过程的产物。立法机关结合当时的政策偏好制定《2006年公司法》和相关立法。这些干预措施的设计旨在让公司在现实生活而非理论环境中有效发挥作用。在普通法中,组织特征的整合通过判例法有机地显现出来,判例法根据各组织既定的事实来处理单个案件。普通法围绕企业或组织的社会现实而成型。

我们不能否认规模的重要性。大公司的社会结构比小公司更成熟、更持久;但是,在小型组织中也会形成习惯和惯例。此外,公司法是为各种规模的公司服务的。以下见解为我们提供了一个对组织的精准理解:组织行动由惯例和程序塑造,并受文化的影响;这是组织生活的持久特征,不受组织参与者的直接影响。对基本现象的理解有助于解释法规及判例法。

本书提出的理论是,如果我们将公司视为自主行动者,有塑造自然行动者(natural actors)并被自然行动者塑造的过程,那么就可以更好地理解公司法。这种观点有助于我们理解目前的法律,并让我们能够在规范层面上提建议。

个人能动性在公司法中起着一定作用。法律要处理利益冲突影响董事履

---

〔183〕 Ronald Gilson, *From Corporate Law to Corporate Governance*, in Jeffrey N. Gordon & Wolf-Georg Ringe eds., The Oxford Handbook of Corporate Law and Governance, OUP, 2015, p.7.

行义务的能力这一问题。代理理论有助于对利益冲突的情况进行细化分析。然而,利益冲突并不发生在董事和股东之间,而发生在董事和公司之间。

在规范层面上,意识到利益冲突是有用的,但我们也必须意识到,这并未涵盖公司法需要解决的所有问题。代理理论可以解释公司与董事之间的冲突。然而,有时问题并不在任何一个人身上。有时,社会结构是有毒的。决策结构和程序可能导致不理想的结果。在规范层面上,那些设计法律干预的人需要意识到人类能动性以及社会结构的潜在毒性。

公司法并没有从正面将公司董事和股东的动机调整为一致;相反,它承认利益冲突,并通过程序解决这些冲突。另外,操纵董事动机的干预措施很难设计。我们将在下文中看到,《格林伯里报告》(Greenbury Report)建议将董事的薪酬与股东的回报结合起来,这导致了董事薪酬的增加,但未能确保董事因成功而非失败得到奖励。

更加通俗地说,本书的结论是,如果要将利益相关者的利益进一步纳入公司法,不可能通过公司目标声明、薪酬方案的重新设计,或修订《2006 年公司法》第 172 条来实现;这种整合更有可能通过在公司决策过程中加入代表这些利益的角色来实现。

1.4.5 本书结构

本书结构如下。我们将在第 2 章看到,独立法律人格可以被解释为公司法处理组织是社会而非原始事实这一问题的解决方案。

原始事实有独特的物理表现,法律可以与这种表现相联系。我们不需要把自己登记为人类以获得法律上的主体资格。

社会事实通过人类行动的后果对物理世界产生影响。尽管我们可以识别受组织影响的物理对象,但没有一个物理对象可以被永久地被视为组织。独立法律人格处理了组织这一特征所引发的问题。在 2.5 部分,我们将看到,一个公司要想存在,需要登记某些文件;这些文件包含的信息有利于公司与第三方之间的互动。登记为公司后,一个组织就获得了一种公开的法律表现形式。

此外,通常情况下,合同各方可以通过协议终止合同。这对公司来说是不可能的，因为公司须经清算，然后从登记簿上除名，才能结束其独立的法律人格。按照同样的思路，受非法或欺诈影响的合同通常被视为无效合同，这一点也不适用于公司。在清算之前，即使存在无效因素，公司也会继续存在。

我们将在2.2～2.4部分看到，《公司法》并没有将法人形式限于组织行动。因此，可以将法人形式用于其他目的，且组织边界与法律人格的边界并不一致。但是，这并不会削弱我们的观点，即公司法为组织的运作而设计。

我们将在第3章看到，公司能力曾受到其备忘录中所述目标的限制。这在当时是通过特许权式的论点来解释的，产生这种效果的法律学说被称为越权原则（*ultra vires* doctrine）。有限能力也可以通过合同法来解释。如果一项安排通过合同建立，那么由该合同产生的权利必然受到合同条款的限制。但是，越权原则被废除了，因为事实证明，该原则不适合商业组织的运作。商业组织需要灵活性，法律适应了组织行动的要求，所以，现在法律规定所有的非慈善公司都有无限能力。

我们将在第4章看到，通常被称为"刺破面纱"的规则对那些为欺诈或虚假目的而利用公司的主体施加了责任，但该规则并不破坏公司的独立法律人格。用于欺诈或虚假目的的公司尽管存在缺陷，仍然有独立的法律人格。公司这种法律形式所享有的特殊法律待遇，为通过公司运作的组织提供了第三方可以依赖的支柱。已登记公司的合法存在是毫无疑问的。无论公司曾经做过什么，它都继续存在，且其存在只能通过有序的清算程序来终结，而在这个清算程序中，所有参与者的利益都得到了考量。

然而，组织现实被纳入了法律分析。普通法发展了一个狭规，允许所谓的刺破面纱。在 *Prest v. Petrodel* 案之前，当公司是一个"假象"（sham）时，公司面纱可以被刺破；该案后，只有当公司被用来规避现有义务时，其面纱才有可能被刺破。此外，如果公司被用来掩盖事实，法院将无视公司这个"烟幕"，并按照其所见来认定事实。我们将在4.2.2部分看到，法院认定规避义务的情况很少。我们还将看到，刺破面纱的比喻似乎暗示着公司的法律人格受到了损害，这其实是一种误导。刺破面纱的效果是有限责任被取消，结果是公司对股东的债务负责，反之亦然。另外，当股东跳出他们的角色，成为影子董事时，其有限责任也会被剥夺。[184] 除此之外，还有一些法规规定，在可被定性为滥用法人形式的情况下，股东和董事都要承担个人责任。我们还将看到，法院适用了过失法来处理母公司跳出其作为股东的角色，直接参与子公司运营的案件。最后，近年来出现了一些在特定情形下规范公司集团的法规。

我们将在5.1部分看到，公司法通过赋予董事在合同中约束公司的权力以及授权他人这样做以促进组织行动。这种权力不能受公司宪章的限制，因此，公司可以通过其董事独立于其股东行事。5.2部分将表明，公司本身对侵权行为负有责任。这告诉我们，法律承认公司是自主行为体。公司还可以自主承担刑事责任，且最近发展出了与组织过错相关的归责规则(5.3部分)。

第6章、第7章和第8章讨论了公司法提供的组织框架。在第6章我们将看到，《2006年公司法》通过规定董事、股东、审计师和公司秘书的角色来构建这一框架。公司法让股东决定宪章性事项，并参与某些管理决策；将维护财务记录和制作财务报告的任务交给了董事，并塑造了公司秘书和审计师的角色。该法还规定了股东会议的强制性程序。普通法允许非正式的一致同意推翻这些规定(*Duomatic* 原则)，并通过这种方式允许组织现实凌驾于正式法律程序之上。《2018年英国公司治理准则》(UK Corporate Governance Code 2018)规定了被普遍接受的制定董事决策的建议。

宪章由设立公司的人制定，是私人行为的产物，但其效力来自法规。6.3部分将表明，标准合同法并不适用于宪章；相反，不公平妨害救济以及公正和公平的清算规则是处理宪章中未能反映准合伙关系之相互谅解(the mutual understanding of a quasi-partnership)这一情形的机制。第6章将得出结论，即宪章最适合作为一个组织运作的基础性文件，它与在法定基础上由私人行为通过的次级立法的共同之处相比合同更多。

第7章将对董事这一角色进行分析。董事对公司负有义务，虽然股东是这些义务的主要间接受益者，但是法律整合了债权人利益和更广泛的社会利益。我们将看到，法律侧重于确保《2006年公司法》和公司宪章被遵守，而不是提高

---

[184] 本书4.3.5部分。

经济利益(7.3 部分)。法律并没有指示董事实现收益最大化,无论法律如何定义“收益最大化”。董事有责任根据他们的主观判断确定什么对公司成功最有利(7.4 部分)。引入技能和注意的客观标准是对公众利益的考量(7.6 部分)。在解释时,可参考每位董事在组织中所履行的职责。法律鼓励董事运作这样一个程序:可以为他们提供充分的财务信息,确保对授权活动的监督以及对法律的遵守。《1986 年取消公司董事资格法》(Company Directors Disqualification Act 1986)是一个将公共利益纳入公司法的机制,该法的执行由公共财政而非公司或其股东提供资金。《2018 年英国公司治理准则》对董事会运作的程序维度作了进一步补充。

我们将看到,代理理论有助于阐明由利益冲突引发的问题;但是,规制此类交易的法律并非仅为了保护公司的经济利益(7.7 部分)。它要求所有有利益冲突的交易必须经相关程序得到公司的批准,即使公司从交易中获得了经济利益,未寻求此类批准的董事也要承担责任。在 7.9 部分,我们将指出,与董事薪酬有关的问题证明了基于激励的干预措施很难设计,现在可能是时候放弃为了让董事利益与公司或其股东利益相一致而向董事支付薪酬的尝试了。我们将在 7.10 部分看到,董事对记录财务信息、编制财务和叙述性报告负有专属责任;记录和报告的内容规定在不同的会计规则中,股东不能对其进行修改。董事还受到分配规则的约束,这些规则将债权人利益置于股东利益之上(7.11 部分)。最后,我们将通过观察得出结论:将董事定性为股东的代理人不仅在形式上是错误的,还无法充分反映董事整体责任的深度和广度。

在第 8 章我们将看到,股东有大量的治理权,但他们不应该被定性为董事或公司的委托人。这是因为,为保护少数股东和债权人的利益,法律限制股东自由行使权利。由于股东也受到分配规则的约束,所以,他们无法决定支付给自己的回报数额。

在第 9 章我们将研究董事义务的履行情况。我们将得出结论:法院和法规尊重公司的决策过程;只有当该过程不能独立于不当行为的董事而运作时,派生诉讼才会成功;法律的设计有意防止股东破坏组织的决策过程。我们还将看到,对于旨在保护与公司互动的第三方的义务,法律提供了由公共资助的执行机制,因此可以说,这些义务受到了比以股东为导向的义务更高级别的保护。

本书最后将得出结论,将公司视为自主组织行动载体的本体性公司理论,是从正面解释公司法的最佳理论。

这种观点对于规范性干预的设计也有所助益。例如,我们将在 3.4 部分观察到,鼓励公司自行制定目标的想法不太可能让它们为公共利益做贡献。同样,在 7.4.2 部分,我们将论证,对《2006 年公司法》第 172 条规定的义务进行修改,将利益相关者置于与股东相同的位置,这在很大程度上也是表面功夫。我们将在 7.9.5 部分进一步指出,与股东或利益相关者利益挂钩的董事薪酬设计不太可能产生符合这些群体利益的结果。这些干预措施都不太可能成功,因为它们与公司的决策方式相去甚远。为了更有效地整合广泛的利益,上述内容需要被制度化。这可以通过创建特定角色来实现,比如任命有责任在公司决策过程中代表这些利益的董事。

在规范层面上,本书将进一步指出,法院不愿意通过允许个人股东提出派生诉讼来干预公司的诉讼决定,为应对这一问题,我们可以从不公平妨害救济中汲取灵感。当法院有权命令不当行为人收购股东的股份时,其毫不犹豫地进行干预是正确的;这种干预方式并不会干涉组织决策,但可以问责。如果希望强化董事责任,那么可以设计这样一种补救措施,即允许主要少数股东要求不当行为的董事按照法院酌定的条件购买其股份。[185]

1.4.6 股东与利益相关者

前面已经提到,将公司定性为一个自主真实实体运行的载体并不能说明公司参与者之间的决策权是如何分配的。同时,采用实体模式也不会阻碍我们平衡股东利益和利益相关者利益。前面还提到,剩余索取权人的论点可以独立于关系契约的框架,从正面解释为什么股东比其他参与者有更大的影响力,并从规范层面上论证股东应该比其他参与者有更大的影响力。本书对如何在股东

〔185〕 本书 9.2.13 部分。

和其他参与者之间取得平衡并未持任何立场。[186] 采纳本书提出的本体性方法,同时致力于支持以股东为中心的公司模式这一经济规范论点,是完全可行的;接受本书所述的本体性理论,同时相信以利益相关者为导向的模式的正当化论证,也是完全可行的。

笔者认为,关于利益相关者的影响力应该有多大这一问题,要参考经济和政治因素才能回答,而这超出了本书的范畴。另外,历史和文化因素在解释法律目前如何取得这种平衡方面也发挥了作用,并有助于预测法律今后可能会如何发展。

---

[186] 最近一份备受瞩目的学术声明赞成将利益相关者之关切更多地纳入公司法。See Andrew Johnston et al., *Corporate Governance for Sustainability*, SSRN, (December 11, 2020), https://papers.ssrn.com/sol3/papers.cfm?abstract_id=3502101; see also Abraham A. Singer, *The Form of the Firm*, OUP, 2019 and Ewan McGaughey, *Principles of Enterprise Law*, CUP, forthcoming.

CHAPTER 02 >>

2. 公司人格

我们需要区分独立法律人格和有限责任。人们很容易认为,公司形式的主要优势是提供有限责任。然而,事实并非如此。历史上,公司形式的主要目的是提供独立法律人格。[1]直至《1855 年有限责任法》的颁布,有限责任才成为可能。[2]

这种区别对于现代法律的分析也有所助益。独立的法律人格是稳健的,始于登记,终于将公司从登记簿中删除。独立法律人格可以用于所有合法目的:一个公司既可以有商业目的,也可以有慈善目的;虽然公司法为组织的运作而设计,但是公司形式也可被用于不涉及组织行动的目的。如果将公司形式用于组织的运营,则无须使法律边界和组织边界完全一致。因此,既可以将公司用于一个人的业务,也可以将其用于公司集团的运营。

2.1 引　　言

通过规定独立法律人格,法律承认了一种社会现实,并提供了一个正式的框架以对其作出回应。最初,法律人格只有

〔1〕 Paul Davies, *Gower's Principles of Modern Company Law*, 6th edition, Sweet & Maxwell, 1997, p. 21, 30 – 31.

〔2〕 Limited Liability Act 1855(18 & 19 Vict c 133).

在皇家特许令或议会私法法令的基础上才能临时获得。这条路径被《南海泡沫法》阻断,该法使得公司难以再通过这种方式设立。[3] 合同法被用来规避该法所造成的这种影响:公司通过信托合同设立,被称为“产权授予契约公司”,类似于现代的单位信托;投资者将资产转让给受托人;董事被任命来管理业务;投资者获得份额,并有权根据产权授予契约的约定终止其权益及转让其份额。[4] 有人认为,可将稍作修改的合伙企业法原则适用于这些公司。[5] 然而,产权授予契约公司的运作非常烦琐。因此,《1844 年公司法》颁布,为当时的企业提供了一个更合适的法律工具。

独立法律人格具有利于组织行动的行政优势,使公司有可能独立于其成员和股东的身份而永久存续。这也使得正式区分以下合同成为可能:成员以个人身份订立的合同,以及有其他成员参与的企业订立的合同。这最初通过允许公司持有公章来实现。[6] 如果没有独立的法律人格,企业很难参加诉讼。起初,必须对公司所有合伙人提起诉讼,但是,公司成员的变动对此造成了极大的困难。[7] 由于具有独立的法律人格,与土地所有权有关的文件可以登记在公司名下,且无须因公司参与者的变化而作出修改。

有关公司独立法律人格的规定恰逢现代经济的兴起。[8] 直到 19 世纪中

---

〔3〕 6 Geo 1 c 18.

〔4〕 Michael Lobban, *Joint Stock Companies*, in William Cornish et al., The Oxford History of the Laws of England, Volume Ⅻ, 1820 – 1914 Private Law, OUP, 2010, p. 613; William Cornish et al., *Law and Society in England* 1750 – 1950, Hart, 2019, p. 243 – 44; John Armour, *Companies and other Associations*, in Andrew Burrows ed., English Private Law, OUP, 2013; Andreas Televantos, *Capitalism Before Corporations: The Morality of Business Associations and the Roots of Commercial Equity and Law*, OUP, 2020.

〔5〕 P. Ireland, *Company Law and the Myth of Shareholder Ownership*, 62 Modern Law Review 32 (1999).

〔6〕 Paul Davies, *Gower's Principles of Modern Company Law*, 6th edition, Sweet & Maxwell, 1997, p. 21.

〔7〕 Michael Lobban, *Joint Stock Companies*, in William Cornish et al., The Oxford History of the Laws of England, Volume Ⅻ, 1820 – 914 Private Law, OUP, 2010, p. 613; William Cornish et al., *Law and Society in England* 1750 – 1950, Hart, 2019, p. 243 – 44.

〔8〕 Paddy Ireland, Ian Grigg-Spall & Dave Kelly, *The Conceptual Foundations of Modern Company Law*, 14(1) Journal of Law and Society 149(1987).

叶，一个法人公司（incorporated company）就是其成员，尽管这些成员“在法律上联合为一人”。[9] 公司和其成员并没有完全分离。[10] 《2006 年公司法》第 16 条第 2 款彰显了这些公司法源头的痕迹，指出在登记时备忘录的认购人“是”（而不是“组成”）设立证明所载明名称的“法人团体”。《1862 年公司法》则采用了表明公司存在于成员之外的措辞。[11] 现行《2006 年公司法》第 16 条第 3 款赋予了公司独立于其成员的法律地位，指出公司作为一个法人团体“有能力履行法人公司的所有职责”。

2.2 用于所有合法目的的法律人格

当公司的设立需要皇家特许令或议会私法法令时，究竟哪些商业值得通过公司来运营是由王室或政府决定的。19 世纪初，国家应参与筛选哪些类型的商业应从公司设立中受益这一想法被放弃。因此，《1844 年公司法》没有将法人形式限定在任何特定行业。然而，有人担心法人形式会被滥用。议会特别委员会第一次报告致使《1844 年公司法》通过，该报告对“泡沫公司”（bubble companies）现象表示失望，因为这些公司的设立是为了欺骗投资者。然而，该报告得出的结论是，公司设立的公共审查员也可能成为欺诈行为的受害者，而且在识别合法商业方面，他们并不比其他任何人更有优势。当时，该法旨在防止这类“泡沫公司”。[12]

《1844 年公司法》有一项要求，即法人形式与数量相当的成员相关。该法规定，公司至少要由 25 名成员组成。[13] 后来，这一要求降低到 7 名。根据这一要求可以得出结论：小型商业无法采用法人形式。一个政策上的理由是，法

---

〔9〕 ibid 150; The Joint Stock Companies Act 1844(c 110) s 25.

〔10〕 L. S. Sealy, *Directors' Wider Responsibilitie-Problems Conceptual, Practical and Procedural*, 13 Monash University Law Review 164(1987).

〔11〕 Paddy Ireland, Ian Grigg-Spall & Dave Kelly, *The Conceptual Foundations of Modern Company Law*, 14(1) Journal of Law and Society 149(1987)；《1856 年公司法》第 13 条规定“公司备忘录的认购人，连同以后可能成为公司股东的其他人，应（一经登记）即以公司备忘录中规定的名称成为法人团体”（作者斜体）。

〔12〕 Parliamentary Papers(1844) Vol. 7, iii – vii.

〔13〕 Companies Act 1844, s II (C 110, 7° & 8° Vic).

人形式应该仅限于在行政上难以用合伙形式运营的项目。

然而,这并非法律的原本意图。*Salomon v. Salomon* 案证实对一定数量成员的要求是形式上的。上诉法院认为,亚伦·萨洛蒙(Aaron Salomon)在设立公司时,“仅仅是为了让他能够以有限责任公司的名义开展业务,这与《1862 年公司法》的真正意图和意思相违背”。[14] 林德利法官(Lindley LJ)认为,7 名成员中的 6 名“仅仅是为了使第 7 名成员能够以有限责任的方式开展业务。整个安排的目的就是要去做立法机关不希望人们去做的事情”。[15]

在一审中,该公司被认为是萨洛蒙先生(Mr. Salomon)的代理人。上诉法院的结论是:该公司是他的受托人。然而,上议院一致认为,该公司的有效设立,并非前述两种情形。一定数量的个人需要参与组建公司过程的事实并不意味着他们必须作任何其他贡献。特别是,7 个人中的 6 个人可以被描述为主要股东的“傀儡”(dummies)这一点并不重要:该公司是由“7 个实际活着的人”设立的,[16] 所有其他手续都得到了适当的遵守,没有证据表明存在欺诈、代理或明示信托,律师也没有引用任何衡平法规则来支持推定信托的结论。[17]

法官们通过查阅《1862 年公司法》得出结论:该法没有对股东人数提出任何实质性要求。霍尔斯伯里勋爵指出:“我在这里只研究法规的规定,在我看来,法律应该只承认这种拟制的存在——而不考虑,个别成员的动机或行为,这对拟制创造来说至关重要。”[18]

赫歇尔勋爵说:

> 除了通过审查公司法的条款,并找出其作为有限责任的交易条件而施加的规定外,我不知道还有什么办法可以确定公司法的意图和含义……立法机关……显然准许这样的计划,即除 6 股外的所有股份都

---

〔14〕 *Salomon v. Salomon*[1896]AC 22, 37, 43, 44.

〔15〕 ibid 31.

〔16〕 ibid 26(Lord Halsbury).

〔17〕 ibid 55(Lord Davey).

〔18〕 ibid 30.

由一个人持有，而这 6 股的价值也不过是名义上的。[19] ……法规……当然没有规定签署备忘录的 7 个人中的每一个都必须对他所认购的股份享有实际权利。[20]

由于公司可被用于所有合法目的，其既可以被用来运营营利性商业项目，也可以被用于运营慈善性组织，[21] 而不得为非法目的而设立。[22] 公司法对公司的用途没有其他限制。在 *Prest v. Petrodel* 案中，纽伯格勋爵赞同勋爵霍尔斯伯里大法官（Lord Halsbury LC）* 的附带意见，他认为，"合法设立的"公司必须被视为"像任何其他独立的人一样，有其权利和义务……不管那些让其存在的人的想法或计划是什么"。[23]

从理论角度看，可以说，法院采用的方式支持法律实证主义，因此，与公司特许模式非常吻合。[24] 公司是法律的产物，像萨洛蒙先生的那种公司在该法通过时并不在立法机关的考虑范围内，如果立法机关能预见到这一点，就会提出更严格的要求，但这并不重要，因为法官"必须解释法律，而不是制定法律"。[25] 然而，我们将在下一部分看到，在不了解法律试图解决的现象时，采用纯粹的形式法律分析会引发问题。

---

〔19〕 ibid 45.

〔20〕 ibid 45 – 46.

〔21〕 然而，迈克尔 · 加拉尼斯（Michael Galanis）认为，不适合将公司这一形式的组织用于除促进经济增长之外的任何其他目的。[Michael Galanis, *Growth and the Lost Legitimacy of Business Organisations: Time to Abandon Corporate Law Reform*, 20 (2) Journal of Corporate Law Studies 291 (2020)]

〔22〕 Companies Act 2006, s 7(2).

* LC 全称为"Lord Chancellor"，法律学者多将其译为"大法官"或"司法大臣"。本文将其统一译为"大法官"。大法官同时兼任上议院院长、内阁成员和最高法院院长。2003 年，时任英国首相布莱尔对内阁进行了改组，2006 年，大法官这一职位被正式取消。——译者注

〔23〕 *Prest v. Petrodel*[2013] UKSC 34, [2013] 2 AC 415 [66].

〔24〕 See also Martin Petrin, *Reconceptualizing the Theory of the Firm-From Nature to Function*, 118 Penn State Law Review 1 (2013). 作者认为，应简单地将法律实体视为一种"工具"，立法机关通过选择这种工具，使个人能够以有效和便利的方式实现目标。

〔25〕 *Salomon v. Salomon & Co Ltd*[1897] AC 22, 46.

2.3 一人公司

法人形式可以被用于不涉及组织行动的目的,组织的边界不必与法人形式的边界一致。这是因为法律并不限制以这种方式利用法人形式,而这种方式会引发两种后果。本部分将讨论第一种。

一个公司可以由一个人设立。[26] 这个人可以担任公司的唯一董事,还可以是该公司的唯一雇员和唯一借款人。在这种情况下,公司并未经营一个组织,而是为一个人控制的业务提供了一个工具。就《2006 年公司法》而言,这是被允许的。[27] 公司一经登记,就被视为一个独立于单个个人的主体。

这并不是说法院会轻易认可一人公司。最近,最高法院对 *Stone & Rolls v. Moore Stephens* 案所作的判决说明了分析此类公司的困难。[28] 该判决称,斯通和罗尔斯有限责任公司的审计师因疏忽未能发现公司唯一股东/董事的欺诈行为,但是公司不能向该审计师索赔。英国上议院认为,公司之所以无法索赔,是因为其本身对欺诈负有责任,其不能将自己的不当行为作为索赔的依据。可以说,该案忽略了公司的独立法律人格。[29] 公司独立于其所有参与者。[30] 即使公司只有一个股东,该股东还担任该公司唯一的董事,公司仍然是一个独立的法律主体,且可以成为该股东/董事欺诈行为的受害者。

---

〔26〕 Companies Act 2006, s 7(1).

〔27〕 然而,人们越来越担心有人会利用公司来从事犯罪活动。有关"公司透明度和登记改革:登记官的权力"的最新改革建议,参见 *Corporate Transparency and Register Reform: Powers of the Registrar*, available from https://www.gov.uk/government/consultations/corporate-transparency-and-register-reform-powers-of-the-registrar。

〔28〕 *Stone & Rolls v. Moore Stephens*[2009]UKHL 39,[2009]1 AC 1391.

〔29〕 *Singularis Holdings Ltd v. Daiwa Capital Markets Europe Ltd* [2019]UKSC 50,[2019]3 WLR 997 at[27],[31], and[34]; see also Sarah Worthington, *Corporate Attribution and Agency: Back to Basics*, 133(1) Law Quaterly Review 118(2017) and Ivan Sin, *Corporate Attribution and the Fallacy of the "One-Man Company": Finale of an Unfortunate Saga*, 7 The Journal of Business Law 542(2020).

〔30〕 *Singularis Holdings Ltd v. Daiwa Capital Markets Europe Ltd* [2019]UKSC 50,[2019]3 WLR 997,[27].

当然,普通法也会迅速纠正自己的错误。[31] 在 *Stone & Rolls* 案判决仅 6 年后,纽伯格勋爵就在 *Bilta v. Nazir* 案中建议将其"放在一边","不要再看了"。[32] 在 *Bilta* 案判决几年后,黑尔女男爵同意 *Singularis Holdings v. Daiwa* 案中初审法官的判决,即"没有任何法律原则表明,在公司因第三方违反其对公司所负义务而提起的任何诉讼程序中,如果该公司是一人公司,董事的欺诈行为应归因于该公司"。黑尔女男爵同意这一指导原则,并得出结论"*Stone & Rolls* 案终于可以'安息'了"。[33]

从理论角度看,*Stone & Rolls* 案是一个例子,其说明了对法律旨在规制的现实生活现象的理解有助于对规则的应用。公司的独立法律人格不仅仅是一种法律形式,此外,公司也不仅仅是其股东的掩护。公司的设计是为了让组织能够自主运作。公司法包含了为股东和债权人服务的规则。[34] 一家公司可以因其唯一股东/董事的行为而受到损害:如果董事违反其对公司应尽的注意义务,对银行发出欺诈性指示,那么公司也可以向执行了该指示的银行索赔。[35]

还有一些政策上的理由支持一人商业采用法人形式。可将公司法作为一个促进微型企业健康发展的孵化器,而这些微型企业是成功经济的重要组成部分。此外,任何单个的小型商业都不会造成太大伤害。我们将在下文中看到,随着时间的推移,已经形成了一些规则,即如果公司的控制人超越了他们作为股东或董事的法定角色,其有限责任就会被取消,但这并不影响公司的独立法律人格。[36]

---

〔31〕 Veltrice Tan, *The Invisible Piercing of the Corporate Veil*, 41 Comp Law 263(2020). 作者讨论了新加坡上诉法院对 *Red Star Marine Consultants Pte Ltd v. Personal Representatives of Satwant Kaur d/o Sardara Singh* 案的判决,即一个实际上是公司唯一股东兼董事的个人是否是公司可能向另一方所提索赔的唯一受益人。由于该股东/董事个人参与了公司一名员工的欺诈行为,因此,公司无法针对该名员工的财产提出索赔。该案的判决不同于 *Singularis Holdings* 案和 *Bilta* 案。

〔32〕 *Bilta v. Nazir*[2015] UKSC 23, [2016] 1 AC 1, [30].

〔33〕 *Singularis Holdings Ltd v. Daiwa Capital Markets Europe Ltd*[2019] UKSC 50, [2019] 3 WLR 997 at[34].

〔34〕 参见第 7、8、9 章。

〔35〕 *Singularis Holdings Ltd v. Daiwa Capital Markets Europe Ltd*[2019] UKSC 50, [2019] 3 WLR 997.

〔36〕 参见第 4 章。

2.4 公司集团

不对法人形式的利用予以限制的第二个后果是,公司可以被用来组建公司集团。一家公司可以成为另一家公司的股东。[37] 只要一家公司至少有一个自然人作为董事,该公司还可以作为另一家公司的董事。[38] 为了《2006 年公司法》第 2 章(董事的一般义务)、第 4 章(要求成员批准的交易)、第 6 章(与系董事的单个成员的合同)之目的,公司董事不得被视为任何附属公司的影子董事。[39] 一个作为单一经济单位运作的大型组织可以由多个合法独立的公司组成。子公司不能仅仅因为母公司持有其所有股份而被视为母公司的代理人。[40] 这种代理关系只有在母公司明示授权子公司或构成表见代理时才存在。[41] 对子公司的判决,并不会引发针对该子公司控制人的禁反言问题。[42]

在 *Adams v. Cape* 案中,开普敦工业公司(Cape Industries Plc)是一些子公司的母公司,其形成了一个单一的经济单位,从事石棉及石棉相关产品的开采、加工和分销。斯莱德法官(Slade J)* 指出:没有一个普遍的原则表明,一个公司集团中的所有公司都应被视为一个公司。相反,基本原则是,"公司集团(一

〔37〕 曾经有一段时间,持有其他公司的股份被认为是越权行为,但在 19 世纪中叶,法律发生了变化(Christian A. Witting, *Liability of Corporate Groups and Networks*, CUP, 2018, p. 65 – 66)。

〔38〕 Companies Act 2006, s 155; 然而,英国政府目前正在就有关公司董事强制令的规则进行磋商[BEIS, *Corporate Transparency and Register Reform Consultation on Implementing the Ban on Corporate Directors*, Dec. 9, 2020, available from https://assets. publishing. service. gov. uk/government/uploads/system/uploads/attachment_data/ file/942194/ Corporate_Directors_Consultation. pdf]。

〔39〕 Companies Act 2006, s 251(3).

〔40〕 *Gramophone and Typewriter Co Ltd v. Stanley* [1908]2 KB 89; but see *HRMC v. Development Securities Plc*[2020]EWCA Civ 1705,[2021]BTC 1.

〔41〕 *Taylor v. Rhino Overseas Inc*[2020]EWCA Civ 353,[2020]Bus LR 1486; *Ortakligi v. Schlegel AutomotiveEurope Ltd*, QBD 12 Oct 2012, unreported; see also *Freelands v. McClue*[2014]12 WLUK 28, 2015 GWD 4 – 78. 该案判决,即使董事之行为构成可以在公司日常经营范围内约束公司的表见代理,也并不会自动使得其他董事对合同当事人承担个人责任。See also Colin Mackie, *Corporate Groups, Common Officers and the Relevance of "Capacity" in Questions of Knowledge Attribution*, 20(1) Journal of Corporate Law Studies 1(2020).

〔42〕 *MAD Atelier International BV v. Manès* [2020]EWHC 1014(Ch),[2020]3 WLR 631.

* J 的全称为"High Court Judge",指高等法院法官。本文将其统一译为"法官"。——译者注

个相对现代的概念)中的每家公司都是一个独立的法律实体,有独立的法律权利和责任”。[43]

与石棉行业一样,航运业也是以集团结构为基础组织起来的。就后者而言,集团经常由多个单船公司组成,最终由一个人或一个家族控制。[44] 同样,在制药业,也是通过多个单独的公司开展营业。[45] 在所有这些例子中,集团的组织边界都比构成集团一部分的公司的法律边界要宽。

一个独立的公司还可以被用作特殊目的载体,其作用被简化为发行债券,从债券投资者那里获得资金,并将这些资金借给同一集团的母公司。在 *Re Polly Peck International plc* 案中,罗伯特·沃克法官(Robert Walker J)(时任)承认了特殊目的载体的独立法律人格,允许该载体在母公司的管理程序* 中作为债权人进行索赔。母公司的担保债权人试图阻止这一索赔,理由是该特殊目的载体是一个“假象”。[46] 一个特殊目的载体并不运营一个组织,而是为了助益于管理程序中合同的履行。

子单位作为复杂经济单位的一部分,有独立的法律人格,这使子单位可以更容易脱离中心和其他单位而相对自主地运行。由此,用更灵活的模式取代指挥和控制结构(command-and-control structure)成为可能,在这种模式下,母公司通常不对业务进行日常监督,而是专注于制定集团战略和评估子公司的财务业绩。[47]

独立的法律人格还有助于子单位获得独立的外部债务融资和股权融

---

〔43〕 *Adams v. Cape Industries Plc*[1990] AC 433 at 532; see also Steyn J (as he then was) in *The Glasnos* [1991] 1 Lloyd's Rep 482 at 491 and *Liberty Investing Ltd v. Sydow*[2015] EWHC 608 (Comm) [2015] 2 WLUK 497.

〔44〕 *The Glasnos* [1991] 1 Lloyd's Rep 482 at 491 (Steyn J).

〔45〕 Christian A. Witting, *Liability of Corporate Groups and Networks*, CUP, 2018, p. 6, 40 – 41.

* 管理程序(administration),属于英国破产法中破产程序的一个类型,相当于我国的重整程序。——译者注

〔46〕 *Re Polly Peck International plc* [1996] 2 All ER 433, 447 (Robert Walker J); see also *The Glasnos* [1991] 1 Lloyd's Rep 482 at 491:“大量的船舶集团都采用单船公司的结构,最终由一个人或一个家族控制”。(Steyn J)

〔47〕 Christian A. Witting, *Liability of Corporate Groups and Networks*, CUP, 2018, p. 37.

资。[48] 在金融监管背景下,利用独立法律实体是为了保护银行的零售客户不受银行集团中其他地方风险的影响。[49] 对于国际集团来说,独立法律人格有助于遵守不同司法管辖区的监管规则。[50] 当然,对独立法律人格的使用也有其阴暗面,一些集团在国外设立子公司是为了逃避税收或规避特定监管。[51]

法律承认集团内各公司的独立法律人格,也承认公司集团背后的社会现象。公司是经济实体的一部分,公司法对其有特别的报告要求。[52] 英国政府最近宣布,其将采取进一步措施——通过对集团结构和股息政策强制性规则的加强和透明度要求的提高——强化大公司的尽职管理(stewardship)。政府将研究要求集团解释其公司和子公司结构的各种方案。例如,要求集团提供组织结构图,以及提供如何通过集团维持公司治理的解释。[53]

后文将讨论法律引入母公司或子公司责任的情况。[54] 这里只需注意,这些情况都没有无视公司的独立人格。没有任何案例或法规无视公司的独立法律人格,以至于法院认为公司不存在。

2.5 公司的开始和结束

合同不能创建独立的法律人格;为此,需要有法规。合同在各方同意开始时开始,也可以通过合意结束。在法定制度下,公司由一个或多个单个私人行动组建,但这还不足以使公司成立;为使公司成立,需要提供一些文件。这表明,公司是作为组织的载体而设计的。例如,登记文件中须注明公司的名称,该

---

〔48〕 ibid 47 -48.

〔49〕 Thom Wetzer, *In Two Minds: The Governance of Ring-Fenced Banks*, 19 (1) Journal of Corporate Law Studies 197(2019).

〔50〕 Christian A. Witting, *Liability of Corporate Groups and Networks*, CUP, 2018, p.47 -48.

〔51〕 ibid 52 -60.

〔52〕 Companies Act 2006, ss 399 -402.

〔53〕 https://assets. publishing. service. gov. uk/government/uploads/system/uploads/attachment _data/file/736163/ICG_ - _Government_response_doc_ - _24 _Aug_clean_version_with_Minister_s_photo_and_signature_AC. pdf >[1. 10 -1. 11].

〔54〕 本书4. 3 部分。

名称必须与已经登记的公司名称不同,并符合《2006 年公司法》第 53 条至第 65 条的规定,注明其类型(私人或公开,有或无股本),公司登记住所,以及其首任高级管理人员。[55] 此外,公司法还要求披露所有有重大控制权的人员。[56] 公司登记处(Companies House)会核实所需文件是否存在及是否完整,然后登记公司并签发公司设立证明。[57] 公司只有在登记后才享有独立法律人格。[58] 公司设立证明表明公司已正式登记成立,并载有公司名称、登记号、设立日期、公司类型以及登记住所管辖区。[59]

公司登记处除了要向公司提供其合法设立的证明外,还要向公众提供所有已登记公司的信息,以供查阅。[60] 此外,公司必须在其网站上披露以下信息:登记名称,在英国登记的地区,登记号,登记住所地。[61] 每家公司都必须在其登记住所地保存一份其董事名册以供查阅。[62] 公司还必须在某人担任或不再担任董事的 14 天内通知登记官。[63] 这让公众克服了法人没有物理存在这一问题。

有关公司组建的规则支持了公司被设计为组织行动的载体这一结论。在公开的登记簿上登记,可以确保组建公司的人确立该公司能够独立于其成员行事的事实,也可以确保第三方有一个独立的来源,以核实该公司的存在以及其他与该公司有关的关键事实。

按照类似的思路,公司的成员可以决定让公司结束运营。[64] 但要结束公司的独立人格,就必须将其从登记簿上删除。此外,只有在公司经历了重组程序或清算程序之后,才能将其从登记簿中删除。这两种程序都将债权人的利益

---

〔55〕 Companies Act 2006, s 9.

〔56〕 ibid s 12A.

〔57〕 ibid ss 14 – 15.

〔58〕 ibid s 16.

〔59〕 ibid s 15.

〔60〕 https://beta. companieshouse. gov. uk/company/00070527/filing-history.

〔61〕 Company, Limited Liability Partnership and Business (Names and Trading Disclosures) Regulations 2015/ 17.

〔62〕 Companies Act 2006, s 162.

〔63〕 ibid s 167.

〔64〕 Insolvency Act 1986, s 122(1)(a).

纳入考量。一人公司在这方面也不例外。作为特殊目的载体运作的公司实际上与合同无异,但其也不能通过协议终止,而需要进行清算。

我们将在下文中看到,欺诈"会摧毁一切",[65]在公司法中也是如此。需要注意的是,虽然非法合同会被宣布为无效合同,但是从事非法活动的公司自登记之日起至注销*并从登记簿中删除之时止,其法律人格一直存在。如果有利于公共利益,国务大臣可以请求法院清算公司;如果对于公司来说,清算公正、公平,法院将签发清算令。[66] 例如,清算一家经营非法彩票的公司可以被认为符合公共利益。[67] 又如,一家公司之所以设立,是为了实施一项违反破产法目的的税收最小化方案(tax minimization scheme)。[68]

2.6 理论观察

从理论角度看,值得注意的是,独立的法律人格并不单纯通过私人安排而产生。因此,不可能通过合同或代理框架来解释其存在。

一开始,独立的法律人格为行政目的服务,创造了一个可以独立于其成员和董事运作的正式法律单位。登记的要求和登记簿的公开性使第三方能够独立核实一个公司的存在,使组织有可能利用公司在法律上自主行事。与公司的设立一样,公司的终止也需要完成一个确保第三方利益得到考量的特殊程序。这给公司带来了超越合同法的稳定性。

法律人格的确立独立于组织边界,这一事实也提供了确定性。组织是一种

---

〔65〕 本书4.3.1部分。

* 原文为"dissolved"。"dissolve"本有解散、终止、结束之意。在英国法中,"dissolution"是公司清算(winding up)之后的一个步骤,即终止公司在登记机关的登记,其含义相当于我国法中的"注销"。我国的公司解散是公司进入清算程序的原因,公司一般先解散,再清算,最后注销,法人人格灭失。由于在英国法中,公司一旦"dissolved",就不再具有独立人格,故而将其译为"注销",更贴近其本意。——译者注

〔66〕 Insolvency Act 1986, s 124A.

〔67〕 *In Re Senator Hanseatische Verwaltungsgesellschaft mbH* [1997] 1 WLR 515 (CA); see also *Re Equity and Provident Ltd* [2002] EWHC 186 (Ch), [2002] 2 BCLC 78. 公司因出售毫无价值的汽车保修计划而被强制清算。

〔68〕 *Re PAG Management Services Ltd* [2015] EWHC 2404 (Ch), (2015) BCC 720; but see *Re PAG Asset Preservation Ltd* [2020] EWCA Civ 1017, [2020] BCC 979.

社会现象,它通过参与程度各异的人来行动,并与这些人互动。这些联系的强弱水平也因组织而异。对于谁在组织外部,谁在组织内部,想要划定一个普遍适用的界限是非常困难的。法律人格克服了这个问题。虽然法律人格的边界并不总是与社会现实相一致,但它们是确定的;这样一来,就很容易确定谁是公司的内部人员,谁是公司的外部人员。然而,监管部门需要关注公司集团的现象,我们将在下文中看到,为达到特定监管目的,现在已经有越来越多的法规界定和监管公司集团了。

公司法并没有将公司形式的使用限定在任何特定目的上,因此,公司既可以被用来营利,也可以被用来促进慈善目的的实现。可以但不一定要用公司的形式来运营一个组织。单一的控制人可以通过独立的实体来经营一个微型企业,集团也可以将一个经济单位拆分为多个独立的法律实体。

当然,法律不仅可以将法人形式限定在合法活动范围内,还可以将其更紧密地与组织目的和界限联系起来。例如,法律可以要求有一定数量的充分参与的成员,法律也可以禁止特殊目的载体或空壳公司,或要求经济实体作为一个法律单位而不是作为独立法律实体的网络设立。然而,这些都不是明智之举。我们已经看到,允许一人公司以及集团内的单一实体的存在是有充分理由的。

我们可以将公司用于组织行动之外,然而,这一事实并影响公司法是为组织行动服务的观点。《2006 年公司法》在设计公司法规则时以组织为考量,平衡了股东和债权人的利益,因此,不可能将公司等同于其所有者。所有的公司,包括特殊目的载体,都需要经过一个清算程序才能结束。同样,为非法目的服务的公司也不会被法院宣布无效。它们也必须经历清算程序,在这个程序中,其活动以有序的方式结束,其债权人可得到偿付。这支持了本书的理论,即公司法是为了组织的运营而设计,这些组织是通过决策过程自主行动的真实实体,而这些决策过程通过法规和普通法确立,并受其保护。

CHAPTER 03 >>

3. 公司能力

3.1 引　　言

在本章中,我们将研究越权原则(*ultra vires* doctrine)。根据该原则,公司能力曾受到其目标的限制。我们将看到,可以通过特许权式的理论以及合同分析来证明该原则的合理性。然而,事实证明,该原则并不适当。我们将论证,这说明合同法并非组织运作的充分依据。我们还将分析最近的一项建议,即公司应为自己设定一个不将财务回报作为首要目的的目标。我们将论证,对公司目的的纲领性声明可能只会带来表面上的变化。如果希望将更广泛的目标纳入公司决策,就必须将其制度化。这可以通过,如确定一名在董事会中代表这些利益的董事会成员的方式实现。

3.2 合同对越权原则的解释

公司起源于合同和信托法的事实解释了后来的越权原则。如果公司的基础是合同或信托,那么公司的边界就由该合同或信托决定。公司不能脱离这种基础安排而存在。合同的当事人和信托的受托人只享有合同或契约赋予的权利。基于他人合同或信托行事的第三方自然也会受到该合同或信托的影响。因此,可以将越权原则解释为:使股东之间的合同安排具有适当效力。[1] 该原则的起源说明了这一点。《1856 年公司法》对公司能力保持沉默,既没有限制公司能力的条款,也没有规定无限能力的条款。当法院必须决定公司能力是否有限时,法官有两种选择。第一种选择是,由于该法中没有明确的限制,因此,公司能力是无限的;第二种选择是,由于没有明确规定公司有完全能力,因此,公司能力是有限的。

王室法律顾问吉福德(Mr. Gifford, QC)和本杰明(Mr. Benjamin, QC)在*Ashbury Railway v. Riche* 案中支持第一种选择。[2] 这一论点说服了布莱克本法官(Blackburn J),他在一审中认为,普通法中的公司享有与自然人相同的权利,而且,由于《1862 年公司法》没有“通过明确规定或必要暗示”将公司排除在外,这些公司也有无限能力。[3]

当然,布莱克本法官的判决被推翻了。上议院的结论是,公司能力受到其目标的限制。法官们研究了《1862 年公司法》第 1 条、第 6 条、第 7 条、第 8 条、第 10 条、第 11 条、第 12 条、第 14 条,以及第 50 条,其中没有一条明确限制公司能力。然而,法官们关注的是这样一个事实:该法“没有把公司的设立称为创建一个享有固有普通法权利的法人”。[4] 这将登记制公司和根据特许令成立的公司区分开来。

高尔(JCB Gower)在《现代公司法原理》第 1 版中提出了一个支持上议院决定的宪法观点。他指出,与王室不同,议会有权“以任何方式限制其所造之物的潜在活动”。[5] 他还指出,对于成文法上的公司(statutory corporations)

---

〔1〕 John Armour & Michael J. Whincop, *The proprietary Foundations of Corporate Law*, 27(3) Oxford Journal of Legal Studies 429(2007). 作者将这种效力称为“多重”(multital)或“松散”(loosely)所有权(proprietary),但是,为该效力打上这些术语标签并不能解释为什么股东决定公司能力的可能性被剥夺了。

〔2〕 *Ashbury Railway v. Riche*(1874 -75) LR 7 HL 653, 661.

〔3〕 *Riche v. The Ashbury Railway Carriage and Iron Company Ltd*(1873 -74) LR 9 Ex 224(264 -66); 在当时,这似乎是 “许多人” 的观点(JCB Gower, *The Principles of Modern Company Law*, Stevens & Sons, 1954, p. 81)。

〔4〕 *Ashbury Railway v. Riche*(1874 -75) LR 7 HL 653 at 668(Lord Crains).

〔5〕 JCB Gower, *The Principles of Modern Company Law*, Stevens & Sons, 1954, p. 81.

(区别于特许公司)* 而言,越权原则当时"正在缓慢发展",因此,法院正确地选择了将登记制公司(registered companies)与成文法上的公司"等同对待"。[6]

本书认为,越权原则也与作为财产授予契约公司基础的契约谱系相吻合,现代公司就是从财产授予契约公司发展而来的。《1844 年公司法》在规定独立法律人格的同时,也清晰地展示了财产授予契约框架的历史痕迹。[7] 我们可以在该法采用的术语中找到相应证据:第 7 条和第 8 条用"财产授予契约"(deed of settlement)和"补充财产授予契约"(supplementary deed of settlement)的术语来指称公司宪章。《1855 年有限责任法》也使用了"财产授予契约"一词(第 1 条、第 2 条)。[8] 温斯利代尔勋爵(Lord Wensleydale)在 *Ernest v. Nicholls* 案中也使用了"合伙契约"(copartnership deed)一词。[9] 他还表示:"公司只存在于董事和高管根据及遵循契约行事的情形中。"[10] 这表明,在分析早期公司时,1844 年之前基于合同的框架仍然存在。《1856 年公司法》替换了这些术语,并引入了"备忘录"(memorandum)(第 3 条)和"章程"(articles of association)(第 9 条)。[11]

尽管法规的措辞有了变化,但理解这些文件性质的方式似乎并没有发生变化。在 *Ashbury Railway v. Riche* 案中,作为英国大法官的克莱斯勋爵(Lord Crains)在谈到公司备忘录和公司章程时,称它们构成了"公司产权契约"(title deeds of companies)。[12]

在向下议院提交该法案时,当时的贸易委员会副主席罗威先生(Mr Lowe)

---

* 《1844 年公司法》引入了通过登记而成立公司的一般性公司法框架,但它仅是补充而非替代了当时既有的公司成立方式,通过议会专门立法或通过皇室特许方式成立公司依旧可行。成文法上的公司即指根据议会的专门立法而设立的公司。在过去,通过诸如铁路、电力等公共事业的法案而设立的成文法上的公司相对较为普遍。——译者注

[6] ibid 83.

[7] Companies Act 1844, 7 &8 Vict c 100.

[8] Limited Liability Act 1855, 18 &19 Vict c 133.

[9] *Ernest v. Nicholls*(1857) VI HLC 401, 419; 10 ER 1357, 1358.

[10] *Ernest v. Nicholls*(1857) VI HLC 401, 419; 10 ER 1357, 1360.

[11] Joint Stock Companies Act 1856, 19 &20 Vict c 47.

[12] *Ashbury Railway v. Riche*(1874 –75) LR 7 HL 653 at 667.

强调,设立公司不是一种特权,而是一种权利。他说:"原理是合同自由,以及无限制结社的权利——人们代表自己签订自己愿意签的合同的权利。"[13]他接着阐述说,他赞成"人的自由——人们可以在不受国家横加干涉的情况下,自由地选择交易的对象和方式……"[14],"在设立有限公司的道路上设置障碍"的效果将是"阻碍九十九个好计划,以防止第一百个可能是坏的计划"。[15] 法院应该"有足够的权力来制止浪费(extravagances)或欺诈"。[16] 立法机关的干涉应限于"最大限度地公开这些公司的事务,以使每个人都能知道其交易的背景"。[17] 这读起来就像是现代教科书对关系契约理论的总结,既是一种积极的陈述,也是一种规范性的陈述。

尽管贸易委员会副主席罗威先生在下议院表达了这样的观点,法官们自己并不认为他们的判决可以用合同理论来解释。他们的方法与公司的特许权理论最为接近。公司是由公司法创设的,且公司法影响着公司的存在。例如,切姆斯福德勋爵指出,公司"完全是法规的产物"。[18] 为了保护那些与公司签订合同的人,创建公司的"特权"只能在某些条件下获得是十分必要的,这些条件应被公之于众。[19]

他们的判决还基于这样一个事实:该法让设立有限责任公司成为可能。这在此前"本国商业活动的一般做法中从未有过"。[20] 加入合伙的每个人的全部财产都要受制于其债权人的追索。当一项立法在某些情形下偏离了议会立法所表达的原则时,人们不可能不觉得债权人和股东应该得到保护。[21]

---

〔13〕 Commons Sitting Friday, February 1, 1856, Hansard 3rd Series, Volume 140, Year 19, p.129 – 30.

〔14〕 ibid 131.

〔15〕 ibid.

〔16〕 ibid.

〔17〕 ibid.

〔18〕 *Ashbury Railway v. Riche*(1874 – 75) LR 7 HL 653, 678, 670["公司活力和权力的范围和程度由*法律赋予*"(克雷恩勋爵)], 690[该"法案赋予了某些特权,并规定了某些条件"(欧哈根勋爵)], 693["成文法上的公司根据议会立法而设立,旨在实现某一特定目的"(塞尔伯恩勋爵)]。

〔19〕 ibid 678; see also 684(Lord Hatherly).

〔20〕 ibid 684(Lord Hatherly).

〔21〕 ibid 684(Lord Hatherly).

然而,事实是当他们转而考量法规中所用语句的意思时,他们的说理却和现代公司之前的财产授予契约框架相符。该框架是在合同法的基础上运作的。从正面来看,越权原则与将宪章性文件等同于合同的分析非常吻合。

3.3 越权原则的崩塌

众所周知,通过公司的基础性文件来决定公司能力的方法并不可行;即便构成公司基础的合同是公开的,也是如此。合同法无法为公司运营提供稳定的宪章性基础。

那些设立公司的人试图通过采用包罗万象的目标条款来规避越权原则。[22] 布莱恩·切芬斯(Brian Cheffins)批评了这一现象,他指出,法官不喜欢这种破坏越权原则的尝试,并试图控制这些扩大公司能力范围的趋势。[23] 然而,他并没有表明法官做了他们在解释合同条款时通常会做的工作范围之外的工作。与其说这一发展表明法官无法提供商业上的合理结果,不如说它表明合同终究不是建立公司的最佳基础。

随着时间的推移,作为公司法历史起点的合同分析被证明并不适合公司的发展。人们将该分析的效果描述为:对公司在法律上被视为有能力为之的行为施加"人为限制"。[24] 越权原则还被认为导致了"商业上的不便"和"频繁的不公正"。[25]

〔22〕 *Cotman v. Brougham* [1918] AC 514(HL); *Bell Houses Ltd v. City Hall Properties Ltd*[1966]2 QB 656(CA); Sarah Worthington, *Sealy and Worthington's Texts and Materials on Company Law*, 11th edition, OUP, 2016, p. 88; *Report of the Committee on Company Law Amendment*(*Cohen Report*), Cmd 6659, 1945, para 12.

〔23〕 Brian Cheffins, *Company Law*, OUP, 1997, p. 296.

〔24〕 Sarah Worthington, *Sealy and Worthington's Texts and Materials on Company Law*, 11th edition, OUP, 2016, p. 87.

〔25〕 *Browne-Wilkinson VC in TCB Ltd v. Gray* [1986] Ch 621, 635; 罗伯特·沃克法官在 *Smith v. Henniker-Major & Co*[2002] EWCA Civ 762, [2003] Ch 182[25]赞同引用了这一点。

人们还批评越权原则导致了随机的结果，且缺乏明确性。[26] 然而，这些评论忽略了法官的任务是解释个别合同条款。[27] 他们并没有被要求产生能够在所有或大多数公司范围内得以接受的结果。

越权原则对“粗心”的人来说是一个陷阱，对它本应保护的人来说是一个隐患。[28] 它是企业的障碍，而且它的运作非常反复无常，以至于人们怀疑它是否能为任何人提供真正的保护。[29] 人们批评它是与公司打交道的第三方的圈套，因为它“没有积极的作用”，造成了不必要的“冗长和烦恼”。[30] 立法机关进行了干预，经过几次尝试，消除了越权原则的外部影响。然而，董事们继续受到宪章中所载目标条款的约束。[31]

从合同上的限制能力到无限能力的转变并非易事。特别是，有人担心公司的无限权力将“完全由董事行使”。[32] 詹金斯委员会（Jenkins Committee）指出，对公司法“目前的抱怨”往往是为了让股东对董事的活动有更大、更有效的控制。[33] 在他们看来，将自然人赋予公司的所有权力“综合授权”（omnibus delegation）给董事是一种“倒退”。[34]

詹金斯委员会进一步指出，对第三方造成的不公正在很大程度上已经通过

---

〔26〕 Sarah Worthington, *Sealy and Worthington's Texts and Materials on Company Law*, 11th edition, OUP, 2016, p. 89; *Re Introductions*[1969]1 *All ER* 887; *Re Jan Beaufort*[1953]Ch 131.

〔27〕 例如，见克莱斯勋爵在 *Ashbury Railway Carriages v. Riche* 案中的分析。*Ashbury Railway Carriages v. Riche*(1874 – 75) LR 7 HL 653, 664 – 67.

〔28〕 Daniel D. Prentice, *Reform of the Ultra Vires Rule, A Consultative Document*(*Report presented to the Department of Trade and Industry*), 1986, p. 18.

〔29〕 Daniel D. Prentice, *Reform of the Ultra Vires Rule, A Consultative Document*(*Report presented to the Department of Trade and Industry*), 1986, p. 1.

〔30〕 *Report of the Committee on Company Law Amendment*(*Cohen Report*), Cmd 6659, 1945, para. 12.

〔31〕 本书 7.3 部分。

〔32〕 ibid para 39(v).

〔33〕 ibid para 39(v).

〔34〕 ibid para 39(v); 这一观点也出现在了 Marc T. Moore, *Corporate Governance in the Shadow of the State*, Hart, 2013, p. 152 – 53 中。作者写道，这强化了“管理权力”(managerial power)。值得指出的是，董事逾越了公司目标，其后果自负。交易可能是有效的，但董事可能会被要求对违反义务的行为负责。当董事们在宪章之外行事时，不能从有限责任中获益。

使用宽泛的目标条款得到了消除；事实上近几年来，不公正的情况似乎很少。[35] 他们建议，不废除越权原则，而是为与公司善意打交道的第三方提供保护，从而消除不公平的情况。[36] 詹金斯委员会还建议《2006 年公司法》包含一种“普遍形式的附属权力”（common form of ancillary powers），该附属权力为公司开展主营业务所附带，以避免疑义，并助益于目标条款长度的缩减。[37] 这一点没有得到落实。相反，英国决定完全关闭公司目标条款的外部效应这扇大门。公司现在有无限能力，不再需要声明一个目标。如果公司没有声明目标，则目标不受限制。此外，公司备忘录已不再具有宪章意义。

《2006 年公司法》第 39 条为“公司能力”，内容如下：公司行为的效力，不应当由于缺少公司宪章所规定的任何能力而被否定。这是一个不符合合同法的做法。它阻止了那些设立公司的人在他们的协议中决定该公司能力的做法。第三方享有因交易而产生的权利，尽管这些交易在公司创始人商定的文件中并未得到考量。这有助于公司作为独立于其成员的组织自主运作。

《2006 年公司法》第 39 条超越了《第一号公司法指令》（First Company Law Directive）的要求。该指令要求欧洲共同体成员国实施立法，使公司机构所做行为对公司具有约束力，即使这些行为不在公司目标范围内；除非这些行为超出了法律赋予或允许赋予这些机构的权力。[38] 这样看来，类似于詹金斯委员会所提议的解决方案，即公司法规定“普遍形式的权力”，就符合指令的要求。例如，将董事的权力限定在“正常业务范围”内是可行的。此外，成员国可以自由规定，如果第三方知道公司的行为超出了其目标，则公司不受其目标的约束。[39] 英国在通过有关该指令的法律时，并未采纳上述选择。

---

〔35〕 *Report of the Company Law Committee*（*Jenkins Committee*），Cmnd 1749，1962，para 40.

〔36〕 ibid para 43.

〔37〕 ibid para 43.

〔38〕 Article 9 of the First Company Law Directive of 9 March 1968（68/151/EEC）OJL 65/8 14. 3 1968，now recast in article 10 Directive 2009/101/EC of 16 September 2009 OJL 258/11 of 1 Oct 2009.

〔39〕 ibid.

3.4 公司目标

在英国脱欧公投后，开始了一场关于企业目标的辩论。其愿景是，确保经济惠及所有人；其希望是，可以通过要求公司在实现回报的同时为自己另设一个目标，以促进这一愿景的实现。人们期望，公司可以盈利的方式解决地球和人类的问题，而不仅仅是为了获得利润。[40] 这场辩论并非旨在恢复越权理论，其目的是引导公司决策者远离“贪婪是好事”这一格言，这句格言与代理理论出现时的社会氛围相关。有人对公司目标声明是否能达到预期效果表示怀疑。[41] 从本书角度来看，我们可以发现，无论那些设立和管理公司的人设定什么样的目标，本书提出的理论都能站得住脚。

然而，在规范层面上，值得注意的是关于公司意图达到的目的声明本身并不太可能影响那些为公司作决策的人。本书的内容建立在组织的特性是惯例、过程和程序这一见解之上。组织独立于公司的任何使命运作。从这个角度看，通过改变公司的社会结构，可以更好地实现更广泛目标的整合。我们可以在《2018 年英国公司治理准则》中找到如何做到这一点的例子。其建议上市公司可以从雇员中任命董事、组建正式的雇员咨询小组或任命非执行董事，以在董事会中代表雇员的利益。[42] 通过在公司决策过程中任命代表这

---

〔40〕 https://www.thebritishacademy.ac.uk/programmes/future-of-the-corporation/; UK Corporate Governance Code, principle A; Colin Mayer, *The Future of the Corporate and the Economics of Purpose*, 58 (3) Journal of Management Studies 887.

〔41〕 David Kershaw & Edmund Schuster, *The Purposive Transformation of Company Law*, 69(3) The American Journal of Comparative Law 478 (2021); Amir N. Licht, *Varieties of Shareholderism: Three Views of the Corporate Purpose Cathedral*, European Corporate Governance Institute Law, Working Paper No 547/2020; Barnali Choudhury & Martin Petrin, *Corporate Governance that "Works for Everyone": Promoting Public Policies through Corporate Governance Mechanism*, 18 (2) Journal of Corporate Law Studies 381 (2018); Lucian A. Bebchuk & Roberto Tallarita, *The Illusory Purpose of Stakeholder Governance*, 106 Cornell Law Review 91(2020).

〔42〕 UK Corporate Governance Code 2018, provision 5.

些利益的角色,就有可能整合其他利益。[43] 可对这种角色的影响力进行微调,以适应任何改革者各自的政策目标。当然,也存在这样的风险,即公司形成的习惯和文化会削弱这种角色的影响力。还有一个风险是,通过指定角色将特定利益人格化,会让组织的其他成员忽视公司业务的这一特定方面。但是,总的来说,更广泛目标的制度化可能会比采用公司目标声明更大程度地影响公司决策。

3.5 理论观察

重要的是要注意到,从合同上的有限能力到无限能力这一变化并不是可供选择的。《2006 年公司法》第 39 条是强制性规则。股东不能设立能力有限的、非慈善目的的有限公司。合同理论无法从正面解释现代公司的能力。[44]

一个对无限能力规则更好的解释是将重点放在组织的性质上。我们在前面看到,组织不仅仅是人与人之间双边关系的集合。[45] 组织是一个社会事实。通过合作,人类创造了正式和非正式的约束,将参与者捆绑在一起,从而创造了稳定性。然而,支撑组织的结构也是灵活的。通过与参与者的互动,组织会发生变化。这种适应性受参与者的影响,但是,他们中的任何一个人都无法单独控制这种适应性。

一个公司最初的目标可能会随着时间的推移而失去意义,会随着组织和周围世界的演变而发展和变化。通过参照公司最初的目标来限制公司的能力,会违背维系组织的机制的本质,固化组织可能已经抛弃的想法。这有助

〔43〕 See for example Irene-Marie Esser & Iain MacNeil, *Disclosure and Engagement: Stakeholder Participation Mechanisms*, 30 European Business Law Review 201(2019); Benedict Sheehy, *Sustainability, Justice and Corporate Law: Redistributing Corporate Rights and Duties to Meet the Challenge of Sustainability*, SSRN,(April 19, 2021), https://ssrn.com/abstract=3829319.

〔44〕 John Armour & Michael J. Whincop, *The proprietary Foundations of Corporate Law*, 27(3) Oxford Journal of Legal Studies 429(2007).

〔45〕 本书 1.4 部分。

于解释为什么越权理论最终没有成功,以及立法机关强制规定了无限能力。

就公司目的而言,本书对如何在股东和其他利益相关者之间取得平衡这一问题不置可否。然而,本书认为,实现整合更广泛目标的最佳途径是在公司决策过程中创建代表这些目标的特定角色。

CHAPTER 04 >>

4. 有限责任

4.1 引　　言

有限责任是公司法的一大特点,它使股东和董事可以参与公司决策而不用承担个人责任,还保护公司的债权人免受股东和董事个人债权人的索赔。虽然独立的法律人格是稳健的,但有限责任有时会被取消;普通法或法规规定了公司对股东或董事所负义务的责任,抑或股东或董事对公司所负义务的责任。这有时被称为刺破面纱。重要的是,我们从一开始就应该注意到,这个比喻有误导性;它似乎在暗示我们公司的独立人格被消除了,但事实并非如此。我们将在下文中看到,刺破面纱的规则只涉及公司和其股东或董事之间的责任分担。

可被称为滥用法人形式的情况是通过责任规则而非临时取消独立法律人格来处理的。这与公司被设计成组织的运营者这一理论的立场相吻合。如果发生滥用,就有可能追究个人责任。前文已经提到,非法公司还可以被强制清算,这可以确保通过公司运行的组织以一种有序的方式结束。尽管存在非法行为或滥用,法律人格还是应持续至公司清算结束。因此,临时取消公司独立法律人格的规则是不可取的。

在独立法律人格出现 11 年后,《1855 年有限责任法》颁布,这使得有限责任成为普遍可能。[1] 有限责任起着重要作用。以债务为基础的融资很难为工业革命的大规模商业项目提供资金。这些项目所需资金规模之大,是当时的贷款人难以提供的;它们还与某种程度的不确定性相关,而这种不确定性是贷方难以承担的。通过可转让股份提供资金,允许公司永久保留资金,不要求公司承担产生回报的义务,同时允许投资者在其偏好改变时转让投资,这非常适合大规模和高风险项目的融资。正如我们所知,说服投资者,让他们提供部分资产用于开放式商业项目是有可能的;但不太可能让他们把全部财富单一地投资到任何一个此类项目。我们可以从社会效用的角度论证在工业革命的大规模基础设施项目中使用有限责任的合理性。事实上,在现代辩论的背景下可以看到,将养老金储户积累的资产用于与基础设施相关的项目依旧是我们认为可取的做法。[2]

法人形式的设计是为了让股东在不承担个人责任的情况下组建和投资一个商业。[3]《2006 年公司法》之所以赋予股东有限责任,正是因为这使得他们有可能投资一个创业项目,而不必将其所有个人资产置于风险之中。有限责任也有利于公司的债权人,使公司免受股东和董事的个人债权人的索赔。[4]

与独立的法律人格一样,有限责任也适用于一人公司和集团公司。一人公司使用有限责任的理由是,允许小型商业组织在不将其控制人的所有个人资产置于风险的情况下开展业务。集团结构可以为企业负债提供多层保护,[5]允许大型组织在不危及整体资产组合的情况下参与不同的风险投资。例如,船舶集团使用单船公司便有此目的。[6]

---

〔1〕 Limited Liability Act 1855, 18 & 19 Vict c 133.

〔2〕 Law Commission, *Pension Funds and Social Investment*, Law Com No 374, 2017.

〔3〕 Companies Act 2006(CA 2006), s 3(1) and Insolvency Act 1986(IA 1986), s 74(2)(d).

〔4〕 Henry Hansmann & Richard Squire, *External and Internal Asset Partitioning: Corporations and Their Subsidiaries*, in Jeffrey N. Gordon and Wolf-Georg Ringe eds., Corporate Law and Governance, OUP, 2018, p. 251; Henry Hansmann & Reinier Kraakman, *The Essential Role of Organizational Law*, 110 Yale Law Journal 387(2000); Thom Wetzer, *In Two Minds: The Governance of Ring-Fenced Banks*, 19(1) Journal of Corporate Law Studies 197(2019).

〔5〕 Christian A. Witting, *Liability of Corporate Groups and Networks*, CUP, 2018, p. 72.

〔6〕 *The Glasnos* [1991] 1 Lloyd's Rep 482, 490(Steyn J).

然而,随着时间的推移,法律已经承认,在某些特殊情况下,“刺破公司面纱”是可能的。这一术语最好被用于描述股东、董事对公司所负义务承担责任,或公司对股东、董事个人所负义务承担责任的情况。

“刺破面纱”一词还可用于指称以下情形:公司因公司股东和董事身份而以某种方式被定性,以及某一法规被适用于公司及其母公司或同一集团内其他的公司。在这一背景下,要对特定公司进行分析,以确定如何适用相应法规。在此,本书建议,最好将这类情形的处理定性为与特定法规适用范围相关的问题,而不是将其作为刺破面纱的例子。公司律师了解和分析各法规的规则是有益且必要的,但在这些情况下,公司的独立法律人格以及该公司股东和董事的有限责任并没有被消除。

在下面的章节中,我们将首先分析取消股东和董事以及公司有限责任的规则。我们将看到,虽然独立法律人格坚不可摧,但有限责任是一个更加微妙的概念。值得强调的是,从一开始,《2006 年公司法》就只允许在罕见的情况下“刺破面纱”,即现在所称规避案件(evasion cases)。但是,法院已经使用了普通法工具,立法机关也创造了单独的工具,共同确定了股东或董事以及他们控制的公司分担责任的情况。对法人形式的滥用是通过改变有限责任原则,而非临时取消公司独立法律人格的规则来解决的。

4.2 刺破面纱

4.2.1 假象和外壳

法院有时认为,如果公司被用作“假象”(Sham)或“外壳”(façade)*,公司的面纱就会被刺破。这既适用于一人公司,也适用于公司集团。[7]

---

* Façade 有两层含义,第一层含义指的是建筑物的正面,第二层含义指的是外观或表面,尤指具有欺骗性的。显然,这里指的是第二层含义。译为“外壳”,更贴近该含义。——译者注

〔7〕 Robert Miles & Eleanor Holland, *Piercing the Corporate Veil*, in Edwin Simpson & Miranda Steward eds., Sham Transactions, OUP, 2013, p. 207; *Trustor v. Smallbone* (No 2) [2001] 1 WLR 1177 [22]; *Adams v. Cape Industries plc* [1990] Ch 433, 539 paras F-H and 540 para A.

以“假象”或“外壳”为由刺破面纱的例子很少。通常情况下，若法院观察到公司是“假象”或仅仅是“外壳”，就会直接刺破公司面纱，只会附带提及“假象”或“外壳”的字眼。[8] 此外，正如萨姆欣勋爵在 *Prest v. Petrodel* 案中所指出的，大多数允许以公司假象为理由而刺破面纱的案件都可以用其他理由来解释。[9]

在 *Prest v. Petrodel* 案中，萨姆欣勋爵总结说，提及“假象”和“外壳”是无益的，因为它们引发了太多问题，而没有提供一个令人满意的答案来源。[10] 他指出，在这些情况下，法院总要不遗余力地应对民事律师所说的“权利滥用”的现象。[11] 这一学说在英国法律中并不存在。[12] 因此，他建议区分规避（evasion）和掩盖（concealment）。[13] 在这两种情况下，公司和他们的股东或董事都要承担责任。下面将依次讨论这两种情况。

4.2.2 规避

萨姆欣勋爵在 *Prest v. Petrodel* 案中认为，当股东是公司的控制人，并利用公司故意规避或阻挠现有个人义务的履行时，公司应对该股东所负义务负责。在这种情况下，法院可以“刺破公司面纱”，其目的只是剥夺公司或其控制人通过对公司的利用所获得的利益。[14] 要想索赔成功，必须有证据证明控制人曾故意利用公司来规避其个人应承担的法律义务。[15] 这里有两个例子。

在 *Jones v. Lipman* 案中，土地的卖方想要规避强制履行令，并将土地转让给他控制的一家公司。买方成功地向该公司索要了土地，因为该公司是“一种手段和假象，是[立普曼先生（Mr. Lipman）]为避免被公平之眼识别而在其面

---

〔8〕 *Prest v. Petrodel* [2013] UKSC 34, [2013] 2 AC 415, [27]; *Adams v. Cape Industries plc* [1990] Ch 433, 539 paras F-H and 540 para A.

〔9〕 *Prest v. Petrodel* [2013] UKSC 34, [2013] 2 AC 415, [29] - [30].

〔10〕 ibid[28].

〔11〕 ibid[17].

〔12〕 ibid[18].

〔13〕 ibid[18], see also[60] (Lord Neuberger) but note[103] (Lord Clarke).

〔14〕 ibid[29].

〔15〕 *Persad v. Singh*[2017] UKPC 32, [2017] BCC 779 paras 14 - 26; see also *R v. Boyle Transport (Northern Ireland) Ltd* [2016] EWCA Crim 19; [2016] 4 WLR 63 (CA) (Crim Div) and *R v. Powell (Jacqueline)* [2016] EWCA Crim 1043, [2017] Env LR 11.

前戴上的面具”。[16] 在 *Guildford Motor Co Ltd v. Horne* 案中，霍恩先生（Mr. Horne）同意不与前雇主竞争，但他成立了一家从事竞争性业务的公司。法院对霍恩先生和该公司（当然，该公司并不受霍恩先生和他前雇主之间的协议的约束）发出了强制令。这是因为该公司是一个“纯粹的外壳或假象”或“纯粹的通道”，而业务事实上是由霍恩先生经营的。[17]

虽然这两个案例是根据《2006 年公司法》刺破面纱的典型例子，但是，值得注意的是，适用公司法以外的规则也会产生同样的结果。在 *Jones v. Lipman* 案中，同样的结果可以通过将公司定性为推定受托人来实现。[18] 在 *Gilford Motors Ltd v. Horne* 案中，原告请求的补救措施是一项强制令——法院临时发布指令以维持现状。法院也可根据其他理由来发布该强制令。[19]

尽管如此，在上述两个案件中，法院的判决都不是基于更正统的原则，而是基于将公司定性为“假象”。最高法院在 *Prest v. Petrodel* 案中认为，应该从表面价值来看待这两项判决，更通俗的结论是，完全关闭独立的刺破面纱这一补救的大门是错误的。[20] 并非所有法官都赞同这一点。沃克勋爵（Lord Walker）指出，刺破面纱只是一个“标签”，而纽伯格勋爵则被以下论点“强烈”吸引：该学说具有争议性和不确定性，在所谓其存在的 80 年中，该学说似乎从未被成功和适当地援引过，应该让它“安静”下来。[21]

萨姆欣勋爵将 *Jones v. Lipman* 案和 *Gilford Motors v. Horne* 案重新定性为“规避”案，认为这两个案件中的公司都是被故意用来规避履行现有义务的。最高法院还指出，其他刺破面纱的情形是可以想象的，但可能很罕见。最高法院在 *Hurstwood Properties (A) Ltd v. Rossendale Borough Council* 案中进一步强调了这一点，即虽然在理论上是可能的，但作为一个独立的类别，刺破面纱是很

〔16〕 *Jones v. Lipman*[1962]1 WLR 832 at 836.

〔17〕 *Guildford Motor Co Ltd v. Horne*[1933]Ch 935(961, 962, and 966).

〔18〕 *Prest v. Petrodel* [2013]UKSC 34,[2013]2 AC 415,[73](Lord Neuberger).

〔19〕 ibid[71](Lord Neuberger)；此外，法院经常给予临时救济，指示公司董事和股东不得处置公司资产。See for example *Lakatamia Shipping Co Ltd v. Su* [2014]EWCA Civ 636;[2014]CP Rep 37.

〔20〕 *Prest v. Petrodel* [2013]UKSC 34,[2013]2 AC 415,[29](Lord Sumption),[79](Lord Neuberger),[100](Lord Mance), and[103](Lord Clarke).

〔21〕 ibid[79](Lord Neuberger)and[106](Lord Walker).

罕见的。[22]

从理论上看,值得注意的是,在*Jones*案和*Guildford*案中,法官都认为公司受其控制人义务的约束,其独立法律人格并没有被质疑。因此,“假象”一词在公司法中的含义与合同法中的含义不同。在合同法中,假象指的是合同当事人并不打算使其之间的交易变得有效且具有约束力的行为。[23]

在*Singularis Holdings v. Daiwa*案中,我们可以看到假象的例子。该案一审法官得出结论:奇点控股(Singularis Holdings)与一家医院之间支付医院费用的协议是假象,向医院支付的款项实际上是挪用公司的资金。[24] 如果一个人在被裁定破产的两天前声称将有价值的财产出售给他的近亲,可以被认定为发生了虚假交易(sham transaction)。[25] 在这种情况下,可以得出这样的结论,即双方从未打算签订具有约束力的协议,他们只是假装存在这样一份合同。法院审理如下:双方当事人从未同意接受合同的约束,因此,合同不存在。

在规避案件中,公司的存在并未被质疑。因此,不可能说这个公司是一个“假象”。[26] 当然,也有可能有人假装把资产卖给了一家公司,但事实上并没有发生这样的交易。这种假装的销售合同会被定性为假象,但这并不能质疑该公司的存在。

4.2.3 掩盖

当公司被用来“掩盖”重要事实时,法院将一如既往地无视烟幕,并审查每

---

〔22〕 *Hurstwood Properties(A)Ltd v. Rossendale Borough Council*[2019][2021]UKSC 16,[2021]2 WLR 1125[71]-[76].

〔23〕 *Glastnos Shipping Ltd and Continental Chartering & Brokerage Ltd Hong Kong Branch v. Panasian Shipping Corpn and Withers(a firm)*, *The Glastnos* [1991]1 Lloyd's Rep 482 at 486,引用了迪普洛克法官(Lord Justice Diplock)在 *Snook v. London and West Riding Investments Ltd*[1967]2 QB 78 案中的判词。

〔24〕 *Singularis Holdings Ltd v. Daiwa Capital Markets Europe Ltd*[2019]UKSC 50,[2019]3 WLR 997,[10].

〔25〕 *Ebbvale Ltd v. Hosking*[2013]UKPC 1,[2013]2 BCLC 204.

〔26〕 Robert Miles & Eleanor Holland, *Piercing the Corporate Veil*, in Edwin Simpson & Miranda Steward eds., Sham Transactions, OUP, 2013, p. 206; see also *VTB Capital Plc v. Nutritek International Corp* [2012]EWCA Civ 808,[2012]2 BCLC 437,[68].

个案件的客观事实。在这些情况下,公司有时被称为“假象”或“外壳”,但是,这种定性本身并不能证明判决结果的合理性。法院根据衡平法规则来证明这一结果的合理性,如果被告利用他的叔叔而不是公司来掩盖事实,法院也会作出同样的判决。〔27〕

信托法就是让公司可以对其控制人所负义务承担责任的一个机制。公司有可能作为受托人或推定受托人对其从控制人那里获得的资产负责。

例如,在 *Prest v. Petrodel* 案中,几家公司坐拥某些位于伦敦的不动产。这些公司的间接控制人卷入了离婚诉讼。问题是,这些不动产是否构成了诉讼中要分割的夫妻财产的一部分。法院的结论是构成,但其依据是公司为丈夫的利益以信托方式持有这些财产,这源于丈夫对这些财产的意图。〔28〕

可能有人会认为,这一结果说明法院无视公司独立的法律存在,因为丈夫无法与他控制的公司脱离关系,故不得不在离婚诉讼中分享他的受益权。但是,由于法院认定公司是受托人,因此,公司的合法性得到了承认。如果丈夫的叔叔以信托方式为他持有这些公司,结果也不会有什么不同。公司被定性为受托人,就像自然人在相同情况下被视为受托人一样。〔29〕

公司还可以被定性为推定受托人。这种情况发生在财产被挪用并被转移到公司,而公司知道这种挪用行为的时候。同样,这里也不存在具体的公司法问题。如果财产的接收者知道挪用的情况,他会被视为以信托方式持有资产,他需要返还资产或对此负责。如果接收人是挪用资产的人控制的公司,则视为公司知道该挪用行为。例如,在 *Clegg v. Pache* 案中就发生了这种情况。〔30〕一家公司的董事违反了他的信义义务,将资金和商业机会转移到了第二家公司,而该董事在第二家公司享有隐藏受益权。因此,第二家公司需要向第一家公司

〔27〕 *Prest v. Petrodel* [2013] UKSC 34, [2013] 2 AC 415, [31].

〔28〕 ibid; see also *M v. M* [2013] EWHC 2534 (Fam) [248] and *Thakkar v. Thakkar* Family Court 10 February 2017, [2017] EWFC 13.

〔29〕 *Prest v. Petrodel* [2013] UKSC 34, [2013] 2 AC 415, [31]; see also *M v. M* [2013] EWHC 2534 (Fam) [248] and *Thakkar v. Thakkar* Family Court 10 February 2017, [2017] EWFC 13.

〔30〕 *Clegg v. Pache (Deceased)* Court of Appeal (Civil Division) 11 May 2017, [2017] EWCA Civ 256.

返还该董事因违反信义义务之所得。[31]

当一家公司收到其控制人挪用的资金时,该公司会作为受托人承担责任,但这并不是责任的终点。除了公司之外,控制人也负有个人责任:根据普通衡平法原则,由于对挪用资金接收者的控制,控制人本人会被视为接收人。[32]

4.2.4 理论观察

提及"刺破面纱"或"假象公司"是一种误导。刺破面纱是一种比喻,这似乎意味着公司的独立人格没有得到承认,但事实并非如此。当法院刺破公司面纱时,他们并没有无视公司的独立法律人格。对刺破面纱最好的描述是:为有限责任提供了一个例外,使公司对其控制人所负义务负责,但公司的独立法律人格并未被破坏。

虽然在理论上法院已经表明,在事实确凿的情况下,他们准备以规避为由刺破公司面纱,但可以说这种补救措施"极少出现在现实中"。[33] 掩盖的情况很常见,但并不构成公司法的例外。该情形由适用于人类行动者和公司的普通衡平规则来规制。公司是独立的法律实体,但在明知故犯地接收被其控制人挪用的资产等情形中,可以被定性为受托人。

"假象公司"一词具有误导性,因为假象是法院不承认存在的东西。例如,虚假合同不被法院认定为合同,因为那些假装合同存在的人并没有同意受该合同的约束。在规避和掩盖这两种情形下,公司都被认为是一个独立的法律行为主体。规避行为最有可能发生在由单个人设立的、旨在规避现有义务的一人公司中。当然,公司集团内的公司也有可能为此目的而成立。

本书的理论是,我们可以从正面解释公司法,即为自主组织行动提供一个

---

〔31〕 See also *Trustor AB v. Smallbone*(No 2)[2001]1 WLR 177.

〔32〕 *Gencor ACP Ltd v. Dalby* [2000]2 BCLC 734; see also *Mercia Enterprises Ltd v. Mistry*[2020] EWHC 1597(QB).

〔33〕 Robert Miles & Eleanor Holland, *Piercing the Corporate Veil*, in Edwin Simpson & Miranda Steward eds., Sham Transactions, OUP, 2013, p. 192, 206.

程序框架。独立法律人格是实现这一目的的基本要素，为通过公司运作的组织提供了一个允许其与世界互动的法律支柱。独立法律人格克服了组织是社会而非原始事实的问题。公司没有独特的物理表现形式，因此，在法律上确认其存在的法律基础必须非常稳固。

4.3 股东和董事的个人责任

在接下来的章节中，我们将分析引入股东或董事个人责任的规则。我们将看到，将这些规则综合起来就提供了一个平衡的框架：在保留公司独立法律人格的同时，规制滥用法人形式的情形。第一个也是最明显的例子就是欺诈。

4.3.1 欺诈

欺诈“会摧毁一切”。[34] 我们在前文看到，《2006年公司法》只允许为合法目的使用法人形式。[35] 我们还看到，如果公司进行非法活动，其独立法律人格仍将得到承认，直到其被清算并从登记簿中除名为止。[36]

然而，非法公司须经清算并从登记簿中除名才能从法律上灭失，这一事实并不意味着该公司可以继续作为提供有限责任的保护伞而运作。出于显然的原因，法律不允许利用公司来逃避与欺诈行为相关的个人责任。为欺诈目的经营公司的个人要对其以公司的名义进行的活动承担个人责任，尽管该公司是有限责任公司。

在 *Re Darby* 案中，两个已经声名狼藉的人通过设立一家公司来推销另一家公司的证券。这使他们能够避免在证券销售中透露自己的身份。后来，人们发现，他们夸大了自己转让给第二家公司的一项资产的价值。法院判决，他们

---

〔34〕 *Prest v. Petrodel*[2013] UKSC 34, [18] (Lord Sumption), [83] (Lord Neuberger).

〔35〕 CA 2006, s 7(2).

〔36〕 本书2.5部分。

对这一欺诈行为负有个人责任。[37]

在 *Standard Chartered Bank v. Pakistan National Shipping Corporation* 案中，渣打银行(Standard Chartered Bank)的常务董事(managing director)说服巴基斯坦国家航运公司(Pakistan National Shipping Corporation)倒签提单(backdate a bill of lading)，致使渣打银行向该公司放款。上议院认为，公司和常务董事均应为欺诈承担责任。[38] 霍夫曼勋爵指出，该常务董事作出了欺诈性虚假陈述，目的是让渣打银行信赖该陈述，而渣打银行确实信赖了该陈述。他还解释说，在过失性不实陈述的情况下，董事负有义务才需要承担个人责任。[39] 然而，就欺诈而言，董事不能通过声称"我明确声明，我是代表他人实施欺诈行为，我个人不承担个人责任"来逃避其欺诈行为的责任。[40]

关于对公司董事或控股股东的欺诈诉讼，可能会出现管辖权问题。根据《布鲁塞尔条例》(Brussels Regulation)，如果一个人居住在英国，或其同意案件由英国法院审理，则可以在英国被起诉。这种同意可以是临时的，但有时这种同意会被载入当事人早先签订的合同中。如果欺诈者让其他人与他控制的公司签订合同，而该合同包含指向英国的管辖权条款，那么，英国法院就有权审理针对该公司提起的诉讼。如果被欺诈者希望在英国起诉欺诈者和公司，而欺诈者又不是在此居住，那么问题就来了，合同中的管辖权条款是否是英国管辖的依据？一个显而易见的问题是，欺诈者不是该合同的一方。然而，他却通过欺诈的方式策划了该合同的产生。尽管如此，这并不等于将管辖权交给了英国法院。[41] 法院在形式上正确地区分了公司和其控制人。另外，还值得注意的是，这不是一个公司法问题，而是一个根据各地管辖规则明确争议解决条款之含义的问题。特别是，欺诈人有可能出于其他原因而受到英国的管辖，如损害发生

〔37〕 In *Re Darby*[1911]1 KB 95; see also *Komercni Banka AS v. Stone & Rolls Ltd*[2002]EWHC 2263(Comm),[2003]1 Lloyd's Rep 383; *Komercni Banka AS v. Stone & Rolls Ltd*[2003]EWCA Civ 311,[2003]CP Rep 58; *Hemsley v. Graham*[2013]EWHC 2232(Ch),[2013]7 WLUK 1048.

〔38〕 *Standard Chartered Bank v. Pakistan National Shipping Corporation*[2003]1 AC 959.

〔39〕 ibid[20].

〔40〕 ibid[22].

〔41〕 *VTB Capital plc v. Nutritek International Corp and others*[2013]UKSC 5,[2013]2 AC 337; see also *Antonio Gramsci Shipping Corporation v. Recoletos Ltd*[2013]EWCA Civ 730,[2013]4 All ER 157.

在英国的事实。[42]

从理论角度看,值得注意的是,如果一个人利用公司实施欺诈,他承担责任不是因为他是公司的董事或股东,而是因为他实施了欺诈。在这种情况下,公司的独立法律人格并没有被取消或破坏。然而,只要记住,如果欺诈者将朋友或亲戚作为幌子进行非法活动也会引发同样的结果,我们就可以观察到,欺诈是承担有限责任的一个界限。在这两种情形中,欺诈者都将承担个人责任。

4.3.2 欺诈性交易

如果在清算程序中,公司的任一业务出于欺骗公司债权人的目的而开展,则适用欺诈性交易规则。法院可以宣布,任何明知故犯以欺诈方式开展业务的人均须承担法院认为的适当的赔偿责任。[43] 这免除了以下要求:证明欺诈参与人的行为与任何特定损失之间存在严格因果关系。董事、经理、股东和任何其他知情人士都要承担责任。例如,在 *Re BCCI*(*No* 15)案中,从国际信贷与商业银行(Bank of Credit and Commerce International SA,BCCI)吸收存款的印度银行(Bank of India)要对雇员进行的欺诈性交易负责。而 BCCI 要承担责任是因为一位有权处理印度银行和 BCCI 关系的高级经理对 BCCI 雇员的欺诈行为视而不见。[44]

此外,欺诈性交易还要承担刑事责任。欺诈性交易人士一经循公诉程序定罪,可处不超过 10 年的监禁或罚款(或并罚)。[45]

与欺诈一样,《1986 年破产法》第 213 条并没有无视公司的独立法律人格,但取消了利用法人形式进行欺诈的个人的有限责任。在这个意义上,它们为法人形式的使用划定了一个界限。

---

〔42〕 Regulation(EC)864/2007 of 11 July 2007 on the law applicable to non-contractual obligations (Rome Ⅱ Regulation)[2007]OJ L199/40, art 4.

〔43〕 IA 1986, s 213.

〔44〕 *Re Bank of Credit and Commerce International SA*, *Morris v. Bank of India*[2005]EWCA Civ 693,[2005]2 BCLC 328.

〔45〕 CA 2006, s 993; see, for example, Jemma Slingo, *SFO Charges Three Men over Axiom Legal Financing Fund*, Gazette (Aug. 21, 2020), www. lawgazette. co. uk/news/sfo-charges-three-men-over-axiom-legalfinancing-fund/5105394. article.

4.3.3 不当交易

为有限责任设定界限的另一个选择是不当交易规则。这些规则也保留了独立法律人格，但却对滥用有限责任的公司控制人施加了个人责任。[46]

如果公司董事在他们知道或应当知道公司难以避免破产清算或管理程序的情况下继续进行交易，他们就须按法院认为合适的方式分摊责任。[47] 如果他们采取的每一个步骤都是为了尽量减少债权人的潜在损失，则不用承担责任。为了确定董事应当知道的事实、应当得出的结论，以及应当采取的步骤，董事将受到客观标准和主观标准的评判。他们必须按合理勤勉人的标准行事，合理勤勉之人具有一个与董事履行同样职能的人所具有的、可合理预期的一般知识、技能和经验，以及该董事所具有的一般知识、技能和经验。[48]

这些规则不仅适用于被任命为董事的人，也适用于以董事通常的方式参与公司治理的公司控制人。《1986 年破产法》第 214 条还适用于事实董事（de facto director）和影子董事（shadow director）。事实董事"在未被有效任命，或根本未被任命的情况下却作为董事行事"。[49] 影子董事被定义为习惯于按照其指示行事的人。[50] 他或她"潜伏在阴影中，躲在"法律上的董事（de jure director）或事实董事身后。[51] 如果母公司充当影子董事，则可能会承担不当交易的责任。[52]

从理论角度看，值得注意的是，不当交易对损害债权人利益的公司控制人

---

〔46〕 库克委员会指出，根据目前的商业道德标准来判断，如果发现一个董事滥用有限责任这一特权，那么该董事将丧失这一特权。他的处境将和他"自负责任、自担风险"进行交易的处境相同。See Kenneth Cork, *Insolvency Law and Practice*, *Report of the Review Committee*, Cmnd 8558, June 1982.

〔47〕 IA 1985, s 214.

〔48〕 ibid s 214(4).

〔49〕 *Re Hydrodam(Corby)Ltd*[1994]2 BCLC 180, 182(Millet J).

〔50〕 IA 1986, ss 214(7) and 251 as well as CA 2006, s 251(1).

〔51〕 *Re Hydrodam (Corby)Ltd*[1994]2 BCLC 180, 183(Millet J); *Re Mea Corporation Ltd*[2007] 1 BCLC 618, [106](Lewison J).

〔52〕 *Re Paycheck Services No* 3, *RCC v. Holland* [2010] UKSC 51, [2011]1 All ER 430, [40](Lord Hope DP); *Re Hydrodam(Corby)Ltd*[1994]2 BCLC 180, 183(Millet J); 关于母公司违反董事一般义务的责任问题，参见 CA 2006, s 251(3)。

施加了个人责任。如果一家公司的财务状况无法避免破产清算或管理程序,董事或其他控制人需要采取一切措施,以将债权人的损失降至最低。不当交易为有限责任的使用设定了一个界限,同时保留了公司的独立法律人格。

4.3.4 凤凰公司

已破产清算的公司的董事和影子董事,若自破产公司开始清算之日起 5 年内,参与管理与破产公司名称相同或相似的公司,亦须承担个人责任。[53]

这是为了遏制"凤凰现象"(phoenix phenomenon),即同一批人成立了一家又一家公司,每家公司的名称都很相似并继续其各自前身的业务,且所有这些公司都在一定时间发现自己无力偿债。通过对那些不遵守禁止性规定的人施加个人责任,也为有限责任的使用设定了界限,同时又没有破坏每个公司的独立法律人格。

4.3.5 取消董事资格

《1986 年取消公司董事资格法》规定,法院在任何情况下,如确信某人是或曾是一家在任何时候破产的公司的董事,且其作为一家或多家其他公司董事的行为使其不适合参与公司管理,则应对其发出取消资格令。[54] 如果公司在其资产不足以支付其债务和清算费用时进行清算,也适用该规则。该规则还适用于公司进入管理程序或已任命管理程序接管人的情形。不适合的问题将在技能和注意义务的背景下进行讨论。[55] 在此只需提及,可以对事实董事和影子董事发出不适合的取消资格令。[56]

与公司的发起、组建、管理、清算或除名(striking off)* 有关的可公诉罪行

---

〔53〕 IA 1986, ss 215 and 216.

〔54〕 Company Directors Disqualification Act 1986(CDDA 1986), s 6.

〔55〕 见本书 7.6.4 部分。

〔56〕 CDDA 1986, s 6(3C); *Re Focus* 15 *Trading Ltd*[2020]EWHC 3016(Ch),[2020]11 WLUK 143.

* 有关"Strike off"的规定主要集中在英国《2006 年公司法》第 31 部分第 1 章。主要包括登记官将停业公司的名称从登记簿中删除,以及公司自愿将名称从登记簿中删除。因此,为了方便理解,译为除名。——译者注

一经定罪,或针对持续违反公司立法的行为,也可发出取消资格令。[57] 其中包括要求向公司登记官提交申报、账目或其他文件等规则。

取消资格令为有限责任的使用设定了一个界限,因为它禁止那些被证明是滥用有限责任的个人在一定时期内参与有限责任公司的管理。[58] 之所以说它设定了一个界限,还有一个原因,即法院有可能对被取消资格的董事发布强制令,要求其赔偿给破产公司的一个或多个债权人造成的损失。[59] 与不当交易规则一样,这些强制令对滥用有限责任的主体重新施加了个人责任。

取消资格是一种预防措施,将那些已经显现出不适合参与公司管理的个人隔离起来,使其无法获得有限责任的保护。

4.3.6 侵权责任

就公司集团而言,侵权责任法最近被用作一种突破法律边界追究责任的工具。其出发点是,如果公司有过失行为,股东和董事不必承担过失责任。*Williams v. Natural Life Health Foods Ltd* 案是一个里程碑式的案件。[60] 在该案中,上议院认为,主要股东或董事不对公司的客户负责,尽管该公司的广告严重依赖他的个人形象;这是因为他对公司客户不负有信义义务,所以不需要为过失性错误陈述负责。[61]

然而,公司控制人本身有可能是一个不当行为人,从而影响其向公司提起侵权之诉的能力。例如,在 *Brumder v. Motornet Service and Repairs Ltd* 案中,该公司的唯一董事或股东在操作液压泵时受工伤;作为公司的董事,他自己有责任进行法定健康和安全检查,但他多年来一直忽视这一点。由于他的共同过失,他不能向公司提出索赔,故公司也无法向其保险公司索赔。[62]

---

〔57〕 CDDA 1986, ss 2 – 3.

〔58〕 ibid s 1.

〔59〕 ibid s 15A; *Re Noble Vintners Ltd*[2019]EWHC 2806(Ch),[2020]BCC 198.

〔60〕 *Williams v. Natural Life Health Foods Ltd*[1998]1 WLR 830(HL).

〔61〕 See also *Al-Dowaisan v. Al-Salam*[2019]EWHC 301(Ch),[2019]2 BCLC 328. 该案中的董事不对投资者负信义义务。

〔62〕 *Brumder v. Motornet Service and Repairs Ltd*[2013]EWCA Civ 195,[2013]PIQR P13, Court of Appeal(Civil Division)14 March 2013.

近年来,有大量被侵权人向子公司的母公司提起诉讼。母公司越是参与子公司的事务管理,就越有可能被定性为不当行为人。[63]

再次强调,责任的基础不是植根于公司法。没有任何原则让母公司对子公司的侵权行为负责。在某些情况下,母公司可能会根据其干预的子公司业务范围而承担责任。这种情况通常发生在母公司单独或与子公司共同管理子公司相关活动,或者母公司就管理有关风险向子公司提出具体建议的情形中。[64]

然而,一个人同时担任母公司和子公司的董事并不意味着母公司参与子公司的经营。无论个人同时戴几顶帽子,这些角色都被视为彼此独立,不管这看起来多么不现实。[65]

在规范层面上,有人认为,股东应该对因公司的过失或放任而受损失的被侵权人承担直接责任。为证明此情形下责任的合理性,从经济推理到基于道德考量的论证不一而足。[66] 鉴于英国政府目前对跨国组织和供应链背景下人权问题的关注,这些建议有可能在未来落到实处。

无论如何,通过侵权责任法这一机制,公司集团的组织现实得到了法律的承认。母公司如果跳出其作为子公司股东的角色,将自己卷入该子公司的不当运营中,则其自身可能会成为侵权行为人。侵权责任法监督着公司集团中有限责任的使用。可以说,我们需要采取更多措施来保护那些在跨国集团子公司手

---

〔63〕 *Chandler v. Cape plc* [2012] EWCA Civ 525; *Newton-Sealy v. Armor Group Services Ltd* [2008] EWHC 233(QB); *Vedanta Resources Plc v. Lungowe* [2019] UKSC 20, [2020] AC 1045; *Okpabi v. Royal Dutch Shell plc*[2021] UKSC 3, [2021] 1 WLR 1294.

〔64〕 *AAA v. Unilever*[2018] EWCA(Civ)1532, [2018] BCC 959.

〔65〕 Christian A. Witting, *Liability of Corporate Groups and Networks*, CUP, 2018, p.184.

〔66〕 ibid; Christian A. Witting, *Modelling Organisational Vicarious Liability*, 39 Legal Studies 694 (2019); Jonathan Crowe, *Does Control Make a Difference? The Moral Foundations of Shareholder Liability for Corporate Wrongs*, 75 Modern Law Review 159(2012); Henry Hansmann & Reinier Kraakman, *Towards Unlimited Shareholder Liability for Corporate Torts*, 100 Yale Law Journal 1879 (1991); see also Thilo Kuntz, *Asset Partitioning, Limited Liability and Veil Piercing: Review Essay on Bainbridge/Henderson, Limited Liability*, 19 European Business Organizaiton Law Review 439(2018); see also Beate Sjafjell, *How Company Law Has Failed Human Right-And What to Do about It*, 5(2) Business and Human Rights Journal 179(2020).

中遭受伤害的弱势子公司。[67] 从理论上讲,我们可以预测,任何对某些行为人施加责任的新措施都不会影响公司的法律人格。

4.3.7 理论观察

斯诈、欺诈性交易和不当交易规则,有关凤凰公司和取消董事资格的规则,以及侵权责任法共同建立了一个框架,对在公司运营中行为不负责或参与其子公司不当运营的公司控制人施加个人责任。它们并不破坏公司的独立法律人格。这可以通过本书所提出的理论来解释。由于公司的设计是为了使组织能够自主运作,因此,在公司及其运营的组织有序清算之前,最好保留独立的法律人格,故责任规则是解决滥用法律人格问题的更优方式。

4.4 法规的适用

4.4.1 法规的一般适用

我们需要将法院认定母公司或股东对公司所欠债务负责的案件与法院解释法定规则的案件区分开来。[68] 当法院明确某项法规的适用范围时,他们可能会考虑公司股东或董事的国籍、住所或其他特征。这可能会导致这样的结论:根据《电影法》(Film Act),在英国登记的电影公司所制作的电影可能不被认为是一部英国电影。[69] 这还可能导致这样的结果:根据《与敌国贸易法》(Trading with the Enemy Act),在英国登记的公司可能被定性为德国公司。[70]

一家公司还可能被视为其控制人犯罪所得的接受者。[71] 根据《2006 年公

---

〔67〕 See eg Christian A. Witting, *Liability of Corporate Groups and Networks*, CUP, 2018.

〔68〕 See also *Prest v. Petrodel*[2013]UKSC 34,[2013]2 AC 415,[21](Lord Sumption).

〔69〕 *Re FG Films Ltd* [1953]1 WLR 483,[1953]1 All ER 615(ChD).

〔70〕 *Daimler v. Continental Tyre and Rubber Co*[1916]1 AC 307.

〔71〕 *R v. Seager*(Mornington Stafford)[2009]EWCA Crim 1303,[2010]1 WLR 815; *R v. Boyle* [2016]EWCA Crim 19,[2016]4 WLR 63; *R v. Powell*(Jacqueline)[2016]EWCA Crim 1043,[2016]Env LR 11; see also Karl Laird, *Piercing the Corporate Veil in Confiscation Proceedings*, 133 Law Quaterly Review 217(2017).

司法》第 994 条的规定,子公司的事务运营有可能导致不公平妨害的发生。[72] 可以对股东或董事发出强制令,禁止他们让公司做可能降低公司股份价值的处置。[73] 股东董事也有可能因未能确保公司遵守与公司资产有关的披露命令而承担藐视法庭的责任。[74] 根据《2008 年不公平交易条例》(Unfair Trading Regulations 2008)第 9 条的规定,一个没有员工,但通过子公司雇用上门销售人员运营的控股公司可以被视为"交易商"(trader)。[75]

也有法院拒绝将法规的适用范围扩大到股东或董事的案件。《1998 年民事诉讼规则》(The Civil Procedure Rules 1998)要求被告交出他们"控制"的某些文件。[76] 如果一方对文件实际占有、有权占有或有权查看或复制文件,则该方控制了该文件。上议院在 *Lonrho v. Shell* 一案中认为,由全资子公司持有的文件并非仅因这一事实而处于母公司的控制之下。[77] 母公司只有在现有安排赋予其获得文件的权利,或在有可强制执行的法定权利以获取文件的情况下才有控制权。[78] 在 *Mohamed v. Egyptian Association of Great Britain Ltd* 一案中,法院认为,某个人董事不是受缺席判决直接影响的人,因此,不能根据《1998 年民事诉讼规则》第 40 条第 9 款的规定申请撤销缺席判决。[79]

有时,类似的法规措辞会以不同的方式解释。当法院确定被征用财产的价值时,就发生过这种情况。[80]

---

〔72〕 *Re Citybranch Group Ltd*, *Gross v. Rackind* [2004] 4 All ER 735 and *Meyer v. Scottish Cooperative Wholesale Society Ltd*[1959] AC 324.

〔73〕 *Lakatamia Shipping Co Ltd v. Su*[2014] EWCA Civ 636, [2014] CP Rep 37; see also *Koza Ltd v. Koza Altin Isletmeleri AS*[2020] EWCA Civ 1018, [2020] 7 WLUK 469.

〔74〕 *Taylor v. Van Dutch Marine Holding Ltd* [2016] EWHC 2201 (Ch), [2016] 9 WLUK 31.

〔75〕 *R v. Scottish and Southern Energy Plc*; *Surrey Trading Standards v. Scottish and Southern Energy Plc* [2012] EWCA Crim 539.

〔76〕 CPR r 31. 8.

〔77〕 *Lonrho Ltd v. Shell Petroleum Co Ltd* (No 1) [1980] 1 WLR 627.

〔78〕 See eg most recently *Pipia v. BGEO Group Ltd*[2020] EWHC 402 (Comm), [2020] 1 WLR 2582.

〔79〕 *Mohamed v. Egyptian Association of Great Britain Ltd*[2018] EWCA Civ 879.

〔80〕 *DHN Food Distributors Ltd v. Tower Hamlets LBC*[1976] 1 WLR 852; [1976] 3 All ER 462 (CA) to be contrasted with *Woolfson v. Strathclyde Regional Council* (1978) SC (HL) 90 (HL); see also *Smith, Stone and Knight Ltd v. City of Birmingham*[1939] 4 All ER 116.

4.4.2 集团

总的来说，值得注意的是，立法机关正在逐步寻找在特定情况下规范公司集团的方法。这些方法的重点是保护有时被称为非调整型(non-adjusting)的债权人，如税务机关和没有议价能力来管理其对有限责任的风险敞口的合同债权人。这些方法还致力于实现诸如公平竞争、防止贿赂、现代奴役或人口贩运等公共政策目标。

例如，在税法方面，有一些法定规则对董事施加了个人责任。如果一个公司没有缴纳国民保险费由其一名或多名高管的欺诈或过失造成，那么这些高管中的每个人都可对公司应缴纳的保险费承担个人责任。[81] “过失”的测试标准为客观标准。法院要确定该高管是否未达到“合理和谨慎商业人士”的标准。[82] 按照类似的思路，根据《2009 年金融法》第 46 章第 4 段的规定，某些大公司须任命高级会计官员，如果该高级会计官员未能确保公司建立和维持适当的税务会计安排，将被处以罚款。

雇员的养老金权利受到《2004 年养老金法》的保护，根据该法第 43 条至第 51 条，养老金监管机构有权要求集团内的其他公司为集团内的服务公司所管理的资金不足或资源不足的职业养老金计划提供合理的财政支持。[83]

消费者通过产品责任规则得到保护。根据这些规则，生产商和进口商应该对被侵权人负责，无论他们是否与其中任何一方有合同关系。[84]

根据欧盟卡特尔规则，一家公司如果对另一家公司有决定性影响，则另一家公司的知悉、意图或非法行为都将归因于该公司。根据《欧盟运作条约》

---

〔81〕 Social Security Administration Act 1992, s 121C.

〔82〕 *O'Rorke v. Revenue and Customs Commissioners*, Upper Tribunal(Tax and Chancery)04 October 2013, [2013]UKUT 499(TCC), [2014]STC 279, at[4].

〔83〕 *Re Nortel GmbH (in administration) and other companies*; *Re Lehman Brothers International (Europe)(inadministration) and other companies* (Nos 1 and 2)[2013]UKSC 52, [2013]2 BCLC 135; see also *Granada UK v. The Pension Regulator* [2019]EWCA Civ 1032, [2020]ICR 747; 关于集团公司在破产和重组程序中集中资产的其他情形(尽管很罕见)，参见 Christian A Witting, *Liability of Corporate Groups and Networks*, CUP, 2018, p. 220。

〔84〕 Christian A. Witting, *Liability of Corporate Groups and Networks*, CUP, 2018, p. 236 – 42.

(Treaty on the Functioning of the European Union)第 101 条的规定,该责任规则适用于构成一个经济单位的公司,而不考虑公司法规定的界限。在欧盟的法律体系中,(可推翻的)推定是,母公司对全资子公司的市场行为有决定性影响,因此,它们构成第 101 条中的单一事业(single undertaking)。[85]

根据《2010 年贿赂法》第 7 条第 1 款的规定,如果商业组织未能阻止其关联人士为其获得或保留业务而行贿,则构成犯罪。这些规则的设计以组织行动为考量,不需要证明董事的过错。商业组织应该承担责任,除非其能证明已制定适当程序以防止关联人士实施此种行为。[86] 关联人士被定义为为商业组织提供服务或代表其提供服务的人;以何种身份提供这些服务并不重要,因此,该人可以是雇员、代理人或子公司。[87] 重要的不是谁实施行为,而是有无合适的预防系统。[88]

另一个最近被关注的领域是现代奴役和人口贩运。《2015 年现代奴役法》也侧重于预防程序。它要求公司公布一份声明,说明他们是否以及如何确保现代奴役制未在其自身组织或供应链中发生。就目前而言,这些措施都是轻描淡写的。例如,报告的要求适用于在英国开展业务或部分业务的商业组织。子公司在英国本身并不意味着母公司在英国开展业务,因为子公司"可以完全独立于其母公司或其他集团公司"。[89] 因此,可以通过建立一个适当的集团结构来避免报告要求。[90] 此外,虽然有披露要求,但是公司完全可以发布其未采取任

---

〔85〕 *Toshiba Carrier UK Ltd v. KME Yorkshire Ltd* [2012] EWCA Civ 1190 at [38].

〔86〕 Bribery Act 2010, s 7(2).

〔87〕 ibid s 8;一个商业组织,雇用第三方赢得销售合同,也可能因该第三方的行贿而承担刑事责任。*Director of the Serious Fraud Office v. Airbus SE* [2020] 1 WLUK 435; see also *Serious Fraud Offce v. Rolls Royce Plc* [2017] Lloyd's Rep FC 18.

〔88〕 *Serious Fraud Office v. Standard Bank Plc* [2016] Lloyds' Rep FC 102.

〔89〕 HM Government, *UK Government Modern Slavery Statement*, March 26, 2020, available from www.gov.uk/ government/publications/uk-government-modern-slavery-statement; see also Local Government Association, *Modern Slavery in Local Government Supply Chains: Transparency Statement Guidance and Procedures*, October 19, 2020, available from www.local.gov.uk/modern-slavery-local-government-supply-chains-transparency-statement-guidanceand-procedures.

〔90〕 Taskin Iqbal, *The Efficacy of the Disclosure Requirements on s 54 of the Modern Slavery Act*, 39 Comp Law 3 (2018).

何措施来防止现代奴役和人口贩运的声明。目前,该法的执行交给了消费者、投资者和非政府组织(nongovernmental organizations)。[91]

然而,政府正在加大施压。[92] 在政府采购方面,政府已经通过了一些规则,以将违反某些环境、社会和劳动法(包括人权问题)的投标人排除在外。[93] 政府还发布了自己的《现代奴役声明》,以说明政府在其自己的供应链中防止现代奴役的程序。[94]

2020 年 9 月 22 日,政府宣布要求各组织在一个新的政府数字报告服务中发布声明的计划。该计划旨在提高报告质量,要求各组织根据特定主题进行报告。例如,组织如何评估供应链中的风险以及组织已尽的注意义务,并明确说明其是否遗漏了某个主题。此外,政府还有一项针对违规行为的民事处罚计划。[95]

---

〔91〕 The Home Secretary, *Transparency in Supply Chains etc. A Practical Guide*, October 29, 2015, [2.8], available from https://assets.publishing.service.gov.uk/government/uploads/system/uploads/attachment_data/file/649906/Transparency_in_Supply_Chains_A_Practical_Guide_2017.pdf.

〔92〕 关于《2015 年现代奴役法》的独立评论,参见 The Secretary of State for the Home Department, *Independent Review of the Modern Slavery Act: Final Report*, May 22, 2019, available from www.gov.uk/government/publications/independent-review-of-the-modern-slavery-act-final-report;议会还正在对英国价值链中强迫劳动的情况进行调查:UK Parliment, *Forced Labor in UK Value Chains*, September 18, 2020, available from https://committees.parliament.uk/work/593/forced-labour-in-uk-value-chains/publications/;英国政府目前还在就制定关于公司董事的禁止性规定进行磋商(BEIS, *Corporate Transparency and Register Reform Consultation on Implementing the Ban on Corporate Directors*, December 9, 2020, available from https://assets.publishing.service.gov.uk/government/uploads/system/uploads/attachment_data/file/942194/Corporate_Directors_ Consultation.pdf)。

〔93〕 HM Government, *UK Government Modern Slavery Statement*, March 26, 2020, available from https://www.gov.uk/government/publications/uk-government-modern-slavery-statement; see also BEIS, *Written Evidence from BEIS on Behalf of HMG* (*FL0002*), November 3, 2020, available from https://committees.parliament.uk/writtenevidence/13063/html/.

〔94〕 HM Government, *UK Government Modern Slavery Statement*, March 26, 2020, available from www.gov.uk/government/publications/uk-government-modern-slavery-statement.

〔95〕 BEIS, *Written Evidence from BEIS on Behalf of HMG* (*FL0002*), November 3, 2020, available from https://committees.parliament.uk/writtenevidence/13063/pdf/.

4.4.3 理论观察

从理论角度看,我们可以观察到,上述章节所讨论的是将特定法规适用于公司的例子。在这种情形下,法院有时会以突破正式法律边界的方式划定法规的适用范围。我们可以将其理解为是刺破面纱的例子,但最好将其理解为法规适用的问题。

法院在特定的政策目标背景下解释法律的具体条款。从理论角度看,我们可以看到,这里的舞台中心并非公司法,而是不同的法规及其目标。法院以公司的组织现实为考量,以期合理地实现公司法范围之外的目标。这些目标因不同的立法而异,因此,判决可能指向不同的方向也就不足为奇了。但是,无论怎样,独立法律人格都不会被质疑。

我们还可以看到,立法机关有一个趋势,即加大对公司集团和供应链的关注。最近的一些倡议提及一些制度,要求强化总部位于英国的公司的职责,以确保在其组织或供应链中不会发生违禁活动。这种方法再次承认了所有相关单位的独立法律人格,但同时要求母公司对其正式法律边界之外的活动负责。该方法不依赖于识别个别犯罪,而是专注于确保建立适当的预防机制。可以说,这些干预措施是零散的,尽管如此,这种有针对性的立法设计有可能最终最有利于其各自所要保护的利益。

4.5 理论观察

法人形式是稳健的。*Salomon* 案被视为公司法律制度中一块坚不可摧的基石。[96] 甚至欺诈也不能使公司无效,公司须经注销及除名才能作为法律主体被消灭。这是必要的,因为公司的设计是为了经营一个组织。公司不能通过其成员的简单协议来创建和取消,也不能通过适用于假象的规则被撤销。公司

〔96〕 *Prest v. Petrodel* [2013] UKSC 34[66] (Lord Neuberger).

需要有一个程序,以确保有董事代理公司行事,并确保在结束运营之时公司活动可以有序终止。通过这种方式,公司非常适合作为组织行动稳定和永久的载体。一个公司的存在与否是毫无疑义的。只要公司已登记,第三方就可以确信和他们打交道的是一个合法有效的实体。公司的边界也毋庸置疑。独立法律人格的稳健性为组织自主运作提供了一个稳定的连接点。

然而,在《2006 年公司法》以及其他立法中,有一些规定为有限责任的使用设定了界限。这些规定反映了债权人的利益,并表明了不能利用法人形式来损害债权人利益的立场。规避行为会导致公司对其控制人试图规避的义务负责。在掩盖的标签下,可运用信托法原则使公司及其控制人作为被挪用资产的接受者承担责任。

就以欺诈方式行事、从事欺诈性或不当交易、参与经营凤凰公司的股东和董事而言,其有限责任会被取消。《1986 年取消公司董事资格法》对那些已经被证明不适合参与公司管理的个人进行了隔离,并对其施加了责任。这些规则旨在鼓励有限责任的合理使用,同时避免破坏公司的独立法律人格。

当母公司参与子公司的不当经营,从而使其本身成为侵权行为人时,母公司将承担侵权责任。这构成了一个通道,法律可以通过该通道审查公司法律边界与组织边界脱节的情形。

按照类似的思路,在集团背景下适用法律的时候,我们可以参考组织标准,而非正式的法律边界。这是有关各法规、其文义,以及其基本政策目标的问题,不能完全通过参考公司法对组织运作的支持得到完整答案。然而,我们可以看到,最近有一些有针对性的、试图处理公司集团问题的立法行动。这些尝试承认组织的边界与法律的边界并不一致,且组织与其参与者之间的联系可以通过各种安排合法地建立起来。这些安排包括雇佣、供应合同、母子公司关系,以及非正式合作。《2010 年贿赂法》中采用的"未能防止"模式就非常适合按组织标准来确定责任。

关于公司集团应在多大程度上对被侵权人的索赔负责,存在规范性讨论。跨国集团子公司的被侵权人往往是脆弱的个人,因此,有理由引入特殊责任规则,允许这些个人向母公司或其他集团成员索赔。这些论点既有经济依据,也有道德理由。[97]

我们在上文中已经看到,立法为报告目的承认了公司集团。立法机关最近还制定了允许养老金监管机构对集团内的公司施加责任的规则。《2010 年贿赂法》对未能防止供应链中的不当行为施加了责任。《2015 年现代奴役法》也适用于集团,且目前正在升级中。未来我们可能会看到保护侵权索赔人利益的立法干预。这种干预的理由将以经济、道德和政治考量为指导。

从本体性公司理论的角度来看,制定不容置疑的法律人格规则,同时建立更微妙的有限责任制度,无疑是正确的做法。如果法人形式是为了促进自主的组织行动,那么它必须是永久的,且只有经过有序的程序才能被取消。此外,组织行动这一社会现象本身过于复杂多变,以至于无法提供明确的界限。

就通过调整有限责任进行规范性干预而言,立法机关应继续关注程序问题。这比关注个人决策者的激励要更好。组织会自然地承袭自己的过程,关注这些过程是塑造法人行为的最佳方式。我们将在本书的后面看到,虽然有时可以将责任归责于个别行为人,但当责任在整个组织内蔓延时,还是有必要进行干预的。《2010 年贿赂法》和《2015 年现代奴役法》所采用的模式都旨在引导组织行为向正确的方向发展。[98]

---

〔97〕 Christian A. Witting, *Liability of Corporate Groups and Networks*, CUP, 2018; Jonathan Crowe, *Does Control Make a Difference? The Moral Foundations of Shareholder Liability for Corporate Wrongs*, 75 Modern Law Review 159(2012); Henry Hansmann & Reinier Kraakman, *Towards Unlimited Shareholder Liability for Corporate Torts*, 100 Yale Law Journal 1879(1991); see also Thilo Kuntz, *Asset Partitioning, Limited Liability and Veil Piercing: Review Essay on Bainbridge/Henderson, Limited Liability*, 19 European Business Organizaiton Law Reveiw 439(2018); see also Martin Petrin & Barnali Choudhury, *Group Company Liability*, 19(4) European Business Organizaiton Law Reveiw 771(2018); Peter Hommelhoff, *Protection of Minority Shareholders, Investors and Creditors in Corporate Groups: The Strengths and Weaknesses of German Corporate Group Law*, 2(1) European Business Organizaiton Law Reveiw 61(2001); Thomas Thiede & Andrew J. Bell, *Picking the Piper, the Payment, and Tune-The Liability of European Textile Retailers for the Torts of Suppliers Abroad*, 33(1) Professional Negligence 25(2017),该文分析了德国法律关于以下索赔的立场:位于低收入管辖区的子公司雇员索赔。

〔98〕 本书 5.3 部分。

CHAPTER 05 >>

5. 公司行为

公司具有独立法律人格，并需要人类代理其行事。在这一部分，我们将讨论那些决定将人类行动者归因于公司的规则。我们将看到，这些规则所载内容表明，公司法是为组织的运作而设计的，因此，用本体性公司理论来解释目前的法律以及制定规范性建议是最为合适的。

5.1 合　　同

根据标准代理原则，被代理人决定了代理人的权限范围。在实际授权的情况下，这种权限是通过口头或书面任命代理人产生的。[1] 实际授权通常还可以从与第三方签订合同的权力相关的职位任命中推断出来。[2] 当第三方信赖被代理人的陈述时，可能产生表见代理，被代理人还可以控制表见代理的权限。[3] 这可以通过以下途径来实现：向第三方传达已授予受雇于被代理人或参与被代理人事务的个人的权力范围。

对于公司来说，其立场历来与标准代理框架一致。股东

---

〔1〕 *Freeman & Lockyer v. Buckhurst*[1964]QB 480 at 502.

〔2〕 *Hely-Hutchinson v. Brayhead* [1968]1 QB 549.

〔3〕 See recently *East Asia Company Ltd v. PT Saria Tirtatama Energindo* [2019]UKPC 30,[2020]1 All ER 294.

决定公司代理人的权力;公司章程由股东制定,该章程规定董事和其他代理人的权力范围。章程通过登记让第三方知晓;由于章程是公开性文件,因此推定第三方知道其内容。就公司与第三方交易的能力而言,其在第三方对章程内容的推定知悉范围之内。[4]

Royal British Bank v. Turquand 一案澄清了推定知悉的范围。[5] 法官杰维斯(Jervis CJ)解释说,与公司打交道的一方有义务查看财产授予契约,但仅此而已,他没有义务做更多的事情。如果公司章程载有仅能在特定条件下借款的条款,那么第三方就"有权推定该文件中载明的行为已经得到合法授权"。[6] 第三方不需要询问是否通过了股东决议,或是否达到了法定表决权的要求,而可以推定所有内部程序都得到了遵守。

就公司能力而言,与公司董事的权力范围相关的标准代理方法被抛弃了。能力问题和代理问题实际上是密切相关的。[7] 废除越权原则的外部效应,但同时允许宪章限制董事作为代理人的权力范围,这一做法几乎没有什么用处。[8] 《2006 年公司法》第 40 条规定了董事将公司置于合同约束之下的权力。

《2006 年公司法》第 40 条规定,为了有利于善意与公司交易的人,董事约束公司或授权他人约束公司的权力,视为不受公司宪章的任何限制。[9] 董事的权力也不受公司或任何类型的股东决议,以及公司成员或任何类别股东之间的任何协议的限制。[10] 股东通过以下方式来塑造董事权力范围的能力被剥夺了:在宪章中限制董事约束公司的权力。[11] 与此相一致,《2008 年公司(示范

---

〔4〕 *Ernest v. Nicolls* (1857)6 HL Cas 401, 419; 10 ER 1351, 1358.

〔5〕 *Royal British Bank v. Turquand*(1856)6 E & B 327; see also *Mahoney v. East Holyford Mining Co* [1875] LR 7HL 869 and *British Thompson-Houston v. Federated European Bank* [1932]2 KB 76.

〔6〕 *Royal British Bank v. Turquand*(1856)6 E & B 327, 332.

〔7〕 在普通法中,代理人无权超越被代理人的能力行事:*Pickering v. Stephenson*(1872) LR 14 Eq 322, 340。无论委托人如何界定代理人的权力,这一点都适用。这也适用于表见代理:*Credit Suisse International v. Stichting Vestia Groep* [2014] EWHC 3103(COMM), [2015] Bus LR D5[279]。

〔8〕 *Report of the Company Law Committee*(*Jenkins Committee*), Cmnd 1749, 1962, para 38.

〔9〕 这还包括由股东决议或股东协议产生的限制[Companies Act 2006(CA 2006), s 40(1)]。

〔10〕 CA 2006, s 40(3).

〔11〕 请注意,宪章规定的权力依旧会对董事的义务产生影响(CA 2006, s 171)。如果董事逾越了宪章限制,要对公司承担相应责任。然而,公司仍然受到约束。

章程)条例》(以下简称《示范章程》)规定,董事负责管理公司的业务,为此目的,他们可以行使公司的所有权力。[12] 此外,董事可以"按其认为合适的方式"分配其任何权力。[13]

通常情况下,如果第三方知道代理人越权,或第三方被询问,则被代理人不受约束。[14] 这一原则适用于合伙企业,[15]但不适用于公司。[16] 在公司法中,与公司打交道的人可以依赖董事的法定权力,即使他知道某项行为超出了公司宪章赋予董事的权力。[17]

与确立无限能力的规则一样,《2006 年公司法》第 40 条是强制性的。公司章程不能凌驾于该条款之上,通知第三方也不能避免该条款适用。以标准的代理方法为起点,公司法已经将公司的能力和董事的权力范围转移到了私人安排的领域之外。

股东无法限制董事的权力,这可以归因于公司的性质是组织的事实。通过公司参与者彼此之间的互动,会产生习惯、规则和程序,这些习惯、规则和程序都不是静态而是动态的,因此,它们会随着参与者的离开和加入,以及外部行动者(有时,他们自己也嵌入一个组织中,并受制于自己的外部压力)与之的互动而发生变化。

在此背景下,法律通过强制性规定来促进组织的外部互动。董事被指定为主要权力的持有者,这是股东和董事无法改变的。因此,外部行动者被解放,可以不再对公司内部存在的、由正式和非正式规则组成的关系网进行调查。

赋予公司董事无限权力有重要的稳定作用。每当董事采取行动时,公司就

---

〔12〕 Para 3 of both the Model Articles for public and for private companies[The Companies(Model Articles)Regulations 2008, SI 2008/3229, Sch 1(Model Articles for Private Companies Limited by Shares) and Sch 3(Model Articles for Public Companies)].

〔13〕 Para 5 of both the Model Articles for public and for private companies.

〔14〕 *East Asia Co Ltd v. PT Satria Tirtatama Energindo*[2019]UKPC 30,[2020]2 All ER 294[93]; Hugh Beale ed., *Chitty on Contracts*, 33rd edition, 2nd supplement, 2020, paras 31 – 056.

〔15〕 Partnership Act 1890, c 39, s 5; see also *Ernest v. Nicolls*(1857)6 HL Cas 401, 418 – 19; 10 ER 1351, 1358, 在此,公司和合伙企业是有区别的。

〔16〕 这与现在的《第一号公司法指令》第 10 条第 2 款相矛盾:Directive 2009/101/EC of 16 September 2009 OJL 258/ 11, 1 October 2009。

〔17〕 CA 2006, s 40(2)(b)(iii).

会受到约束。此外,也许更重要的是,董事授权的任何人都可以约束公司。这为公司运营的组织提供了一个稳定的连接点。所有来自董事的授权都为任职者提供了与第三方互动的权力,为以公司形式运营的组织提供了一个股东无法改变的“基本准则”,公司据此订立合同。

董事扮演着双重角色:他们是代理人,但也作为主要负责人行事。[18] 董事作为最高级别的高级代理人(top-level superior agents),有主要权力,股东不能修改该权力的范围;同时,董事也作为“准主要负责人”(quasi-principals)行事。[19]

这与普林蒂斯报告(Prentice Report)中的观点不谋而合。[20] 丹·普林蒂斯(Dan Prentice)写道:在确定由董事代理公司与第三方交易的责任时,自然应援引代理概念;但是,在许多方面,代理概念并不完全合适,而且法院已经认识到,至少在某些情况下董事会是公司的一个独立机构,而不仅仅是其代理人。董事会显然是进行商业活动的主要机构,这一点体现在董事会几乎无一例外地被赋予对公司业务最广泛的管辖权这一事实上。[21]

公司法为组织运作而设计,这一理论非常适合用来解释现行法律。

5.2 侵　　权

公司在侵权和犯罪方面的责任演变支持了本书提出的理论。可以说,公司不是一个人,因此,它不能直接或间接地承担侵权责任。[22] 当然,这不会影响个人行为人的责任。

---

〔18〕 Eric W. Orts, *Business Persons: The Legal Nature of the Firm*, OUP, 2013, p. 59.

〔19〕 ibid; see also Rachel Leow, *Corporate Attribution in Private Law*, Hart Publishing, forthcoming, ch 3.

〔20〕 Department of Trade and Industry, *Reform of the Ultra Vires Rule: A Consultative Document (Prentice Report)*, HMSO, 1986.

〔21〕 Department of Trade and Industry, *Reform of the Ultra Vires Rule: A Consultative Document (Prentice Report)*, HMSO, 1986, para 24.

〔22〕 在 *Director of Public Prosecutions v. Kent and Sussex Contractors Ltd*[1944]KB 146 at 157 中,哈雷特法官(Mr Justice Hallett)指出:“从某一时刻开始……[法人团体]……侵权责任的存在,以及后来其范围和条件都曾一度是个疑问……需要长年累月一系列的裁判来澄清这一立场。”

安德森法官(Anderson, B)在 *Stevens v. Midland Counties Railway Company and Lander* 一案中采取了类似的立场。[23] 他认为,起诉一家公司恶意诉讼是不可能的,因为“必须证明被告是被他心中的动机所驱使,而公司没有动机”。[24] 但是,有另外两位法官的判决是基于这样的理由:公司不承担责任,因为它没有发出“指示”,且行为人是“为自己的权益”行事。[25]

另一种说法是,对行为能力的限制会影响侵权责任的承担,比如,针对越权行为或未经授权的行为,公司不承担侵权责任。[26] 然而,这并不是现代法律的做法。[27] 无论公司的能力如何,都应承担侵权责任。事实上,通过公司的能力来限制侵权责任被当代学者称为“反常”。[28] 这将给予公司一种以合法方式经营业务时反而无法获得的优势(逃脱替代责任)。[29]

公司侵权责任受替代责任规则的约束。雇主(无论他们是个人还是公司)应对他们所雇之人的侵权行为负责。[30]

正如法院所承认的那样,公司对侵权行为负有责任,接下来的问题是,如何确定公司对哪些人的行为负替代责任。相关测试要检测行为人与公司业务是否有足够密切的联系。其包括所有级别的雇员,只要他们的行为和公司业务有必要的密切联系。

---

〔23〕 *Stevens v. Midland Counties Railway Company and Lander* (1854) 10 Exchequer Reports (Welsby, Hurlstone, and Gordon) 352 at 356; 156 ER 480 at 482.

〔24〕 ibid.

〔25〕 ibid at 356 (482) (Platt, B) and at 357 (482) (Martin, B) respectively; see also Nathaniel Lindley, Samuel Dickinson & Marshall D. Ewell, *A Treatise on the Law of Partnerships, Including its Application to Companies*, 4th edition, Callaghan & Company, 1881, reprinted by BiblioLife, LLC, p. 301.

〔26〕 *Poulton v. The London and South Western Railway Company* (1866 - 67) LRQB 534; Lindley and Dickinson 300.

〔27〕 Lord Cook of Thorndon, *Turning Points of the Common Law*, in The Hamlyn Lectures, Forty-Seventh Series, Sweet & Maxwell, 1997, p. 23.

〔28〕 David Kershaw, *Company Law in Context*, 2nd edition, OUP, 2012, p. 134.

〔29〕 Paul Davies, *Gower and Davies Principles of Modern Company Law*, 8th edition, Sweet & Maxwell, 2008, p. 179.

〔30〕 侵权律师之间关于侵权行为是否归因于委托人,或侵权行为是否归因于其本人的争论,参见 most recently Warren Swain, *A Historical Examination of Vicarious Liability: A ' Veritable Ypas Tree?'*, 78 Cambridge Law Journal 640 (2019)。

它还包括所谓的公司的“直接思想和意志”(directing mind and will),以及通过“主要归因规则”(primary rules of attribution)识别的个人。我们将在下文看到,后者无可争议的例子是,通过会议作出决议或根据 *Duomatic* 原则一致合意的董事和股东。[31] 严格来说,就这些高级别的个人而言,在侵权责任法的背景下,并不需要单独的测试。根据一般的测试,他们的行为也归因于公司。

然而,还有一种观点认为,当公司通过其董事会或股东决议行事时,除了“替代”责任外,公司还可以“直接”承担侵权责任,因为其董事会或股东被认为是公司的化身(personify)。[32] 可将直接责任的概念作为一种工具,以克服侵权责任法为替代责任设定的界限。曾经有一段时间,替代责任规则的适用范围比现在更有限。这是因为当雇员或代理人违反公司的指示实施侵权行为时,会出现特别具有挑战性的问题。当雇员或代理人故意实施侵权行为时,该问题可能会最大限度地显现。例如,欺诈、故意伤害或性侵。[33] 很容易理解为什么在将责任归于已发出指示但其代理人违反该指示的雇主之前,法院会犹豫不决。然而,经过更仔细的调查,我们可以看到,雇员或代理人的行为似乎是为雇主利益服务的,因此,雇用不法分子的风险应由雇主承担,只要他们之间存在足够密切的联系。[34]

如果侵权责任法采用的是一种较窄的方法,且未规定故意侵权的替代责任,那么,如何处理公司的侵权责任问题就会被推入公司法。如采用身份识别

---

〔31〕 本书 6.2.6 部分。

〔32〕 David Kershaw, *Company Law in Context*, 2nd edition, OUP, 2012, p.133 – 34; Paul Davies & Sarah Worthington, *Gower & Davies: Principles of Modern Company Law*, 10th edition, OUP, 2016, paras 7 – 37.

〔33〕 See now *Armes v. Nottinghamshire CC*[2017]UKSC 60,[2017]3 WLR 1000; *Bazley v. Curry* (1999)174 DLR(4th)45[Sup Ct(Can)]; *Various Claimants v. Institute of the Brothers of the Christian Schools*[2012]UKSC 56,[2013]2 AC 1.

〔34〕 *Dubai Aluminum v. Salaam*[2002]UKHL 48,[2003]AC 366,[22]; see also *Northampton Regional Livestock Centre Co Ltd v. Cowling*[2015]EWCA Civ 651,[2016]1 BCLC 431:一家物业顾问企业的两名合伙人均须就其中一人违反信义义务而承担连带责任,因为该合伙人的行为并非出于个人喜好,而是一直在执行合伙企业的业务,尽管方式不当;汤姆林森法官(Tomlinson LJ)指出,合伙责任的检验标准不在于合伙人是否获得了授权,而在于“是否存在这样的联系,以使得不当行为被公平、恰当地视为合伙人在合伙企业正常经营过程中的行为”。

的方法，问题将变成确定哪些人"是"公司。他们不会被归因于公司（侵权责任法会阻碍这一点），但会被认为"是"公司或是公司的"化身"。在这一点上，将使用直接思想和意志测试（directing mind and will test）。这将创造一个途径，至少将一些不法代理人的风险置于他们所代表的组织身上。然而，这种途径有局限性，且侵权责任法很快就会遇到我们在刑法中已经观察到的与直接思想和意志测试相关的相同问题。[35] 幸运的是，我们不需要这样做。

从理论角度看，值得注意的是，除了公司要承担责任外，个人也要承担责任，因为个人实施了故意侵权行为，所以毫无疑问要承担个人责任。[36] 法律承认公司是独立于其参与者的侵权行为人。关于替代责任的规则充分照顾了公司的需求。[37] 与我们在刑法领域中将要讨论的归因问题不同，在此各级雇主和代理人都可归因于公司。

如果公司是拟制的实体，只是所有贡献的集合，我们就不会为其侵权责任而烦恼，而且会对行为人的个人责任感到满意。但是，事实并非如此。本书认为，这是因为以公司形式运作的组织是真实的，该组织不同于其参与者的贡献。与其说拟人化有用，不如说这才是公司难以被消灭的原因。[38] 拟人化的确是无益的，前面已经提到，拟人化的隐喻错误地暗示了一种极端的结构模型，在这种模型中，没有能动性的空间。[39] 但是，也不能忽视这样一个事实，即公司法所调整的组织在社会意义上是真实的。尽管如此，这里提供了一条出路：接受公司是具有真实的社会属性而非生物属性的实体，同时不求助于涉及人体部分的比喻，这是可行的。

---

〔35〕 见本章 5. 3. 2 部分。

〔36〕 *Standard Chartered Bank v. Pakistan National Shipping Corp* (No 2) [2002] UKHL 43, [2003] 1 AC 959.

〔37〕 有关支持组织替代责任的规范性论证，参见 Christian Witting, *Modelling Organisational Vicarious Liability*, 39 Legal Studies 694(2019)。

〔38〕 Eilis Ferran, *Corporate Attribution and the Directing Mind and Will*, 127 Law Quaterly Review 239(2011). 她指出，事实证明，拟人主义"太方便了，不能放弃"。她还引用了库克勋爵(Lord Cooke)的话：刑法中的某些拟人主义非常难以被根除。Jennifer Payne, *Corporate Attribution and the Lessons of Meridian*, in Paul S. Davies & Justine Pila eds., The Jurisprudence of Lord Hoffmann, Hart Publishing, 2015, p. 357, 363. 其写道：拟人主义很难被根除。

〔39〕 见本书 1. 4. 4 部分。

此外,侵权责任法已朝着以下方向发展:将替代责任适用于故意侵权行为。鉴于作为公司"直接思想和意志"的股东和董事属于侵权责任法所定义的代理人或雇员范畴,最好将"直接思想和意志"的比喻从侵权责任法领域中排除。

5.3 犯 罪

5.3.1 引言

与侵权责任法类似,刑法的分析也是从公司不承担刑事责任这一立场出发的。这有程序上的原因。例如,曾经有一段时间,被告必须亲自出庭,而最初公司不可能通过代表出庭。[40] 此外,涉及体罚、流放或监禁的制裁也不能直接适用于公司,毕竟它们没有身体可受到伤害,也不能被转移到遥远的地方或安全地带。[41]

特别是针对涉及犯罪意图(*mens rea*)要素的普通法犯罪,最初的立场是,公司没有人的思想,所以不能满足犯罪意图的要求。[42] 按照类似的思路,公司能力的限制被认为是刑事责任的一个障碍。[43] 20 世纪 40 年代,这种态度发生了变化。[44] 从那时起,默认的立场是,公司可能犯基于过错的罪行。[45] 现

---

〔40〕 Law Commission, *Legislating the Criminal Code*, *Involuntary Manslaughter*, *Item* 11 *of the Sixth Programme of Law Reform*: *Criminal Law*, Law Com No 237, March 4, 1996, para 6.5, footnote 5, available from www.lawcom.gov.uk/project/criminal-law-involuntary-manslaughter/.

〔41〕 C. M. V. Clarkson, *Kicking Corporate Bodies and Damning Their Souls*, 59 Modern Law Review 557(1996); *R v. ICR Haulage Ltd*[1944]KB 551, 554; Susanna K. Ripken, *Corporations are People Too*: *A Multi-Dimensional Approach to the Corporate Personhood Puzzle*, 15 Fordham Journal of Corporate and Financial Law 98(2009).

〔42〕 *R v. Cory Bros*[1927]1 KB 810.

〔43〕 R. B. Cooke, *A Real Thing*: *Salomon v. Salomon*, in Hamlyn Lectures, Turning Points of the Common Law, Sweet & Maxwell, 1997, p. 23.

〔44〕 Law Commission, *Criminal Liability in Regulatory Contexts*, Law Com No 195, 2010, para 5.16.

〔45〕 *See eg Kosar v. Bank of Scotland plc*(*trading as Halifax*)[2011]EWHC 1050(Admin),[2011] BCC 500,[2011]All ER(D)08(May)QBD:根据《1997 年防止骚扰法》(Protection from Harassment Act 1997),公司可以犯骚扰罪;see also R. B. Cooke, *A Real Thing*: *Salomon v. Salomon*, in Hamlyn Lectures, Turning Points of the Common Law, Sweet & Maxwell, 1997, p. 23。

代辩论的焦点集中在公司刑事责任的最佳设计上。[46]

这就引出了一个问题,即为了刑法的目的,谁的行为应归因于公司。法院采用了同一视学说(identification doctrine)。该学说试图确定“是”公司的个人。它依赖于拟人化的比喻,将公司概念化为人类的身体,有“大脑”或“神经中枢”,有“手”握着“工具”。[47] 只有当公司的“大脑”或“直接思想和意志”导致了犯罪行为,同时表现出刑法规定的意图要素时,公司才需要承担责任。通常情况下,董事会或成员大会的股东将被确定为公司的“本我”(ego)和“人格核心”(centre of the personality)。[48]

本章将提出,同一视学说既对又错。它的正确之处在于,将公司描述为有“本我”的自主实体;它的错误之处在于,其使用的比喻没有抓住公司“本我”的精髓。公司通过正式的组织结构来帮助它们独立于其任何参与者自主行动。组织没有和人体对应的特征。此外,引入将个人和公司相等同的分析会忽视组织行为的本质。

本书将表明,刑法已经开始发展出比同一视学说更适合应对公司行为本质的技术。这些技术关注的是组织内的程序和过程,而不是个人的行为和意图。我们可以用本体性公司理论从正面解释这些将责任归于公司的新方法。在规范层面上,本体性公司理论支持这些新方法,并建议其得到进一步应用。

5.3.2 同一视学说

引言

在同一视学说下,法院会根据刑法的目的确定“是”公司的个人。他们的行为被“定性”为公司的行为。这与归因具有相同的效果,但理论不同。它涉

〔46〕 参见法律委员会于 2020 年 11 月 3 日启动的公司刑事责任项目:www. lawcom. gov. uk/project/ corporate-criminal-liability/;关于公司刑事责任哲学基础讨论的概述,参见 Nick Friedman, *Corporations as Moral Agents: Trade-Offs in Criminal Liability and Human Rights for Corporations*, 83 Modern Law Review 255(2020)。

〔47〕 *Bolton v. Graham* [1957]1 QB 159, 172 – 73(Lord Denning).

〔48〕 *Lennard's Carrying Company v. Asiatic Petroleum Company* [1915] AC 905, 713 (Viscount Haldane).

及寻找那些是公司"化身"的个人。默认的做法是,将公司与充当其"直接思想和意志"的个人相等同。[49] 一个有资格充当公司直接思想和意志的无可争议的例子是:董事会成员或成员大会上的股东。有时,法院也会将较低级别的个人与公司相等同。[50]

该测试由 *Lennard's Carrying Company v. Asiatic Petroleum Company* 案确立。[51] 伦纳德运输公司(Lennard's Carrying Company)有一艘船,所载货物被火烧毁。该案涉及货主对船主提出的货物损失赔偿请求。它要求法院解释《1894 年商船法》(Merchant Shipping Act 1894)第 502 条。该条款内容如下:"在以下情形中,英国海船的船主……对非因其实际过错或私下知悉的任何损失或损害……不负责赔偿:……(i)凡在其船上的任何货物、商品或其他物品,由于船上的火灾而丢失或损坏。"

这里的问题是,货物的损失是否是由伦纳德运输公司的"实际过错或私下知悉"所造成。伦纳德运输公司的经理是另一家公司——约翰 · M. 伦纳德父子有限公司(John M. Lennard & Sons, Limited),而该公司的常务董事是约翰 · M. 伦纳德(John M. Lennard)。伦纳德先生也是伦纳德运输公司的一个董事(尽管显然不是常务董事)。此外,他还被登记为该船的船舶管理所有人。[52]

霍尔丹子爵(Viscount Haldane)指出:"我认为,面对法官的调查结果和证据,不可能成功地争辩说伦纳德先生已经证明,他不知道或有理由辩解自己不知道船舶状况表现的缺陷构成了不适航。伦纳德先生是被登记在船舶登记簿上的人,并被指定为船舶管理受托人。他似乎是为上诉人管理这艘船的股份公司的主要负责人。"[53]

随后,霍尔丹子爵的进一步论证为直接思想和意志测试奠定了基础:"各位法官,现在所发生的事情是否是在没有船主(上诉人)的实际过错或私下知悉的情况下发生的?法官们,公司是一个抽象的概念。它没有自己的意志,就

---

〔49〕 *R v. St Regis Paper Company*[2011]EWCA Crim 2527,[2012]1 Cr App R 14.

〔50〕 Law Commission, *Criminal Liability in Regulatory Contexts*, Law Com No 195, 2010, paras 5.48 – 5.68.

〔51〕 *Lennard's Carrying Company v. Asiatic Petroleum Company*[1915]AC 705, HL.

〔52〕 ibid 712.

〔53〕 ibid 712.

像它没有自己的身体一样。因此，必须在某个人身上寻找它的积极和直接意志(active and directing will)，为了某些目的，这个人可以被称为代理人，但是，他实际上是公司的直接思想和意志，是公司人格的本我和核心。该人可能是在股东会上接受股东指示的人；该人可能是董事会本身。在一些公司中，还可能是这样的人：其有与董事会共同协作的权力，该权力由公司章程赋予；该人由公司的股东会任命且只能由公司的股东会罢免。各位法官，无论伦纳德先生的职务为何，有一点是肯定的，伦纳德先生代表船主积极参与了这艘船的管理，正如我所说的，伦纳德先生在船舶登记簿上被登记为为此事负责的人。因此，伦纳德先生是代表船主出庭的适格自然人，并且，他不仅要就我刚才提到的事项以及与船舶适航性有关的事项提供充分证据，还要就他本人的职务以及他是否是公司的生命和灵魂提供充分证据。因为如果伦纳德先生是公司的直接思想，那么，他的行为就必然是第502条所指的公司本身的行为，除非公司根本不用承担任何责任。"〔54〕

这一段包含了一些拟人化的比喻。这位法官使用了"积极和直接意志"、"直接思想和意志"、公司"人格的本我和核心"以及公司的"生命和灵魂"等表述。这种表述借鉴自生物学，认为公司由与人体各部位相对应的部分组成。我们将在后面看到，这种方法正确地将公司设想为了独立的行动者，但是其确定公司是否有犯罪行为的方式引发了问题，并受到了正确的批评。

"直接思想和意志"测试的出现是为了解释特定法规的条款。除了在后来使用它的其他法律领域遭受批评外，该测试在最初制定它的语境中也未能得以延续。后来海事法院在处理相关条款的案件中已不再采用直接思想和意志标准。〔55〕

伦纳德运输公司案件不是一个刑事案件。它与船主的法定责任有关。尽管如此，该测试还是进入了刑法领域。〔56〕 在 *DPP v. Kent and Sussex Contractors* 案中，法院认为，公司可以对涉及证明过错的法定犯罪*承担刑事责任。根据

---

〔54〕 ibid 713.

〔55〕 Hoffmann in *Meridian Global Funds Management Asia Ltd v. Securities Commission* [1995] UKPC 5, 510; M/F/R 641.

〔56〕 Law Commission, *Criminal Liability in Regulatory Contexts*, Law Com No 195, 2010, para 5.16.

* 法定犯罪，也被称为制定法上的犯罪(statutory crime 或 statutory offense)，指由制定法界定且规定惩罚的犯罪。——译者注

《1939 年国防(一般)条例》的规定,一公司被认定具有“欺骗的意图”。其运输经理曾签署了提交给配给机构的错误声明。在 *R v. ICR Haulage* 一案中,一家公司须就涉及共谋诈骗的普通法而非法定轻罪负法律责任,其常务董事的行为被认为是公司的行为。[57] 这两个案例都没有使用直接思想和意志或任何其他测试。不过,它们还是采用了同一视方法。在 *DPP v. Kent and Sussex Contractors* 案中,卡尔德科特子爵(Viscount Caldecote)认为,董事和常务董事不仅仅“是”代理人,他们还“是”公司。[58] 在 *R v. ICR Haulage* 案中,上诉法院接受了陪审团和主审法官的意见,即常务董事的行为是公司的行为。[59]

法定犯罪*

对于法定犯罪,默认的立场是,如果公司的直接思想和意志导致了犯罪,并存在刑法规定的意图要素,则公司应承担责任。确立这一规则的标志性案例是 *Tesco Supermarkets Ltd v. Nattrass* 案。[60] 该案涉及对违反《1968 年贸易说明法》第 11 条的指控。里德勋爵(Lord Reid)阐述了替代责任与识别不作为代理人或雇员行事,却“是”公司的人之间的区别。这个人“就像公司一样行事,并且,指导他行为的意志就是公司的意志”。[61] 他参考了 *Lennard's Carrying* 案和丹宁勋爵(Lord Denning)在 *Bolton v. Graham* 案中的判决理由,将二者作为权威,采用“直接思想和意志”测试得出结论,认为就有关犯罪而言,货物管理员和分公司经理都不是公司。[62] 迪普洛克勋爵(Lord Diplock)没有使用“直接思想和意志”的表述,而是写道“那些根据备忘录和公司章程或由于董事采取的行动而被授权行使公司权力的自然人;或公司根据章程在股东会上授权行

---

[57] *R v. ICR Haulage* (1944) KB 551.

[58] *Director of Public Prosecutions v. Kent and Sussex Contractors Ltd* [1944] KB 146 at 155.

[59] *ICR Haulage*(1944) KB 551 at 559; see also *Moore v. I Bresler Ltd* [1944] 2 All ER 515 at 515 – 17.

* 参见本书第 101 页注 * 。——译者注

[60] *Tesco Supermarkets Ltd v. Nattrass*(1972) AC 153, 171.

[61] ibid 170 paras E-G.

[62] ibid 171 paras C-D, see also Lord Morris at 180 paras C and D, Viscount Dilhorne at 187 – 88 and LordPearson at 190.

使公司权力的自然人”，被视为公司。[63] 所有法官都同意，就《1968 年贸易说明法》第 11 条而言，分公司经理和货物管理员的行为都不应归因于公司。

在 *Tesco v. Natrass* 案之后，又有一些案件适用了同样的测试方法，但是，这些案件更愿意将较低级别的个人与公司相等同。[64] 在 *Meridian Global Funds Management Asia Ltd v. Securities Commission* 案中，霍夫曼勋爵对拟人化的比喻提出了批评。他认为，问题不在于找出哪些人在某种比喻意义上“是”公司。他使用了归因的概念。这是一个法规解释的问题。没有一种可适用于所有犯罪的测试。[65] 对于法定犯罪，法院首先需要确定相关法规是否适用于公司，下一步是确定谁的行为为该法规之目的归因于公司。这建议法院放弃基于拟人化的分析。它还表明，行为归因于公司的个人可以位处最高级别，但也可以位处有关组织的任何其他级别。这并不意味着存在一种默认偏好，即只把最高级别的个人归因于公司。

然而，放弃比喻性论证的想法并没有生根发芽。针对行为归因于公司的个人在公司等级结构中所处位置这一问题，也未采取开放态度。在 *R v. St Regis Paper Company* 一案中，上诉法院修正了 *Meridian* 案的判决。[66] 该案涉及一家拥有 5 个造纸厂和 129 名雇员的公司。其中最小一家造纸厂的技术经理负责制作并提供每日环境报告，该报告涉及从工厂流向附近河流的材料。该经理故意记录虚假读数，并将这些读数返还给环境局。该公司及其经理被指控违反《2000 年污染防治（英格兰和威尔士）条例》（以下简称《2000 年污染防治条例》）第 32 条第 1 款（g）项之规定。在一审中，法官以 *Meridian* 案为依据，指示陪审团，如果公司的技术经理实施了犯罪行为，而该技术经理被授予了管理职能，在履行这些职能时有充分的自由裁量权，且该技术经理实际控制运营，则公

---

〔63〕 ibid at 200 para A.

〔64〕 Law Commission, *Criminal Liability in Regulatory Contexts*, Law Com No 195, 2010, paras 5.53 – 5.68, 5.90; Law Commission, *Involuntary Manslaughter*, Law Com No 237, 1996, paras 6.35 – 6.39.

〔65〕 See also the cases referred to in Law Commission, *Criminal Liability in Regulatory Contexts*, Law Com No 195, 2010, paras 5.48 – 5.68.

〔66〕 *R v. St Regis Paper Company* [2011] EWCA Crim 2527, [2012] 1 Cr App R 14.

司将承担责任。陪审团的结论是存在这些事实,因此,该公司要承担责任。

上诉法院推翻了这一说法,认为该公司没有责任。该经理不是公司的"直接思想和意志"。直接思想和意志是董事会、常务董事和公司的其他高级管理人员,他们履行管理职能,以公司的名义发言和行事。法院认为,直接思想和意志测试被 *Meridian* 案重申。这是识别其行为导致公司承担刑事责任的个人的默认方法。[67] 对有关监管条例的分析表明,"没有理由凭借一个不能说是圣瑞吉斯纸业公司(St Regis Paper Company)的直接思想和意志的人的意图而强加责任"。[68]《2000 年污染防治条例》中规定了公司应承担严格责任的犯罪。《2000 年污染防治条例》还规定了一些犯罪行为,即明知虚假而作出陈述,"故意"作出虚假记录,或有"欺骗的意图"。

摩西法官(Moses LJ)总结道:"在这种情况下,没有理由认为,如果因为一个人并非公司的直接思想和意志,就不对公司施加责任,那么旨在保护环境和防止污染的《2000 年污染防治条例》就无法发挥作用。"因此,没有必要为了避免监管无法发挥作用而放宽 *Tesco* 案中的规则。"在可适用《2000 年污染防治条例》的情况下,议会已选择通过《2000 年污染防治条例》保护环境免受污染,其在某些情况下规定了严格责任,但在另一些情况下要求有犯罪意图"。[69] 该条例承认保护环境的重要性,"以一种谨慎渐进的方式,对严格责任的违法行为和需要证明意图的违法行为进行处罚"。[70]

普通法犯罪

对于普通法犯罪,法律的发展方向也是如此。起初,人们的理解是公司不能成为刑法规制的对象。这种做法在 20 世纪 40 年代也被抛弃了。[71] 前面已

---

〔67〕 See also *R v. A Ltd* [2017]1 Cr App R 1, at paras 27 – 28 and *Vehicle Operator Service Agency v. FM Conway Ltd* [2012] EWHC 2930 (Admin), [2013] RTR 17; *SFO v. Barclays Plc* [2018] EWHC 3055, (QB) [2020]1 Cr App R 28.

〔68〕 *R v. St Regis Paper Company* [2011] EWCA Crim 2527, [2012]1 Cr App R 14[12].

〔69〕 *R v. St Regis Paper Company* [2011] EWCA Crim 2527, [2012]1 Cr App R 14, para 14.

〔70〕 ibid para 23.

〔71〕 *R v. ICR Haulage* (1944) KB 551, 556.

经提到，在 *ICR Haulage* 案中，常务董事的行为被认为是公司的行为，并且公司被判涉及共谋欺诈的普通法轻罪。[72] 与法定犯罪的情况一样，法院也使用同一视原则来识别公司的直接思想和意志，为普通法犯罪之目的，被识别为公司的直接思想和意志之人的行为和意图“就是”公司。

5.3.3 对同一视学说的批判

同一视学说在刑法界受到了很多批判。法院一直在艰难地保持该测试适用的一致性。特别是，就法定犯罪而言，一些案件似乎满足于确定公司的低级雇员与案件的关联性，而其他案件则坚持将公司和其董事或类似的高级别人员联系起来。这就造成了不确定性。[73]

更突出的是，在 20 世纪 90 年代，发生了一场具有里程碑意义的关于过失致人死亡的讨论。批判的焦点是，根据同一视学说，只有当公司的直接思想和意志导致了死亡，并表现出法律规定的意图要素时，公司才会被定罪。这样做的结果是，如果一家小公司的董事参与到了运营层面，那么公司就会被定罪。[74] 但大公司则不会被定罪，因为它们的高层领导通常不会在适当的层面上参与到必要的程度。[75] 因此，相较于大公司，检察机关更倾向于对小公司采取行动。[76]

大公司不在刑法的管辖范围内这一事实令人非常不满。它们对公共生活的潜在影响是巨大的。人们可能而且已经在大规模的工厂或建筑工地事故中死亡，而这些事故原本是可以预防的。例如，伦敦地铁未能防范一场火灾，却没

---

〔72〕 ibid 551.

〔73〕 Law Commission, *Criminal Liability in Regulatory Contexts*, Law Com No 195, 2010, paras 5. 53 – 5. 68, 5. 90; see also Law Commission, *Involuntary Manslaughter*, Law Com No 237, 1996, paras 6. 35 – 6. 39.

〔74〕 *Kite and OLL Ltd*, Winchester Crown Court, 8 December 1994.

〔75〕 Law Commission, *Criminal Liability in Regulatory Contexts*, Law Com No 195, 2010, para 174; see also Law Commission, *Corporate Criminal Liability*, Law Commission, (November 3, 2020), https:// www. lawcom. gov. uk/project/ corporatecriminal-liability/.

〔76〕 Law Commission, *Criminal Liability in Regulatory Contexts*, Law Com No 195, 2010, para 5. 87.

有一个人对此负责任。[77] 克拉帕姆铁路事故揭示了一些非常危险的工作实践。[78] 在更广泛的层面上,人们注意到,同一视制度鼓励精明和不择手段的管理者将健康和安全实践尽可能委托给最低和最偏远的部门。[79]

法律委员会在《1997 年公司过失致人死亡法》(Corporate Manslaughter Act 1997)颁布之前的报告中进一步说明了这一问题。[80] 征询书的答复报告称,在要求识别直接思想和意志的制度下,初级雇员要承担个人责任,但他们的雇主无须承担责任,而雇主才是向公众提供服务并从中获利的主体。人们普遍认为这是不对的。[81] 同样,在伦敦银行同业拆借利率(London InterBank Offered Rate)丑闻之后,瑞银(UBS)的一名雇员汤姆·海斯(Tom Hayes)被成功起诉,但银行本身没有被起诉。[82]

问题不仅在于能否将公司与公司层级体系中合适的人员相等同。英国卫生安全局(Health and Safety Executive)就公司过失致人死亡向法律委员会提出建议:伤害和死亡通常是控制风险系统失败的结果,一个人或几个人的过失只是一个重要的(或多或少的)促成因素。[83] 有关自由企业先驱号(Herald of Free Enterprise)事故的西恩报告(Sheen Report)描述了公司的过失行为,其称,经营渡轮的公司"从上到下"都感染了"马虎病"(the disease of sloppiness)。[84]

试图将公司与具体个人相等同的理论并不能解决这个问题。它未能"抓

〔77〕 Law Commission, *Involuntary Manslaughter*, Law Com No 237, 1996, para 1. 12.

〔78〕 ibid para 1. 14.

〔79〕 ibid para 1. 17.

〔80〕 Law Commission, *Involuntary Manslaughter*, Law Com No 237, 1996; see also Law Commission, *Criminal Liability in Regulatory Contexts*, Law Com No 195, 2010, paras 1. 63 – 1. 67.

〔81〕 Law Commission, *Involuntary Manslaughter*, Law Com No 237, 1996, para 1. 10; see also Celia Wells, *Corporate Criminal Liability: A Ten Year Review*, 12 Criminal Law Review 849(2014).

〔82〕 *R v. Hayes* [2015] EWCA Crim 1944, [2018] 1 Cr App R 10; *SFO v. Barclays Plc* [2018] EWHC 3055(QB), [2020] 1 Cr App R 28.

〔83〕 Law Commission, *Involuntary Manslaughter*, Law Com No 237, 1996, para 7. 13.

〔84〕 Mr Justice Sheen, *MV Herald of Free Enterprise*, Report of the Court(No 8074), Department of Transport, 1987, para 14. 1; Law Commission, *Involuntary Manslaughter*, Law Com No 237, 1996, paras 6. 55, 8. 45 – 8. 50.

住现代公司的复杂性”。[85] CMV 克拉克森(CMV Clarkson)指出,现代公司决策的现实往往是“公司政策和程序而非个人决策”的产物。[86] 有人指出,“控制高管、直接思想,以及责任概念存在固有的局限性”,其并未捕捉到公司行为的“公司性”(corporateness)。[87]

5.3.4 替代责任

一种避免同一视理论局限性的方法是将替代责任作为归因工具,不仅将其适用于侵权责任法,也将其适用于刑法。[88] 公司将为任何在代理或雇佣关系中为其行事,同时表现出法定意图的人承担责任。传统上,英国刑法并不使用替代责任,但是,我们仍可以在个别法定犯罪中看到替代责任。[89]

其中一个例子是上议院在 *Director General of Fair Trading v. Pioneer Concrete UK Ltd* 一案中作出的众所周知的判决。[90] 该案涉及藐视法庭罪。为了遵守监管要求,该公司向其雇员发出了避开某些行为的明确指示,还建立了一个合规系统。尽管如此,某些雇员还是与竞争对手签订了固定价格和分配工作的协议。该公司被认定为这些雇员的行为承担替代责任。合规体系可以作为一个减轻责任的因素,但是,其并不能让公司免于承担责任。[91]

替代责任可能很苛刻。即使一个公司有模范的合规系统在运作,也要承担责任。在侵权责任法的背景下,我们并不太在意这种影响。侵权责任法关注的

---

〔85〕 J. Gobert, *Corporate Criminality: Four Models of Fault*, 14 Legal Studies 393(1994) cited in Law Commission, *Criminal Liability in Regulatory Contexts*, Law Com No 195, 2010, para 5. 85.

〔86〕 C. M. V. Clarkson, *Kicking Corporate Bodies and Damning Their Souls*, 59 Modern Law Review 557(1996); see also Jennifer Hill, *Legal Personhood and Liability for Flawed Corporate Culture*, European Corporate Governance Institute, Working Paper No 431/2018, SSRN(January 2018), https://papers. ssrn. com/sol3/papers. cfm? abstract_id = 3309697.

〔87〕 Cited in Law Commission, *Criminal Liability in Regulatory Contexts*, Law Com No 195, 2010, para 5. 86.

〔88〕 See most recently Mark Dsouza, *The Corporate Agent in Criminal Law-An Argument for Comprehensive Identification*, 79 Cambridge Law Journal 119(2020).

〔89〕 Law Commission, *Involuntary Manslaughter*, Law Com No 237, 1996, paras 6. 8 – 6. 26, 7. 29.

〔90〕 *Director General of Fair Trading v. Pioneer Concrete UK Ltd* [1995] 1 AC 456; see Law Commission, *Involuntary Manslaughter*, Law Com No 237, 1996, paras 6. 24 – 6. 26.

〔91〕 *Director General of Fair Trading v. Pioneer Concrete UK Ltd*[1995]1 AC 456 at 475 para C.

是补偿无辜受害者的损失，由公司而不是被侵权人来承担公司雇用不法行为人的风险似乎是公平的。

刑法也关注尽可能地补偿受害者遭受的损害，但还有其他目的。刑法的目的是惩罚犯罪者，阻止他们（再次）犯罪，将他们逐出社会，并（或）让他们改过自新。

在《2007年公司过失致人死亡及杀人法》以及《2010年贿赂法》出台之前的辩论中，都有人提到这一点，即就刑法而言，不应该用替代责任来取代同一视学说。其理由是，这是一个过于狭隘的测试，要求责任"通过个人传导，无论公司的过错有多大"；但同时，这也是一个过于宽泛的测试，因为"只要雇员个人有过错，即使公司没有过错，也要追究公司责任"。[92]

5.3.5 严格责任犯罪与已尽合理注意抗辩

捕获公司犯罪行为的另一个解决方案是使用严格责任犯罪。这可以通过法规来实现，即规定如果公司做出某种行为，则该公司应承担责任，而该责任的产生与任何意图因素都无关。

交通犯罪往往以严格责任为基础。严格责任犯罪的另一个例子可见《2000年污染防治条例》第32条第1款（b）～（d）项之规定："以下行为属于犯罪行为：

……

（b）未遵守或违反许可的要求；

（c）未遵守本条例第16条第1款；

（d）未遵守执行通知或暂停通知的要求……"

在上述情形下，无论是否有任何意图因素，都会产生责任。[93] 如果任何行为可归因于公司的人导致公司以非法方式行事，那么无论该人是否有过错，公

---

〔92〕 Celia Wells, *Corporate Criminal Liability: A Ten Year Review*, 12 Criminal Law Review 849 (2014); Law Commission, *Involuntary Manslaughter*, Law Com No 237, 1996, paras 7.29–7.31.

〔93〕 *R v. St Regis Paper Company* [2011] EWCA Crim 2527, [2012] 1 Cr App R 14 at para 14 per Moses, LJ.

司都要承担责任。[94]

严格责任是严厉的。从政策角度来看,它可能是有问题的。刑法通常要求有身体和精神上的能力做法律要求的事情,或不做法律禁止的事情,并且通常要求有行使这些能力的公平机会。惩罚“无能为力”的人在道德上是错误的。[95] 因此,严格责任犯罪只适用于特定情形。

过于严格的责任的犯罪也会鼓励法官开发出避免对行为人定罪的技术,最终破坏法规的政策目标。[96] 例如,严格责任犯罪的严厉性导致了推定有过错要求的发展。当规定一项刑事犯罪的法规对所要求的过错因素保持沉默时,为了防止刑法“不公平地损害被告”,法院便会推定有过错要求。[97] 这导致了不确定性,同时,也没有防止不公平的结果。[98] 例如,该推定下所要求的过错类型并不明确。法院会根据具体情况逐案决定。[99]

西莉亚·威尔斯(Celia Wells)教授指出,可以通过已尽合理注意的抗辩来减轻严格责任犯罪的严厉性。[100] 这在商业行为监管中很常见。[101] 我们可以在《1990 年食品安全法》(Food Safety Act 1990)第 21 条第 1 款中找到该抗辩的例子。该条规定,被指控人士可作以下抗辩:

> 被指控人士已采取所有合理的预防措施,并尽了所有应尽的努力,以避免自己或在其控制下的人士实施犯罪。

与此类似,《2000 年污染防治条例》第 32 条第 1 款(e)项规定,任何人在没

---

〔94〕 ibid at paras 21 – 23 per Moses, LJ; Celia Wells, *Corporate Criminal Liability: A Ten Year Review*, 12 Criminal Law Review 849(2014).

〔95〕 Law Commission, *Involuntary Manslaughter*, Law Com No 237, 1996, paras 4.16, 4.4.

〔96〕 Law Commission, *Criminal Liability in Regulatory Contexts*, Law Com No 195, 2010.

〔97〕 Law Commission, *Criminal Liability in Regulatory Contexts*, Law Com No 195, 2010, paras 6.2, 6.9.

〔98〕 ibid paras 6.2 – 6.3.

〔99〕 ibid paras 6.9 – 6.15.

〔100〕 ibid paras 6.64, Appendix C.

〔101〕 ibid para 6.24.

有合理理由的情况下，未遵守该条例第 28 条第 2 款规定的通知所施加的任何要求，则构成犯罪。

以上规定都没有过错要求，而是规定了被告公司必须证明的积极抗辩。只要公司能够证明它已经采取了“所有合理的预防措施”和“已尽所有应尽的注意”，或者有“合理的理由”，就可以避免被定罪。因此，责任是“严格的”，但不是“绝对的”。这有助于让这些罪行更容易被商界接受。[102]

严格责任犯罪和已尽合理注意抗辩相结合，比要求法官确定一个组织的掌舵人是否有错的识别方法更能抓住公司行为的本质。问公司领导人是否造成了运营失败是错误的；更好的做法是，问他们是否“在所有情况下都尽到了合理的注意”，如通过制定适当的政策和合规制度，以确保公司雇员无犯罪行为所为。[103] 因此，法律委员会建议将推定有过错要求改为推定有合理注意要求。[104]

的确，严格责任犯罪与已尽合理注意抗辩的结合要依赖意图因素，但是，它的运作方式与标准过错要求不同。在标准过错要求下，如果公司（其直接思想和意志）与特定事件有因果关系且存在过错，则公司应承担责任；在合理注意制度下，如果公司采取了预防措施，就可以避免被指控。[105] 在这一点上，同一视学说可以重新浮出。如果公司能证明它有一个适当和有效的控制系统，则可避免被定罪。如果低级别的雇员习惯性地不遵守该系统，只有当该控制系统的无效可归因于直接思想和意志时，才会引发刑事责任。

相比识别规则，用严格责任犯罪与已尽合理注意抗辩相结合的方式来规制公司犯罪行为更为合适。它们对适当控制系统的关注更好地抓住了公司行为的决定因素。

---

〔102〕 Deborah Parry, *Judicial Approaches to Due Diligence*, Criminal Law Review 695 (1995).

〔103〕 Law Commission, *Criminal Liability in Regulatory Contexts*, Law Com No 195, 2010, paras 6.6, 6.17–6.18.

〔104〕 Law Commission, *Criminal Liability in Regulatory Contexts*, Law Com No 195, 2010, Part 6.

〔105〕 Peter Cartwright, *Consumer Protection and Criminal Law*, Cambridge University Press, 2001, p. 110; Law Commission, *Criminal Liability in Regulatory Contexts*, Law Com No 195, 2010, Appendix B.

5.3.6 组织未能防止犯罪

将重点放在程序和控制系统上,而非识别代表公司的个人,这种想法也正在成为规制法定犯罪领域之外的公司犯罪行为的标准方法。[106]

这里将分析4个例子:《2007年公司过失致人死亡及杀人法》《2010年贿赂法》《2017年刑事金融法》《澳大利亚刑法》。

《2007年公司过失致人死亡及杀人法》首次尝试了这种方法。根据该法第1条第1款的规定,如果公司管理或组织活动的方式导致某人死亡,并严重违反该组织对死者应负的相关注意义务,则该公司构成犯罪。[107] 然而,只有当公司的"高级管理层"管理或组织活动的方式是违反义务的重要因素时,公司才构成犯罪。解释性说明指出,义务的违反必须是"该组织活动的管理或组织方式所造成"。虽然该测试与公司内部的任何特定层级并无关联,并旨在考量在整体组织中某项活动是如何被管理的,但它指向的是"高级"管理人员和公司作为一个"整体"。[108] 高级管理层是指在决定如何管理或组织整体或重要活动方面,或在实际管理或组织整体或重要活动方面发挥重要作用的人。有人指出,这种试图捕获组织过错的尝试是有缺陷的。[109] 这种测试范围太窄。[110] "整体"和"重要"这两个词可以被解释为指向的是一小部分个人。因此,此类案例非常少,而且都涉及小公司。[111]

---

[106] Celia Wells, *Corporate Failure to Prevent Economic Crime-A Proposal*, 6 Criminal Law Review 426(2017).

[107] Corporate Manslaughter and Homicide Act 2007 c 19; see the analysis of this in Law Commission, *Reforming Bribery*, Law Com No 313, 2008, paras 6.33 – 6.38 and Law Commission, *Criminal Liability in Regulatory Contexts*, Law Com No 195, 2010, paras 5.92 – 5.96.

[108] 对此背景下因果关系的批判性分析,参见 Celia Wells, *Corporate Criminal Liability: A Ten Year Review*, 12 Criminal Law Review 849(2014)。

[109] James Gobert, *The Corporate Manslaughter and Corporate Homicide Act 2007—Thirteen Years in the Making but Was It Worth the Wait?*, 71 Modern Law Review 413(2008); Mohammed Saleem Tariq, *A 2013 Look at the Corporate Killer*, Company Lawyer 17(2014).

[110] Celia Wells, *Corporate Criminal Liability: A Ten Year Review*, 12 Criminal Law Review 849(2014).

[111] ibid at 860 – 62.

《2010 年贿赂法》被称为捕获公司犯罪行为的模范。[112] 该法第 7 条规定了公司未能防止贿赂而引发的刑事责任。该模式涉及一个两步法。如果与公司有关联的人士贿赂他人,以便为公司获得或保留业务,或在公司开展业务过程中为公司获得或保留有利条件,则公司应承担责任(第一步)。除非该公司能够证明它已经制定了"适当的程序来防止与……[公司]……有关的人士从事这种行为"(第二步)。[113] 西莉亚·威尔斯指出,该模式的成功之处在于举证责任的倒置。[114] 虽然在第一步有过错要求,但在第二步没有这样的要求。如果缺乏适当的程序,就会引发刑事责任,无论公司的直接思想和意志或为公司工作的任何其他个人是否表现出与缺乏这种程序相关的意图。[115]

司法部已经发布了关于适当程序的指南。其中规定了以下 6 项原则:相称的程序、最高层承诺、风险评估、合理注意、沟通和培训,以及监督和审查。[116] 我们可以对这些抗辩范围提出批评。[117] 然而,从本书的角度看,它们是一种证据,证明了人们不再将公司和个人相提并论,转而将公司视为有独立于个人行为的程序的组织。

《2017 年刑事金融法》第 3 部分也采用了未能防止犯罪的模式。[118] 该法第 45 条和第 46 条包含两项刑事犯罪:预防逃税失职罪(failure to prevent facilitation of UK tax evasion offences),以及涉外预防逃税失职罪(failure to prevent facilitation of foreign tax evasion offences)。该法的解释性说明指出,当他或她"明知而参与,或采取措施以便他人欺诈性逃税,即构成刑事犯罪";"帮

---

〔112〕 严重欺诈办公室(Serious Fraud Office)建议将贿赂模型扩展到一般的金融犯罪:ibid footnote 84。

〔113〕 Bribery Act 2010, s 7(2); Law Commission, *Criminal Liability in Regulatory Contexts*, Law Com No 195, 2010, paras 5. 97 – 5. 102.

〔114〕 Celia Wells, *Corporate Failure to Prevent Economic Crime-A Proposal*, 6 Criminal Law Review 426(2017).

〔115〕 Andrew Ashworth, *Positive Duties, Regulation and the Criminal Sanction*, 133 Law Quaterly Review 606(2017).

〔116〕 Celia Wells, *Corporate Criminal Liability: A Ten Year Review*, 12 Criminal Law Review 849 (2014).

〔117〕 ibid 870 – 71.

〔118〕 Criminal Finance Act 2017, ch 22.

助或教唆他人实施逃税罪”也构成犯罪。[119] 当银行业者、会计师或任何其他人为客户实施逃税罪提供便利时，则银行业者或会计师构成犯罪。[120] 当银行业者或会计师为客户实施逃税罪提供刑事便利时，则纳税人和银行业者或会计师构成犯罪。然而，雇用该银行业者或会计师的公司却没有犯罪。即使该公司默默地鼓励其员工通过协助客户逃税来实现公司利润最大化，该公司仍然安全地处于刑法管辖范围之外。人们认为这是不对的。[121]

《2017 年刑事金融法》第 44 条和第 45 条旨在解决这个问题。其规定包括公司在内的组织要对其雇员、代理人或服务提供商的行为负责，无论他们在哪个层级。[122] 如果此人帮助他人实施刑事逃税罪，那么此人所在的公司就构成犯罪。责任是严格的，但公司可以通过证明其“已制定在所有情况下合理期望……（公司）……制定的预防程序”或“在所有情况下都没有合理理由期望……（公司）……制定任何预防程序”来避免被指控。[123]

皇家税务海关总署（Her Majesty's Revenue and Customs）已经发布了关于公司可采纳的程序指南，防止以关联人士身份行事的人构成英国或涉外预防逃税失职罪。[124] 在这些指南中，其解释说，以前的法律并不令人满意，因为它要求检察官“证明相关机构的高级成员参与并了解非法活动，特别是董事会级别的成员”。[125] 这就创造了这样一种氛围：大公司比小公司更有可能避免被起诉，所有公司的高级成员都被鼓励对其代理人的犯罪行为视而不见，且所有向这些高级成员报告犯罪活动的行为都会被阻止。这意味着，那些“未贯彻良好公司治理和强有力报告程序”的公司“更难被起诉”。[126]

---

〔119〕 Criminal Finance Act 2017, Explanatory Notes, para 43.

〔120〕 ibid para 43.

〔121〕 ibid para 44.

〔122〕 Criminal Finances Act 2017, s 44.

〔123〕 ibid s 45(2).

〔124〕 ibid s 47; HMRC, *Tackling Tax Evasion: Government Guidance for the Corporate Offences of Failure to Prevent the Criminal Facilitation of Tax Evasion*, *Government Guidance* 1, September 2017, available from https://www. gov. uk/government/uploads/system/uploads/attachment_ data/file/672231/Tackling-tax-evasioncorporate-offences. pdf.

〔125〕 Criminal Finances Act 2017, HMRC Guidance, 3.

〔126〕 ibid.

也许,西莉亚·威尔斯教授指明了试图捕获公司犯罪行为最前沿的例子。她指向的是《澳大利亚刑法》。根据该法,只要法人团体明示、默示、暗示授权或许可实施犯罪行为,则意图、知情或过失将被归因于该法人团体。例如,如果"公司文化鼓励出现导致犯罪的情形",就构成这种授权或许可。公司文化被定义为"普遍存在于法人团体内部,或存在于法人团体中开展相关活动部分的一种态度、政策、规则、行为准则或惯例"。[127]

所有这些例子都承认,程序在企业生活中发挥着重要作用,决定了人类参与者在组织中的行为,是组织的核心。负责领导组织的人可以制定适当的程序,并运行合规体系,但他们不能完全控制组织成员的行为。[128]

5.3.7 延缓起诉协议和修复

《2013 年犯罪与法院法》第 45 条及附表 17 也反映了公司程序的重要性。这些规定使得延缓起诉协议(deferred prosecution agreement)在以下犯罪中成为可能:涉及诸如共谋诈骗或骗取公共收入的犯罪,或诸如盗窃、虚假会计、欺诈逃税、伪造等法定犯罪,以及《2006 年公司法》《金融服务和市场法》《2010 年贿赂法》规定的特殊犯罪。[129] 延缓起诉协议是英国皇家检察署(Crown Prosecution Service)与公司之间的协议,即英国皇家检察署同意撤销指控,公司同意支付罚款并遵守某些其他条件。这需要得到法院的批准。有趣的是,从本书角度来看,延缓起诉协议可能包括的条件之一可以是实施合规计划或修改现

---

〔127〕 Celia Wells, *Corporate Criminal Liability: A Ten Year Review*, 12 Criminal Law Review 849 (2014);从来没有人以此为由提起过诉讼,因此,最近有关公司刑事责任的评论建议可以更多地使用监管性处罚(Austrilian Law Reform Commission, *Review into Australia's Corporate Criminal Responsibility Regime*, April 4, 2019, available from https://www.alrc.gov.au/inquiry/corporate-crime/);杰里米·霍尔德(Jeremy Horder)指出,未能防止模式最好辅以"监管战略",其重点是预防和最小化风险,禁止不可接受的风险行为,使用针对具体情况的专门刑事罪名,并通过专家机构执行(Jeremy Horder, *Deterring Bribery: Law, Regulation and the Export Trade*, in Jeremy Horder & Peter Alldridge eds., Modern Bribery Law: Comparative Perspectives, CUP, 2013, p. 196)。

〔128〕 See also Ian B. Lee, *Corporate Criminal Responsibility as Team Member Responsibility*, 31 Open Journal for Legal Studies 755 (2011).

〔129〕 Celia Wells, *Corporate Failure to Prevent Economic Crime-A Proposal*, 6 Criminal Law Review 426 (2017).

有合规计划,这些合规计划可涉及政策或员工培训,或二者并行。[130] 就引导公司行为向正确方向发展而言,将重点放在合规程序上,比鼓励公司领导尽可能不参与公司日常运作的制度更好。

5.3.8 理论观察

从理论角度看,重要的是,法律已经发生了转变:从让公司站在刑法之外,到让公司完全处于刑法的管辖范围内。哈勒特法官(Mr Justice Hallett)在*Director of Public Prosecutions v. Kent & Sussex Contractors Ltd*一案中对这一发展进行了评论:"关于法人团体对侵权行为或犯罪的责任,仔细阅读案例,我们可以发现……法院的态度有了很大的发展,这是因为有限责任公司在现代社会中发挥了很大作用。曾经有一段时间,这种团体侵权行为责任的存在,以及后来该责任的范围和条件都是一个疑问,部分原因是将不法的作为或不作为归因于拟制的人在理论上存在困难,需要长年累月一系列的裁判来澄清这一立场。同样,法人团体的犯罪责任也曾受到质疑,部分原因是将犯罪意图归因于拟制的人在理论上存在困难,部分原因在于程序上的技术困难。程序受到了立法机关的关注……而归因犯罪意图的理论困难也不再像以前那样大了。"[131]

关系契约模型无法解释以下事实:法律将公司视为能够自己实施犯罪行为的独立主体。如果公司是将个人参与者的贡献汇总在一起的拟制实体,将刑事责任附加到这种拟制的联结上就没有必要,也没有帮助。[132] 起诉个人行动者就足够了。

根据特许权理论,可以将公司的刑事责任解释为设立公司这一特权的交换

---

[130] ibid 430.

[131] *DPP v. Kent & Sussex Contractors Ltd* [1944] KB 156, 157.

[132] John Lowry & Arad Reisberg, *Pettet's Company Law: Company Law and Corporate Finance*, 4th edition, Pearson, 2012, p. 36, including footnote 35; Martin Petrin, *Reconceptualizing the Theory of the Firm-From Nature to Function*, 118 Penn State Law Review 1 (2013); Ian B. Lee, *Corporate Criminal Responsibility as Team Member Responsibility*, 31(4) Oxford Journal of Legal Studies 755 (2011).

条件。[133] 从正面看,这是霍夫曼勋爵在 *Meridian* 案中采用的方法。他以法律实证主义为依据,认为公司之所以存在,是因为有一条规则(通常在法规中)规定,一个拟制的人(persona ficta)应被视为存在,并具有自然人的某些权力、权利和义务。[134] 在他的分析中,有两个问题:该法规是否适用于公司?如果适用,就该法规的目的而言,谁的行为可归因于公司?这种方法认为,如果立法机关愿意的话,可以将公司刑事责任写入立法,法官决定相关立法的范围。这并没有解释立法机关应在何时以及如何进行干预,也无助于为刑法目的明确归因规则。

就公司刑事责任而言,将公司视为真实实体的理论在积极和规范层面上都有帮助。在积极层面,它接近于大多数案例在普通法中的观点,还解释了最新的法规发展。在普通法方面,还需要进一步分析。普通法植根于真实实体的方法,但其所采用的测试方法却认为公司的工作方式与人体相同。这使得普通法难以抓住决定公司行为的显著因素。然而,问题的根源并不在于真实实体理论,而在于拟人化的表达。

前面已经提到,霍尔丹子爵在 *Lennard's Carrying* 案中首次使用了拟人化的表达。[135] 丹宁勋爵在 *Bolton v. Graham* 案[136] 中的著名论述便以此为基础。他写道:"因此,法官发现,通过其经理,这家公司意图为自己的目的占用该处所。[代理该公司的律师]……对这一结论提出异议,他让我们参考上个世纪的案例。但是,我必须指出,关于该问题的法律以及处理该问题的方法相较那时已经有了很大的发展。一家公司可以在许多方面被比作一个人的身体。它有一个控制其行为的大脑和神经中枢。它还有一双手,可以握住工具,按照中心的指示行事。公司中的一些人仅仅是雇员和代理人,他们只不过是做工作的手,不能说他们代表了思想或意志。其他人是董事和经理,他们代表公司的直接思想和意志,并控制公司。这些经理的思想状态就是公司的思想状态,法律

[133] Ian B. Lee, *Corporate Criminal Responsibility as Team Member Responsibility*, 31(4) Oxford Journal of Legal Studies 755 with references(2011).

[134] *Meridian Global Funds Management Asia Ltd v. Securities Commission*[1995]UKPC 5,[1995]2 AC 500 at 506.

[135] *Lennard's Carrying Company v. Asiatic Petroleum Company*[2015]AC 905.

[136] *Bolton v. Graham* [1957]1 QB 159, 172 – 73.

也是如此认为。因此,你会发现,当法律要求以个人过错作为承担侵权责任的条件时,经理的过错将是公司人格的过错。"[137] 与 *Lennard's Carrying* 案中的霍尔丹子爵一样,丹宁勋爵使用了拟人化的比喻。他明确强调,"一家公司可以在许多方面被比作一个人的身体"。他使用了"大脑和神经中枢"、"手"、"工具"、"思想或意志"和"直接思想和意志"等词语。

上议院在 *Tesco v. Nattrass* 案中认可了丹宁勋爵的论证,包括他的比喻。[138] 里德勋爵引用了丹宁勋爵的判决理由,并指出,"将一家公司所有雇员的工作都归因为是公司大脑的工作"是错误的。[139] 皮尔逊勋爵(Lord Pearson)则在其判决理由中使用"大脑"一词来替代"直接思想和意志"。[140] 迪普洛克勋爵和迪尔霍恩勋爵(Lord Dilhorne)也赞同丹宁勋爵的比喻。[141]

正如我们所看到的,丹宁勋爵的论证后来在 *Meridian* 案中被霍夫曼勋爵修正。霍夫曼勋爵认为理论分析在此并无帮助。他指出,不存在"自在之物",只有需要解释的法规。然而,霍夫曼勋爵的干预并没有结束案件中的拟人分析。*Meridien* 案被 *St Regis Paper Company* 案修正。诚然,这并没有回过头来认可丹宁勋爵的方法。然而,它确实重新引入了霍夫曼勋爵谨慎避免使用的"直接思想和意志"测试这一表述。[142] 最近在一个高等法院判决的案件中,一家公司被判未构成《1995 年货运车辆(运营者许可)法》[Goods Vehicles (Licensing of Operators) Act 1995]中规定的犯罪,因为 H 不属于可以适当地被认为是 C 的"头脑"的那一类人,以至于他可以 C 的名义犯罪。[143] 在普通法中,我们需要等待,看看法律会如何进一步发展。"直接思想和意志"测试很有可能会重新得以确立,其范围会继续在不同级别的公司决策者之间摇摆

[137] ibid 173(作者斜体)。

[138] *Tesco v. Nattrass*[1972]AC 153.

[139] ibid 171.

[140] ibid 190.

[141] ibid 200 and 187 respectively.

[142] *R v. St Regis Paper Company*[2011]EWCA Crim 2527,[2012]1 Cr App R 14[12].

[143] *Vehicle Operator Service Agency v. FM Conway Ltd*[2012]EWHC 2930(Admin);[2013]RTR 17[30].

不定。[144]

从理论角度看，我们需要注意的是，同一视学说已经受到了严厉的批评。这种批评是对拟人化分析的反对。在这一点上，批评者是对的。公司并不复制生物过程。[145] 公司通过人与人之间的社会互动所产生的习惯、惯例、过程和程序运作，不会不像科学过程那样显示出刚性结构。拟人化是无益和误导性的，因为它错误地认为人类行为完全由社会结构决定。

但是，这并不意味着真实实体理论是错误的。批评者认为，拟人化是真实实体理论的一个必要成分。韦德伯恩勋爵（Lord Wedderburn）注意到了这一假设，他写道，一个反对真实实体理论的观点是，真实实体理论"以法人团体和个人团体之间的类比为乐"。[146]

笔者认为，真实实体理论与拟人化有必然联系的假设是错误的；将公司视为真实实体而不假设它们像人的身体是可行的。公司是真实实体的说法意味着它们是自主的行动者，其可以自主行动，不能被任何一组人类行动者完全控制。顾安国勋爵（Lord Cook of Thorndon）在他的克拉伦登演讲（Clarendon lecture）中，将公司是真实实体的观点追溯到哈尔斯伯里勋爵（Lord Halsbury）在 *Salomon v. Salomon* 案[147]判决书中的一段内容："法官大人，在我看来，法官们在他们自己的头脑中似乎并不完全确定是否将公司作为一个真实的东西来对待。如果它是一个真实的东西，如果它在法律上是存在的，如果法律进而赋予它作为公司的某些权利和责任，那么在我看来，由此得出的结论是不可能否认它所从事交易的有效性。"

顾安国勋爵继续评论说："哈尔斯伯里勋爵关于真实事物的简单描述颇具实

---

〔144〕 See also Law Commission, *Reforming Bribery*, Law Com No 313, 2008, para 6. 26 footnote 33.

〔145〕 Eilis Ferran, *Corporate Attribution and the Directing Mind and Will*, 127 Law Quaterly Review 239(2011); Jennifer Payne, *Corporate Attribution and the Lessons from Meridian*, in Paul S. Davies & Justine Pila eds., The Jurisprudence of Lord Hoffman, Hart, 2015, p. 357, 361, 363; K. W. Wedderburn, *Corporate Personality and Social Policy-The Problem of the Quasi-Corporation*, 28 Modern Law Review 62 (1965).

〔146〕 K. W. Wedderburn, *Corporate Personality and Social Policy-The Problem of the Quasi-Corporation*, 28 Modern Law Review 62(1965).

〔147〕 *Salomon v. Salomon*[1897]AC 22, 33.

用价值。将公司视为一套规则在一定程度上是有帮助的,这确实对公司的责任问题有所启发。然而,它似乎还遗漏了一些东西。汉姆林讲座(Hamlyn Lectures)的服务对象是普通平民,他们可能会意识到,许多公司远不止于此。麦当劳公司在斯特兰德高等法院花费了300多天去证明自己的现实,这是英国历史上耗时最长的一次审判……也许有一天,一家公司会被认定犯谋杀罪,而另一天,一家公司会因为实施拯救生命的手术而受到赞扬,这一预测并不算过分大胆。"[148]

认识到公司现实中确实有"实际的存在",以及"就许多公司而言,其远不止是一套规则",并不一定意味着它们像人体一样。直接思想和意志的比喻具有误导性。它鼓励我们去寻找个人,并调查他们的意图。约翰·洛瑞(John Lowry)和阿拉德·赖斯伯格(Arad Reisberg)已经观察到了这一点。他们赞成真实实体的方法,但是,在阐述这一方法时,又绕回了同一视学说。他们说,从法学意义上讲,拟制实体理论并不能充分解释侵权和犯罪中的公司责任现象,在某种程度上,公司很快就必须在法律上被视为公司中的人,从而支持公司的真实实体理论。[149]这似乎表明,真实实体理论必然涉及找到"是"公司的个人。

这种分析的问题不仅在于它只识别公司内部最高级别的个人,还在于它没有抓住公司作为组织的现实。它承认公司是真实的东西,但随后又回到了一个集合的方法,将自己限制在试图识别"是"公司的个人中。这一方法并不总是可行的。公司是真实的,但它们不仅仅是集合。如果我们试图将公司的本质归结到为公司工作的任何特定个人身上(不管他们在公司等级制度中处于什么位置),那么,我们只能抓住现象的一部分。

就刑法而言,霍夫曼勋爵在 *Meridian* 案中的分析有助于扩大可归因于公司的个人的范围。但是,这并没有解决以下问题:公司不是一个集合,可以作为组织从事犯罪活动;在这种情况下,责任在于该组织,而不用去识别任何一个特

---

〔148〕 R. B. Cooke, *A Real Thing*: *Salomon v. Salomon*, in Hamlyn Lectures, Turning Points of the Common Law, Sweet & Maxwell, 1997, p. 11, 27.

〔149〕 John Lowry & Arad Reisberg, *Pettet's Company Law*: *Company Law and Corporate Finance*, 4th edition, Pearson, 2012, p. 36, including footnote 35; see also Martin Petrin, *Reconceptualizing the Theory of the Firm-From Nature to Function*, 118 Penn State Law Review 1(2013).

定的个人或群体。

这不仅是将组织的所有层级都纳入其中的问题,也是一个更为根本的问题。对真实实体理论的正确理解是,其不仅寻找“是”或“代表”公司的个别人员,关注个人行为,还考察在组织内形成的、决定个人行为方式的程序和习惯。这可以捕捉到以下情形:决策者没有直接过错,但组织仍然按照导致应责行为的程序运行。

拟人主义让我们无法看到和分析塑造公司行为的因素。刑法已经开始认识到,尽管公司通过个人运作和行动,但公司不能与个人相提并论。无论是合法的还是非法的公司活动,都利用了复杂的公司结构、代理人和中介。[150]

公司的组织文化和结构创造了鼓励犯罪的条件。[151] 刑法也提出了一些试图将公司过错概念化的解决方案。《2007 年公司过失致人死亡及杀人法》《2010 年贿赂法》《2017 年刑事金融法》都重点关注公司为防止不当行为而运行的程序。相比任何试图将公司与特定个人相等同的做法,这是应对公司现实更好的办法。

对普通法来说,不幸的是,直接思想和意志测试的制定时间早于现代对组织的理解。改变普通法的轨道并不简单。法官须遵循先例,宪法没有赋予其作政策决定的权力。[152] 根据宪法,政府有责任确定政策,但议会的时间很有限。尽管如此,在规范层面,除了关注高级别人员的过错之外,注重企业文化的改革将会受到欢迎。[153]

---

〔150〕 Celia Wells, *Corporate Failure to Prevent Economic Crime-A Proposal*, 6 Criminal Law Review 426(2017).

〔151〕 Nicolas Lord, *Regulating Bribery in International Business: Anti-Corruption in the UK and Germany*, Ashgate, 2014, p. 3.

〔152〕 K. W. Wedderburn, *Corporate Personality and Social Polic-The Problem of the Quasi-Corporation*, 28 Modern Law Review 62(1965); Eilis Ferran, *Corporate Attribution and the Directing Mind and Will*, 127 Law Quaterly Review 239, 248(2011).

〔153〕 也有一些文献建议,应以鼓励合规文化的模式取代以威慑为基础的模式。See eg Christopher Hodges, *Science-Based Regulation in Financial Services: From Deterrence to Culture*, Oxford Legal Studies, Research Paper No 19/2020, SSRN(January 2020), https://papers.ssrn.com/sol3/papers.cfm?abstract_id=3590176; see also Mihailis Diamantis, *Ditching Deterrence: Preventing Crime by Reforming Corporations Rather than Fining Them*, SSRN(January 2018), https://papers.ssrn.com/sol3/papers.cfm?abstract_id=3099156.

5.4 结　论

将公司视为真实实体有助于解释普通法在公司刑事责任方面所采取的方法。公司是行动者,其行为有时是由其股东和董事决定的,但这些人并不能完全控制公司的行为。公司通过为其行事以及为其贡献的个人之间形成的习惯和程序自主行事。这些程序使公司独立于其个人行动者,并可能引发应责行为。公司的自主性随着其规模的扩大而增加。在较大的公司中,董事和股东不太能影响单个参与者的行为。

公司是真实的实体。它们不仅是集合,还可以自主行动。贡献于公司的人通过习惯和程序互动,可能创造出公司董事和股东意想不到的结果。

CHAPTER 06 >>

6. 组织框架

6.1 引　　言

本章的目的是证明公司的组织框架首先是通过《2006 年公司法》中所载的强制性法律予以规定的。现在被称为公司宪章*的公司章程只能进一步为法定结构增加一些细节。政府还就某些公司的董事会应如何组织提供了指导,这些指导虽不具有正式的法律效力,但绝大多数公司都会遵守。本章还将证明,公司宪章是由私人行为制定的,但不应该定性为合同;其与次级立法类似,由私人在法定基础上制定,并规定允许组织独立于其参与者行事的程序。

* 《2006 年公司法》颁布之前,公司宪章(corporate constitution)主要包括备忘录和章程。《1856 年公司法》第一次区分了公司备忘录和公司章程。公司备忘录和公司章程的功能不同。公司备忘录记载的是公司的外部特征,如公司名称、主旨、目的、性质等;公司章程关注的是公司内部管理事项,如股东会的召集、对董事的任命等。立法者区分二者主要是考虑到小股东和债权人的利益,备忘录不能被修改,而章程则可以被修改。但后来,这一差别变得不那么重要了,《1985 年公司法》允许按照一定程序修改公司备忘录和公司章程。《2006 年公司法》又缩小了备忘录的范围,且采取了一元化设计,将备忘录排除在公司宪章之外。具体参见《2006 年公司法》第 8 条、第 17 条。——译者注

6.2 法规的地位

6.2.1 引言

《2006 年公司法》通过创建四个不同的角色来确定公司的结构:董事、股东、公司秘书和审计师。[1] 公众公司必须至少有两名董事。[2] 私人公司必须至少有一名董事。[3] 每个公司都必须至少有一名自然人董事。[4] 政府目前正在就实施禁止法人董事的立法进行磋商。[5] 公众公司需要有一名公司秘书,该秘书必须符合《2006 年公司法》第 273 条的规定,并负责协助董事维持公司须置备的记录和登记。公众公司和大型私人公司都必须有一名审计师。[6] 审计师负责核查年度账目和年度报告是否符合法定要求。[7] 我们将在后文详细研究董事和股东的地位。[8] 本部分的分析仅限于说明现代公司法在很大程度上决定了股东和董事之间的责任分配。

---

〔1〕 有一些其他角色通过其他立法规定。《2009 年金融法》(c 10)第 1 条和附表 46 第 93 段要求大公司确定一名高级会计官员。任职者全面负责公司的财务会计安排。该职务不得由代理人或顾问担任(HM Revenue and Customs, *Senior Accounting Officer Guidance*, March 16, 2016, available from www.gov.uk/hmrc-internalmanuals/senior-accounting-officers-guidance/saog12200)。

〔2〕 Companies Act 2006(CA 2006), ss 154(2) and 271.

〔3〕 ibid ss 154(1) and 270.

〔4〕 ibid s 155. 这一规定由《2006 年公司法》引入,构成对合同模式的进一步疏离。

〔5〕 Department for Business, Energy and Industrial Strategy & Companies House, *Corporate Transparency and Register Reform*: *Implementing the Ban on Corporate Directors*, Dec. 9, 2020, available from www.gov.uk/government/consultations/corporate-transparency-and-register-reform-implementing-the-ban-on-corporate-directors.

〔6〕 CA 2006 ss 475 – 79.

〔7〕 ibid ss 475 and 495; 政府目前正在就强化审计师作用的措施进行商议,参见 Department for Business and Trade & Department for Business, Energy and Industrial Strategy, *Restoring Trust in Audit and Corporate Governance*, March 2021, available from https://assets.publishing.service.gov.uk/government/uploads/system/uploads/attachment_data/file/970676/restoring-trust-in-audit-and-corporate-governance-commandpaper.pdf。

〔8〕 参见本书第 7 章和第 8 章。

6.2.2 宪章性事项

《2006年公司法》不仅要求公司必须召开股东会,还赋予了股东会决定宪章性事项的专属权力。例如,股东负责修改宪章。[9] 这是强制性法律规定。宪章可就其修改规定额外的程序性要求。[10] 但是,宪章不可能将修改章程的权力下放给董事。股东还必须批准私人公司登记为公众公司,[11] 公众公司登记为私人公司,[12] 私人公司变更为无限公司,[13] 无限公司变更为有限公司,[14] 以及公众公司变更为私人公司和无限公司。[15] 股东必须批准将股份分割为比现有股份面值更小的股份,[16] 还必须批准将股份合并为比其现行股份面值更大的股份。[17] 将公司股份从一种货币的固定名义价值转换为以另一种货币计价的固定名义价值须得到股东的批准。[18] 股东还负责决定对有偿债能力的公司进行清算。[19]

股东负责控制哪些人进入董事会。《2006年公司法》没有规定由谁来任命董事,但赋予了股东罢免董事的法定权利。[20] 这一法定权利是根据科恩委员会(Cohen Committee)1945年的建议,在《1948年公司法》中引入的。[21] 根据《2006年公司法》第168条的规定,我们可以看到,罢免董事不需要理由,但要

〔9〕 CA 2006, ss 21(1) and 283; 更改公司名称也必须得到符合规定的多数股东的批准(CA 2006, ss 77 and 78)。

〔10〕 ibid s 22.

〔11〕 ibid s 90.

〔12〕 ibid s 97.

〔13〕 ibid s 102.

〔14〕 ibid s 105.

〔15〕 ibid s 109.

〔16〕 ibid s 618(1)(a).

〔17〕 ibid s 618(1)(b).

〔18〕 ibid s 622(1).

〔19〕 Insolvency Act 1986, s 122(1)(a).

〔20〕 CA 2006, s 168.

〔21〕 Report of the Committee on Company Law Amendment (Cohen Report), 1945, Cmd 6659, [130].

适用特别程序,以赋予有关董事在会议上就决议发表意见的权利。[22] 此外,该会议还有特别通知,要求有关董事有权收到一份会议通知文本。[23] 股东任命审计师,并有权在任何时候通过普通决议将其免职,但须遵守特别通知要求。[24]

6.2.3 管理公司

《2006 年公司法》还载有关于公司管理决策的规定。这些决策由股东或董事作出。该法规定股东决定所有的政治捐款。[25] 股东还要批准在公司暂停营业时对雇员的规定。[26] 对于上市公司而言,股东应批准公司与第三方达成的重大交易。这些交易需要超过一定的数量门槛,并且不属于公司的正常业务范围。[27]

发行股票的权力曾经是股东可以完全授权给董事的事项。[28] 如今情况已经不同了。现在,《2006 年公司法》规定了限制股东授权董事发行股份的强制性规则。[29] 我们将在下文中看到,授权必须说明可配售股份的最高数额,并且必须有时间限制。[30] 还有一些规则要求公司在优先购买权的基础上发行股票。[31] 这些规则由《1980 年公司法》引入,并通过规定公司各高级管理人员的个人责任而得到强化。[32] 这些规则由英国《金融行为监管局手册——上市规则》[Financial Conduct Authority(FCA) Handbook Listing Rules,以下简称《上市

〔22〕 CA 2006, ss 168(2) - (5) and 169.

〔23〕 ibid s 169.

〔24〕 ibid ss 485(4), 489(4), and 510.

〔25〕 ibid s 336.

〔26〕 ibid s 247.

〔27〕 Financial Conduct Authority(FCA) Handbook, Listing Rules(LR) ch 10 Significant transactions.

〔28〕 *CAS(Nominees) Ltd v. Nottingham Forest FC Plc* [2002] 1 BCLC 613[40].

〔29〕 CA 2006, s 551(3).

〔30〕 ibid s 551(3)(a).

〔31〕 ibid ss 561 - 73.

〔32〕 ibid ss 563 and 568(4).

规则》]中所载规则加以补充,其适用于在高级板上市(premium listing)* 的公司。[33]

除《2006 年公司法》外,《伦敦城收购与兼并准则》(City Code on Takeovers and Mergers,Takeover Code,以下简称《收购准则》)对股东赋予董事抵御收购要约的能力作出了限制。特别是,被收购公司的董事会不得发行任何股份或出售库存股,不得发行或授予期权,不得发行可转换为股票的证券,不得出售、处置或收购重大数额的资产,不得签订非日常经营范围内的合同,除非得到股东会批准。[34] 这一程序要求在要约临近时(imminent),而不是在之前的任何时候得到股东的批准。[35]

股东还全权负责决定股东和董事之间达成的交易。在所有董事都有利益冲突的情况下,他们要批准公司与第三方之间的合同。[36] 他们批准公司与董事之间的重大财产交易和贷款、准贷款以及信用交易。[37] 《上市规则》对此类交易有额外要求,其要求股东批准的交易范围稍大一些。[38] 股东负责批准长期服务合同、薪酬政策和对失去职务的赔偿。[39] 《上市规则》要求股东批准董事和高级雇员的长期激励计划。[40] 上市公司的股东还须批准折扣期权安排。[41]

当法院决定是否允许派生诉讼时,会考虑股东对董事失职行为的追认以及多数股东的意见。[42]

股东还负责决定公司及其审计师之间的合同,决定审计师的报酬,并批准

---

* 伦敦证券交易所本身运营两个独立的股票市场,即“主板市场”(main market)和“另类投资市场”(alternative investment market)。其中,在主板上市又分为“高级板上市”(premium listing)和“标准上市”(standard listing)。——译者注

〔33〕 FCA Handbook LR 9. 3. 11R.

〔34〕 Takeover Code, rules 21.

〔35〕 Takeover Code, rule 21. 1(a).

〔36〕 ibid ss 180(4) and 281(3)(a); 见本书 7. 7. 4 及 8. 3. 3 部分。

〔37〕 ibid ss 197, 198, 201, and 203; 见本书 7. 8. 3 及 8. 3. 3 部分。

〔38〕 FCA Handbook LR 11. 1. 5 – 6 with exceptions set out in LR 11 Annex 1.

〔39〕 ibid s 188(long-term service contracts), ss 226B and 226C(remuneration policy), ss 217, 218, and 219(loss of office).

〔40〕 FCA Handbook LR 9. 4. 1(as of 1 September 2020).

〔41〕 FCA Handbook LR 9. 4. 4(as of 1 September 2020).

〔42〕 CA 2006, s 239(ratification), s 263(3)(e)(derivative actions); 详见本书 8. 3. 4 部分。

法律允许的责任限制协议。[43] 股东还要批准减少资本,以及法律允许的股份回购。[44]

6.2.4 记录置备和报告

一些将责任分配给董事的强制性法定规则确保了与公司交易的第三方可获得有关公司的准确信息。董事与公司秘书一起被视为公司的高级管理人员。[45] 他们专门负责确保由公司登记处维护和公开的信息是准确的,须向公司登记处提交公司宪章修正案。[46] 他们须置备一份包含特定信息的董事登记册,并通知公司登记处每个董事任命的开始和结束。[47] 该法还要求高管为公司登记处置备一份秘书登记册,并将有关公司秘书的详情通知公司登记处。[48] 未能做到任何一点将面临罚款。[49]

在确保股东能够行使其成员权利方面,董事也发挥着重要作用。他们负责置备以及提供股东名册以供查阅。[50] 董事还必须确保股东会议的召开符合法定要求,并确保公司置备股东会议的决议和股东会的所有程序记录。[51]

董事须让公司记录公司的资产和负债。[52] 这些记录的格式因公司业务的性质和复杂性而异。[53] 所有公司都必须遵守记录置备的强制性规定,这些规定通过刑事责任而得到强化。[54]

---

〔43〕 CA 2006, ss 492 and 534.

〔44〕 FCA Handbook, ss 641(reductions) and 693(purchase of own shares).

〔45〕 CA 2006, s 1121.

〔46〕 ibid ss 26 – 27.

〔47〕 ibid ss 162 – 67.

〔48〕 ibid ss 275 – 78.

〔49〕 See also ibid s 1112.

〔50〕 ibid s 113.

〔51〕 ibid s 355.

〔52〕 ibid s 386.

〔53〕 Explanatory Notes to the Companies Act 2006, para 639; see also ICAEW, *Technical Release*: *TECH* 01/11: *Guidance for Directors on Accounting Records under the Companies Act* 2006, ICAEW RELEASE, www. icaew. com/ – /media/corporate/files/technical/technical-releases/legal-and-regulatory/tech – 01 – 11 – guidance-for-directors-onaccounting-records-under-the-companies-act – 2006. ashx? la = en.

〔54〕 CA 2006, s 387.

根据公司的会计记录，每个公司的董事必须在每个财政年度结束时对公司的财务状况进行评估。他们必须为公司编制账目，[55]不能将编制年度账目的责任转移给股东。董事会必须批准账目。这些账目必须由公司的董事代表董事会签字。[56] 签字和签字董事的名称必须在公司的资产负债表上。[57]

此外，这些账目必须按照《2006 年公司法》或《国际会计准则》(International Accounting Standards)来编制。[58]《国际会计准则》由国际财务报告准则基金会(International Financial Reporting Standards Foundation)通过。[59] 财务报告委员会(审计、报告和治理局)[Financial Reporting Council(Audit, Reporting and Governance Authority)]发布了《英国公认会计原则》(UK Generally Accepted Accounting Principles)。《英国公认会计原则》并不像国务大臣制定的规章那样是强制性的。然而，大型公司必须说明它们的账目是否“按照其可适用的会计标准编制，并且，必须就与这些标准有重大出入的详细情况及其原因予以说明”。[60] 此外，各种规模的公司的董事都必须确信账目真实而公正地反映了公司的资产、负债、财务状况和损益。[61] 已有成熟的先例表明，遵守《英国公认会计原则》是账目符合真实和公平要求的初步证据。[62] 这赋予了《英国公认会计原则》法律效力，使其超越了缺省性规则的水平。

---

〔55〕 ibid s 394.

〔56〕 ibid s 414(1).

〔57〕 ibid s 414(2)；英国政府目前正在就新的、更为繁重的董事报告和核证要求进行磋商(Department for Business and Trade & Department for Business, Energy and Industrial Strategy, *Restoring Trust in Audit and Corporate Governance*, March 2021, available from https://assets. publishing. service. gov. uk/government/uploads/system/uploads/attachment _ data/ file/970676/restoring-trust-in-audit-and-corporate-governance-commandpaper. pdf)。

〔58〕 CA 2006, s 395.

〔59〕 最近，审慎原则被重新引入《财务报告概念框架》第 2 章[IASPLUS, *IASB Published Revised Conceptual Framwork*, iasplus. com, (Mar. 29, 2018), www. iasplus. com/en/news/2018/03/cf]。

〔60〕 Large and Medium-sized Companies and Groups(Accounts and Reports) Regulation 2008/410, schedule 1, para 45.

〔61〕 CA 2006, s 393(1).

〔62〕 *Macquarie International Investments v. Glencor UK Ltd* [2010] EWCA Civ 697; Marc Moore, *Opinion for the Financial Reporting Council, International Accounting Standards and the True and Fair View*, Financial Reporting Council, October 8, 2018, www. frc. org. uk/getattachment/ 5d0b34be – 5742 – 41d8 – a442 – 6ad22d2b878e/Martin-Moore-QCOpinion – 3 – October – 2013 – sig. pdf.

6.2.5 股东决策的程序

《2006 年公司法》详细规定了股东如何以会议或以书面形式作决议。[63] 这些规则是根据科恩委员会的建议制定的,目的是使董事更难为股东决议的匆忙通过"保驾护航"。[64] 会议通常由董事召集。[65] 但是,持有至少 5% 表决权的成员可以提议召开会议。[66] 这项权利可由法院命令强制执行。[67] 关于通知发出的时限和方式都有强制性规定。[68] 会议通知的内容也在法规中有所规定。[69] 持有 5% 表决权的成员可以要求传阅声明。[70] 可交易公司(traded public limited company)的每个股东都有权在年度股东会上质询。[71] 他们还可以要求公布与审计或审计师相关的事项。[72]

6.2.6 *Duomatic* 原则*

有关股东决策的法定程序性要求是强制性的。然而,只要所有股东都同意,股东也可以非正式地作出决定。[73] 所有股东都有必要参与决策。如果其中一个股东是已经注销的公司,则其余股东不能适用 *Duomatic* 原则。[74]

---

〔63〕 CA 2006, ss 281 – 354.

〔64〕 *Report of the Committee on Company Law Amendment* (*Cohen Report*), Cmd 6659, 1945, p. 124 – 129.

〔65〕 CA 2006, s 302.

〔66〕 ibid s 303.

〔67〕 ibid s 306.

〔68〕 ibid ss 307 and 307A, ss 308 – 09.

〔69〕 ibid ss 311 and 311A.

〔70〕 ibid s 314.

〔71〕 ibid s 319A.

〔72〕 ibid s 527.

* *Duomatic* 原则源于 *Re Duomatic Ltd* [1969] 2 Ch 365 案,又被称为全体股东非正式一致同意原则。——译者注

〔73〕 *Re Duomatic Ltd*[1969]2 Ch 365.

〔74〕 所有股东都有必要参与决策。如果其中一个股东是一个已经注销的公司,则其余股东不能依赖 *Duomatic* 原则(*Re BW Estates Ltd*[2017]EWCA Civ 1201,[2017]BCC 406);参见 *Dixon v. Blindley Health Investments Ltd*[2015]EWCA Civ 1023,[2016]4 All ER 490,[108]案,其对 *Duomatic* 原则能否适用于一些股东的投票权被另一些股东代理行使的情形表示怀疑。

Re Duomatic Ltd 案涉及董事根据个人需要提取资金的情形。股东没有通过授权董事领取报酬的决议。所有董事都没有服务合同。在每个财政年度结束时,会把支付给董事的款项合计,反计还原,并被记为董事薪酬。然而,董事们有权保留支付给他们的薪酬。这是因为所有有权出席股东会并在会上投票的股东都一致同意这一做法。这就像股东会的决议一样,对公司有约束力。[75]

从理论角度,我们可以看到,*Duomatic* 原则是一种机制,通过这一机制,法律允许非正式的组织决策凌驾于正式的决策程序之上。然而,值得注意的是,该原则只是治愈股东决策所需的手续问题。它并没有扩大股东的权力。在 *Global Corporate v. Hale* 案中,上诉法院对一个董事在财政年度内向自己支付期中股息的情形进行了裁决。[76] 如果在财政年度结束时,数字相加没有显示出利润,则这些支付给董事的款项重新被记为薪酬。有关董事必须归还支付给他的款项。这是非法分配。该公司在没有利润的情形下支付了股息。*Duomatic* 原则不允许股东批准越权或不诚实的行为。[77]

6.2.7 董事决策的程序

法规中没有关于董事如何作决策的指示。近年来,这一真空被最佳实践准则所填补,这些准则不是正式的立法,但却在政府的提议和支持下得到了发展。

《2018 年英国公司治理准则》对董事会的结构提出了详细而全面的建议:董事会应包括执行董事和非执行董事(特别是独立的非执行董事)的适当组合,这样就不会有任何个人或少数人主导董事会的决策;董事会的领导层和公司业务的执行领导层之间应该有明确的责任分工;[78] 董事会及其委员会应该

〔75〕 *Re Duomatic*[1969]2 Ch 365(Buckley J); see also *Wright v. Atlas Wright(Europe)Ltd*[1999]2 BCLC 301.

〔76〕 *Global Corporate v. Hale*[2018]EWCA Civ 2618,[2019]BCC 431.

〔77〕 See most recently *Ciban Management Corp v. Citco(BVI)Ltd*[2020]UKPC 21,[2020]BCC 964[40]and[43](Lord Burrows); see also *Julien v. Evolving TecKnologies and Enterprise Development Co Ltd*[2018]UKPC 2,[2018]BCC 376.

〔78〕 UK Corporate Governance Code, Principle G.

具备技能、经验和知识的组合;[79] 董事会主席和首席执行官的角色不应该由同一人担任;[80]《2018 年英国公司治理准则》还建议为提名、薪酬和审计等主题设立董事会下属委员会,从而消除执行董事的直接影响。[81]

《2018 年英国公司治理准则》适用于所有在高级板上市的公司,但其内容是指导意见,而非具有正式约束力的法律。它在遵守或解释的基础上(on a comply or explain basis)发挥作用。公司可以采纳建议,也可以在年度企业治理报告中说明为什么选择其他安排。[82] 目前存在一场争论:如何才能更好地避免公司走形式主义,并确保它们遵守建议的精神而不是文字。[83]

然而,对《2018 年英国公司治理准则》的潜在共识是,如果公司决定不采纳该准则的建议,那么政府将准备通过正式立法进行干预。该准则与政府政策之间的这种联系可以通过其最近一次更新之前的事件来说明。当特蕾莎 · 梅(Theresa May)竞选首相时,她曾承诺让员工加入英国公司的董事会。[84] 这一承诺通过对《2018 年英国公司治理准则》的修订得以实现,该准则现在建议公司采用三种雇员代表方案中的一种。[85]

此外,尽管公司可以偏离《2018 年英国公司治理准则》,但该准则被遵守的程度很高,绝大多数公司都遵守了该准则的绝大多数规定。[86] 该准则似乎具有类似于正式立法的效果。

政府还参与了大型私人公司董事会的组织工作。这些公司现在必须参照

---

〔79〕 ibid Principle K.

〔80〕 ibid Provision 9.

〔81〕 ibid Provision 17(nomination); Provision 24(audit); Provision 32(remuneration);现在要求银行要有一个风险委员会。

〔82〕 FCA Handbook, DTR 7. 2.

〔83〕 See most recently Bobby V. Reddy, *Thinking Outside the Box-Eliminating the Perniciousness of Box-Ticking in the New Corporate Governance Code*, 82 Modern Law Review 692(2019).

〔84〕 https://www. ft. com/content/3d70421e - 4759 - 11e6 - b387 - 64ab0a67014c.

〔85〕 https://www. ft. com/content/009ebf92 - 9550 - 11e6 - a1dc-bdf38d484582; UK Corporate Governance Code 2018 provision 5.

〔86〕 95% 的公司遵守了《2018 年英国公司治理准则》的所有规定或除一项规定外的所有规定[Financial Reporting Council, Annual Review of the UK Corporate Governance Code, January 2020(3)]。

一部公司治理准则发表声明,以说明其公司治理安排。[87] 为引导披露,财务报告委员会发布了《大型私人公司沃特斯公司治理原则》(Wates Corporate Governance Principles for Large Private Companies,以下简称《沃特斯原则》)。[88] 与《2018 年英国公司治理准则》类似,其建议将董事会主席和首席执行官的角色分开,并成立董事会委员会,负责财务报告、风险、继任和薪酬等事项。[89] 随着时间的推移,《沃特斯原则》可能会获得与《2018 年英国公司治理准则》相同的普遍接受程度,而且这很可能是政府的本意。[90]

6.2.8 结论

法规载有重要的规则,其规定了公司的组织结构,在董事和股东之间分配了决策权,还为审计师和公司秘书分配了职权。股东负责监督宪章性事项以及公司与董事之间的交易,可以控制谁被任命为董事和审计师,还在股票发行和资本减少方面有法定权力。董事在置备记录和报告方面有法定责任。此外,还有一些在股东和董事之间分配管理决策的强制性规定。

法规载有关于股东会议和书面决议的详细规则。根据 *Duomatic* 案的规则,这些手续可以通过全体股东一致同意的方式被豁免。该规则承认非正式的组织行为,但其只是治愈了宪章的程序性手续,并不构成股东能力扩大的基础。

《2018 年英国公司治理准则》载有受政府支持的指导意见,这些指导意见针对在高级板上市的公司和大型私人公司的董事会的组织。本书第 7 章将进

〔87〕 The Companies (Miscellaneous Reporting) Regulations 2018, reg 26(1) – (2).

〔88〕 Financial Reporting Council, Wates Corporate Governance Principles for Large Private Companies, December 2018, available from www. frc. org. uk/getattachment/31dfb844 – 6d4b – 4093 – 9bfe – 19cee2c29cda/Wates-Corporate-Governance-Principles-for-LPC-Dec – 2018. pdf.

〔89〕 ibid 13 (chair) and 18 (committees).

〔90〕 詹姆斯·沃特斯 CBE (James Wates CBE) 在《沃特斯原则》的前言中写道,他"希望大量公司——不仅仅是那些被纳入新立法要求而须就公司治理安排提交报告的公司——会使用《沃特斯原则》"。(Financial Reporting Council, Wates Corporate Governance Principles for Large Private Companies, December 2018, available from www. frc. org. uk/getattachment/31dfb844 – 6d4b – 4093 – 9bfe – 19cee2c29cda/Wates-Corporate-Governance-Principles-for-LPC-Dec – 2018. pdf.)

一步研究董事的地位,第 8 章将分析股东的地位。在这个阶段,我们只需注意到,公司组织结构的基础是由公司法而非宪章建立。

6.3 宪章的地位和性质

6.3.1 引言

在本部分,我们将论证,宪章虽然是由第一任股东的私人行为制定的,但是,不应将其定性为合同。

从历史上看,最后一次将公司基础性文件明确称为正式合同的是《1844 年公司法》和《1855 年有限责任法》,二者都使用了"财产授予契据"这一术语。[91] 《1856 年公司法》引入了新的术语,要求有两份宪章性文件:"备忘录"(第 3 条)和"章程"(第 9 条)。[92] 这一术语一直沿用到现行《2006 年公司法》。备忘录包括外界感兴趣的信息,而章程则涉及公司的内部组建。[93] 在早期的公司法中,备忘录是不能被修改的。直至 2006 年,修改备忘录的要求比修改章程的要求更为苛刻。这使利用备忘录来强化条款成为可能。[94] 2006 年,公司法引入了"宪章"(constitution)一词。

公司宪章是由私人行为制定的。公司最初的股东制定公司的第一份章程[95],该章程与后来的所有修正案现在被称为宪章。[96] 如果只有一个股东设立公司,则由该人决定宪章的内容。如果第一任股东没有采用定制条款,则适

---

〔91〕 Companies Act 1844, ss Ⅶ and Ⅶ(7 &8 Vict c 100) and Companies Act 1855, ss Ⅰ and Ⅱ (18 & 19 Vict c 133).

〔92〕 Companies Act 1856, 19 &20 Vict c 47. The Companies Act 1848(7 &8 Vict c 100), ss Ⅶ and Ⅷ and theLimited Liability Act 1855(18 &19 Vict c 133), ss Ⅰ和Ⅱ受当时盛行的财产授予契据公司的影响,使用了"财产授予契据"的表述。

〔93〕 The Company Law Steering Group, *Modern Company Law for a Competitive Economy*, *Company Formation and Capital Maintenance*, October 1999, [2. 13].

〔94〕 ibid[2. 27].

〔95〕 CA 2006, s 17.

〔96〕 ibid ss 7, 8, and 18.

用国务大臣规定的《示范章程》。[97] 然而,宪章由个人私人行为制定这一事实并不意味着宪章是一份合同。

《2006 年公司法》第 33 条规定:"公司宪章的规定对公司及其成员具有同等约束力,如同公司和每个成员之间存在遵守这些条款的契约(covenants)。"[98] "契约"一词将宪章比作一种合同安排。有人可能会说,这意味着宪章的基础是合同性的;但这是不对的。《2006 年公司法》第 33 条并没有说宪章是一份合同,它只是说,公司和其成员在相同程度上受到"如同"契约的约束。这表明,宪章约束力的来源是法规而非合同法。

这一结论得到了判例法的支持。斯泰恩法官(Steyn LJ)在 *Bratton Seymore Service Co Ltd v. Oxborough* 案中论证:"章程一经登记即为公司和其成员之间的合同。然而,它是具有特殊性质的法定条文合同,有其鲜明的特点。它的约束力不来自各方之间达成的协议,而来自法规的条款。只有当它影响到公司与以成员身份行事的成员之间的权利和义务时,它才具有约束力。"[99]

宪章约束力的基础是法规而非合同,这一点也得到了《2006 年公司法》第 33 条的支持。该条款是在公司开始经由登记设立时被纳入公司法的。当公司通过登记设立,会出现一个问题:公司在设立阶段不能作为合同方加入宪章。这是因为公司在登记之前并不存在。因此,曾有一段时间,就公司本身是否受宪章约束这一问题,在判例法中存在分歧。[100] 《2006 年公司法》第 33 条的起草就是为了澄清这一点。它做到了合同法无法做到的事情:让公司受(现在称之为)宪章的约束。

---

〔97〕 ibid ss 19 and 20.

〔98〕 ibid s 33(1).

〔99〕 *Bratton Seymore v. Oxborough* [1992] BCC 471 at 475;被 *Lehtimaki v. Children's Investment Foundation Fund(UK)* [2018] EWCA Civ 1605, [2019] Ch 139, [37] (Richards LJ, Newy LJ, and Dame Elizabeth Gloster)认可(该判决被最高法院在 *Lehtimaki v. Cooper*[2020] UKSC 33, [2020] 3 WLR 461 案中推翻,但基于其他的理由)。

〔100〕 Sarah Worthington, *Sealy and Worthington's Texts and Materials on Company Law*, 11th edition, OUP, 2016, p. 262, 265 – 68.

合同法是一个变化无常的工具，其无法确保在公司成立后加入公司的成员受到宪章的约束。他们以成员的身份加入公司。转让是通过在成员登记册上登记受让人的名字来实现的。[101] 加入的成员并没有正式同意接受宪章的约束。《2006 年公司法》第 33 条确保了所有登记册上的成员都受宪章的约束。

因此，《2006 年公司法》第 33 条并没有将宪章定性为合同，而是克服了合同法不足以为公司本身以及公司成立后加入的成员搭建组织框架基础的问题。虽然宪章是由公司第一任股东的私人行为制定的，但法规才是宪章的正式基础，其使宪章具有全面的约束力，从而发挥公司基础性文件的作用。

6.3.2 虚假陈述、胁迫和不当影响

此外，导致合同被视为无效的标准规则已被认为不适用于公司宪章。公司宪章不能因虚假陈述、胁迫或不当影响而失效。[102] 关于毁约性违约(repudiatory breach)的普通原则也不适用。[103] 这与先前的观点一致，即欺诈不影响公司的独立法律人格。[104] 公司不能像合同一样被终止，它须经清算才能结束。从理论角度看，这再次表明，公司法的设计是为了促进组织的自主运作。

6.3.3 更正*

合同法允许更正合同的情况本来就很少，就公司宪章而言，则受到了进一步的限制。[105] 仅仅有证据表明设立公司的股东的意图是不够的。[106] 法院只

---

〔101〕 CA 2006, s 112.

〔102〕 *Bratton Seymore Service Co Ltd v. Oxborough* [1992] BCC 471 at 475; Robin Hollington, *Hollington on Shareholders' Rights*, 9th edition, Sweet & Maxwell, 2020, para 3 – 17.

〔103〕 *Flanagan v. Liontrust Investment Partners LLP*[2015]Bus LR 1172 at[241](注意，该案涉及一个合伙企业).

〔104〕 本书 4.3.1 部分。

* 更正(Rectification)，是衡平法上的一种救济，指法院调整(矫正)错误合同条款。——译者注

〔105〕 关于这些罕见情况的描述，参见 Hugh Collins, *Implied Terms: The Foundation in Good Faith and Fair Dealing*, 67 Current Legal Problems 297(2014)。

〔106〕 *Scott v. Frank F Scott(London)Ltd*[1940]Ch 794(CA), 796 and 800.

准备考虑那些人人皆知,或可从公司年度账目中推断出为公众所知的情形。[107] 法院这样做似乎并不是因为宪章是一份公开登记的文件。法院会在已登记土地抵押中加入默示条款推定,而已登记土地抵押也是公开文件。[108]

不过,不愿意适用标准合同规则的原因与本书所提出的理论相吻合。在 *Scott v. Scott* 案中,卢克莫尔法官(Luxmore LJ)指出了宪章的作用,它是公司的基础性文件,而公司是在登记宪章的基础上设立的。[109] 公司一经登记,宪章便不再是合同,而具有法定效力。[110] 此时宪章只能通过法定变更程序进行修订,未经成员同意,不得对成员施加额外的负担。[111] 削弱法院更正条款能力的最后一个,也可能是最有说服力的一个原因是,公司的成员是波动的。[112] 条款的推定可能导致这样一种情形:“公司和不同认购人之间在理论上可能存在不同的推定……其结果是对第三方不利,这里的第三方指的是有权查看和依赖已登记章程的潜在股东。”[113]

6.3.4 准合伙人的相互谅解

在 *Scott v. Scott* 案中,卢克莫尔法官谈到了一个假设的案例:一家公司在登记时,其章程给予优先股股东的股息是 70%,而不是 7%,由于笔误而插入了“0”,而控制 1/4 以上投票权的股东反对通过任何特别决议来纠正这一错

---

〔107〕 *Attorney General of Belize v. Belize Telecom Ltd* [2009] UKPC 10 [36] (Lord Hoffmann); *Cosmetic Warriors Ltd v. Gerrie* [2017] EWCA Civ 324, [2017] 2 BCLC 456 [23]; *Re Euro Accessories Ltd* [2021] EWHC 47 [34] (Snowden J); see also *Eclairs Group Ltd v. JKX Oil and Gas plc* [2015] UKSC 71, [2016] BCLC 1, [30] (Lord Sumption). 理查德法官(Richards J)在 *Re Coroin Ltd* [2011] EWHC 3466 (Ch) [68] - [70] 案中认为,在特殊情况下,股东协议也可能成为推定条款的基础。

〔108〕 *Cherry Tree Investments Ltd v. Landmain Ltd* [2012] EWCA Civ 736, [2013] Ch 305.

〔109〕 *Scott v. Frank F Scott (London) Ltd* [1940] Ch 794 (CA) 802.

〔110〕 *Bratton Seymore Service Co Ltd v. Oxborough* [1992] BCC 471, 474.

〔111〕 *Scott v. Frank F Scott (London) Ltd* [1940] Ch 794 (CA) 802; *Bratton Seymore Service Co Ltd v. Oxborough* [1992] BCC 471, 474; *Evans v. Chapman* 86 LT 381; 但要注意的是,一旦特别决议通过,或根据 *Duomatic* 原则获一致同意,变更即生效: *Gunewardene v. Conran Holdings* [2016] EWHC 2983 (Ch), [2017] BCC 135。

〔112〕 *Re Coroin Ltd* [2011] EWHC 3466 (Ch) [63] (Richards J).

〔113〕 *Bratton Seymore Service Co Ltd v. Oxborough* [1992] BCC 471, 475 - 76.

误。[114] 他认为，“对这种情况的简单回答是，适当的补救措施是向法院申请强制清算的命令，理由是，在这种情况下，这样做是公正和公平的”[115]。

这里值得一提的是，在这种情况下不需要进行清算。这个问题可以通过不公平妨害这一补救措施来解决。《2006 年公司法》第 994 条为股东提供了一种机制，其可以辩称，正式宪章的文义没有充分和详尽地反映他们的相互谅解（mutual understanding）；如果继续坚持宪章的文义，将对其他股东有不公平妨害。[116] 然而，这种主张想要获得成功，仅凭公司是准合伙关系是不够的；有必要证明有关股东已达成一致同意，尽管是非正式的。[117]

从理论角度看，我们可以观察到，不公平妨害补救作为一种工具，将正式的宪章框架与设立公司的人最初设想的实际情况联系了起来。

6.3.5 执行

仅限成员权利

宪章的执行和其他合同不同，只可能执行“成员权利”。成员权利是具有组织性质的权利。不以服务组织为目的的权利将不会被法院执行。

确立成员只能执行“成员权利”的基础性权威案件是 *Hickmann v. Kent or Romney Marsh Sheep-Breeders' Association* 案。[118] 阿斯伯利法官（Astbury J）讨论了以前相互冲突的权威观点，并得出结论，外部人的权利是不可执行的。他指出，“任何仅声称由章程赋予某人（无论其是否为成员）以成员身份之外的身

---

〔114〕 *Scott v. Frank F Scott (London) Ltd* [1940] Ch 794 (CA) 804.

〔115〕 ibid；另外参见霍夫曼勋爵在 *O'Neill v. Phillips* 案中写的内容，即在公正和公平的基础上清算类似于合同落空（contractual frustration）（*O'Neill v. Phillips* [1999] 1 WLR 1092, 1101H – 1102B）。

〔116〕 *Ebrahimi v. Westbourne Galleries Ltd* [1972] 2 All ER 492.

〔117〕 在 *O'Neill v. Phillips* [1999] 1 WLR 1092 案中，法官认为不存在一致同意；and *Re Edwardian Group Ltd* [2018] EWHC 1715 (Ch), [2019] 1 BCLC 171; but see *VB Football Assets v. Blackpool Football Club (Properties) Ltd* [2017] EWHC 2767 (Ch), *Strahan v. Wilcock* [2006] EWCA Civ 12, [2006] 2 BCLC 555; *Re Compound Photonics Group Ltd* [2021] EWHC 787 (Ch)。

〔118〕 *Hickman v. Kent or Romney Marsh Sheep-Breeders' Association* [1915] 1 Ch 881 被上诉法院在 *Beattie v. Beattie* [1938] Ch 708 案中引用。

份(如作为律师、发起人、董事)的权利,都不能对公司强制执行”。[119]

例如,在 *Eley v. Positive Government Security Life Assurance Co Ltd* 案中,法院认为,章程中任命艾利先生(Mr Eley)(他曾为公司的设立预付资金)为公司律师的规定是不可执行的。法官安普列特认为,章程只规范“公司内部事务”,而董事的签名是为了“使他们受到这些规定的约束”。[120] 同样地,受雇于某公司的成员也无法执行公司章程中关于给“每一位……公司高管和雇员”对其可能引发/产生的“所有损害、罚款、费用、损失和支出”进行补偿的规定。[121] 在 *London Sack and Bag Co Ltd v. Dixon and Lugton Ltd* 案中,英国黄麻制品协会有限公司(United Kingdom Jute Goods Association Ltd)的两个成员签订了一份棉面粉袋的销售合同。当他们之间出现争议时,卖方申请中止诉讼,理由是章程中包含一个条款,将“与贸易有关的交易产生的所有争议……提交仲裁”。该申请失败了,因为法定条文合同不“是[成员]之间……关于完全在公司关系之外(如成员之间的贸易交易)产生的诉权……的合同”。[122]

有关成员权利一个众所周知的例子是,一旦宣告分红,成员便有权按照章程规定的形式领取股息。在 *Wood v. Odessa Waterworks* 案中,原告获得了一项强制令,禁止董事按照普通股东决议行事——以债券形式支付股息。[123] 上诉法院还发出强制令,禁止持有公司多数股份的董事以违反公司章程的条件转让这些股份。[124] 在 *Salmon v. Quin &Axtens Ltd* 案中,上诉法院发出强制令,阻止公司根据股东的普通决议行事。[125] 该决议批准了两项财产交易,而根据公司章程,当两名股东董事中的任何一人反对时,这两项交易就不能进行。萨洛蒙先生是有权行使这一权利的股东董事之一,他投票否决了这些交易;法院授予

[119] *Hickman v. Kent or Romney Marsh Sheep-Breeders' Association*[1915]1 Ch 881 at 900; see also *Re Tavarone Mining Co, Pritchard's Case*(1873)8 Ch App 956(sale of a mine).

[120] *Eley v. Positive Government Security Life Assurance Ltd* (1875)1 ExD 20 at 29; affirmed by the Court of Appeal(1876)1 ExD 88(CA).

[121] *In Re Famatina Development Corporation* [1914]2 Ch 271(CA).

[122] *In London Sack and Bag Co Ltd v. Dixon and Lugton Ltd*[1943]2 All ER 763(CA) at 765.

[123] *Wood v. Odessa Waterworks Company*(1889)42 Ch D 636.

[124] *Heron International v. Lord Grade* [1983]BCLC 244.

[125] *Salmon v. Quin &Axtens Ltd* [1901]1 Ch 311.

了他强制令,以强制执行宪章规定的否决权。[126] 股东还有查阅公司所持某些文件的法定权利,[127] 特别是有权查阅股东登记册,[128] 可以查阅董事的服务合同以及补偿条款,[129] 有权要求更正股东登记册,[130] 还可以要求审计法规并未要求审计的公司账目和报告。[131] 每位成员和每位债券持有人都可以要求提供账目和报告的文本。[132]

将宪章的执行限制在成员权利范围内,不仅适用于成员提出的请求,也适用于公司对其成员提出的请求。例如,在 *Bisgood v. Henderson's Transvaal Estates Ltd* 案中,法院认为,章程不能给成员施加义务,除非基于其成员身份。[133] 巴克利法官(Buckley LJ)的理由是:"备忘录和章程的目的是明确股东作为股东的地位,而不是约束他作为个人的能力。"[134]

虽然可以列举一些例子来说明外部人权利和成员权利,但成员的范围很难确定,这方面的判决也不可能一致。[135] 此外,*Hickmann* 案的判决被批评为不受先前权威观点支持,且与法规的明确规定相矛盾。[136] 莎拉·沃辛顿(Sarah Worthington)指出,"如此不可靠的一审判决被上诉法院默默接受……并认可,这确

---

[126] 该案例有时被用作以下主张的依据:每个成员都可以强制执行章程中的所有条款,即使这些条款涉及外部人的权利。K. W. Wedderburn, *Shareholders' Rights and the Rule in Foss v. Harbottle*, 15 Cambridge Law Journal 194(1957); see also Paul L. Davies & Sarah Worthington, *Gower: Principles of Modern Company Law*, 10th edition, Sweet & Maxwell, 2016, paras 3-30. 然而,更好的立场是得出这样的结论:参与公司决策过程的权利是一种治理权,因此,也是一种成员权:Victor Joffe & Giles Richardson, *Personal Claims*, in Victor Joffe et al., Minority Shareholders, 6th edition, OUP, 2018, para 3.20。

[127] CA 2006, s 744(1)(register of debenture holders), s 162(5)(register of directors), s 229(directors' service contract or memorandum), s 238(copy of qualifying indemnity provisions), s 811(register of interests disclosed), s 116(register of members), s 358(records of resolutions and meetings).

[128] *Houldsworth Village Management Co Ltd v. Barton*[2020]EWCA Civ 980.

[129] CA 2006, ss 229 and 237-38.

[130] ibid s 125; *Boston Trust Co Ltd v. Szerelmey Ltd* [2020]EWHC 1352(Ch).

[131] CA 2006, s 476. 代表总额不低于公司已发行股份或其任何类别之名义价值 10% 的成员。

[132] ibid s 431.

[133] *Bisgood v. Henderson's Transvaal Estates Ltd*[1908]1 Ch 743(CA).

[134] ibid 759.

[135] Sarah Worthington, *Sealy and Worthington's Texts and Materials on Company Law*, 11th edition, OUP, 2016, p.268-69.

[136] Roger Gregory, *The Section 20 Contract*, 44 Modern Law Review 526(1981).

实很了不起”。[137]

尽管如此,将公司宪章的执行限制在成员权利范围内有坚实的理论基础,通过合同法视角来处理这一领域的问题是无益的。宪章是一种特殊类型的私人安排,为特定之目的受法规的承认。该目的是为一个组织提供一个决策和治理框架。宪章不是一个可以产生非公司权利(non-corporate rights)的合同。诚然,这并没有解决外部人和成员权利之间界限难以划定的问题。然而,它确实解释了为什么存在这样的区别。除了将宪章的执行限制在成员权利范围内,法院还拒绝执行“纯粹内部违规行为”。

没有“纯粹内部违规行为”

如果被控诉的事项是“纯粹内部违规行为”,则法院不允许股东执行宪章。[138] “纯粹内部违规行为”这一说法是令人遗憾的,因为每一次对会议程序的违反都是对“内部”规则的违反。这些规则适用于通过董事和成员开展的公司治理。当然,这里的意思是,法院对违反公司法和宪章中规定的内部规则的轻重程度进行了区分。[139]

股东无法就“纯粹内部违规行为”提起个人诉讼,这一主张得到了派生诉讼的权威观点的支持。在 *Edwards v. Halliwell* 案中,詹金斯法官(Jenkins LJ)允许了诉讼,并驳回了关于未按章程要求进行投票并获得2/3多数决通过的遗漏行为是“纯粹内部违规行为”的主张。不能将该遗漏作为一个形式问题而驳回。[140] 这证实了这种区别的存在,尽管是间接的。同样,在 *Prudential v. Newman* 案中,上诉法院提到了这样的原则:“个人股东不能在法庭上对违规行

〔137〕 Sarah Worthington, *Sealy and Worthington's Texts and Materials on Company Law*, 11th edition, OUP, 2016, p. 268.

〔138〕 K. W. Wedderburn, *Shareholders' Rights and the Rule in Foss v. Harbottle*, 15 Cambridge Law Journal 194 (1957); Sarah Worthington, *Sealy and Worthington's Texts and Materials on Company Law*, 11th edition, OUP, 2016, p. 262, 703.

〔139〕 值得注意的是,在最近的案例中都未见“纯粹违规行为”这一表述。

〔140〕 *Edwards v. Halliwell* [1950] 2 All ER 1064 at 1066; see also Asquith LJ at 1065 – 66.

为提起诉讼……如果该违规行为可以通过公司股东会的投票得到治愈。”[141]

法律委员会和韦德伯恩勋爵在其关于派生诉讼的开创性文章中也将 *Macdougall v. Gardiner* 案作为权威引用，认为个人无法起诉纯粹内部违规行为。[142] 该案说明了法院不愿意在诉讼涉及“纯粹内部违规行为”时给予补救的理由。[143] 上诉法院的理由是：“与股东之间的内部纠纷有关的任何事情都不能成为某个股东的诉讼标的，……除非……公司的大多数人……存在非法、压迫或欺诈行为，导致他们不适合决定此事。”[144] 股东不能对“内部管理问题”提起诉讼。[145] 股东无权“要求严格按照章程规定的形式召开会议”。[146] 如果公司以不当方式经营业务，那么公司是起诉的合适人选。[147]

正如外部人权利和成员权利之间有区别一样，不可能调和所有案例，也不

---

〔141〕 *Prudential Assurance v. Newman Industries*(*CA*)[1982]1 Ch 204 at 210 E-F; see also *Smith v. Croft*(*No* 2)[1988]1 Ch 114 at 167B.

〔142〕 K. W. Wedderburn, *Shareholders' Rights and the Rule in Foss v. Harbottle*, 15 Cambridge Law Journal 194(1957); Law Commission, *Shareholder Remedies Consultation*, LC 142, 1996, para 2.23.

〔143〕 虽然 *Macdougall v. Gardiner* 案清楚地阐述了基本原则，值得我们继续关注，但就这些原则的应用而言，该案可能不再是好的权威。对于在股东会上持有多数票的原告来说，这一判决似乎过于苛刻，原告的控诉是，主席故意剥夺了他在他召开的会议上处理事务的能力[*MacDougall v. Gardiner*(1975)1 ChD 13 at 15 – 17]。该案是在 1875 年适用当时的程序规则作出的判决，法院不可能批准原告要求的宣告性救济(declaratory remedies)[*MacDougall v. Gardiner*(1975)1 ChD 13 at 24 and 27]。它没有被后来的判例法认可。在 *Universal Project Management Services v. Fort Gilkicker*[2013]EWHC 348(Ch),[2013]Ch 551 案中，其在一个论证要点中被提及。在 *Choudhury v. Bhattar*[2009]EWHC 314(Ch),[2009]2 BCLC 108 案中，其在一审中被识别(distinguished)(对作为先例的以前案件和正在审理的案件之间就事实问题或法律问题的不同之处做出区分——译者注)。皇室法律顾问大卫·唐纳森(David Donaldson QC)指出，在他审理的案件中，核心争议是关于股东的组成。问题是股份的配售是否有效(第 26 段)。因此，只要法院没有解决本案的核心问题，“股东会就只是确认和反映分歧和争议，并不能解决任何问题”(第 27 段)。但是，即使在股份方面没有争议，法院也必须“有权发布适当命令，规范公司事务的处理，直至可以召开股东会并进行表决为止”(第 27 段)。这表明，现代法院可能会对 *Macdougall* 案的事实持不同的看法；*Choudhary v. Bhattar* 案的一审判决被上诉法院推翻，但理由是该法院对居住在印度的被告之一没有管辖权。

〔144〕 *Macdougal v. Gardiner*(1975)1 ChD 13 at 18 – 19.

〔145〕 ibid 23.

〔146〕 ibid.

〔147〕 ibid.

可能确定一个以便预测个案结果的明确界限。[148] 不过，看看一些区分“纯粹”内部违规行为和其他违规行为的案例还是有帮助的。

一个涉及“纯粹内部违规”的例子可以在 *The Amalgamated Society of Engineers v. Jones* 案的判决中找到，工程师联合会通过了章程的修订案，但未按章程所载形式在议程中予以通知。[149] 贝尔哈切法官（Bailhache J）认为，法院“不会轻易干涉工会或友好联合会行使其私人管理的权利”。[150] 法院不会对“非正式”行为采取行动，因此，原告未能获得救济。[151] 另一个例子可见 *Cotter v. National Union of Seamen* 案，在该案中，会议未被适当召集，但其通过的决议仍被视为对公司有约束力。[152] 在 *Carruth v. Imperial Chemical Industries Ltd* 案中，原告控诉的是，递延股东（deferred shareholders）集体会议在普通股东在场的情形下举行。上议院认为，原则上普通股东的出席会影响递延股东集体会议的效力；然而，递延股东当时并没有反对，他们放弃了质疑会议的权利。递延股东是在将决议提交给法院请求批准拟议减资后才提出这一点的，这已经太迟了。[153]

在 *Musselwhite v. Musselwhite* 案中，可以找到一个违规行为导致补救的例子。该案的原告是登记在股东名册的股东，但故意没被邀请去参加公司的年度股东会。他获得了一份会议无效的宣判。[154] 在 *Pender v. Lushington* 案中，法院向一位股东发出了强制令，因为该股东在一次股东会上的投票没有被主席计算在内。法院认为，原告是“公司的成员”，“有权要求记录他的投票——这是一项个人权利，他有权利起诉”。[155] 在 *Macmillan v. Le Roi Mining Company* 案

---

〔148〕 Victor Joffe & Giles Richardson, *Personal Claims*, in Victor Joffe et al., Minority Shareholders, 6th edition, OUP, 2018, para 3.23; see also K. W. Wedderburn, *Shareholders' Rights and the Rule in Foss v. Harbottle*, 15 Cambridge Law Journal 194 (1957).

〔149〕 *Amalgamated Society of Engineers v. Jones* (1913) 29 TLR 484.

〔150〕 ibid 484, 485.

〔151〕 ibid.

〔152〕 *Cotter v. National Union of Seamen* [1929] 2 Ch 58.

〔153〕 *Carruth v. Imperial Chemical Industries Ltd* [1937] AC 707 at 756 (Lord Blanesburgh), at 761 (Lord Russel of Killowen), 767–68 (Lord Maugham).

〔154〕 *Musselwhite v. Musselwhite* [1962] 2 Ch 964.

〔155〕 *Pender v. Lushington* (1877) 6 Ch D 70 at 81.

中,法院认为主席使用的投票方式违反了章程,因此,禁止董事执行该决议。[156] 在 Edwards v. Halliwell 案中,上诉法院的结论是,工会成员有权要求宣判对列明应交会费表格所谓的更改是无效的。该更改是在违反工会规则的情况下进行的,工会规则要求增加费用必须经成员所持表决权 2/3 以上投票通过。[157] 在 *Kaye v. Oxford House(Wimbledon)Management Company Limited* 案中,法院认为,主席没有剩余权力决定议程上的哪些表决事项不能提交给会议,因此,即使在主席结束会议后,股东也能考虑这些事项。[158]

在 *Byng v. London Life Association Ltd* 案中,上诉法院宣判,主席关于会议延期的决定无效。[159] 这个案件涉及一项有争议的合并。股东会批准合并事项的会场太小了,座无虚席的会议室的视听连接也无法使用,因此,主席将会议推迟到当天下午,以便在一个更大的会场举行。上诉法院认为,原则上主席的确有权力在不寻求成员批准的情况下推迟会议;他行事善意并信赖律师的建议,但根据事实,他没有出于适当目的行使这一权力;他应该考虑到,有足够的时间在稍后的日期召开新的会议,并且有大量股东无法出席延期会议,也无法委托他人出席。[160] 在延期会议上通过的决议应一名成员的要求,被宣判无效。法院的理由是,如果会议主席根据他知道或应该知道的事实,没有考虑到所有相关因素,或考虑无关因素,或得出任何一个合理的主席在适当地指导自己履行义务的情况下都不可能得出的结论,则会议主席的决定无效。然而,这些理由只解释了为什么主席违反了他作为董事的义务,并没有解释为什么允许个人股东起诉。在判决中并没有明确讨论为什么这种违规行为严重到足以证明个人股东的干预是合理的。不过,似乎合并是有争议的,而且大量股东无法参加原来的会议或出席延期会议,这些事实足以证明延期会议影响了足够数量股东的

---

〔156〕 *Macmillan v. Le Roi Mining Company Ltd*[1906]1 Ch 331.

〔157〕 *Edwards v. Halliwell*[1950]2 All ER 1064.

〔158〕 *Kaye v. Oxford House(Wimbledon)Management Co*[2019]EWHC 2181(Ch),[2020]BCC 117.

〔159〕 *Byng v. London Life Association Ltd* [1990]Ch 170(CA)189B – D.

〔160〕 *Byng v. London Life Association Ltd* [1990]1 Ch 170(CA)at 189 – 90(Sir Nicolas Browne-Wilkinson VC), at 194(Lord Mustil LJ), and at 196(Lord Woolf LJ).

投票权这一结论。

如果能证明股东会主席的决定严重到足以影响股东的投票权,法院就会准备在个别股东的请求下介入。在法院准备介入的案件和法院拒绝执行成员权利的案件之间,无法确定明确的界限。[161] 尽管如此,我们还是可以清晰地看到,如果少数股东的股份不足以阻止某项决议的通过,他将很难获得救济;除非他能证明他作为成员的权利受到严重损害,以及如果他的权利得到承认,会议的结果可能会有所不同。[162]

理论观察

法院执行宪章的方式与执行合同的方式不一样。宪章的执行限于成员权利,成员不能控诉影响其投票权的"纯粹"内部违规行为。这一点受到了批评。[163]

然而,普通法的立场可以通过宪章以法规为基础这一事实来解释。《2006年公司法》已将规定公司管理制度的任务交给了宪章。[164] 正是在这种背景下,宪章才得以执行。因此,宪章规定的成员权利要服从公司程序的要求。股东不能坚持按文义执行宪章条款。他们只能执行成员权利。他们还必须忍受其投票权要受制于会议程序。这些规则平衡了各种利益,并使得合理迅速地作出决策变为可能。其目的是为股东提供一个发表意见和参与决策过程的机会,但是,这些程序并非神圣不可侵犯,股东必须容忍一定程度的违规行为。法院区分了较严重和不太严重的违规行为,虽然两者之间没有明确的界限,但其旨在保护组织的决策过程,这优于按文义执行宪章条款。

---

〔161〕 Victor Joffe & Giles Richardson, *Personal Claims*, in Victor Joffe et al., Minority Shareholders, 6th edition, OUP, 2018, para 3. 23.

〔162〕 Leslie Kosmin & Catherine Roberts, *Company Meetings and Resolutions*, 3rd editon, OUP, 2020, para 7. 67.

〔163〕 See eg Paul L. Davies & Sarah Worthington, *Gower Principles of Modern Company Law*, 10th edition, Sweet & Maxwell, 2016, para 3 – 27; Leslie Kosmin & Catherine Roberts, *Company Meetings and Resolutions*, 3rd edition, OUP, 2020, para 9. 73, 9. 78 – 9. 85; see also K. W. Wedderburn, *Shareholders' Rights and the Rule in Foss v. Harbottle*, 15 Cambridge Law Journal 194(1957).

〔164〕 CA 2006, s 18(1).

此外，即使法院得出结论认为程序违规很严重，法院也只倾向于宣判决议无效，或发出指示董事不得以某种方式行事的强制令。由于 *Foss v. Harbottle* 案的规则，损害赔偿请求总是不太可能成功。最近，从与派生诉讼有关的规则中演变出来的反射损失原则（the reflective loss principle）进一步阻碍了这种请求。

6.3.6 结论

我们在本部分看到，为宪章的法律约束力提供法定依据是对《2006 年公司法》第 33 条的最佳解释。我们还看到，合同法的一般规则并不适用于公司宪章。不可能得出宪章无效的结论，因为这将使通过公司运作的组织失去其运作的基础。正因如此，公司只能通过清算来结束。我们还可以看到，关于更正合同的规则只适用于在考虑到公司成员流动这一事实的基础上进行修改的情况，因此，一般来说不可能根据曾经成立公司但可能不再是成员的股东的理解来改变宪章的文义。我们还看到，不公平妨害救济作为一种机制，在公司作为准合伙关系运作的情形下，允许股东坚持其非正式的一致同意。最后，我们看到，法律只允许股东执行成员权利，成员权利的执行进一步限于严重违规的情况。法院不会执行“纯粹内部违规行为”，原告不太可能获得损害赔偿。

鉴于所有这些例外情况，最好得出这样的结论：将宪章定性为合同是无益的。[165] 似乎在任何一种情况下，这种定性对于法律的理解都没有帮助。在前面分析的所有案件中，法院都以合同法为分析的开端，然后给出合同法不适用的理由。也许更好的方式是将公司宪章定性为一个组织运作的基础性文件，与普通合同相比，它与由私人行动在法定基础上通过的次级立法有更多共同点。[166]

---

〔165〕 See also Sarah Worthington, *Sealy and Worthington's Texts and Materials on Company Law*, 11th edition, OUP, 2016, p.269. 他指出，将宪章定性为合同，使成员与公司之间的关系陷入“合同的束缚”。

〔166〕 这里没有足够的空间来探讨这个问题，但值得研究的是，为解释法规逐渐形成的规则是否可以作为解释公司宪章的基础。关于合同解释和法定解释之间的区别，参见 Andrew Burrows, *Thinking About Statutes, Interpretation, Interaction, Improvement*, CUP, 2018, p.34 – 44。

法律有时也允许非正式的公司现实凌驾于正式程序之上。我们遇到了两个例子:*Duomatic* 案中的规则以及《2006 年公司法》第 994 条,在准合伙人之间存在非正式的一致同意以推翻宪章的情况下,法院可推翻宪章的规定。

6.4 结论

在本章中我们看到,公司组织框架的基础是法定的。《2006 年公司法》确定了关键的决策者并为他们分配了具体的职权,还为股东决策制定了一个强制性的决策程序。对于董事的决策,法律没有强制性的程序,但《2018 年英国公司治理准则》还是为其提供了得到政府支持的指导。《2006 年公司法》为股东制定宪章提供了依据。我们还得出结论,宪章不应该被定性为合同,它最好被描述为由私人在法定基础上制定的次级立法,旨在规定有利于组织运作的程序。

从理论角度看,我们可以在这里停下来,得出公司是一种特许权的结论,但这是错误的。法律承认正式法律框架之外的组织行为。可将 *Duomatic* 案中的规则当作处理以下情形的工具:虽然法定程序没有得到遵循,但显然所有股东都有意作出某决定。它将法律与组织决策的现实联系起来。按照类似的思路,不公平妨害补救构成了一种机制;通过这种机制,准合伙人之间的非正式一致同意得到了法律认可。

CHAPTER 07 >>

7. 董事的地位

7.1 引　　言

《2006 年公司法》规定了董事的地位，其中第 10 部分第 2 章专门规定了董事的一般义务。该法还规定了其他义务。

一般义务已经编入《2006 年公司法》。在此之前，这些规则由普通法院和衡平法院发展起来。[1] 普通法和衡平规则仍然有意义。[2] 根据《2006 年公司法》第 170 条第 4 款的规定，在解释董事的一般义务时，应考虑到这些义务所依据的相应普通法和衡平规则。[3] 一般义务包括在权力范围内行事的义务，[4]促进公司成功的义务，[5]做出独立判断的义务，[6]行使合理的注意、技能和勤勉的义务，[7]避免利益冲突的义务，[8]不接受第三方利益的义务，[9]以及在拟议交易

〔1〕 Companies Act 2006 (CA 2006), ss 171(a) and 174 源于普通法。CA 2006, ss 171(b), 172, 173, and 175 - 77 源于衡平法。

〔2〕 关于英国公司法的合同渊源如何塑造了现代公司信义法的分析，参见 David Kershaw, *The Foundations of Anglo-American Corporate Fiduciary Law*, CUP, 2018。

〔3〕 CA 2006, ss 170(3) and (4).

〔4〕 ibid s 171.

〔5〕 ibid s 172.

〔6〕 ibid s 173.

〔7〕 ibid s 174.

〔8〕 ibid s 175.

〔9〕 ibid s 176.

或安排中公布利益的义务。[10]

除了这些现在已载入法规的一般义务外,《2006 年公司法》还规定了大量具体的董事义务。这些义务要求董事系统地记录财务信息,[11]编制财务和叙述性报告,[12]保持公司公共信息的更新,[13]确保股东会议按照公司法和宪章的规定进行,[14]以及遵守分配规则。[15]

本章有两个目的。本章的第一个目的是证明这些义务合在一起表明了法律主要保护的是公司程序而非经济利益。《2006 年公司法》第 171 条的重点是宪章,而不是任何特定的利益集团。《2006 年公司法》第 173 条要求董事行使独立判断,但这必须在董事会的框架内进行。董事不得直接向股东寻求对其观点的支持。《2006 年公司法》第 174 条通过参考董事个人在公司中所扮演的角色来界定技能和注意标准。它还要求董事制定适当的程序,以确保其在有充分财务信息的基础上做决定。法律还要求董事监督其委托的活动,并确保公司遵守法规和监管要求。《2006 年公司法》第 175 条要求受利益冲突影响的交易须经批准(即使该交易没有对公司造成经济损害的风险)。公司事实上从董事争取的机会中受益也无关紧要。置备会计记录、编制财务和叙述性报告的义务是程序性要求,这些要求使董事能够在充分的信息基础上作决策,并使第三方能够在知情的基础上与公司交易。

本章的第二个目的是说明股东是公司法所载规则的重要受益人(间接受益人),由此得出董事是股东代理人这一结论是错误的。这是不可能的,因为从形式上讲,义务是对公司而不是对股东所负。不可能的另一个原因是,法律并不完全以股东为中心。有关董事义务的规则很微妙,其还包含了其他选民的利益。

《2006 年公司法》第 172 条规定,董事须为了全体成员的权益促进公司的

---

〔10〕 ibid s 177.

〔11〕 ibid s 386.

〔12〕 ibid s 394.

〔13〕 See eg ibid ss 23 and 30.

〔14〕 ibid s 302.

〔15〕 ibid s 830.

成功,但其并不要求董事将回报最大化。股东优先,但是,其他利益也被纳入其中。这个义务也是主观的,因此是指导董事决策的薄弱机制。股东在监督与董事的交易方面也发挥着重要作用。他们批准重大财产交易,〔16〕批准长期服务合同〔17〕和贷款,〔18〕还要批准对失去职务的赔偿。〔19〕他们监督上市公司董事的薪酬。《2006年公司法》第174条的出台是为了保护公众利益。该条也是要求董事合规的一个重要依据。《1986年取消公司董事资格法》对董事的技能和注意标准的形成产生了影响。它旨在平等地保护公司所有参与者的利益,并得到了由政府资助的执行机制的支持。

董事须公布他们与公司进行的交易中的任何利益。此外,对于重大交易、长期服务合同、失去职务的赔偿,以及与转让公司全部或部分业务有关的支付,都须经股东批准。上市公司的股东须批准薪酬政策和长期激励计划。这样一来,股东就掌握了董事的"钱袋子",这意味着董事将主要为股东的(间接)利益工作。但是,这并不足以将股东定性为董事的委托人。我们将在第8章看到,法律对股东授权向自己付款的能力施加了限制,这就动摇了他们处于委托人地位的结论。

我们还将在这一章中看到,以指导董事为股东利益或为公司利益行事的方式来设计薪酬的想法是有缺陷的,并且,它作为一种动力,为增加报酬提供了理由,但是,却没有带来相应的业绩增长。我们将论证,这不仅仅是利益冲突的问题,而主要是确定预测未来业绩的合适基准的问题。在规范层面上,我们将论证出于同样的原因,以下做法必然会失败:试图以激励董事促使公司追求环境或社会目标的方式来设计薪酬。

除了《2006年公司法》第170条至第181条所载的一般义务外,我们还将分析董事在置备会计记录和编制财务报告方面的义务。不遵守这方面义务的股东可能会承担刑事责任。法律载有详细条款规定记录和报告的形式和内容。

〔16〕 ibid ss 190 – 96.

〔17〕 ibid ss 188 – 89.

〔18〕 ibid ss 197 – 214.

〔19〕 ibid ss 215 – 22.

此外,法律还规定了制作某些叙述性报告的强制性要求。这些报告不仅服务于股东利益,也服务于其他群体的利益。股东不能取消或推翻这些法定要求。董事还须支持独立审计师对公司的账目和报告进行核查,并确保这些账目和报告的存档和公布。同样,这些义务主要服务于股东利益,但也保护其他选民。我们还将研究董事确保公司公布与特定社会和环境问题有关的声明的义务。

最后,我们将观察到,董事负责决定分配给股东的利润。我们将看到,他们的决定会受到法定分配规则的约束,这些规则将债权人利益置于股东利益之上。

我们将得出结论,董事的义务主要是(尽管是间接)关注股东利益,但也要考虑债权人和其他选民的利益。没有一项义务可以完全用股东利益得以充分解释。此外,分配规则将债权人利益置于股东利益之上。总之,把董事说成是股东的代理人是错误的。

最好将董事这一角色定义为:作为一个组织的合法经营者服务于公司,而不是为任何特定选民实现回报最大化。

7.2 对公司的义务

董事的所有义务都是对公司所负。《2006 年公司法》第 170 条明确规定"公司董事对公司负有第 171 ~ 177 条中所指明的一般义务"。这也是普通法的立场。例如,在 *Cook v. Deeks* 案中,巴克马斯特勋爵(Lord Buckmaster)指出,董事的"首要义务是保护"公司利益。[20] 在 *Regal(Hastings) v. Gulliver* 案中,波特勋爵(Lord Porter)指出,公司及其股东是"单独的实体"。[21] 此外,法院明确认定,除特殊情况外,股东对董事没有直接的请求权。[22] 从理论上讲,这动摇了将董事定性为股东代理人的做法。

---

〔20〕 *Cook v. Deeks* [1916]1 AC 554 at 562.

〔21〕 *Regal(Hastings)Ltd v. Gulliver* [1967]2 AC 134(HL)at 157.

〔22〕 *Percival v. Wright*[1902]2 Ch 421; 特殊情况的例子可参见: *Re Chez Nico(Restaurants)Ltd* [1992]BCLC 192; *Peskin v. Anderson* [2001]BCC 874(CA)。

7.3 按照公司宪章和适当目的行事的义务

法规指定宪章规定公司的规章制度。[23] 宪章在《2006 年公司法》规定的范围内确定股东和董事的权力。法律与宪章共同着手保护宪章确立的权力分配。法院关注的是,如何防止董事篡夺宪章分配给股东的权力。

根据《2006 年公司法》第 171 条,公司董事必须:按照公司宪章行事;只能为被授予之目的而行使权力。我们在上文得出结论,宪章无法对董事与善意行事的第三人签订合同并使之约束公司的权力加以限制。[24] 但是,公司受合同约束的事实并不能免除董事在未遵守宪章时的责任。董事只能在宪章规定的范围内行事,因此,当他们无视这些范围时,要承担个人责任。

《2006 年公司法》第 171 条(b)款将正当目的原则纳入了该法。它规定了两个测试。第 171 条(a)款涉及对宪章中所载文字的解释。问题是:宪章中用于描述董事权力的条款的范围是什么?《2006 年公司法》第 171 条(b)款增加了一个标准:董事必须只为"被授予之目的"行使权力。

我们将在这一部分看到,正当目的的论点并非将股东定性为公司"经济上的所有者"(economical owners)或"委托人"。法院并不关心提高股东的经济地位。该论点与作为股东和董事之间决策权分配来源的公司宪章有关。法院主要关注的是防止董事篡夺宪章性权力。

这种正当目的的论点可以在《2006 年公司法》生效前的衡平法案件中找到。[25] 在 *Howard Smith v. Ampol* 案中,威尔伯福斯勋爵(Lord Wilberforce)的以下附带意见提供了一个例释。

一家有限公司的宪章通常规定董事有管理权;股东有确定的投票权,有任命董事的权力,并有权在股东会上以多数决定未保留给管理层的事项。正如我

---

[23] CA 2006, s 18.

[24] 本书 5.1 部分。

[25] *Hogg v. Cramphorn*[1967]Ch 254(268)强调多数股东的权利是"宪章性的"; *Punt v. Symons*[1903]2 Ch 506, 515 - 16 案的判决是基于对公司章程所载权力的解释。

们所知,董事在其管理权力范围内可以作违背多数股东意愿的决定,而且,事实上,多数股东在董事任职期间不能控制董事对这些权力的行使……因此,董事纯粹为了摧毁现有多数股东或创造一个以前不存在的新的多数股东而行使他们对公司股份的信托权力一定是违反宪章的。这样做触犯了公司宪章中与他们的权力相分离和相悖的部分。[26]

法院在此指出,以破坏股东能力或干扰股东出售其股份的能力的方式行使董事权力是不恰当的,因为这与宪章相悖。此后案件的论证也遵循了这种框架。在一些案件中,法院的结论是,董事已越界,为不正当目的行事。[27] 但在另一些案件中,法院得出结论认为董事的目的是正当的。[28]

自《2006 年公司法》生效以来,判例法也采用了这一论证思路。例如,萨姆欣勋爵在 *Eclairs Group* 案中指出,正当目的原则最常见的用途是防止"为影响股东会的结果而行使董事权力"[29]。这不仅仅是为附带的目的而行使权力,这"侵害了公司不同机构之间的宪章性权力分配,因为它涉及利用董事会的权力来控制或影响一项按照宪章的规定本应由股东会决定的事项"[30]。他还指出,正当目的原则在公司治理中发挥着重要作用。它是"董事会领域和股东领域之宪章性区别(constitutional distinction)的根本"[31]。

很难笼统地说董事和股东宪章性权力之间的界限到底在哪里。威尔伯福斯勋爵指出,"不可能"事先界定董事不得超越的"确切界限"。[32] 不同类型公

---

〔26〕 *Howard Smith v. Ampol*[1974]AC 831(PC)837 - 38(Lord Wilberforce).

〔27〕 *Stobart Group Ltd v. Tinkler*[2019]EWHC 258(Comm),[2019]2 WLUK 235,[438]; *Lee Panavison v. LeeLighting*[1992]BCLC 22, 30; see also 31.

〔28〕 *Mills v. Mills*(1938)60 CLR 150(High Court of Australia);*CAS Nominees v. Nottingham Forest FC*[2002]1BCLC 613[44]and[49];另见哈特法官(Hart J)在 *Criterion Properties Plc v. Stratford UK Properties LLC* [2002]EWHC 496(Ch),[2003]1 WLR 210 中众所周知的附带意见,其被卡恩沃思法官(Carnwath LJ)在上诉法院引用,但未认可。[2002]EWCA Civ 1783[2003], 1 WLR 2108,[19]and[60].

〔29〕 *Eclairs Group Ltd v. JKX Oil and Gas plc*[2015]UKSC 71,[2016]BCLC 1,[16].

〔30〕 ibid[16].

〔31〕 ibid[37].

〔32〕 *Hogg v. Cramphorn*[1967]Ch 254.

司的董事所面临的“各种情况”致使制定明确的规则变得不可能。[33]

然而,很难划清界限这一事实并不妨碍以下观点:该论点与公司章程所确立的权力平衡相关,而与股东的特定经济特性无关。董事如果以侵犯股东决策权的方式行使权力,则违反宪章。衡平法认为这样行使权力是出于不正当目的。

从理论角度来看,我们可以观察到,衡平法和《2006 年公司法》第 171 条的理念与公司宪章有关。公司宪章在董事和股东之间分配权力。董事必须尊重这种分配,他们不得为破坏多数股东的利益或为影响股东会的决策而行使权力,理由是董事篡夺宪章分配给股东的权力是违反宪章的。

法律的发展让载有公司决策规则的宪章发挥了核心作用。董事不得决定保留给股东的事项,也不得干涉股东出售其股份的能力。从理论角度来看,这符合组织以其程序为特性的观点。宪章规定了这种程序,从而使公司能够自主行动。法律保护的是这些程序,而不是股东的经济利益。

7.4 促进公司成功的义务

7.4.1 引言

《2006 年公司法》第 172 条将要求董事“为公司利益”善意行事的衡平规则纳入了成文法。[34] 从本书角度出发,在此提三点:第一,《2006 年公司法》第 172 条关注的是公司,仅间接关注股东和其他选民。第二,股东优先于其他选民,但是法律并不要求董事将股东回报最大化。第三,这一义务是主观的,因此只是指导董事行为的一个薄弱机制。

7.4.2 《2006 年公司法》第 172 条

《2006 年公司法》第 172 条要求董事必须以其善意地认为为了公司成员的

〔33〕 ibid.

〔34〕 *Re Smith and Fawcett Ltd*[1942]Ch 204(CA)306(Lord Green MR).

整体权益而将最大可能地促进公司成功的方式行事，并在这样做时考虑（与其他事项一起）：任何决定最终可能的后果；公司雇员的利益；促进公司与供应商、客户和其他方面的业务关系的需要；公司运作对社区和环境的影响；公司维护高标准商业行为之声誉的愿望；在公司成员之间公平行事的需要。

与衡平义务一样，法定义务与公司相关，仅间接与股东相关。根据《2006年公司法》第172条的规定，董事须促进"公司"的"成功"。公司法对成功没有进一步定义。在衡平法中，董事必须为"公司利益"行事。[35] 成功可定义为"实现某一目标或目的"。[36] 虽然这包括财务目标，但是值得注意的是该法并未明确指示董事将重点放在实现财务目标上。

法定义务将"公司成功"与"股东整体权益"联系起来。这种联系在衡平法中也存在，"公司利益"被认为是"股东集体"或"现在和将来股东"的利益。[37] 衡平法将公司利益等同于股东利益。但是，它并没有得出公司和其股东是一回事的结论。对"现在"和"未来"股东的提及表明，董事有义务从总体上确定什么对股东有利，而不是根据当前股东的发号施令行事。

衡平法也清楚地认识到不同股东有不同利益的现实。如果董事的决策对公司利益没有影响，而是影响了不同类别股东的相对权利，则董事须以他们真诚地认为对这些股东公平的方式行事。在这里，董事也有相当大的自由裁量权。[38]

为某一特定股东群体利益行事的董事违反了该规则。[39] 董事还被禁止区

---

〔35〕 ibid.

〔36〕 See "success", Oxford English Dictionary.

〔37〕 *Miller v. Bain* [2002] 1 BCLC 266 [67]; *Gaiman v. National Association for Mental Health* [1971] Ch 317 at 330 [梅格瑞法官（Megarry J）]："当然，协会是一个拟制的法律实体，如果不适当考虑协会成员的利益，就不太容易确定什么是协会的最大利益。协会某些或某个特定部门或部分的利益不能等同于协会的利益，我接受将协会现在的和未来成员的利益作为一个整体是一种人类等效式的有益表达。" See also *Brady v. Brady* [1988] BCLC 20, 40 [诺斯法官（Nourse J）]："公司作为一个拟制的法人，其利益和与其相关之人的利益是无法得以区分的。这些人是谁？当一个公司既在发展又有偿付能力时，这些人首先指的是股东，包括现在的股东，无疑也包括未来的股东。"

〔38〕 *Mills v. Mills* (1938) 60 CLR 150 (High Court of Australia).

〔39〕 *Scottish Co-operative Wholesale Society Ltd v. Meyer* [1959] AC 324.

别对待任何可能存在的多数派或少数派的利益。[40] 一位董事试图在股东会之前"逐个击破"特定的股东,方法是"私下单独与单个股东接触,然后就董事会管理问题发表其自己的看法"。法院认为该董事处于违反为公司全体成员利益行事之义务的"危险境地"。[41]

判决载明:

在"善意为公司整体权益"的表述中,"公司整体"这一说法并不是指公司作为一个商业实体,区别于法人团体成员,它指的是法人团体成员作为一个整体(相对于区别对待多数人和少数人而言)。[42]

尽管如此,义务是对公司所负,而且问题是"董事认为什么符合公司的利益"。[43] 什么"可能符合股东的利益""本身并不重要"。[44] 因此,董事的工作是以抽象的形式考虑股东的利益,而不是公司当前股东可能享有的利益。

在成文法中,情况似乎也是如此。董事被指示为"全体成员"的权益行事。[45] 这将股东作为一个群体的利益放在了首位,但是这并不要求董事在任何特定的时间框架内实现财务回报最大化。公司法审议指导小组(the company law review steering group)明确强调,开明的股东观点并不要求董事"只关注短期财务底线"。[46]

《2006 年公司法》第 172 条第 1 款(a)项至(f)项规定了董事必须考虑的利益相关者利益。在《2006 年公司法》出台之前,最初的立场是公司利益允许董事为公司雇员提供"蛋糕和啤酒" * 。[47] 在 *Hutton v. West Cork Rly* 案中,上诉

---

〔40〕 *Stobart Group Ltd v. Tinkler*[2019]EWHC 258(Comm),[2019]2 WLUK 235,[394].

〔41〕 ibid[425].

〔42〕 *Lee Panavision v. Lee Lighting* [1992]BCLC 22 at 29h(Dillon LJ).

〔43〕 *GHLM Trading Ltd v. Maroo*[2012]EWHC 61[199](Newey J)(原文斜体).

〔44〕 Ibid.

〔45〕 CA 2006, s 172(1).

〔46〕 The Company Law Review Steering Group, *Modern Company Law for a Competitive Economy: A Strategic Framework*, 1999,[5.1.12].

* 原文为"cakes and ale",指美味佳肴,生活中的美好事物,尤其是美食和美酒。在此可理解为充分考虑员工利益,给员工提供较好的保障。——译者注

〔47〕 *Hutton v. West Cork Rly*(1883)23 ChD 654, 673; see also Marc Moore & Martin Petrin, *Corporate Governance, Law and Regulation*, Palgrave Macmillan, 2017, p. 150.

法院指出,一家公司"如果总是以严厉的方式对待其雇员,并从不允许他们享有任何超出契约严格规定的权益,那么,这家公司很快就会被抛弃"[48]。然而,在公司清算期间,向雇员无偿付款不再符合公司利益。[49]

《1985年公司法》第309条第1款将这一立场纳入成文法,其规定:"董事应考虑的事项"包括"公司雇员的一般利益,如同(as well as)公司成员的利益。"[50]《1985年公司法》第309条第2款明确指出,该义务"与任何其他信义义务相同","对公司所负"。这条规定似乎将雇员利益与股东利益放在了同一层面。[51] 但现在的情况已不再如此,现在的成文法将成员利益置于其他利益相关者利益之上。

与衡平规则一样,法定义务也是主观的。在衡平法中,法院通常不考虑如果"客观地看",某一作为或不作为是否"符合公司利益"。[52] 法院会询问董事是否按照他们真诚地认为符合公司最佳利益的方式行事。法院尊重董事的判断,但不会天真地接受董事对其善意的保证。如果受到质疑的作为或不作为"明显"造成"对公司的重大损害",那么董事说服法官相信他们真诚地认为这符合公司利益的任务将"更加艰巨"。[53] 此外,若董事所谓的"认为""不合理","可将其作为证据,以证明当时董事并未真诚地持有这种信念"。[54] 然而,这并没有减弱该测试的主观性,重点在于董事的"心理状态"。[55] 法院赋予了董事广泛的自由裁量权。

只有在有证据表明董事没有考虑公司利益的情况下,法院才会决定"一个有才智而诚实的人,处于有关公司的董事的地位,在这种情况下,是否能够合理

---

〔48〕 *Hutton v. West Cork Rly*(1883)23 ChD 654, 672 – 73.

〔49〕 ibid 675 – 77.

〔50〕 原文斜体。

〔51〕 See also *Re Welfab Engineers Ltd*[1990]BCLC 833.

〔52〕 *Regentcrest plc v. Cohen*[2001]BCC 494[120](Parker J); *GHLM Trading Ltd v. Maroo*[2012] EWHC 61[194](Newey J).

〔53〕 *Regentcrest plc v. Cohen* [2001]BCC 494[120](Parker J).

〔54〕 *Extrasure Travel Insurance Ltd v. Scattergood*[2003]1 BCLC 598[138](Mr Jonathan Crow); *Stobart Group Ltd v. Tinkler*[2019]EWHC 258(Comm),[2019]2 WLUK 235,[397].

〔55〕 *Regentcrest plc v. Cohen*[2001]BCC 494[120](Parker J).

地相信该交易是为了公司利益”〔56〕。还值得注意的是，该检验标准是关于董事是否“能够”合理地相信，这表明法院准备接受一定范围的董事自由裁量权。

在衡平法中，该义务被认为是禁止性义务——禁止恶意决策。〔57〕证明董事行为恶意的举证责任由公司承担。〔58〕成文法将善意行事的义务转变为一种法定的积极作为义务，明确要求董事考虑什么最能促进公司成功。〔59〕

《2006 年公司法》第 172 条第 3 款确保了继续适用“要求董事在某些情况下考虑或以公司债权人的利益而行事的任何制定法或法律规则”。该条款纳入了衡平规则，而且人们认为，在《2006 年公司法》出台前的报告和白皮书中，没有任何内容表明有采用比法院先前阐述的更广泛的测试的“意图”。〔60〕

董事须确保公司能够支付其债权人，且这影响到董事义务的内容。坦普尔曼勋爵（Lord Templeman）在 *Winkworth v. Edward Baron Development Co Ltd* 案中认为，“公司对其债权人（包括现有债权人和或有债权人）负有义务”。公司必须“保持其财产不受侵犯，并可用于偿还债务”〔61〕。公司的良心被“交给了其董事”。因此，董事对公司负有义务，以确保公司业务得到“适当管理”，公司财产不会“为董事自己的利益而被挥霍或利用”，从而“损害债权人的利益”。〔62〕

此外，在公司破产或可能破产的情况下，债权人的利益将被放在首位。〔63〕

---

〔56〕 *Charterbridge v. Lloyds Bank* [1970] Ch 62, 74E-F (Pennycuick J); *Re HLC Environmental Projects Ltd* [2013] EWHC 2876 (Ch) [92] (John Randall QC).

〔57〕 *GHLM Trading Ltd v. Maroo* [2012] EWHC 61 [193] (Newey J).

〔58〕 *Re Smith and Fawcett Ltd* [1942] Ch 204 (CA) 309 (Lord Green MR); *Charles Forte Investments v. Amanda* [1964] Ch 240 (CA) 260 – 61.

〔59〕 *GHLM Trading Ltd v. Maroo* [2012] EWHC 61 [193] (Newey J); *BTI* 2014 *LLC v. Sequana SA* [2019] EWCA Civ 112, [2019] 1 BCLC 347, [111] (David Richards LJ).

〔60〕 *BTI* 2014 *LLC v. Sequana SA* [2019] EWCA Civ 112, [2019] 1 BCLC 347, [209] (David Richards LJ).

〔61〕 *Winkworth v. Edward Baron Development Co Ltd* [1986] 1 WLR 1512 (HL) 1516.

〔62〕 *Winkworth v. Edward Baron Development Co Ltd* [1986] 1 WLR 1512 (HL) 1516; see also *Re RJH Stanhope Ltd v. Harris* [2020] EWHC 2808 (Ch).

〔63〕 *Kinsela v. Russel Kinsela Pty Ltd* (1986) 10 ACLR 395 (New South Wales Court of Appeal) 367 – 368; *West Mercia Safetywear v. Dodd* [1988] BCLC 250, 252 – 53; *Bilta v. Nazir* [2015] UKSC 23, [2016] AC 1, [104]; *BTI* 2014 *LLC v. Sequana SA* [2019] EWCA Civ 112, [2019] 1 BCLC 347 [193] – [221] (David Richards LJ); *Bowe Watts Clargo Ltd (In Liquidation), Re aka Mander v. Watts* [2017] EWHC 7879 (Ch).

尽管重点发生了变化,但董事的义务仍应对公司所负。[64] 与股东的情况一样,董事必须为“债权人整体”利益行事。[65] 另外,如果董事没有考虑到债权人的整体利益,法院将决定“一个有才智而诚实的人,处于有关公司的董事的地位,在这种情况下,是否能够合理地相信该交易是为了公司利益”[66]。

关于债权人的利益在哪个时间点开始凸显这一问题,一直存在争议。[67] 目前,上诉法院在 *Sequana* 案中作出了最后的定论。大卫 · 理查兹法官指出,很难“准确指出”公司破产的“确切时刻”。[68] 破产可能突然发生,但同样地,陷入破产的过程也可能更为渐进。[69] 他认为,判例法表明,当公司“可能”(likely)陷入破产时,就有义务考虑债权人的利益。“可能”在此意味着“很有可能”(probable)。[70] 他以政策理由证明他的结论,即有限责任的引入是“为了公共利益和促进国家的经济福祉”。[71] 过早触发以债权人为导向的义务会产生“对创业活动的寒蝉效应,而这种活动是大多数登记制公司的根本目的”[72]。

7.4.3 结论

《2006 年公司法》第 172 条要求董事促进公司的成功。这种促进首先要以有利于全体成员的方式进行,但也要考虑到利益相关者的利益。股东的利益优先于利益相关者的利益。但是,股东的利益是由董事的善意判断来确定的。他们只需要做他们真诚地认为能促进公司成功的事情。法律赋予董事大量的自

---

〔64〕 *Yukong Line Ltd of Korea v. Rendsburg Investments Corporation of Liberia* (No 2) [1998] 1 WLR 294; *BTI* 2014 *LLC v. Sequana SA* [2019] EWCA Civ 112, [2019] 1 BCLC 347, [149].

〔65〕 *Re HLC Environmental Projects Ltd* [2013] EWHC 2876 (Ch).

〔66〕 ibid [92] (John Randall QC).

〔67〕 See most recently Rosemary Teele Langford & Ian Ramsay, *The Contours and Content of the "Creditors" Interests Duty*, 21 Journal of Corporate Law Studies 85 (2021).

〔68〕 *BTI* 2014 *LLC v. Sequana SA* [2019] EWCA Civ 112, [2019] 1 BCLC 347, [218] (David Richards LJ).

〔69〕 ibid [218] (David Richards LJ).

〔70〕 ibid [220] – [221] (David Richards LJ).

〔71〕 ibid [151] (David Richards LJ).

〔72〕 ibid [200] (David Richards LJ).

由裁量权,因此认为《2006 年公司法》第 172 条要求董事实现回报最大化的结论是错误的。

7.4.4 理论观察

可能有人认为,代理理论可以解释《2006 年公司法》第 172 条。事实上,在 *Item Software v. Fassihi* 案中,阿登女男爵(Lady Arden)明确使用了"代理问题"一词,并强调,如果不规定董事有义务披露自己的不当行为,在经济上是"低效"的。[73] 这一说法与以代理理论为基础的学术文献相吻合。但其只是承认了代理问题的存在,并没有在积极或规范层面上进一步认可代理理论。法官指出,"在公司法中,股东以何种方式监督董事一直是个难题"[74]。她还指出,在"董事会和执行董事或常务董事"之间也存在代理问题。[75] 然而,她认为,董事的义务是对公司所负。她特别关注的是防止"公司""因为缺乏必要信息而作出错误的商业决定"。[76]

在积极层面上,可以将代理理论和《2006 年公司法》第 172 条相联系,该条规定股东利益优先于其他参与者的利益。可以用这一事实支持董事是股东的"代理人"这一结论。然而,我们已经看到,无论是普通法还是《2006 年公司法》第 172 条,都没有要求董事为股东争取最大的财务回报。此外,《2006 年公司法》第 172 条对于董事对股东利益的主观善意判断表示满意。主观善意的标准软化了为股东整体利益行事的要求。因此,就将股东定性为董事委托人这一论点而言,《2006 年公司法》第 172 条是一个薄弱的支撑。

这种论点还忽视了这样一个事实,即促进公司的成功是《2006 年公司法》第 172 条的主要目的,但董事还必须考虑其他利益。安德鲁·基伊(Andrew Keay)教授正确地指出,《2006 年公司法》第 172 条并没有提出股东或利益相关

---

〔73〕 *Item Software(UK) v. Fassihi*[2004]EWCA Civ 1244[66]; see also Paul Davies, *Introduction to Company Law*, 3rd edition, OUP, 2020, p. 10 – 11.

〔74〕 *Item Software(UK) v. Fassihi*[2004]EWCA Civ 1244[66].

〔75〕 ibid[66].

〔76〕 ibid[66].

者优先模式，对该条的最佳理解是其提倡一种实体最大化和可持续的方法。[77]

在积极层面上，本书提出的本体性公司理论可以更好地解释《2006 年公司法》第 172 条。[78] 本体性公司理论与以下事实非常吻合：义务是正式对公司所负，它与公司的“成功”相关，而且义务并没有明确将重点放在财务回报上。公司是一个真正的实体，这一观点也与义务的主观性比较吻合。董事有宪章性职责，以他们诚实的判断来决定什么对公司的成功最有利。这只是间接地考虑了股东和其他选民。相对于其他选民而言，无论股东利益受到多大重视，这一观点都适用。

在规范层面上，2008 年的金融危机加上英国脱欧公投引发了公众话语的转变，使其偏离了股东回报最大化的目标。[79] 2017 年，英国社会科学院启动了一个引人注目的项目：公司的未来。该项目由科林·梅尔领导，考察企业的目的及其在社会中的作用。[80] 米尔顿·弗里德曼（Milton Friedman）[81] 提出的最大化股东回报对社会有益的规范性建议已不再符合当前的讨论基调。为了反映这一变化，可以修改《2006 年公司法》第 172 条，让股东与其他参与者处于同等地位。这将引起公司法学者，甚至是更广泛的社会关注。然而，这不太可能显著改变董事的处境。

在起草《2006 年公司法》时，有人认为，将股东置于与其他选民相同地位的规则会使法院失去审查董事决策的能力。[82] 这一观点的说服力似乎被以下事

---

〔77〕 Andrew Keay, *Ascertaining the Corporate Objective: An Entity Maximisation and Sustainability Model*, 71 Modern Law Review 663 (2008).

〔78〕 See also Daniel Attenborough, *Misreading the Directors' Fiduciary Duty of Good Faith*, 20 Journal of Corporate Law Studies 73.

〔79〕 See eg in the US: Business Roundtable, *Business Roundtable Redefines the Purpose of a Corporation to Promote "An Economy That Serves All Americans"*, Aug. 19, 2019, available from www.businessroundtable.org/business-roundtable-redefines-the-purpose-of-acorporation-to-promote-an-economy-that-serves-all-americans.

〔80〕 https://www.thebritishacademy.ac.uk/programmes/future-of-the-corporation/.

〔81〕 Milton Friedman, *The Social Responsibility of Business is to Increase its Profits*, New York Times, Sep. 13, 1970, Sunday Magazine, p. 32.

〔82〕 Committee on Corporate Governance, *Final Report*, 1998, [1.17]; Department of Trade and Industry, *White Paper*, *Company Law Reform*, Cm 6456, 2005, p. 20 – 21; The Company Law Review Steering Group, *Modern Company Law for a Competitive Economy: A Strategic Framework*, 1999, [5.1].

实所削弱:是该义务的主观性决定了低水平的司法监督,和谁的利益优先无关。只要该标准仍然是主观的,对股东和其他选民利益平衡的任何调整都不会对适用于董事决策的审查产生重大影响。此外,即使该标准被修改为客观标准,法院也将难以转变其传统上不愿对商业决策进行事后猜测的态度。

7.5 行使独立判断的义务

行使独立判断的义务是禁止董事束缚自由裁量权这一衡平义务的成文法化。[83] 它要求被任命的董事忠于公司,而不是盲目听从任命他们的人的判断。[84] 此外,董事必须在董事会的集体决策过程中行使自己的判断。[85] 他或她不得为了征求股东的支持而与股东分享自己的意见。[86] 董事“除了作为董事会成员之外,没有发言权”[87]。持不同意见的董事如果强烈主张自己的意见,可以要求将其意见记载在会议记录中。[88] 他或她可以选择辞职,或者董事会也可以决定将此事项提交给股东会。[89] 这也进一步证明了法院对公司程序的重视。

7.6 行使合理技能和注意的义务

7.6.1 引言

《2006 年公司法》第 174 条和《1986 年取消公司董事资格法》对董事的技能和注意义务作出了规定。《2018 年英国公司治理准则》提供了额外指南。

---

〔83〕 *Fullham Football Club Ltd v. Cabra Estates plc*[1994]1 BCLC 363(CA).

〔84〕 *Scottish Co-operative Wholesale Society Ltd v. Meyer*[1959]AC 324; *Kuwait Asia Bank EC v. National Mutual Life Nominee Ltd*[1991]1 AC 187.

〔85〕 *Stobart Group Ltd v. Tinkler*[2019]EWHC 258(Comm),[2019]2 WLUK 235,[415].

〔86〕 ibid[413].

〔87〕 ibid[416].

〔88〕 ibid[419]-[420].

〔89〕 ibid[422]-[424].

本部分将表明,曾经有一段时间,股东可以自由决定董事必须遵守的专业标准。当时,可以通过将股东视为董事委托人的代理方法来解释法律。

之后,引入了一个强制性的客观标准,这个标准是参照个别董事所扮演的角色来解释的,它取决于公司业务的性质和规模以及董事承担的具体职责等因素。我们还将看到,法院对错误是宽容的,但其严格要求董事及时了解公司的财务状况。法律要求董事监督其委托给其他人的职权,董事还须确保遵守监管要求。这支持了这样的结论:程序也是技能和注意义务的核心重点。

董事有义务随时了解公司的财务状况,这间接有利于股东,当然也有利于债权人,因为董事须跟踪债权人的权利主张。确保遵守监管的义务有助于那些其利益是由相关监管规则来维护的人。这支持了这样的结论,即技能和注意的义务是为股东利益服务的,但同时也整合了利益相关者的关切。

《2006 年公司法》第 174 条和《1986 年取消公司董事资格法》相辅相成,后者明确关注债权人和公众利益。《1986 年取消公司董事资格法》还有一个公共资助的机制负责执行。从理论上看,我们可以得出结论:这显示了立法机关在公司法背景下对公众利益保护的重视。

7.6.2 早期普通法

普通法最初要求董事遵守"一个普通人自己的标准"。[90] 因此,对董事需要做什么的期望相对较低。不要求他们具备任何特定水平的财务知识或对公司所从事的贸易有任何特殊的知识或了解。[91]

股东还能够在公司章程中进一步限制标准。在 *Re City Equitable Fire Insurance* 案中,董事受到章程的保护而免于承担责任,章程中的条款将责任限

---

〔90〕 *Lagunas Nitrate Company v. Lagunas Syndicate*[1899]2 Ch 392(CA)428; *Re Cardiff Savingvs Bank* [1892]2 Ch 100.

〔91〕 *Re Brazilian Rubber Plantations and Estates Ltd*[1911]1 Ch 425; *Lagunas Nitrate Company v. Lagunas Syndicate* [1899]2 Ch 392(CA).

于"故意失责"之情形。[92] 在 *Brazilian Rubber Plantations* 案中,章程将董事责任限于"不诚实"的情形。[93]

根据代理理论,这种标准的合理性可以通过股东任命董事这一事实来证明。如果股东任命董事,他们会决定自己所能接受的能力标准,然后确定符合这一标准的个人。的确,在 *Brazilian Rubber Plantations* 案中,内维尔法官(Neville J)指出,招股说明书披露了所有事实,因此董事和股东知道的一样多。[94] 在 *Lagunas Nitrate Company* 案中,柯林斯法官(Collins LJ)指出,"公司及其每个成员都同意受董事行为的约束"[95]。

自《1929 年公司法》生效以来,一直存在一项强制性规则,即允许股东通过简单多数的法定程序罢免董事。[96] 因此,也可以说当股东发现董事的能力不如当初或对董事的能力要求有变时,股东可以采取规定在《2006 年公司法》第 168 条中的措施并罢免董事。

从理论角度看,将股东视为委托人、将董事视为其代理人的模式与早期普通法的处理方式非常吻合。

7.6.3 后来的普通法和成文法干预

20 世纪,技能和注意的义务发生了一些变化。作为对 *City Equitable* 案的回应,《1929 年公司法》通过了一项新的强制性规则,禁止股东采纳降低技能和注意标准的章程。[97] 《1986 年取消公司董事资格法》和《1986 年破产法》第 214 条载有技能和注意的客观标准。这一客观标准被霍夫曼法官(Hoffmann LJ)(时任)吸收到普通法中。在 *Re D'Jan of London* 案中,他采用了《1986 年破产法》第 214 条第 4 款所表述的标准,认为它"准确地说明了""普通法中董

---

〔92〕 *Re City Equitable Fire Insurance*[1925]Ch 407.

〔93〕 *Re Brazilian Rubber Plantations and Estates Ltd*[1911]1 Ch 425.

〔94〕 ibid 438.

〔95〕 *Lagunas Nitrate Company v. Lagunas Syndicate*[1899]2 Ch 392(CA)465 – 66.

〔96〕 Companies Act 1948, s 184.

〔97〕 Companies Act 1929(19 &20)Geo. 5c 23; Wrenbury Committee, 1918, the Green Committee, 1925, Rosendorf(1932) at 96.

事应尽的注意义务”。[98] 法律委员会称这是法官使法律现代化的一个“典型例子”。[99] 其还指出,无论公司是否濒临破产,都以同样的方式确定标准,这既一致又连贯。[100] 该标准随后被《2006 年公司法》采纳。

《2006 年公司法》第 174 条规定,董事必须行使“合理的注意、技能和勤勉”。[101] 这意味着具备以下内容的合理勤勉的人将行使的注意、技能和勤勉:[102] 从一个履行与公司相关之董事所履行的职责的人处可以合理期望的一般知识、技能和经验;董事具有的一般知识、技能和经验。

根据现代标准,董事须积极关注公司,并且他或她不得将其义务交给他人。[103] 在更细的层面上,那些没有认真思考某些支付是否符合公司利益的董事,会被视为违反了技能和注意义务。[104]

该标准是参照各公司及其组织方式来确定的。[105] 法院根据公司的类型和规模来调整标准。例如,银行董事的标准要比经营小型业务的公司董事的标准更为严格。法院还会考虑公司如何划分职责以及具体分配给董事的职责。例如,与非执行董事相比,执行董事将被期望为公司投入更多的时间和精力。[106]

法院不会过分扩大对技能和注意的要求,并会给予董事冒险和犯错的空间。[107] 例如,一家小公司的董事没有仔细阅读 60 页“冗长晦涩的法律文书”是

---

〔98〕 *Re D'Jan of London* [1994] 1 BCLC 561, 563 (Hoffmann LJ sitting as a chancery judge); *Norman v. Theodore Goddard* [1991] BCLC 1028, 1031 (Hoffmann J); see also *Daniels v. Anderson* (1995) 16 ACSR 607.

〔99〕 Consultation Paper No 153, 1998, [14.19].

〔100〕 ibid [15.27] – [15.29].

〔101〕 CA 2006, s 174(1).

〔102〕 ibid s 174(2).

〔103〕 *Lexi Holdings Plc v. Luqman & Ors* [2009] EWCA Civ 117, [2009] 1 BCLC 1, [45] and [47] – [49]; see also *Weavering Capital (UK) Ltd v. Peterson* [2012] EWHC 1480 (affd) [2013] EWCA Civ 71; and *Cohen v. Selby* [2001] 1 BCLC 176.

〔104〕 *Madoff Securities International v. Raven* [2013] EWHC 3147 (Comm) [264].

〔105〕 *Re City Equitable Fire Insurance Co* [1925] Ch 407.

〔106〕 Simon Witney, *Corporate Opportunities Law and the Non-executive Director*, 16 Journal of Corporate Law Studies 145 (2016).

〔107〕 *Re Elgindata Ltd* [1991] BCLC 959.

可以被原谅的。[108] 一般来说,法院不干涉董事的商业判断。埃尔登勋爵(Lord Eldon)在 *Carlen v. Drury* 案中有一句名言:"不必在任何场合都要求本法庭来管理王国的所有娱乐场所和酿酒厂。"[109]

尽管不愿意参与商业决策,但是当董事未能运行适当的程序以确保法定要求得以遵守时,法院会很乐意进行干预。因此,即使是小公司的董事,如果他或她未能置备账目或未能确保公司进行税务登记,也会违反技能和注意义务。[110] 有案件表明,非执行董事有义务就某些保险政策的合法性寻求专业意见。[111] 董事还须确保公司遵守适用于公司的监管要求。[112]

这里发生了一种演变,即从股东能够根据他们的偏好在公司章程中调整标准的局面,到现在有一个强制性客观标准的局面。这是对公司合同模式的偏离。

尽管如此,股东仍然是技能和注意义务的主要间接受益者。我们可以在 *Re D'Jan of London* 案中找到这一主张的依据。在该案中,霍夫曼法官(时任)指出,"就过失法而言,公司是一个独立的实体",董事对其负有注意义务,该义务并不因他持有的股份数量而变化。[113] 然而,他得出的结论是,持股 99% 的董事的过失行为可以被合理免责。这一点被规定在现行《公司法》第 1157 条中。这是因为当时该公司欣欣向荣,因此董事当时唯一合理地置于风险之中的只有他自己和他妻子的利益,后者持有剩余 1% 的股份。

除了保护股东之外,强制性的客观标准还保护并意图保护其他利益相关者

---

〔108〕 *Re D'Jan of London*[1994]1 BCLC 561;针对技能和注意标准随时间而变化的实证分析:参见 Andrew Keay et al., *Business Judgment and Director Accountability: A Study of Caselaw Over Time*, 20 Journal of Corporate Law Studies 359(2020)。

〔109〕 *Carlen v. Drury*(1812)1 Ves and B 149(58), 35 ER 61(62).

〔110〕 *Westlowe Storage and Distribution Ltd*[2000]2 BCLC 590(system of accounting); *Raithatha v. Baig* [2017]EWHC 2059(Ch)(paying VAT).

〔111〕 *Equitable Life Assurance Society v. Bowley*[2003]EWHC 2263,[2004]1 BCLC 180.

〔112〕 *Brumder v. Motornet Service and Repair Ltd*[2013]EWCA Civ 195,[2013]1 WLR 2783[47] and[58]–[62]; *Raithatha v. Baig*[2017]EWHC 2059(Ch)[35]–[37]; *Re IT Protect Ltd (In Liquidation)*[2020]EWHC 2473(Ch), Sep. 24 2020(unreported); see also *Re Ruscoe Ltd*(2012)ChD (Companies Court)07 August 2012(unreported).

〔113〕 *Re D'Jan of London Ltd* [1994]1 BCLC 561, 564.

的利益。提议引入《1986年取消公司董事资格法》和《1986年破产法》中不当交易规则的科克委员会强调,社会本身有在关注与破产公司有关的董事责任问题。[114] 1994年,霍夫曼法官(时任)指出,在较早的案件中,董事参与公司管理的义务是以"非常宽松的措辞"来表述的。法律的发展可能会回应"公众对公司治理态度的变化,正如《1986年取消公司董事资格法》中那些整合条款的颁布所示"[115]。不久后,公司法审议指导小组得出结论:如果公司的经营能力标准低于客观标准,那么"整个社会"就会受到损害,因此施加一项"普遍强制性标准"是适当的。[116]

从理论角度看,我们可以看到,法院是根据每个公司的组织需要和个别董事被赋予的职责来界定技能和注意义务的。法院接受商业判断,但对于未能确保公司有适当程序以遵守公司法的记录和报告要求以及其他法律和监管要求的董事,法院是不会宽恕的。最后,我们已经看到,股东是技能和注意这一客观义务的主要焦点,但是他们不是唯一的焦点。这项义务的设计还为保护公众利益。

7.6.4 董事资格取消

《2006年公司法》第174条与《1986年取消公司董事资格法》相辅相成。《1986年取消公司董事资格法》从两个方强化了《2006年公司法》。它旨在使更多的利益集团受益。它还与一个由公共财政资助的执行机制相关。

当董事的行为方式"使其不适合参与公司的管理"时,便可适用取消资格的规则。[117] 资格取消就像隔离一样,禁止不适合的个人经营公司。如果对某人签发了资格取消的命令,其将被禁止担任公司的董事,担任公司财产的接管

〔114〕 Kenneth Cork, *Insolvency Law and Practice*, *Report of the Review Committee*, Cmnd 8558, June 1982, Chapter 43 in particular p. 1734 – 1742; see also Lord Jenkins, *Report of the Company Law Committee*, Cmnd 1749, June 1962, p. 497 – 500.

〔115〕 *Bishopsgate Investment Management Ltd v. Maxwell*(No 2)[1994]1 All ER 261(264b).

〔116〕 Company Law Review Steering Group, *Modern Company Law for a Competitive Economy: Developing the Framework*, URN 00/656, March 2000, (para 3.68).

〔117〕 Corporate Directors Disqualification Act 1986(CDDA 1986), ss 6(1)(b) and 8(2).

人，以及参与公司的设立、组建或管理。[118]

其目的是保护所有与公司打交道的人。勋爵沃尔夫法官（Lord Wolf MR）* 在 *Re Blackspur Group plc* 案中说，《1986 年取消公司董事资格法》的目的是"通过补救措施、对进一步不当行为的预期威慑作用，以及鼓励提高公司管理中的诚实和勤勉标准"来保护公众。[119] 在 *Sevenoaks Stationers* 案中，法院认为，资格取消制度的目的是保护公众，特别是公司的潜在债权人，使其免受因公司不当管理产生的损失。[120] 亨利法官（Henry LJ）在 *Re Grayan Building Services Ltd* 案中指出，尽管董事采取了最佳管理实践，仍会发生一些重大的公司失败事件，但在许多公司失败事件中，都存在对规则的违反，而遵守这些规则本可以防止失败或减小失败的规模。他指出，虽然很难得到可靠的数字，但是似乎"公司欺诈和管理不善造成的损失从未如此之高"。"与此同时，监管制度从未如此严格，至少在书面上如此，即使在实践中可能不一定。""议会为了雇员、债权人和投资者的长期利益而改善管理保障和标准的意图是明确的。"[121]

债权人是《1986 年取消公司董事资格法》的一个重要焦点。《1986 年取消公司董事资格法》第 6 条即证明了这一点，其"要求"法院取消"在任何时候变得破产"的公司中不合格董事的资格。相比之下，根据适用于有偿付能力公司的《1986 年取消公司董事资格法》第 8 条，法院可酌情取消不合格董事的资格。

债权人利益的重要性还反映在判例法中。故意决定只向那些催款的债权人付款，让资不抵债的企业得以继续营业，而牺牲那些碰巧不催款的债权人的

〔118〕 ibid s 1(1)(a)；他们也不得作为破产从业者行事[ibid s 1(1)(b)]。

* MR 全称为"Master of the Rolls"，即英国上诉法院民事庭庭长，又称掌卷法官，本文统一译为"法官"。——译者注

〔119〕 *Re Blackspur Group plc*[1998]1 WLR 422(CA)426.

〔120〕 *Re Sevenoaks Stationers*[1991]Ch 164, 176(Dillon LJ)；see also *Secretary of State for Trade and Industry v. Swan*[2005]EWHC 603(Ch)[84](Etherton J)，在该案中，法院认为取消资格是强制性的，以保护当事人，提高标准，并起到威慑作用；see also *Re Asegaai Consultants Ltd*[2012]EWHC 1899，[2012]Bus LR 1607。

〔121〕 *Re Grayan Building Services Ltd*[1995]Ch 241(CA)257.

利益,就是不合格的一个例子。[122] 试图将资产从浮动抵押权人手中转移未果的董事,也可以被取消资格。[123]

客户的利益也受到关注。通过"抬高"保费误导客户的董事可能被取消资格。[124] 未能确保遵守法规和监管要求也会导致董事资格被取消。[125] 《1986年取消公司董事资格法》明确规定,在评估一名董事的行为是否使其不适合参与公司的管理时,法院必须考虑该董事对公司严重违反"任何其适用的立法或其他要求"的原因应负多大责任。[126] 违反关于财政援助的规则也会导致董事资格被取消。[127]

此外,股东的利益也很重要。即使公司已经破产,受审查的行为包括董事在公司有偿付能力时的行为。[128] 事实上,除少数情况外,所有被控诉的不当行为都与"董事在公司破产前处理公司业务的方式"有关。[129] 最终能够在很大程度上偿还债权人的事实可能是一个减轻处罚的因素,但不能成为取消资格程序的抗辩理由。[130] 无论公司是否在清算时有盈余,一个诚实但却视公司为已

---

〔122〕 *Re Sevenoaks Stationers* [1991] Ch 164, 183 (Dillon LJ); see also recently *Secretary of State for Business Innovation and Skills v. Khan* [2017] EWHC 288 (Ch); *Secretary of State for Business, Innovation and Skills v. Millar* [2014] CSOH 127, 2014 GWD 28 - 556.

〔123〕 *Secretary of State for Business, Innovation and Skills v. Drummond* [2015] CSOH 45, 2015 GWD 14 - 241.

〔124〕 *Secretary of State for Trade and Industry v. Amiss* [2003] 2 BCLC 206; see also *Re Equity and Provident Ltd* [2002] EWHC 186 (Ch), [2002] 2 BCLC 78. 该公司因出售毫无价值的电机保修计划而被强制清算。

〔125〕 *Re Brooklands Trustees Ltd* [2020] EWHC 3519 [91] and [95] - [98]; *Baker v. Secretary of State for Tradeand Industry* [2000] 1 BCLC 523 [57], [62], and [79]; see also *ASIC v. Cassimatis* [2016] FCA 1023, 336 ALR 209, [482]; 竞争和市场管理局(Competition and Markets Authority)有申请资格取消令的权力,其在最近几年都在积极行使这些权力[Chijioke Chijioke-Oforji, *Director Accountability for Breach of Competition Law: Important Practical Lessons from the CMA's Increased Use of Disqualification Powers*, 42 European Competion Law Review 24 (2021)]。

〔126〕 CDDA 1986, s 12C and schedule 1 (1).

〔127〕 *Secretary of State for Business, Innovation and Skills v. Whyte* [2014] CSOH 148, 2014 GWD 32 - 624.

〔128〕 CDDA 1986, s 6 (1): "在任何时候破产的公司的董事(无论是在其担任董事期间还是之后)。"

〔129〕 *Official Receiver v. Jupe* [2011] 1 BCLC 191, [21].

〔130〕 ibid [21].

有,无视股东和公司法的董事都可能被取消资格。[131] 一位董事人为操纵股票交易,使其能够获得多数投票权以挫败其他股东控制公司的企图,其董事资格可被取消。[132]

完全不作为的董事不仅违反了《2006 年公司法》第 174 条,还有可能被取消资格。[133] 在这里,我们也可以看到董事制定适当程序的重要性。一个不召开董事会会议、不向董事会提供财务信息的董事有可能被取消资格。[134] 同样,未能置备和保存适当的会计记录,也会导致被取消资格。[135] 如果一个董事故意不在公司的财务报表中显示客户提出的巨额赔偿请求以及后来经谈判达成的偿付数额,则该董事的资格会被取消。[136] 如果董事隐瞒了他知道应该向董事会、审计师、证券交易所和其他人披露的信息,其董事资格将被取消。[137] 董事如果本应知道公司财务报表中对利润、损失和成本的虚假和误导性处理,也有可能被取消资格。[138]

董事会不得允许某个人控制并利用他们。[139] 董事须独立行事,勇于担当,不得默许向审计师和董事会隐瞒信息。[140] 更通俗地说,不诚实并将自己的利益置于公司利益之上的董事可能会被取消资格。[141]

---

〔131〕 *Re Samuel Sherman Plc* [1991]1 WLR 1070.

〔132〕 *Re Looe Fish*[1993]BCLC 1160.

〔133〕 *Secretary of State for Business, Innovation and Skills v. Reza*[2013]CSOH 86, 2013 GWD 19 - 380; *Secretary of State for Trade and Industry v. Griffiths*[1998]2 BCLC 646; 关于早期普通法的例子,see *Re Cardiff Savings Bank* [1892]2 Ch 100。

〔134〕 *Secretary of State for Business, Innovation and Skills v. Whyte* [2014]CSOH 148, 2014 GWD 32 - 624.

〔135〕 *In Re Samuel Sherman Plc*[1991]1 WLR 1070; *Official Receiver v. Duckett*[2020]EWHC 3016(Ch); *Secretary of State for Business, Innovation and Skills v. Whyte*[2014]CSOH 148, 2014 GWD 3 - 624; *Focus* 15 *Trading Ltd*(*In Liquidation*), *Official Receiver v. Duckett*[2020]EWHC 3016(Ch).

〔136〕 *Secretary of State for Trade and Industry v. Carr*[2006]EWHC 2110(Ch),[2007]2 BCLC 495.

〔137〕 ibid[58],[103].

〔138〕 *SSTI v. Bairstow* [2004]EWHC 1730(Ch),[2005]1 BCLC 136.

〔139〕 *Re Westmid Packing Services Ltd, SSTI v. Griffiths*[1998]2 BCLC 646(653); see also UK Corporate Governance Code, principle G.

〔140〕 *Re Landhurst Leasing plc*[1999]1 BCLC 286(Hart J).

〔141〕 *Secretary of State for Business, Innovation and Skills v. Whyte* [2014]CSOH 148, 2014 GWD 32 - 624.

董事须控制和监督其委托的活动。[142] 级别越高或报酬越高，可合理预期的责任就越大。[143] 董事集体和个人都有持续的义务“保持对公司业务的充分了解，以使他们能够适当地履行义务”[144]。

《1986年取消公司董事资格法》通过商业、能源和工业战略部的破产服务机构执行。如果“出于公共利益的考虑，有必要发布资格取消令”，则由国务大臣以不适合的理由申请取消资格。[145] 此外，国务大臣还可以请求法院下达要求被取消资格的董事向公司或债权人支付赔偿金的赔偿令。[146]

从理论上讲，我们可以看到，《1986年取消公司董事资格法》鼓励董事制定一个可以确保法规和监管要求得以遵守，可以为他们提供有关公司财务状况的信息，并允许他们对委托职权进行监督的程序。我们还可以看到，它是一个渠道，债权人和广大公众的利益通过这个渠道被纳入公司法。从理论角度看，值得注意的是，通过公共资助的执行机制，立法机关已经强化了平等保护股东和利益相关者利益的规则。利益相关者导向的义务与公共执行相关的内容将在第9章进行进一步探讨。

7.6.5 《2018年英国公司治理准则》

除了《2006年公司法》和《1986年取消公司董事资格法》，《2018年英国公司治理准则》为上市公司董事会的决策提供了指导。

《2018年英国公司治理准则》在董事会层面建立了一个制衡体系。它建议董事会应包括执行和非执行董事（尤其是独立非执行董事）的适当组合，这样就不会有任何个人或少数人主导董事会的决策。董事会的领导层和公司的行

---

[142] *Re Barings Plc*(*No* 5)[1999]1 BCLC 433 <page?>(Jonathan Parker J).

[143] ibid <page?>(Jonathan Parker J).

[144] ibid <page?>(Jonathan Parker J).

[145] CDDA 1986 s 7, s 8(1) and 8(2A)；竞争和市场管理局(Competition and Markets Authority)有权申请资格取消令，其在最近几年都在积极行使该权力[Chijioke Chijioke-Oforji, *Director Accountability for Breach of Competition Law: Important Practical Lessons from the CMA's Increased Use of Disqualification Powers*, 42 European Competition Law Review 24(2021)]。

[146] CDDA 1986 s 15A－15B；*Re Noble Vintners Ltd*[2019]EWHC 2806(Ch)，[2020]BCC 198.

政领导层之间应该有明确的责任划分。[147] 董事会及其委员会应具备技能、经验和知识的结合。[148] 董事会主席和首席执行董事的角色不应该由同一人担任。[149] 《2018 年英国公司治理准则》还建议为提名、薪酬和审计等主题设立董事会小组委员会,从而使其不受执行董事的直接影响。[150] 此外,银行还必须设立风险委员会。[151]

《2018 年英国公司治理准则》的目的一直是充当保障公众利益的工具。其最初的制定是为回应公司丑闻。[152] 其当时的想法是,通过让董事更加关注股东利益,可以最好地实现保护公众利益的目标。[153] 《1992 年吉百利准则》以"国家的经济取决于公司的驱动力和效率"这一声明作为其分析报告的开端。[154] 其指出,董事会是由股东选举产生的,确保董事会的适当组成事关股东利益。[155] 公司治理需要解决的问题是所有权与控制权的分离,这种分离导致了股东对董事的监督不足。《1992 年吉百利准则》将公司治理定义为"指导和控制公司的体系。董事会负责公司的治理。股东在治理中的作用是任命董事和审计师,并确保一个适当的治理结构已经建立"[156]。

在 2008 年全球金融危机和英国脱欧公投的影响下,《2018 年英国公司治理准则》和其他监管措施都采用了更加以利益相关者为导向的视角。[157] 金融

---

[147] UK Corporate Governance Code 2018, Principle G.

[148] ibid Principle K.

[149] ibid Provision 9.

[150] ibid Provision 17 (nomination); provision 24 (audit) [and audit directive]; provision 32 (remuneration); 银行现在也需要设立风险委员会。

[151] Bank of England, Prudential Regulation Authority, Rulebook, rule 3. 1.

[152] *Report of the Committee on The Financial Aspects of Corporate Governance* (*Cadbury Report*), December 1, 1992, preface and [2. 2].

[153] *Report of the Committee on The Financial Aspects of Corporate Governance* (*Cadbury Report*), December 1, 1992, [1. 1] – [1. 6], [3. 14] 认为治理问题是公众和股东都关心的问题。

[154] ibid [1. 1].

[155] ibid [4. 2].

[156] ibid [2. 5].

[157] See generally Iris H-Y Chiu, *An Institutional Theory of Corporate Regulation*, 71 Current Legal Problems 279 (2018).

危机是金融市场采用短期视角的产物。《凯氏报告》(Kay Review) * 的结论是,虽然好的投资者有长远视角,但金融中介机构的运作是为实现频繁的短期目标,这会对发行人施加实现短期业绩的压力。[158] 可以将英国脱欧公投解读为那些未能从全球化经济中获益的普通民众表达的不满。

《2018 年英国公司治理准则》几乎完全放弃了董事对股东负责可以增强公众利益的观点。《2016 年英国公司治理准则》指出,公司治理的目的是促进有效、具有企业家精神和审慎的管理,以实现公司的长期成功。[159] 《2018 年英国公司治理准则》指出:

> 公司不是孤立存在的。成功和可持续的企业通过提供就业和创造繁荣支撑着我们的经济和社会。为了长期成功,董事和他们领导的公司需要与广泛的利益相关者建立并保持成功的关系。这些关系如果建立在尊重、信任和互利的基础上,将是成功和持久的。因此,公司的文化应该促进诚信和开放,重视多样性,并回应股东和更广泛的利益相关者的意见。

值得注意的是,尽管《2018 年英国公司治理准则》已不再以股东为中心,但其仍然建议同样的程序性措施:将主席与首席执行官分开,并针对具体任务设立委员会。

关于《2018 年英国公司治理准则》的文献非常多。要全面公正地评价其贡献几乎是不可能的。[160] 从本书的角度看,值得注意的是,政府关注良好公司治

---

* 《凯氏报告》(Kay Review)是约翰凯(John Kay)教授在 2012 年 7 月发布的一份独立审查报告,其在报告中提出了优化英国股票市场的措施。——译者注

[158] The Kay Review of UK Equity Markets and Long-term Decision Making, Final Report, July 2012.

[159] UK Corporate Governance Code 2016, page 1.

[160] 两个令人印象深刻的尝试,参见 Jeffrey N. Gordon & Wolf-Georg Ringe, *The Oxford Handbook of Corporate Law and Governance*, OUP, 2018; Mike Wright et al. eds., *The Oxford Handbook of Corporate Governance*, OUP, 2013。

理标准并对此进行投资是为提高公众利益。[161] 政府无意纯粹专注于为股东本身而提高股东的地位。

此外,《2018 年英国公司治理准则》从以股东为中心的文件演变为以利益相关者为中心的文件,这证明了本书所提出理论。无论人们如何定义公司治理监管的目标,公司行为最好通过社会结构来引导。就公司法领域而言,这意味着为特定任务创建角色,以便其在公司决策过程中代表相应的任务。《2018 年英国公司治理准则》就是这样做的。它直击组织如何行动的核心。它通过给个人参与者分配角色,要求他们关注某个特定方面,旨在形成他们自己的观点并严格审查执行董事会成员的行动,从而塑造决策过程。[162] 这与以下方法非常吻合:将组织视为自主行动者,该自主行动者以参与者之间形成的习惯和程序为特征。塑造组织行动的一个好方法是建立一个决策框架。[163]

7.6.6 结论

技能和注意义务已经从一个可由股东修改的谦抑标准转变为客观和主观标准的强制性结合。这反映了一种逻辑的转变,即不再仅以合同法为基础且不再只关注股东的偏好。这种转变是由于公众对董事所需的专业知识和注意的期望发生了变化。

向客观和主观标准的强制性结合这一转变首先发生在破产法领域,随之被纳入一般的公司法律制度中。董事资格取消制度也强化了这一点,该制度为公共利益而运作,其执行由纳税人资助。

《2018 年英国公司治理准则》进一步深化了上市公司的技能和注意标准。虽然该准则不具有正式的法律效力,但它被普遍采用,并基于这样一种共识使其根基得以强化:政府随时准备在必要时使用其立法权。

---

〔161〕 保护公众利益和改善公司治理之间的联系在最近的政府文件中也有所体现[BEIS, *Insolvency and Corporate Governance*, *Government Response*, 26 August 2018, Foreword and(7)]。

〔162〕 See also Terry McNulty, *Process Matters*: *Understanding Board Behavior and Effectiveness*, in Mike Wright et al. eds., The Oxford Handbook of Corporate Governance, OUP, 2013, p. 163.

〔163〕 在 Mike Wright et al. eds., *The Oxford Handbook of Corporate Governance*, OUP, 2013 这本书中,第 7 章强调董事会程序的重要性;第 6 章建议攻破代理理论的堡垒。

技能和注意的标准为公司法整合利益相关者利益提供了渠道。董事须确保他们掌握关于公司财务状况的全部信息并监督委托活动。他们须促使公司遵守监管要求。

总的来说,技能和注意的义务与公众利益之间存在紧密联系。虽然股东是主要(尽管是间接)受益者,但引入客观标准的主要考量是提升公司的健康水平,从而让经济更加稳健。

7.6.7 理论观察

从理论角度看,代理理论可以解释为什么更高要求的标准会增加董事问责。在代理框架中,这可以被视为减少与董事和股东之间的代理冲突相关的成本。然而,这种表述并没有让我们充分认识到标准的提高与公众利益的主要联系。改善股东的财务回报并不是这一变化的直接目的。事实上,虽然没有对股东施加任何义务,但是过去和现在的期望都是股东能作为控制人监督公司治理。《1992年吉百利准则》提醒股东,监督董事和他们自身的利益息息相关。在这种分析中,股东是一种工具,他们被告知让其参与公司治理对他们有好处。但是,参与公司治理和股东福祉之间的联系是一种理论上的假设。股东很可能通过短期灵活的买卖策略而非参与公司治理来获得更好的经济效益。

从本体性公司理论的角度来看,值得注意的是,技能和注意的义务与所有义务一样,是由公司所负。法院还会参照公司的类型和规模以及公司如何分配其董事所应承担的职责来确定技能和注意的标准。这与公司以其社会结构为特征的观点十分吻合。

法院没有过分强调对技能和注意的要求,并给予了董事冒险和犯错的空间。然而,当董事没有通过置备记录和编制账目来了解公司的财务状况,或者没有建立内部控制体系时,他们会随时进行干预。不遵守监管要求也是法院不太愿意宽大处理的一种过错。

《2018年英国公司治理准则》试图通过为董事会决策制定详细的程序性规则来影响公司的运营。

在积极层面上,这符合一种模式,该模式将组织视为自主行动者,其特征是通过参与者塑造决策程序。在规范层面上，对企业文化的关注承认局限于个人及其激励的分析未能对塑造人类行为的一个重要因素给予足够的重视。[164] 虽然意识到激励很重要，但也有必要了解人与人之间的互动以及将个人聚集在一起的过程是如何影响组织行动的。

从规范角度看，需要补充一点注意事项：程序性干预触及组织行动的核心。但是，这不是万能药方，需谨慎使用。对程序和内部控制的关注已经导致董事越发频繁地确保管理系统、过程和程序得到充分的开发、记录和适用，且其应用通过系统的测量、报告和审计程序得到了保障。[165] 这里存在一种风险，即程序性干预要么退化为形式主义，要么进入过度干预状态，导致董事关注所有可测量和可审计的东西，而忽视了不容易量化的重要因素。[166]

7.7 避免利益冲突的义务

7.7.1 引言

在7.3部分，我们看到，正当目的原则保护了公司宪章对股东和董事的权力分配。在7.5部分，我们注意到，破坏董事会集体决策的董事不能以行使独立判断的义务为由进行抗辩。在7.6部分，我们进一步看到，没有建立适当问责制度以及没有监督委托活动的董事违反了技能和注意义务，且其还有被取消资格的风险。公司决策过程是公司法的本质特征。

在有利益冲突的情况下，公司程序也至关重要。在这一部分，我们将看到，允许董事在有利益冲突的情况下行事所须遵循的程序受到法律保护（即使没有经济利益上的理由证明这种保护是合理的）。

---

〔164〕 See also Annie Pye, *Boards and Governance: 25 Years of Qualitative Research with Directors of FTSE Companies*, in Mike Wright et al. eds., The Oxford Handbook of Corporate Governance, OUP, 2013, p. 135.

〔165〕 Sarah Worthington, *Sealy and Worthington's Text, Cases and Materials in Company Law*, 11th edition, OUP, 2016, p. 381.

〔166〕 Andrea Mennicken & Mike Power, *Auditing and Corporate Governance*, in Douglas Michael Wright et al. eds., The Oxford Handbook of Corporate Governance, OUP, 2013, p. 308 - 309.

我们将在下文中看到，经济论证对于分析与利益冲突相关的问题是有用的。但是，不可能仅根据经济考量来解释有关受利益冲突影响交易的规则。我们将在第 8 章中进一步看到，得出结论说股东是董事所负信义义务的唯一焦点是错误的。当股东批准董事利用公司机会，授权或追认有利益冲突的交易时，不能凌驾于债权人的利益之上或损害少数人的权利。

7.7.2 《2006 年公司法》第 175 条

《2006 年公司法》第 175 条适用于董事在构成利益冲突的情形下，与公司以外的其他人进行交易的情况，它不适用于公司与其董事之间的交易或安排。[167] 后一种情况适用《2006 年公司法》第 177 条，我们将在后文对此进行分析。[168]

《2006 年公司法》第 175 条规定："公司董事必须避免这样的情形，即其享有或能够享有和公司利益冲突或可能冲突的直接或间接利益。"这充分反映了衡平法的立场。其特别适用于对任何财产、信息或机会的利用（公司是否能利用该财产、信息或机会并不重要）。[169] 《2006 年公司法》第 170 条第 2 款(a)项将普通法的离职规则编入成文法。其规定不再担任董事的人继续受制于《2006 年公司法》第 175 条规定的关于利用其在担任董事期间知悉的任何财产、信息或机会的义务。[170]

该义务的范围故意规定得很广。法官不允许从案件中提炼出对这一原则的限制。例如，帕克法官（Parker LJ）在 *Bhullar v. Bhullar* 案中赞同普强勋爵（Lord Upjohn）在 *Boardman v. Phipps* 案中的观点："衡平规则必须适用于多种多样的情形，因此，只能以最笼统的措辞来表述，并特别注意每个案件的具体情

---

〔167〕 CA 2006, s 175(3); *Re Coroin Ltd*[2012]EWHC 2343(Ch)[583].

〔168〕 见本章 7.8 部分。

〔169〕 CA 2006, s 175(2).

〔170〕 *Industrial Developments Consultants Ltd v. Cooley*[1972]1 WLR 443; see also *Canadian Aero Services Ltd v. O'Malley*(1973)40 DLR(3d)371; *CMS Dolphin Ltd v. Simonet*[2001]EWHC 415[2001]2 BCLC 704; *Shepherds Investments Ltd v. Walters*[2006]EWHC 836[2007]2 BCLC 202.

况。"[171] 该规则适用于:

> 各种不同的案件……即使在[上议院]……适用这一伟大原则的案件中,法官的意见也必须被视为只适用于特定案件的特定事实,而不能被视为是对这一如此稳固的法律原则的新的以及略有不同的阐释。[172]

避免利益冲突的义务最突出的特点是其严格程度不容动摇。勋爵克兰沃思法官(Lord Cranworth LC)在 *Aberdeen Railway Co v. Blaikie Bros* 案中指出,任何受托人"不得签订与他有或可能有个人利益冲突或可能与他有义务保护的人有利益冲突的协议"。他继续说,"这一原则如此严格,以至于不允许对如此签订的合同的公平性或不公平性提出任何问题"[173]。按照类似的思路,赫谢尔勋爵在 *Bray v. Ford* 案中指出,这一规则是"没有弹性的"。[174] 一个受托人:

> 不得将自己置于利益和义务相冲突的境地。在其看来,这一规则并不是……建立在道德原则之上。其认为它是基于这样的考虑,即人类的本性就是这样……处在受托人地位的人有被利益而非义务左右的危险,从而损害他有义务保护的人。[175]

责任的来源是已获利润这一"纯粹事实"。[176] 董事出于善意行事不是抗

---

[171] *Bhullar v. Bhullar*[2003]EWCA Civ 242,[2003]2 BCLC 241,[28].

[172] ibid[28].

[173] *Aberdeen Railway v. Blaikie Brothers*[1843 – 1860]All ER Rep 249 at 252.

[174] *Bray v. Ford* [1896]AC 44 at 51;认可这一主张的现代案例,参见 *Bhullar v. Bhullar*[2003]EWCA Civ 242,[2003]2 BCLC 241,[27]。

[175] *Bray v. Ford* [1896]AC 44 at 51.

[176] *Regal(Hastings)Ltd v. Gulliver*[1967]2 AC 134(HL)145(Lord Russel).

辩理由。[177] 董事不能通过证明他是诚实的或好意的来逃避责任。[178] 该规则“决不取决于欺诈或缺乏善意”[179]。

法律并不关注经济因素。无论公司是否遭受任何损失,都会产生责任。[180] 公司是否从董事的行为中受益也不重要。[181] 机会不在公司业务范围内这一事实也无关紧要。[182] 董事认为公司“没有办法”获得该机会,这也不重要。[183]

如果这还不够,就算公司的新股东将因董事获利而获得一笔意外之财,也完全无关紧要。在 *Regal(Hastings)Ltd v. Gulliver* 案中,董事通过让自己成为一家子公司的股东,为收购某些电影院提供便利。该公司及其子公司被出售,盈利使母公司的现有股东受益。新股东同意根据他们对两家公司合并后的业务估值来支付收购价格。当他们后来发现母公司没有授权其董事持有子公司股份时,母公司以董事违反信义义务为由起诉董事。波特勋爵认为,公司和其股东是“独立的实体”。[184] 由于公司胜诉,集团“一方面收到了另一方已支付的部分款项”;另一方面,部分购买价款通过母公司股份的增值“返还”给了新股东,这是一笔“意外之财”。但是,“有信义关系的人不得因此而获利”的原则至关重要,以至于股东可能获得的意外之财“在法律上是一个不重要的考虑因素”。[185]

只有在不能合理地认为可能引起利益冲突的情况下,才能确定没有违反义

---

[177] ibid 153(Lord Macmillan); *Towers v. Premier Waste Management Ltd*[2011]EWCA(Civ)923, [2012]1 BCLC 67,[7]-[12], *Richmond Pharmacology Ltd v. Chester Overseas Ltd*[2014]EWHC 2692, [2014]Bus LR 1110,[71].

[178] *Regal(Hastings)Ltd v. Gulliver*[1967]2 AC 134(HL)144(Lord Russel).

[179] ibid 144(Lord Russel).

[180] *Regal(Hastings)Ltd v. Gulliver*[1967]2 AC 134(HL)144(Lord Russel); see also *Towers v. Premier Waste Management* [2011]EWCA Civ 923,[2012]1 BCLC 67,[51].

[181] *Regal(Hastings)Ltd v. Gulliver*[1967]2 AC 134(HL)144(Lord Russel).

[182] *Allied Business and Financial Consultants Ltd v. Shanahan*[2009]EWCA Civ 751,[2009]2 BCLC 666.

[183] *Regal(Hastings)Ltd v. Gulliver*[1967]2 AC 134(HL)144 and 149(Lord Russel)and 155 and 158(Lord Porter)明确表示 *Keech v. Sandford* 案中的规则可适用于公司;see also *Boardman v. Phipps* [1967]2 AC 46; *Davies v. Ford*[2020]EWHC 686(Ch)。

[184] *Regal(Hastings)Ltd v. Gulliver*[1967]2 AC 134(HL)157.

[185] ibid 157.

务(《2006 年公司法》第 175 条第 4 款)。例如,在事件发生前 6 个多月,一名董事被完全排除在公司的管理之外就属于这种情形。[186]

7.7.3 与合伙企业法的对比

我们在前文看到,公司的业务范围并没有为义务范围设定边界。鉴于该规则的严格性,这并不令人惊讶。在数量众多的权威观点中,没有一个"参照被质疑的交易(在董事涉嫌违反义务的情况下)是否在公司业务范围内"来限定获利的责任。[187]

然而,值得注意的是,合伙企业法在这方面采取了更为宽松的做法。《1890 年合伙企业法》第 29 条规定,"合伙人未经同意,要对从与合伙企业有关的任何交易中,或对从使用合伙企业财产、名称或业务联系中获得的任何利益负责"。法院认为,这意味着合伙协议为约束合伙人的信义规则设定了一个界限。如果合伙协议限定了合伙业务的性质,也就为信义规则划定了界限。因此,合伙人无须为"超出合伙企业业务范围"的目的而使用合伙企业信息所获利润负责。[188]

在 *Aas v. Benham* 案中,法院允许船舶经纪行的一名合伙人以个人身份利用他为合伙企业谈判合同时获得的信息。他在协助组建一家从事船舶建造的股份公司时利用了该信息。由于他的服务,他获得了酬金。他还被任命为董事,并领取了工资。他被允许同时保留其酬金和工资。上诉法院以强有力的一致意见推翻了凯克维奇法官(Kekewich J)的一审判决。[189] 林德利法官指出,"促进或组建公司"不是合伙企业业务的一部分。[190] 他继续说道:"法律明确规定,每个合伙人未经其他合伙人同意,从与合伙企业有关的任何交易中,或从

---

〔186〕 *In Plus Group Ltd v. Pyke*[2002]EWCA Civ 370,[2002]2 BCLC 201; see also *Forster Bryant Surveying Ltd v. Bryant* [2007]EWCA Civ 200,[2007]2 BCLC 239.

〔187〕 *Allied Business and Financial Consultants Ltd v. Shanahan*[2009]EWCA Civ 751,[2009]2 BCLC 666,[55].

〔188〕 *Aas v. Benham*[1891]2 Ch 244; *Allied Business and Financial Consultants Ltd v. Shanahan* [2009]EWCA Civ 751,[2009]2 BCLC 666,[68].

〔189〕 *Aas v. Benham*[1891]2 Ch 244(Lindley LJ, Bowen LJ, and Kay LJ).

〔190〕 ibid 255.

使用合伙企业财产、名称或业务联系中获得的任何利益,都必须向企业归还……但本案的事实并不适用该原则。”[191]

如果法律人格只是一种“形式”(formality),且公司可以被定性为完全为股东利益而设立和运营的工具,那么必然会得出这样的结论:它们类似于合伙企业。因此,信义法必须像适用于合伙企业那样适用于公司。然而,情况并非如此。已有案件明确拒绝将 *Aas v. Benham* 案中的规则适用于公司。[192]

里默尔法官(Rimer LJ)在 *Allied Business and Financial Consultants Ltd v. Shanahan* 案中赞同霍德森子爵(Viscount Hodson)在 *Boardman v. Phipps* 案中的以下附带意见:[193]“合伙企业的情况很特殊,因为一个合伙人既是委托人,又是其他合伙人的代理人,且在一个确定的业务范围内工作,因此,通常可以确定一个特定的交易是在合伙企业的范围之内还是之外。”[194]他还赞同盖斯特勋爵(Lord Guest)的附带意见,即在合伙企业中,“可以在合伙协议中严格界定合伙人管理合伙企业的权力范围”[195]。我们在上文看到,公司的情况并非如此,因为公司董事的权力不能受到宪章的限制。[196]

里默尔法官接着说,对于那些“熟悉受托人和董事所承担的更广泛的问责义务的人来说,*Aas v. Benham* 案的判决乍一看似乎反映了一种令人惊讶的狭隘立场”[197]。但其解释是,受托人和董事的信义义务并非“同样受到合同条款的限制”。[198] 董事被认为处于“一般受托地位”(general trusteeship)。作为公

[191] ibid 255.

[192] *Allied Business and Financial Consultants Ltd v. Shanahan* [2009] EWCA Civ 751, [2009] 2 BCLC 666, [61] – [69].

[193] ibid 63.

[194] *Boardman v. Phipps* [1966] 3 All ER 721 at 746, [1967] 2 AC 36 at 108; *Allied Business and Financial Consultants Ltd v. Shanahan* [2009] EWCA Civ 751, [2009] 2 BCLC 666, [63].

[195] *Boardman v. Phipps* [1966] 3 All ER 721 at 752, [1967] 2 AC 36 at 117; *Allied Business and Financial Consultants Ltd v. Shanahan* [2009] EWCA Civ 751, [2009] 2 BCLC 666, [64].

[196] CA 2006, s 40; 另见本书3.3部分。

[197] *Allied Business and Financial Consultants Ltd v. Shanahan* [2009] EWCA Civ 751, [2009] 2 BCLC 666, [68].

[198] ibid [68].

司的董事，他们的受托地位是“无限的”(unlimited)。[199] 一家财务咨询公司的董事利用他在为公司工作时遇到的机会投资房地产，最终，该董事无法保留他从该投资中获得的利润。[200]

与合伙企业不同，公司具有独立于股东的合法地位。股东不是董事的委托人，他们并不拥有公司的业务。他们担任宪章性角色，这种角色是在法定基础上创建的，并受到法规的限制。

因此，信义法保护的是公司的利益，而不是股东的利益。这间接服务于股东，从这种程度上来说，认为股东的利益受到法律保护是正确的。然而，若得出结论认为股东的利益是法律所支持的唯一利益，那就错了。债权人和其他与公司有互动关系的选民也受益于这样一个事实，即董事受到禁止他们从公司转移资产的严格规则的约束。布鲁克法官(Brooke LJ)在 *In Plus Group Ltd v. Pyke* 案中指出，董事对其公司的信义义务是“统一和普遍的”(uniform and universal)。[201] 他提到，如果允许董事在竞争公司担任董事职务，股东和债权人都会面临风险。[202] 他强调了“衡平法对受托人提出的高标准诚信要求以及股东和债权人有权对其施加的信赖”[203]。

毕竟，债权人依靠公司而非股东的资产来获得清偿，而且债权人优先于股东，股东只有在债权人得到清偿后才能得到分配。[204]

7.7.4　利益冲突交易的授权

《2006 年公司法》规定了授权有利益冲突交易的程序。根据法规，我们需要区分私人公司和公众公司。如果是私人公司，并且宪章中没有其他规定，那么董事会可以授权有利益冲突的交易。[205] 如果是公众公司，那么只有在宪章

---

〔199〕 ibid[69].

〔200〕 ibid.

〔201〕 *In Plus Group Ltd v. Pyke*[2002]EWCA Civ 370,[2002]2 BCLC 201,[80].

〔202〕 ibid[80].

〔203〕 ibid[80].

〔204〕 本书 8.5 部分。

〔205〕 CA 2006, s 175(5)(a).

中载有允许董事会这样做的条款时,董事会才能授权有利益冲突的交易。[206] 目前,公众公司示范章程中未载入此类规定。

然而,在负责授权有利益冲突的交易时,董事会须将有利益冲突的董事排除在外,不得计算其投票,也不得将其人数计入任何法定人数要求。[207] 如果公司只有一名董事,该董事不能授权自己利用公司机会。[208] 如果董事会不被允许授权有利益冲突的交易,那么授权的责任就落到了股东身上。[209]

有利益冲突的交易须得到正式授权。合计持有多数股份的董事先前作出的决定导致机会不在董事会的战略偏好范围内并不足以构成授权。在 *Bhullar v. Bhullar* 案中,有证据表明,原告股东自己先前促成了一项董事会决议,即公司今后将不投资房地产。[210] 在董事会上,所有董事都按规定同意了这一点,这些董事合计持有大部分股份。关于股东董事之意图的证据并没有消除利益冲突。[211]

董事"本可通过……股东会的决议来保护自己(无论是事前还是事后)",这也是不够的。[212] 在"没有这种授权的情况下,责任必须保留"[213]。这一点即使在以下情形也适用:董事控制投票权,以及股东的批准"纯粹是形式"。[214]

有利益冲突交易的授权必须经正式的公司程序,只有这样才能消除利益冲突。[215] 不得剥夺公司"考虑是否反对将客户提供的机会从自己手中转移到董

---

〔206〕 ibid s 175(5)(b).

〔207〕 ibid s 175(6).

〔208〕 *Goldtrail Travel v. Aydin* [2014]EWHC 1587,[2015]1 BCLC 89,[114]-[119];该判决得到了上诉法院在 *Goldtrail Travel v. Aydin*[2016]EWCA Civ 371,[2016]BCLC 635 案中的确认。

〔209〕 CA 2006, s 180(4)and s 281(3)(a).

〔210〕 *Bhullar v. Bhullar*[2003]EWCA Civ 424,[2003]2 BCLC 241.

〔211〕 在 *Peso Silver Mines Ltd v. Cropper* 案中,加拿大最高法院采纳了这样的观点:董事会对机会的善意拒绝结束了冲突,董事可以用自己的资金去开发它,参见 *Peso Silver Mines Ltd v. Cropper*[1966] SCR 673,(1966)58 DLR(2d)1, 但这似乎并非英国法律的立场。

〔212〕 *Regal(Hastings)Ltd v. Gulliver*[1967]2 AC 134(HL)150.

〔213〕 ibid 150.

〔214〕 ibid notes to the case published in[1942]1 All ER 378, 379.

〔215〕 如果股东通过股东协议享有否决权以阻止公司利用机会,则似乎是一个例外(*Wilkinson v. West Coast Capital*[2005]EWHC 3009,[2007]BCC 717)。

事个人手中”的能力。[216]

股东代表公司批准利益冲突交易这一事实可以用来支持这样一个结论——股东扮演着委托人的角色,避免利益冲突的义务“实质上”是对他们所负。然而,这将夸大股东在这方面的作用。我们将在第 8 章中看到,不能说股东对利益冲突有完全的控制权,他们不得批准将资产从公司转移到自己手中的交易,这种转让只能在债权人的利益得到保障后才能进行。[217]

7.7.5 理论观察

《2006 年公司法》第 175 条规定的义务范围很广。很难想象在什么情况下可以建议董事在任职期间抓住机会,而无须首先获得董事会的批准或(视情况而定)获得股东的批准。法院通过强调受托人不得获利的“至关重要性”来说明其合理性。[218] 该论点与公司董事的判断力以及当人类在与他人有利益冲突时无法实际将他人利益凌驾于自身利益的能力有关。[219]

也有人认为,严格的规则有预防或威慑作用。[220] 在 *Cook v. Deeks* 案中,勋爵巴克马斯特法官(Lord Buckmaster LC)用以下表述证明了该规则的严格性:

> 那些完全控制公司业务的人必须记住,他们不能随意牺牲他们必须保护的利益,表面上为公司行事,却将本应属于他们所代表公司的业务转移到其自己身上。[221]

由于知道他们无法提供不提请批准利用公司机会的理由,董事将被激励去

---

[216] *Towers v. Premier Waste Management*[2011]EWCA Civ 923,[2012]1 BCLC 67,[48].

[217] 见本书 8.3 部分。

[218] See for example *Regal(Hastings)Ltd v. Gulliver*[1967]2 AC 134(HL)157.

[219] *Bray v. Ford* [1896]AC 44, 51.

[220] David Kershaw, *The Foundations of Anglo-American Corporate Fiduciary Law*, CUP, 2018, p. 310 – 12.

[221] *Cook v. Deeks*[1961]1 AC 554, 563.

做正确的事情，要么不利用机会，要么提请批准。

从历史上看，值得注意的是，在 20 世纪中期之前，技能和注意的标准非常低。[222] 在这一时期，规范有利益冲突交易的规则是审查董事行为的主要过滤器。因此，法院严格适用利益冲突规则并不奇怪。

上述论点主要围绕董事的激励和动机展开，因此它们与代理分析相吻合。然而，将分析止步于此是错误的。

从理论角度来看，值得注意的一点是，与合伙企业法相比，合伙人的信义义务受到合伙企业业务范围的限制。如果一个公司只不过是其股东的集合，那么法律将对公司适用与合伙企业相同的规则。然而，事实并非如此。公司与合伙企业不同：公司的股东并不是企业的所有者；股东不是董事的委托人；股东所扮演的角色由法规确定，并在法规的基础上由宪章确定。

反过来，董事也不是代理人，而是担任公司法所规定的特定角色。罗素勋爵（Lord Russel）在 *Regal（Hastings）Ltd v. Gulliver* 案中说，有限公司的董事是"法规的产物，有他们自己特有的地位。在某些方面，它们类似于受托人，而在其他方面则不同；在某些方面，他们类似于代理人，而在其他方面则不然；在某些方面，他们类似于执行合伙人，而在其他方面则不一样"[223]。这种特殊的地位可以解释为什么信义规则适用于董事的方式与适用于合伙企业的方式不同，也可以解释为什么公司信义法难以与基本信义原则相统一。[224]

信义法旨在应对董事将资产转给自己的风险。可以把这种风险称为"代理问题"，然后用"代理成本"来量化这种风险。[225] 以这种方式使用代理理论有助于简明扼要地识别问题，并可以为用货币形式表达问题提供一个焦点。

然而，重要的是要注意到，董事将资产转给自己的风险对债权人造成的影

[222] 见本章 7.6.2 部分。

[223] *Regal（Hastings）Ltd v. Gulliver* [1967] 2 AC 134（HL）147.

[224] 关于公司代理法与基本信义法不一致的观点，参见 David Kershaw, *Corporate Law's Fiduciary Persona*, 136 Law Quaterly Review 454（2020）。

[225] See eg *Item Software（UK）v. Fassihi* [2004] EWCA Civ 1244 [66]（Lady Arden）.

响与对股东造成的影响一样大。利益冲突发生在公司和董事之间,而不是股东和董事之间。

此外,由于不考虑财务因素(如公司没有受到损害的事实),法律主要保护的是公司就是否利用机会形成意见的正式程序。它确保公司不会被剥夺审查以下事项的正式机会:董事希望为自己的利益而进行的交易。法律(间接)有助于股东和债权人的财务利益。

董事本可以很容易地获得正式授权或追认的事实并不重要,这进一步凸显了这一正式程序的重要性。多数股东董事明确表示对董事所利用的机会不感兴趣的证据也不能消除冲突。

从理论上讲,本书的理论可以论证法律保护与利益冲突交易相关的公司程序的合理性。公司是一个独立的实体,其运作了一个程序,通过该程序,各种利益都可得到调和,这也是公司这一独立实体的本质特征。该程序促成了决策。法律通过要求董事在利用公司机会时正式遵守该程序来保护公司的利益。马默里法官(Mummery LJ)在 *Towers v. Premier Waste Management Ltd* 案中指出,无利益冲突原则防止董事“不忠诚地剥夺公司考虑是否反对转移机会的能力”[226]。

在规范层面上,普通法义务的严格性和广泛性可被批评为给董事带来了沉重负担。毕竟,诚实的董事只是试图为公司做些好事并成功地做到了这一点,但在法庭上,他们仍然是败诉的一方。在 *Cook v. Deek* 案中,勋爵巴克马斯特法官承认,强调避免将“如此沉重的负担和如此巨大的责任强加给董事,以至于正直的人不愿意担任职务”的重要性是“非常正确的”。[227]

然而,值得注意的是,遵守法规所规定的程序性要求是非常简单的。如果有一位独立董事,他可以批准交易。这一点并不难做到。如果一个公司只有一名董事,那么就不能由董事会批准交易。但是,在这种情况下,公司的规模可能很小,因此安排股东批准并不困难。

---

〔226〕 *Towers v. Premier Waste Management Ltd* [2011] EWCA Civ 923, [2012] 1 BCLC 67.

〔227〕 *Cook v. Deeks* [1961] 1 AC 554, 563.

在股东之间有争执的情况下,很难获得董事会或股东的批准。然而,在这些情况下,为股东利益而承担义务的想法也无助于解决问题。此时的股东并不是作为同质化的团体。使公司利益和股东团体利益相一致的理论是一种假想。在这种情况下,问题不在于保护股东不受董事违反义务行为的侵害,而在于解决和股东之间的争端。当该争端正在进行时,我们有合理的理由要求所有相关方远离机会。如果公司机制无法发挥作用,股东之间的僵局最终需要通过不公平妨害诉讼或清算来解决。

7.8 自我交易

7.8.1 引言

本部分的目的是要说明股东在授权自我交易方面发挥着重要作用。从这个层面看,可以赋予他们董事委托人的地位,但这并不是分析的终点。我们将在 8.3.3 部分看到,考虑到债权人和少数股东的利益,股东授权自我交易的能力受到了重大限制。

7.8.2 在拟议交易或安排中公布利益的义务

《2006 年公司法》第 177 条适用于董事或与其有关的人士与公司进行交易的情形。如果一名董事在与公司的拟议交易或安排中以任何方式有直接或间接利益,他必须向其他董事公布该利益的性质和范围。[228] 如果董事不知道,但有理由应该知道其利益或交易或安排,该条款也适用。[229] 如果该利益不能被合理地视为可能产生利益冲突,则该条款不适用。[230]

公布必须在公司进行交易或安排之前做出。[231] 如未在此时公布,则须在

---

〔228〕 CA 2006, s 177(1).

〔229〕 ibid s 177(5).

〔230〕 ibid s 177(6)(a).

〔231〕 ibid s 177(4); *Fairford Water Ski Club Ltd v. Cohoon*[2021]EWCA Civ 143(CA).

交易或安排达成后，在合理可行的情形下尽快公布。[232] 如未能做到，则构成犯罪。[233]

如果一家公司应该有多名董事，但由于某些原因只有一名董事，则该董事必须以书面形式记录任何利益。[234] 此外，如果公司只有一名股东，该股东同时也是该公司的唯一董事，并且公司和该股东董事在公司业务正常经营过程之外签订了合同，则该合同必须以书面形式记录在备忘录或董事会议记录中。[235] 如未能做到，则构成犯罪。[236] 然而，该合同仍然有效。[237]

7.8.3 对自我交易的批准

利益公布的目的是使公司能够从公司的角度对交易的可行性作出知情决定。关于自我交易的批准，需要区分普通交易和重大交易。

普通的自我交易可以由董事会批准。[238] 宪章可以规定更苛刻的要求。[239] 例如，目前版本的示范章程规定不计入利益冲突董事的人数和投票。[240]

重大财产交易须得到股东的批准。[241] 重大财产交易是指公司与其董事或与董事相关人士之间涉及重大非货币资产的交易。[242] 这一条款的适用范围很广。非货币资产是"重大"的，其价值超过公司资产的10%且超过5000英镑，或超过100,000英镑。[243] 重大财产交易的这一定义很宽泛，且只把相对较小

---

[232] CA 2006, s 182(4).

[233] ibid s 183.

[234] ibid s 186(1).

[235] ibid s 231.

[236] ibid s 231(3).

[237] ibid s 231(6).

[238] ibid s 180(1)(b).

[239] ibid s 180(1)最后一句。

[240] Model Articles(private) para 14(1); Model Articles(public) para 16(1).

[241] CA 2006, s 190; 类似的要求也适用于贷款交易(CA 2006, s 197, s 212); *AMT Coffee Ltd* [2019] EWHC 46(Ch), [2020] 2 BCLC 50, 126; *Re BM Electrical Solutions Ltd(In Liquidation)* [2020] EWHC 2749(Ch), 14 Oct 2020(unreported)。

[242] CA 2006, s 190.

[243] ibid s 191.

的交易留给了董事会批准。

股东通过决议批准重大交易。[244] 这些决议可以根据《2006年公司法》第281条在会议上通过，也可以根据《2006年公司法》第288条以书面决议的形式通过。[245] 在此可适用简单多数的标准。[246] 章程可以规定一个更为严格的标准。此外，*Duomatic* 原则也适用，因此控制公司100%股份的单个人有可能批准一项重大财产交易。[247]

《上市规则》载有额外的要求，其要求股东批准的交易范围更广，并要求无利益冲突股东的投票。[248] 其还要求提供专家报告来支撑董事的以下声明：从上市证券持有人的角度来看，交易或安排是公平和合理的。[249]

7.8.4 对股东批准的限制

鉴于重大财产交易的范围相对广泛，股东在授权自我交易方面发挥着重要作用。这将他们置于了一个非常关键的位置，而这可能会诱使我们把他们定性为董事的委托人。然而，以这种见解结束分析是错误的，股东并不能自由批准自我交易。随着时间的推移，已经出现了对自我交易进行审查的规则。例如，根据《1986年取消公司董事资格法》，挪用公司资金用于私人目的的董事有被取消资格的风险。[250] 此外，我们将在下文中看到，公司与董事（同时也是股东）之间的交易已经引发了额外的审查。[251]

7.8.5 结论

股东对自我交易具有重要影响力，但是这并不意味着他们是委托人。我们

---

[244] ibid s 190(1).

[245] ibid ss 281(3) and 282.

[246] ibid 2006, s 180.

[247] *NBH Lt v. Hoare* [2006] EWHC 73 (Ch), [2006] 2 BCLC 649, [41].

[248] FCA Handbook Listing Rule (LR) 11.1.5 – 6 with exceptions set out in LR 11 Annex 1.

[249] FCA Handbook LR 13.6.1(5).

[250] *Secretary of State for Business, Innovation and Skills v. Whyte* [2014] CSOH 148; 2014 GWD 32 – 624.

[251] 本书8.3.3部分，变相资本返还。

将在第 8 章中看到,他们授权自我交易的能力受到了限制,这些限制的设置是为了保护债权人和少数股东的利益。[252]

7.9 薪　　酬

7.9.1 引言

约定董事薪酬的合同就是自我交易的一个例子。近年来,董事的薪酬问题受到了广泛关注。我们将在下文看到,《2006 年公司法》和《2018 年英国公司治理准则》已经纳入了规范薪酬决策的具体规则。

7.9.2 衡平法和成文法制度

历史的默认立场是,只能按照章程的规定支付薪酬。[253] 如果章程规定了薪酬,那么默认规则是由股东来批准董事有利益冲突的交易。[254] 随着时间的推移,标准章程不仅授权薪酬的支付,还将薪酬的决策权下放给了董事会。[255] 这一立场在今天仍然适用。《示范章程》规定,董事的薪酬由董事们决定。[256]

这会造成以下情形,即董事们可能会倾向于相互帮助以获得他们认为合适的薪酬,从而剥夺公司支付债权人所需的资源,同时削弱公司显示必要利润以回报股东的能力。

与薪酬决策相关的利益冲突从表面上看显而易见,因此当董事会或董事会委员会考虑董事服务合同的条款时,董事不需要根据《2006 年公司法》第 177 条公布利益。[257] 根据《示范章程》,就法定人数和投票而言,被决定薪酬的董

---

[252] ibid.

[253] See most recently *Yusuf v. Yusuf* [2019] EWHC 90 (Ch) [155].

[254] Paul Davies & Sarah Worthington, *Gower & Davies: Principles of Modern Company Law*, 10th edition, OUP, 2016, para 14 – 31.

[255] ibid para 14 – 31.

[256] Model Articles (private companies) para 19 (3); Model Articles (public companies) para 23 (3).

[257] CA 2006, s 177 (6) (c).

事不计算在内。[258]

《2006 年公司法》并没有对支付给董事的薪酬设定上限。《示范章程》也没有规定任何此类限制，其仅规定了薪酬可以以任何形式支付，包括支付退休金、津贴或酬金，或任何死亡、疾病或残疾福利。[259]

在做有关薪酬的决策时，董事必须按照其一般义务行事。例如，过高的薪酬可能违反《2006 年公司法》第 172 条的规定。[260] 我们已经看到，法院不愿意干预董事的善意判断。[261] 这一点在薪酬决策中也适用。[262]

虽然法院强调他们不愿意干预董事在确定薪酬方面的判断，但他们仍然坚持认为这种判断必须正式做出，且董事必须遵守章程中所规定的程序。董事须审慎地确定薪酬，并在此过程中确定公司是否能够负担相应金额。如果董事不能确保公司能够负担薪酬，则可能表明董事不适合参与公司的管理，从而导致他或她被取消资格。[263] 董事须恰当考虑董事的薪酬问题，他们须确定公司是否有能力支付董事薪酬。[264] 即使公司实际上并没有破产，董事在决定支付给自己的报酬时也必须取得“公平的平衡”（fair balance），考虑“他们为公司提供的服务价值”、“对债权人的影响”，以及公司“整体状况和可用于支付薪酬的资金”。[265] 法院允许有“合理的自由度”，并且只有“特殊情况”可以作为董事完全暂停自己薪酬的正当理由。[266]

《2018 年英国公司治理准则》规定，薪酬政策和实践应旨在“支持战略并促进长期可持续的成功”。高管薪酬应“与公司的目的和价值观相一致，并与公

---

〔258〕 Model Articles（private companies）para 14；Model Articles（public companies）para 23.

〔259〕 Model Articles（private companies）para 19（3）；Model Articles（public companies）para 23（3）.

〔260〕 *Re CF Booth Ltd.*；*Booth v. Booth*［2017］EWHC 457（Ch）；*Interactive Technology Corp Ltd. v. Ferster*［2018］EWCA Civ 1594，［2018］2 P & CR DG 22.

〔261〕 参见本章 7.4 部分。

〔262〕 Re Halt Garage［1982］All ER 1016 at 1039 per Oliver J；see also *Guinness v. Saunders*［1990］2 AC 663 at 689，坦普曼勋爵（Lord Templeman）指出“法院无权篡夺章程赋予董事会的职能”；and at 701，戈夫勋爵（Lord Goff）对“法院在公司未清算的情况下干预公司事务”表示担忧。

〔263〕 *Secretary of State for Trade and Industry v. Van Hengel*［1995］1 BCLC 545.

〔264〕 ibid.

〔265〕 *Bednash v. Hearsey*［2001］2 WLUK 426［50］.

〔266〕 ibid.

司长期战略的成功实现明确挂钩"[267]。虽然对董事应该做什么的定义已经从为股东的(财务)利益服务转变为实现"目的"和"长期可持续的成功",但这仍然保留了一种想法,即应该以激励董事"做正确的事情"这一方式来设计薪酬。后文将论述这一方式存在根本性缺陷。[268]

7.9.3 股东的地位

股东负责批准董事服务合同的某些内容。随着成文法干预推翻了将薪酬决定权委托给董事会的实践,如今股东须批准对公司有约束力的两年以上的服务合同。[269] 除非有一份备忘录,说明拟议合同中载有规定董事任期为或可能超过两年的条款,否则该决议不得通过。[270] 如果未遵守股东批准的要求,则合同被视为包含使公司有权在任何时候通过发出合理通知的方式终止该合同的条款。[271]

因董事失去职务而向其支付的款项也须得到股东的批准。[272] 这包括按照董事的指示向另一个人或与董事有关的人士支付的款项。[273] 董事因转让公司全部或部分事业或财产,或者因转让公司股份而失去职务,对这种情形下的赔偿,也须经股东批准。[274] 如果没有得到这样的批准,则收款人以信托方式为公司持有该款项,授权付款的所有董事共同连带向做出支付的公司赔偿由此造成的任何损失。[275]

对于上市公司来说,股东的参与程度甚至更高。这是制定薪酬政策所必需

---

[267] UK Corporate Governance Code 2018, principle P, available from https://www.frc.org.uk/directors/corporategovernance-and-stewardship/uk-corporate-governance-code.

[268] 参见本章7.9.5部分。

[269] CA 2006, s 188.

[270] ibid s 188(5).

[271] ibid s 189.

[272] ibid s 217.

[273] ibid s 215.

[274] ibid s 218.

[275] ibid s 222.

的。薪酬政策须得到股东的批准。[276] 薪酬的支付和失业赔偿须与该薪酬政策相一致。只有在股东特别批准的情况下,才能进行不一致的支付。[277] 未经必要批准而支付的款项由收款人以信托方式持有。[278] 授权付款的所有董事共同连带向做出支付的公司赔偿由此造成的任何损失。[279]

此外,《上市规则》规定,股东须批准长期激励计划。[280] 这最初是为了防止公司以稀释现有股东利益的条件发行期权,但其后来发展成一种机制,旨在让股东监督与激励计划相关的业绩标准。[281] 长期激励计划使董事获得资产的条件与其在多个财政年度内的服务或业绩表现相挂钩。[282] 股东还须批准折价期权安排。[283] 这些安排指的是期权、认股权证或其他权利每一份额的应付价格低于确定行权价格之日每一份额的市值。[284]

另外,某些金融机构支付可变薪酬的能力受到金融危机后出台的监管规则的限制。[285] 除此之外,还有与性别薪酬差距相关的报告要求,以及与首席执行官和雇员之间的薪酬比相关的报告要求。[286]

---

[276] ibid s 439A. 公司法使用“quoted company”一词,这一术语比“listed company”一词更广泛。除了根据《2000 年金融服务和市场法》第 6 部分(c8)的规定,其股权被纳入官方名单的公司外,“quoted company”还包括在欧洲经济区国家正式上市的公司,或已被允许在纽约证券交易所或纳斯达克交易所交易的公司[CA 2006,s 385(2)和 s 226A(1)]。[由于“quoted company”和“listed company”实际上均指上市公司,只是“quoted company”范围更广,故为示区别,凡原文为“listed company”处,译为“上市公司”,原文为“quoted company”处,译为“上市公司(quoted company)”。——译者注]

[277] CA 2006, ss 226B and 226C.

[278] ibid s 226E(2).

[279] ibid s 226E(2).

[280] LR 9. 4. 1(as of September 1, 2020).

[281] Paul Davies & Sarah Worthington, *Gower & Davies: Principles of Modern Company Law*, 10th edition, OUP, 2016, para 14 – 37.

[282] LR 9. 4. 1(as of September 1, 2020).

[283] LR 9. 4. 4(as of September 1, 2020).

[284] LR 9. 4. 4(2)(as of September 1, 2020).

[285] Para 15 of the remuneration section of the rulebook of the Bank of England Prudential Regulation Authority, available from https://www.prarulebook.co.uk/rulebook/Content/Part/292166/19 – 02 – 2021; see also FCA Handbook SYSC19A – 19F, available from https://www.handbook.fca.org.uk/handbook/SYSC.

[286] Equality Act 2010 (Gender Pay Gap Information) Regulations 2017 (SI 2017/172); https://gender-paygap.service.gov.uk; The Companies (Miscellaneous Reporting) Regulations 2018 (SI 2018/860).

《2018 年英国公司治理准则》建议由董事会委员会参与薪酬决策。薪酬委员会须由独立的非执行董事组成。[287] 该委员会的影响力在有所增加：它负责确定高管的薪酬政策，并确定董事长、执行董事和高级管理层的薪酬；它还负责审查员工薪酬和相关政策，以及激励、奖励与文化的一致性。[288] 如任命薪酬顾问应由该委员会负责。[289] 制定政策以及确定董事和高级管理人员的薪酬应该有一个正式和透明的程序。[290] 董事在决定薪酬结果时，应行使独立判断和自由裁量权，考量公司和个人业绩以及更广泛的情形。[291] 任何董事都不应参与决定自己的薪酬结果。[292]

7.9.4 结论

股东批准长期服务合同和对失去职务的赔偿。这一事实可以用来支持这样一个论点，即股东是董事的委托人。然而，我们将在下文中看到，这一论点因以下事实而被削弱：股东不能自由决定董事的薪酬。他们须遵守分配规则和禁止不公平妨害的规则，因此他们不能被定性为董事的委托人。[293]

7.9.5 理论观察

采用使董事利益与股东利益相一致的方式来设计薪酬，这一想法与代理理论十分吻合。薪酬可以被视为一种有助于董事利益与股东利益保持一致的工具。[294]

---

[287] UK Corporate Governance Code 2018, provision 32, available from https://www.frc.org.uk/directors/corporate-governance-andstewardship/uk-corporate-governance-code.

[288] ibid provision 33.

[289] ibid provision 35.

[290] ibid principle Q.

[291] ibid principle R.

[292] ibid principle Q.

[293] 参见本书第 8 章。

[294] M. C. Jensen & W. H. Meckling, *Theory of the Firm: Managerial Behavior, Agency Costs and Ownership Structure*, 3 Journal of Financial Economics 305 (1976); Brian R. Cheffins, *Company Law, Theory, Structure and Operation*, OUP, 1997, p. 564, 687 – 89; Guido Ferrarini & Maria Christina Ungureanu, *Executive Remuneration*, in Jeffrey N. Gordon & Wolf-Georg Ringe eds., Corporate Law and Governance, OUP, 2018, p. 334.

也可以说,在股东分散的公司中,一个和股东利益相一致的薪酬方案是一种监督董事的机制。[295] 如果董事的回报与股东的所获相一致,那么股东就不需要再做什么了。董事们在为自身利益行事的同时也会提高股东们的回报。

让薪酬与股东利益相一致的想法可以在《格林伯里报告》中找到。[296] 《格林伯里报告》提到了近期在私有化的公用事业行业中,由股票期权导致的高管薪酬大幅增加而引发的担忧。[297] 其建议将薪酬与业绩挂钩,使董事和股东的利益一致。[298] 《2018 年英国公司治理准则》指出,"与业绩相关的薪酬要素应旨在使董事和股东的利益保持一致,并给董事以强有力的激励,使其发挥最高水平"[299]。业绩条件应是"相关的、有弹性的,并旨在提升业务"[300]。

我们在前文中已经看到,当我们假设公司利益与股东的集体利益相一致时,将薪酬作为指导董事的工具这一论点是可以成立的。同样的一致性论点也可以从公司作为一个独立真实实体的角度来阐述。如果承认公司本身是一个自主的实体,有一个调解其与股东、债权人和其他选民关系的程序,而且公司法保护的是这一程序而非任何特定的利益,那么代理理论将建议,薪酬的设计应使董事的利益与公司作为一个独立自主实体的利益保持一致。

《2018 年英国公司治理准则》建议,薪酬政策和实践应旨在"支持战略并促进长期可持续的成功"。高管人员的薪酬应该"与公司的目的和价值观相一

---

[295] 提出该论点的基础性文献(可能):See Frank H. Easterbrook, *Managers' Discretion and Investors' Welfare: Theories and Evidence*, 9 Delaware Journal of Corporate Law 540(1984); see also more recently Alex Edmans & Xavier Gabaix, *Executive Compensation: A Modern Primer*, 54(4) Journal of Economic Literature 1232(2016).

[296] The High Pay Commission, *Cheques with Balances: Why Tackling High Pay is in the National Interest*, November 2010, available from http://highpaycentre.org/about/.

[297] *Greenbury Report*, Study Group on Directors' Remuneration, 1997, avalaible from https://ecgi.global/code/ greenburyreport-study-group-directors-remuneration, para 1.6.

[298] ibid para 1.15.

[299] ibid C4.

[300] ibid C5.

致,并与公司长期战略的成功实现明确挂钩"[301]。虽然对董事应该做什么的理解已经从为股东的(财务)利益服务转变为了实现"目的"和"长期可持续的成功",但其仍然保留了这样一个观点,即薪酬应该以激励董事"做正确的事情"这一方式来设计。

监管高管薪酬的这一尝试是否能取得成功是值得怀疑的。高管薪酬飙升的罪魁祸首可能并非难以确定一个合适的决策者。其问题可能在于薪酬的设计可以使董事利益与股东或公司利益保持一致这种想法的存在。在设计薪酬条件时,要预测未来环境中的良好表现,这是非常困难的。[302]

自 20 世纪 80 年代初以来的发展有助于说明这一点。从那时开始,高管薪酬呈指数级增长,这在一定程度上是由将薪酬和业绩挂钩的愿望推动的。[303] 这一愿景是将高管的利益与股东挂钩,并在企业高层创造"准企业家"。[304] 但这并未奏效。[305] 事实证明,薪酬并不是灵丹妙药。高薪委员会(The High Pay Commission)在 2011 年指出,"对失败的奖励仍在继续","薪酬水平似乎与公

[301] UK Corporate Governance Code 2018, principle P, available from https://www.frc.org.uk/directors/corporate-governanceandstewardship/uk-corporate-governance-code.

[302] The High Pay Commission, *Cheques with Balances: Why Tackling High Pay is in the National Interest*, November 2010, available from http://highpaycentre.org/about/; Brian R. Cheffins, *Company Law, Theory, Structure and Operation*, OUP, 1997, p.685. 作者承认:"制定和实施这样的管理层薪酬计划是一项'复杂的工作',即依照该计划,高管将根据他们对股东财富变化所作的贡献来获得奖励。" See also Alex Edmans & Xavier Gabaix, *Executive Compensation: A Modern Primer*, 54(4) Journal of Economic Literature 1232(2016). 作者指出,"理论上最优的合同通常是高度非线性的(highly non-linear),因此从未被观察到"。See also Andreas Kokkinis, *Exploring the Effects of the "Bonus Cap" Rule: The Impact of Remuneration Structure on Risk-taking by Bank Managers*, 19(1) Journal of Corporate Law Studies 167(2019).

[303] House of Commons & Business, Energy and Industrial Strategy Committee, *Executive Rewards: Paying for Success(Eighteenth Report of Session* 2017 - 19), HC 2018, March 20, 2019, p.19, available from https://publications.parliament.uk/pa/cm201719/cmselect/cmbeis/2018/2018.pdf; The High Pay Commission, *Cheques with Balances: Why Tackling High Pay is in the National Interest*, November 2010, p.16, 41 - 42, available from http://highpaycentre.org/about/.

[304] The High Pay Commission, *Cheques with Balances: Why Tackling High Pay is in the National Interest*, November 2010, p.16, 41 - 42, available from http://highpaycentre.org/about/.

[305] ibid 42 - 43, 47; see also Betty(HT) Wu, Ian MacNeil & Katarzyna Chalaczkiewicz - Ladna, *Say on Pay Regulations and Director Remuneration: Evidence from the UK in the Past Two Decades*, 20(2) Journal of Corporate Law Studies 541(2020).

司的业绩越来越脱节”。[306] 2019年，下议院商业、能源和工业战略部指出，“高管的贪婪（源于对激励薪酬的严重依赖）已渗入薪酬体系”[307]。

这种一致论在新自由主义思想的全盛时期获得了大力支持，这可能是导致高管薪酬增长与高管业绩不相称的原因。高管薪酬以一种与业绩无关的方式飞速增长。1979年，英国石油公司首席执行官的收入是普通员工的16.5倍。2011年，该倍数是63。巴克莱银行的倍数是14.5（1979年）和75（2011年）。[308] 相关法规和《2018年英国公司治理准则》的干预措施试图通过转移执行董事手中的薪酬决定权来补救这一问题。但是，这并没有奏效。从2009年到2017年，薪酬总额的中位数增加了66%。[309] 问题可能不仅仅在于做薪酬决策的方式，与绩效挂钩的薪酬理念可能也有缺陷。

薪酬应该为董事提供直接的个人财务动机以达到特定财务指标，这种想法似乎与我们的直觉相悖，致使薪酬与业绩的脱节。之所以会出现这种情况，可能是因为将薪酬视为一种调整一致性的措施为董事获得高奖励提供了理由，即支付这笔钱只是因为它服务于其他利益。于是，这就打开了获得更高奖金的大门。由于一致性显然难以实现，所以在没有任何一致性效果的情况下，薪酬被推高的风险会很大。

与起草实现利益一致的薪酬方案相关的困难还导致了复杂性。这致使激励计划越来越难以审查，并促使英国商业、能源和工业战略部特别委员会建议废除长期激励计划。[310]

---

[306] The High Pay Commission, *Cheques with Balances: Why Tackling High Pay is in the National Interest*, November 2010, p. 16, available from http://highpaycentre.org/about/.

[307] House of Commons & Business, Energy and Industrial Strategy Committee, *Executive Rewards: Paying for Success*(*Eighteenth Report of Session* 2017 – 19), HC 2018, March 20, 2019, p. 11, available from https://publications.parliament.uk/pa/cm201719/cmselect/cmbeis/2018/2018.pdf.

[308] The High Pay Commission, *Cheques with Balances: Why Tackling High Pay is in the National Interest*, November 2010, p. 8, available from http://highpaycentre.org/about/.

[309] House of Commons & Business, Energy and Industrial Strategy Committee, *Executive Rewards: Paying for Success*(*Eighteenth Report of Session* 2017 – 19), HC 2018, March 20, 2019, p. 7, available from https://publications.parliament.uk/pa/cm201719/cmselect/cmbeis/2018/2018.pdf.

[310] Federico Mor & Steve Browning, *Corporate Governance Reform*, House of Commons Briefing paper 8143, May 27, 2020, p. 23 – 24 and 42.

高薪酬本身并没有什么问题,有许多其他职业的薪酬也很高。但是,高管薪酬的问题并不仅仅在于董事所获的金额。事实上,激励计划可以将董事引向错误的方向,使他们在追求回报的同时忽视或创造会在未来损害公司的风险。因此,激励计划可能适得其反,导致公司以一种与薪酬计划相匹配的方式被管理。但从长期来看,公司有遭受损失的风险。当绩效激励计划的负面后果显现时,董事和股东很可能已经发生了变化。因此,这笔账会由不同的股东群体来买单,或者正如金融危机所表明的那样,当政府觉得有必要拯救具有重要战略意义的企业时,由政府来买单。

高管薪酬是一个例子,它说明了为什么专注于激励措施的分析不能如实描述法律,将其作为一种规范性命题也不可取。

可以肯定的是,笔者对高管或其他社会成员领取高额薪酬并无异议。这里的批判只涉及与绩效相关的薪酬结构。这些结构使薪酬成了为他人利益实现挑战性目标后获得的奖励。这带来了复杂性。执行董事执行的任务是多方面的,以至于到目前为止,还不可能确定一个衡量成功的直接目标。如果我们不能确定一个适当的目标,那么与业绩挂钩的薪酬就会成为一种增加薪酬的动力,但却无法对相应水平的适当性做出合理解释。此外,与这些计划相关的复杂性还使监督变得困难。更通俗地说,高管薪酬是一个例子,说明基于激励的干预措施(非常符合代理理论)很难付诸实践。

7.10　记录和报告的义务

7.10.1　引言

《2006 年公司法》并未在某一部分列出董事应履行义务的全面清单。《2006 年公司法》第 170 条至第 181 条载有对董事一般义务的说明,但这个清单并不完整。在接下来的部分,我们将分析公司法其他部分所载具体义务,这些部分也规范了董事的行为。我们将看到,这些义务在本质上是程序性的,其包含要求董事正式采取一系列行动的具体细化指示。

我们已经在技能、注意和勤勉义务的内容中看到，董事必须置备会计记录，并编制和公布财务和叙述性报告。[311] 本部分将进一步探究这些义务。我们将看到，公司法和在该法基础上通过的会计规则和原则规定了董事记录和报告信息所必须使用的正式方法。

我们已经看到，维持财务记录的要求是通过《1986 年取消公司董事资格法》由国务大臣执行的。[312] 此外，《2006 年公司法》规定了董事个人的刑事责任。该法还赋予了国务大臣权力，国务大臣可以申请修正账目，并在任命审计师方面发挥作用。

本部分将表明，记录和报告的要求是为股东服务的，但是不能完全用股东利益来解释。其也为债权人和雇员服务，它旨在将诸如气候变化、人权，以及平等或公平支付等生态和社会目标纳入公司决策过程。

7.10.2 置备会计记录的义务

董事须确保公司置备会计记录。[313] 这些文件须记录公司的所有资产和所欠债务。[314] 如果公司涉及货物交易，则须在每个财政年度结束时编制库存报表。[315] 董事还须确保公司"日复一日"地记录其支出和收入。其采用的方式必须能够"合理准确地在任何时候披露公司当时的财务状况，并使董事能够确保任何须编制的账目都符合公司法的要求"[316]。这些记录的格式因公司业务的性质和复杂性而异。[317]

对所有公司来说，置备记录的要求都是强制性的。该要求通过刑事责任得

〔311〕 参见本章 7.6 部分。

〔312〕 参见本章 7.6.4 部分。

〔313〕 CA 2006, s 386.

〔314〕 ibid s 386(3).

〔315〕 ibid s 386(4).

〔316〕 ibid s 386(2).

〔317〕 Explanatory Notes to the Companies Act 2006, para 639; see also ICAEW, *Technical Release*: *TECH* 01/11: *Guidance for Directors on Accounting Records under the Companies Act* 2006, available from https://www.icaew.com/-/media/corporate/files/technical/technical-releases/legal-and-regulatory/tech-01-11-guidance-for-directors-onaccounting-records-under-the-companies-act-2006.ashx?la=en.

到进一步强化。公司的任何高管未遵守规定,都要承担责任。[318] 责任是严格的,但公司高管可以通过证明他"诚实行事,并且在开展公司业务的情形中其失责是可以被原谅的"来避免责任。[319]

根据《1986 年取消公司董事资格法》,没有置备适当会计记录的董事将被取消资格。已有明确的法律先例表明,未置备会计记录是"不合格"的证据。[320]

此外,《2009 年金融法》要求大公司确定一名高级会计官员。高级会计官员在大公司中承担的职责是代理人或顾问无法承担的。[321] 该官员对公司的财务会计安排负有全面责任。[322] 他们必须建立和监督适当的税务会计安排。[323] 他们必须向英国皇家税务与海关总署证明,公司在整个财政年度都有适当的税务会计安排。[324] 未能做到,或者因疏忽或故意致使不准确,该高管将被处以罚款。[325]

置备会计记录的要求与法人形式有关。它不适用于个体营业者或财富状况与大公司不相上下的个人。这些主体须出于税收目的置备记录,但不必为任何其他目的置备记录。[326]

公司置备会计记录对股东有利。通过置备会计记录,董事能够持续了解公司的财务状况,这有助于他们做更好的决策,也有利于问责。但是,如果仅仅把置备记录的要求解释为提高股东福祉的工具,那就错了。

从形式上看,置备会计记录的义务是对公司而不是对股东个人所负。股东不能取消或修改置备记录的要求。如果董事的行为违反了法规的规定,股东也不能让董事免责。刑事诉讼和董事资格的取消与股东的支持与否无关。

---

[318] ibid s 387(2).

[319] Re Sevenaoks Stationers[1991]Ch 164.

[320] HM Revenue & customs, *Senior Accounting Officer Guidance*, March 16, 2016, available from www. gov. uk/hmrcinternal-manuals/senior-accounting-officers-guidance/saog12200.

[321] Finance Act 2009, (c10) s 1 and schedule 46 para 93.

[322] Finance Act 2009, (c10) s 1 and schedule 46 para 93.

[323] ibid schedule 46 para 93.

[324] ibid schedule 46 para 2(2).

[325] ibid s 5 schedule 46.

[326] www. gov. uk/self-employed-records? step-by-step-nav = 01ff8dbd - 886a - 4dbb - 872c - d2092b31b2cf(as of 16 July 2020).

因此,关于记录置备的规则有一个更广泛的目的。要求董事持续了解公司的财务状况也有助于公司的债权人,它使董事能够了解公司的负债,从而确保及时付款。

刑事责任的规定表明,置备记录的要求涉及更广泛的公共利益。这一结论得到了以下规定的进一步支持,即大公司必须任命一名特定人员担任高级会计官员。这是一项没有载入公司法的治理措施,但却适用于所有具有一定规模的公司。与置备会计记录的要求一样,该要求不能被股东取消,也不适用于资产状况与大公司相当的个人。

7.10.3 编制年度账目的义务

根据公司的会计记录,每家公司的董事必须在每个财政年度结束时对公司的财务状况进行评估。他们必须为公司编制账目,[327]这些账目被称为"公司的个别账目"。[328] 它们由资产负债表和损益表组成。[329] 账目须附有备注,记录有关事项的进一步信息,如相关事业、[330]关于资产负债表外的安排、[331]就业人数和成本,[332]以及董事薪酬,[333]公司向董事提供的透支、信贷和保证。[334]

资产负债表显示了公司在财政年度结束时的财务状况,它列出了公司的资产和负债。[335] 资产指的是诸如土地、建筑物、机器,以及专利和商标等科目。负债指银行贷款、欠贸易债权人的款项,以及所欠税款。资产负债表使其用户

〔327〕 CA 2006, s 394.

〔328〕 ibid s 394. 还有编制集团账目的义务(ibid ss 399 –413),在此不做进一步分析。

〔329〕 ibid s 396(1).

〔330〕 ibid s 409.

〔331〕 ibid s 410A.

〔332〕 ibid s 411.

〔333〕 ibid s 412.

〔334〕 ibid s 413.

〔335〕 The format is set out on the basis of CA 2006, s 396(3) in the Large and Medium-sized Companies and Groups(Accounts and Reports) Regulation 2008/410, schedule 1, part 1, section b, para 1 and in the Small Companies and Groups(Accounts and Directors' Report) Regulations 2008/409, schedule 1, section b, para 1.

能够比较公司在财政年度结束时的资产和负债情况。

损益表显示公司的交易。它显示的科目包括公司的营业额、库存的变化和其他营业收入,它还显示员工成本、资产折旧和其他经营费用。[336] 它将财政年度内发生的所有收入和支出相加。从收入中减去支出,则显示出公司的利润或亏损,该利润或亏损也会显示在资产负债表上。

编制资产和负债以及收入和支出清单的工作涉及算术运算,除此之外,还涉及大量的判断。每一项资产和负债都须用货币价值来描述。例如,该价值可以是购买资产时的价格;可以是该资产在被公司使用了一段时间后,现在在市场上的售价;可以是公司现在为获得这种资产而必须支付的价格。对于负债来说,该价值可能是公司在债务到期时依法须支付的金额;也可能是公司债权人有可能同意接受的一个较低数额。

估值方法很重要。如果董事可以对资产和负债的估值进行自由裁量,他们可能会倾向于高估资产并低估负债。这将使公司看起来处于有利地位,从而很好地反映他们自己的业绩。法律并不允许这样做,董事不能自由决定资产负债表和损益表的内容和形式。

根据公司法,由国务大臣制定规定损益表格式和内容的规章。[337] 大型和中型公司的资产负债表和损益表的格式比小型和微型公司的更完善。[338]

除了格式之外,该规章还载有评估规则。例如,其规定固定资产须按其购买价格或生产成本入账。该价值被称为历史成本。[339] 此外,如果一项固定资

[336] The format is set out on the basis of CA 2006, s 396 (3) in the Large and Medium-sized Companies and Groups (Accounts and Reports) Regulation 2008/ 410, schedule 1, part 1, section b, para 1 and in the Small Companies and Groups (Accounts and Directors' Report) Regulations 2008/409, schedule 1, section b, para 1.

[337] CA 2006, s 396(3).

[338] Compare Large and Medium-sized Companies and Groups (Accounts and Reports) Regulation 2008/410, schedule 1, part 1, section b, para 1 with the Small Companies and Groups (Accounts and Directors' Report) Regulations 2008/409, schedule 1, section b and c, para 1.

[339] Large and Medium-sized Companies and Groups (Accounts and Reports) Regulation 2008/410, schedule 1, para 17; Small Companies and Groups (Accounts and Directors' Report) Regulations 2008/ 409, schedule 1, para 16.

产的经济使用年限有限,则入账额必须在其经济使用年限期间系统地减少。[340] 因此,董事无法采用自己的方法对资产进行估值。

确定一项固定资产的"生产成本"或其"经济使用年限"需作进一步判断。由此,董事可能会再次受到诱惑,形成反映公司财务状况良好的判断,从而有利于他们自己。法律也对该问题进行了规制。

账目必须按照公司法或《国际会计准则》编制。[341] 《国际会计准则》由国际财务报告准则基金会通过。[342] 财务报告委员会(审计、报告和治理局)公布了《英国公认会计原则》。我们已经看到,《英国公认会计原则》具有超越缺省性规则的法律效力。[343]

编制年度账目和报告的责任在于董事,不能将该责任委托给股东。董事会必须批准账目,账目必须由公司的一名董事代表董事会签字。[344] 签字董事的名称及其签字必须在资产负债表上。[345] 编制不符合公司法要求的账目要承担刑事责任。公司的任何董事,如果知道账目不符合要求或不关心账目是否符合要求,或没有采取合理措施确保账目符合要求,则构成犯罪。[346]

此外,如果出现或可能出现账目是否符合公司法要求的问题,国务大臣可要求修正账目。[347] 国务大臣或其授权的任何人可向法院申请命令,指导董事编制修正账目。[348] 英国皇家税务与海关总署可以向有权要求修正账目的人披

---

〔340〕 Large and Medium-sized Companies and Groups (Accounts and Reports) Regulation 2008/410, schedule 1, para 18; Small Companies and Groups (Accounts and Directors' Report) Regulations 2008/ 409, schedule 1, para 18.

〔341〕 CA 2006, s 395.

〔342〕 www. ifrs. org;最近,审慎原则被重新引入《财务报告概念框架》第 2 章,www. iasplus. com/en/news/2018/03/cf。

〔343〕 参见本书 6. 2. 4 部分。

〔344〕 CA 2006, s 414(1).

〔345〕 ibid s 414(2).

〔346〕 ibid s 414 (4 and 5);政府正计划要求董事核实内部控制和风险管理系统的有效性。(Department for Business, Energy and Industrial Strategy, *Restoring Trust in Audit and Corporate Governance*, March 2021, paras 2. 1. 16 – 2. 1. 27.)

〔347〕 ibid s 455.

〔348〕 ibid s 456.

露信息。[349] 该人也可以向法院申请,要求公司、高管、雇员或审计师披露文件、信息和解释。[350] 政府目前正在就赋予国务大臣在无须请求法院命令的情况下直接指导修正公司账目的权力进行磋商。[351]

有关年度账目和报告的规则旨在在每个财政年度至少记录一次公司的财务状况。这固然有助于股东行使他们在公司的权利,但这并非其唯一目的。

如果年度账目的目的仅限于向股东提供信息,那么法律将使用任意性规则,股东将有可能通过取消编制账目的要求来推翻法定制度。然而,这是不可能的。只有歇业公司的股东以及母公司为其子公司提供保证的子公司股东可以允许董事不提供账目。[352]

股东也不能允许董事偏离法定格式或真实公允的要求。例如,他们不能指示董事采用反映股东偏好的特定估值,他们不能阻止国务大臣要求修正账目,法律并不相信股东能制定会计标准。

这表明,要求董事每年汇总有关公司财务状况的信息,其目的不仅仅在于让股东监督董事,它还支持了这样的结论:把股东说成是董事或公司的委托人是错误的。委托人能够决定是否以及如何置备有关他或她自己事务的记录。

7.10.4 置备叙述性报告的义务

引言

近年来,对董事报告的要求在数量和范围上都大幅增加。2000 年,马克斯和斯宾塞集团(Marks and Spencer Group)的年度报告和财务报表有 45 页,其

---

[349] ibid s 458.

[350] ibid s 459.

[351] Department for Business, Energy and Industrial Strategy, *Restoring Trust in Audit and Corporate Governance*, March 2021, [4. 2].

[352] CA 2006, s 394A.

主要由财务信息组成。[353] 2020 年,同样的文件长达 200 页,且包含了更多内容。[354]

除了年度账目之外,公司董事还须制作叙述性报告。公司法规定的叙述性报告包括:董事报告、战略报告和董事薪酬报告。政府目前正在就要求公共利益实体的董事置备恢复力声明进行磋商。[355] 与财务报告要求一样,叙述性报告的要求对大公司来说比对小公司更为烦琐。此外,《2018 年英国公司治理准则》要求编制提名报告和审计报告。

《2015 年现代奴役法》《2016 年金融法》《2010 年平等法》《2007 年欧盟透明度条例》《2015 年小型商业组织、企业和就业法》《2013 年会计指令》都要求一定规模的公司报告某些具体事项。

与编制财务信息的要求一样,对叙述性报告的要求也是强制性的。叙述性报告不仅服务于股东,还是将更广泛的利益纳入公司法的一个渠道。

董事报告

除微型公司外,所有公司的董事都须编制董事报告。[356] 其包含董事在该报告所涉的财政年度内对公司业务的评估。所需报告的内容随公司规模的增大而增加,公司规模越大,针对员工、碳排放和平等等更广泛利益的报告就越多。董事报告的内容载于国务大臣通过的规章中。[357]

例如,董事报告须包含自财政年度结束以来所发生的对公司有影响的任何重要事件的详细信息,以及说明公司业务未来可能的发展。[358] 其还须包含有

---

〔353〕 https://corporate.marksandspencer.com/documents/reports-results-and-publications/annual-reports/annual-report – 2000.pdf.

〔354〕 https://corporate.marksandspencer.com/investors/reports-results-and presentations.

〔355〕 Department for Business, Energy and Industrial Strategy, *Restoring Trust in Audit and Corporate Governance*, March 2021, [3.1].

〔356〕 CA 2006, s 415.

〔357〕 Large and Medium-sized Companies and Groups (Accounts and Reports) Regulation 2008/410, schedule 7; Small Companies and Groups (Accounts and Directors' Report) Regulations 2008/409, schedule 5.

〔358〕 Large and Medium-sized Companies and Groups (Accounts and Reports) Regulation 2008/410, schedule 7 para 7.

关金融工具使用的信息,[359] 以及购买本公司股票的信息。[360] 此外,还须报告有关政治捐款的信息。[361]

雇员超过250人的公司须报告其“充分和公平考虑残疾人就业申请”的政策。[362] 报告必须包含一份关于与雇员接触的声明,特别是要描述其如何向雇员“系统地提供有关他们作为雇员所关心事项的信息”,以及其如何“定期咨询雇员或他们的代表,以便考虑雇员的意见”。[363] 报告必须包含一个声明,列明董事如何考虑“与供应商、客户和其他主体建立业务关系的必要性,以及这种考虑所带来的包括对公司在财政年度内所作主要决定的影响”。[364]

对于上市公司(quoted companies)*来说,须增加关于资本结构、股权转让限制和投票权限制的信息。[365] 对于大公司来说,报告还必须量化并提供关于公司负责的二氧化碳排放的信息。[366]

董事报告须经董事会批准,并由公司董事或公司秘书代表董事会签字。[367] 股东在报告的编制或批准中没有任何作用。如果报告不符合法定要求,知道或因过失不知道,或者未采取合理措施以确保报告符合要求的高管将承担刑事责任。[368]

---

[359] ibid schedule 7 para 6.

[360] ibid schedule 7 paras 8 and 9.

[361] ibid schedule 7 paras 3 and 4; Small Companies and Groups(Accounts and Reports) Regulation 2008/409, schedule 5 paras 2 and 3. 政治捐款和费用须股东批准(CA 2006, s 366)这一要求由《2000年政治党派、选举及公民投票法》第139条、第140条提出。如果股东不批准,公司可以收回捐款[Companies(Interest Rate for Unauthorised Political Donations or Expenditure) Regulations 2007/2242]。

[362] Large and Medium-sized Companies and Groups(Accounts and Reports) Regulation 2008/410, schedule 7 para 10; Small Companies and Groups(Accounts and Reports) Regulation 2008/409, schedule 5, para 5.

[363] Large and Medium-sized Companies and Groups(Accounts and Reports) Regulation 2008/410, schedule 7 para 11.

[364] ibid schedule 7 para 11B.

* 关于上市公司(quoted company)的定义,见本章脚注276。——译者注

[365] ibid schedule 7 para 13.

[366] ibid schedule 7 para 15.

[367] CA 2006, s 419(1).

[368] ibid s 419(3) and(4).

战略报告

除小型公司外,所有公司的董事都必须置备一份战略报告。[369] 在这里,报告的范围同样随公司规模的增大而增加。规模较大的公司必须纳入更多与利益相关者相关的内容。所有的战略报告都要包含对公司业务的公正审查,以及对公司所面临的主要风险和不确定因素的描述。[370] 审查须对财政年度内公司业务的发展和表现,以及公司在年度结束时的状况进行一个全面和综合的分析。[371] 上市公司的战略报告必须包括可能影响公司业务未来发展的主要趋势和因素,以及有关环境问题(包括公司业务对环境的影响)、员工、社会、社区和人权问题的信息。[372] 其还必须描述公司的战略、业务模型,以及担任公司董事、公司高管和公司雇员的男女人数。[373]

对于可交易公司、银行业公司、保险公司,以及从事保险市场活动的雇员超过 500 人的公司,其战略报告必须包含一份非财务声明。[374] 该声明须包括必要的信息以了解公司的发展、表现和现状,以及公司活动对(至少)下列事项的影响:环境事项(包括公司活动对环境的影响)、公司员工、社会事项、对人权的尊重以及反贪污和贿赂事项。[375] 该声明还必须包括对公司业务模型的简要描述,与上述事项有关的政策和这些政策的有效性,以及与这些事项有关的主要风险的描述。其中必须包括对可能会在这些风险领域造成负面影响的公司业务关系、产品和服务的描述。[376]

战略报告须由董事会批准,并由一名董事或公司秘书代表董事会签字。如

---

〔369〕 ibid s 414A and 414B.

〔370〕 ibid s 414C(2).

〔371〕 ibid s 414C(3).

〔372〕 ibid s 414C(7);"quoted company"一词比"listed company"一词更广泛。除了根据《2000 年金融服务和市场法》第 6 部分(c8)的规定,其股权被纳入官方名单的公司外,"quoted company"还包括在欧洲经济区国家正式上市的公司,或已被允许在纽约证券交易所或纳斯达克交易所交易的公司[CA 2006,s 385(2)和 s 226A(1)]。

〔373〕 CA 2006, s 414C(8).

〔374〕 ibid s 414C.

〔375〕 ibid s 414B(1).

〔376〕 ibid s 414CB(2)(d).

果报告不符合法定要求,每一位知道或因过失不知道公司不符合要求,或者没有采取合理措施确保报告符合要求的高管均构成刑事犯罪。[377]

《2006年公司法》第414C条第1款规定,战略报告的目的是告知公司成员,并帮助他们评估董事根据该法第172条履行义务的情况。[378] 然而,股东在战略报告的编制或批准中并没有任何作用。他们不能免除董事编制战略报告的义务,也不能修改对战略报告内容的要求。这表明,战略报告不仅仅为股东利益服务。

单独公司治理声明

单独公司治理声明必须由董事会批准,并由一名董事或公司秘书代表董事会签字。[379] 根据英国的上市规则,公司治理声明必须包含公司所遵守的公司治理准则、公司可能自愿决定适用的公司治理准则,以及其所适用的超出国家法律要求的公司治理实践的所有相关信息。[380]

薪酬报告

上市公司董事须置备年度薪酬报告,其中须包含关于董事薪酬和薪酬政策的信息。[381] 董事必须就公司须报告的任何事项向公司发出通知。不遵守即构成犯罪,处以罚款。[382]

关于董事薪酬报告应包括哪些信息以及如何显示这些信息,有非常详细的规定。[383] 例如,有一项要求是,将首席执行官的薪酬与薪酬和福利分别排在第25、50和70百分位数*的英国雇员的薪酬进行列表比较。[384] 该报告还必须列

---

〔377〕 ibid s 419(3) and(4).

〔378〕 ibid s 414C(1).

〔379〕 ibid s 419A.

〔380〕 Listing rule DTR 7. 2. 2.

〔381〕 CA 2006, s 420.

〔382〕 ibid s 421(3) and(4).

〔383〕 Large and Medium-sized Companies and Groups(Accounts and Reports) Regulation 2008/410, schedule 8, paras 6 – 18.

* 百分位数为统计学术语。如果将一组数据从小到大排序,并计算相应的累计百分位,则某一百分位所对应数据的值就称为这一百分位的百分位数。例如,处于p%位置的值称第p百分位数。——译者注

〔384〕 ibid schedule 8, para 19A – 19G.

出支付给所有雇员的薪酬与支付给股东的分配之间的关系。[385] 此外,关于薪酬政策的内容,也有非常详细的规定。[386]

薪酬报告必须说明是否考虑了股东在股东会上或以其他方式对薪酬政策的制定所表达的意见,如已考虑,是如何考虑的。[387] 它还必须说明公司在制定薪酬政策时是如何征求雇员意见的,以及是否使用了比较措施,如果使用了,使用了哪些,是如何使用的。[388]

该报告须由董事会批准,并由一名董事或公司秘书代表董事会签字。[389] 如果经批准的报告不符合法定要求,每位知道或因过失不知道,或者没有采取合理措施确保报告符合要求的董事则构成刑事犯罪。[390]

与其他报告相比,股东在薪酬方面的参与度更高。上市公司股东要批准薪酬报告,[391] 股东还负责批准薪酬政策,[392] 股东不能免除或修改法律规定的报告要求。

结论和理论观察

可以说,叙述性报告有助于处理股东和董事之间的代理冲突。关于战略报告,《2006 年公司法》第 414C 条第 1 款明确规定,其目的是为公司成员提供信息,并帮助他们评估董事根据《2006 年公司法》第 172 条之规定履行义务的情况。更通俗地说,所有叙述性报告都涵盖了与公司财务状况直接或间接相关的主题。要求叙述性报告包含生态和社会因素的信息也是为股东服务的,来自这些领域的风险可能会影响公司的繁荣。但是,仅凭股东利益无法解释这些法定要求。

董事对公司而不是对股东个人负有编制叙述性报告的义务。他们有责任

[385] ibid schedule 8, para 20.

[386] ibid schedule 8, paras 24 – 33.

[387] ibid schedule 8, para 40.

[388] ibid schedule 8, para 39.

[389] CA 2006, s 422.

[390] ibid s 422(2) and(3).

[391] ibid s 439.

[392] ibid s 439A;另见本章 7.9 部分。

为报告和声明中的虚假或误导性陈述向公司作出赔偿。任何不真实或误导性的陈述以及遗漏都会引发责任。如果董事知道声明是不真实的或有误导性,或者不关心其是否不真实或有误导性,或者知道遗漏是对重要事实的不诚实隐瞒,那么他或她就要承担责任,[393]应向公司支付相应赔偿金。[394]

此外,股东不能修改或免除法定要求。他们不能将编制报告的责任从董事身上转移,也不能免除董事因未能遵守法定要求而应当承担的刑事责任。

与年度账目的情况一样,如果出现或可能出现账目是否符合公司法要求的问题,国务大臣可以要求修正账目。[395] 国务大臣或其授权的任何人都可以向法院申请命令,以指导董事编制修正账目。[396] 英国皇家税务与海关总署可以向被授权要求修正账目的人披露信息。[397] 此人也可以向法院申请,要求公司或公司的任何高管、雇员或审计师披露文件、信息和解释。[398]

所有这些都表明,制作符合法定要求的叙述性报告与公众利益相关。

7.10.5 核查账目和报告的义务

大型公司的年度账目和年度报告须由独立审计师审计,以确定其是否符合法定要求。[399] 公众期望审计师在防止公司遭遇董事或其雇员的不当行为方面发挥或至少应发挥一般性作用。虽然审计师所作的一些工作旨在防止董事的不当行为,但是审计师通常扮演更温和的角色。审计的主要目的是让审计师核查财务账目和报告的某些部分是否符合法定框架。[400] 然而,这是一个备受争议的领域,政府目前正在就为审计师制定更严格的义务进行磋商。[401]

---

[393] ibid s 463.

[394] 民事或刑事责任不受影响[ibid s 463(6)]。

[395] ibid s 455.

[396] ibid s 456.

[397] ibid s 458.

[398] ibid s 459.

[399] ibid s 475 and s 495.

[400] ibid s 498.

[401] Department for Business, Energy and Industrial Strategy, *Restoring Trust in Audit and Corporate Governance*, March 2021, Chapter 6.

如果一家公司免于审计,董事必须在资产负债表中签名的上方置备一个达到下列效力的声明:成员并未要求公司根据《2006 年公司法》第 476 条的规定获得有关财务年度的账目之审计;对于会计记录和编制账目,董事承认他们遵守《2006 年公司法》之要求的责任。[402]

对于须审计账目的公司,董事有义务建立并支持这一审计程序。在某些情况下,他们负责任命公司的审计师。[403] 否则,他们要向公司成员推荐审计师,任命审计师的主要责任就会在这些成员身上。[404] 对于公共利益公司(public interest companies)来说,法定任命程序更为复杂。如果公共利益公司有一个审计委员会,该委员会须组织一个招标程序,并向董事会提出合理的建议。[405] 董事会须与成员分享委员会的建议,并在他们决定偏离委员会的建议时给出理由。[406]

审计师的任命在法律上有足够的重要性,以至于让国务大臣参与其中。如果在法定时间内没有任命审计师,或者审计师的任命有缺陷,董事须向国务大臣发出通知。[407] 该通知有以下效果:国务大臣能够行使其自行任命所需审计师的权力。[408] 未通知国务大臣则构成犯罪,并引发公司和每个失责高级管理人员被处以罚款的责任。[409] 在审计师被免职或停止任职的过程中,董事还负有重要的行政义务。[410] 同样,这些在很大程度上也得到了公共责任的支持。[411]

---

〔402〕 CA 2006, s 475(2) and(3).

〔403〕 ibid ss 485(3) and 489(3).

〔404〕 ibid ss 485(4) and 489(4).

〔405〕 ibid ss 485A and 489A. 公共利益公司参见《2006 年公司法》第 519A 条。如果没有审计委员会,招标程序由董事操作(ibid ss 485B and 489B)。

〔406〕 ibid ss 485A and 489B.

〔407〕 ibid ss 486, 486A, 490 and 490A.

〔408〕 ibid ss 486(1), 486A(1) and(2), 490(1), and 490A(1) and(2).

〔409〕 ibid ss 486(3) and(4), 486A(5) and(6), 490(3) and(4), and 490A(5) and(6).

〔410〕 eg: ibid s 520(2) (circulating a statement of auditors ceasing to hold office); ibid s 523 (duty to notify the appropriate audit authority if an auditor ceases to hold office); ibid s 511 (administering the requirements for shareholder resolutions removing auditors from office).

〔411〕 eg: ibid s 520(7) and(8) or s 523(4) – (6).

为了支持审计程序，董事必须允许审计师查阅公司的账簿、账目和凭证。[412] 他们须向审计师和其母公司的审计师提供他们认为履行审计师义务所需的信息或解释。[413] 他们还必须采取合理措施从海外子公司获取信息。[414] 如果他们没有及时遵守这些要求，则构成犯罪。[415] 如果他们在知情或过失的情况下，就重要方面对审计师作出具有误导性、虚假性或欺骗性的陈述，则构成犯罪。[416]

在审计过程中，法规赋予了股东重要地位。他们任命审计师，并有权在任何时候通过普通决议将其免职，但须遵守特别通知要求。[417] 他们确定审计师的报酬，并批准法律允许的限制责任协议。[418]

尽管股东通过股东会参与了与审计有关的事项，但是如果说审计程序只为他们服务，那是不对的。关于审计师的规则是强制性的，而且在很大程度上因公共责任而得到强化。股东不能推翻这些规则，他们与审计师达成协议的能力也受到限制。[419] 前文已经提到，国务大臣可以任命审计师。[420] 在某些情况下，他或她也可以向法院申请将其免职。[421] 这表明，审计过程涉及公共利益。

此外，少数股东有特定的法定权利。例如，他们可以要求对以下公司的账目和报告进行审计：根据法规有权获得审计之豁免的公司；[422] 私人公司的少数股东可以否决再任命审计师；[423] 公共利益实体的少数股东有权在有正当理由的情况下向法院申请将审计师免职；[424] 上市公司的少数股东可以要求发表声

[412] ibid s 499(1)(a).
[413] ibid s 499(1)(b).
[414] ibid s 500.
[415] ibid s 501(3).
[416] ibid s 501(2).
[417] ibid ss 485(4), 489(4), and 510.
[418] ibid ss 492 and 534.
[419] 有关责任协议的限制，参见 ibid ss 532 – 38。
[420] ibid ss 486(1), 486A(1) and(2), 490(1) and 490A(1) and(2).
[421] ibid s 511A.
[422] ibid s 476(代表总额不低于公司已发行股本面值的 10% 的成员).
[423] ibid s 488(5% 表决权).
[424] ibid s 511A(5)(不少于 5% 表决权).

明,说明与公司账目审计有关的任何事项。[425] 如未能做到,则公司和每个失职高管都构成犯罪。[426]

更通俗地说,审计程序保护的是公司,而不是股东。审计师对公司负有义务,股东通常不能对过失的审计师提出损害赔偿请求。股东的请求只能以公司法以外的理由提出。例如,当审计师单独签订合同为特定股东提供服务时,或存在特殊事实可以得出审计师对股东承担注意义务时。[427]

除了分配给国务大臣的职责外,还有一个有关审计师的职业责任制度,近年来,该制度越发健全。其包括谴责、罚款,以及吊销执业许可等制裁措施。这些都表明,审计师的角色与公众利益息息相关。

关于审计的有效性,有很多东西可以说,而且最近的改革证明,审计工作已经取得了很大进步,并且很有可能还有很大的改进空间。这里没有进一步详细探讨法定审计程序的余地。我们只需要说,为提高程序的有效性而进行的斗争并不会削弱本书的主要观点。公司法以一种方式为一个组织的运作建立框架,这种方式将公司视为一个独立的本体,同时将各种利益整合到其过程中。

7.10.6 公布账目和报告的义务

账目须发送给公司的每个成员、每个债券持有人,以及每个有权收到股东会通知的人。[428] 如果所有股东同意,小公司可以只发布其年度账目的简略版本,而非完整版本。[429] 公司法规定了须提交账目和报告的时限。[430] 公司和每一位不及时遵照要求寄出账目和报告的高管均须承担刑事犯罪。[431] 每个成员和每个债券持有人都可以要求获得账目和报告的文本。[432] 如果公司在收到要

---

[425] ibid s 527(5% 表决权).

[426] ibid s 530(2).

[427] *Caparo Industries Plc v. Dickman*[1990]2 AC 605.

[428] CA 2006, s 423(1); see also CA 2006, s 431.

[429] Small Companies and Groups(Accounts and Directors' Report) Regulations 2008/409, schedule 1, part 1, para 1A to 1C.

[430] CA 2006, s 425.

[431] ibid ss 425 and 431(3).

[432] ibid s 431.

求之日起 7 日内未遵守要求，则公司及其每名失责高管均须负刑事责任。[433]

公众公司须在股东会上提交账目和报告。[434] 如该项规定未获遵守，那么在该任期结束前担任公司董事的所有人都构成刑事犯罪。责任是严格的，但是如果董事能证明他或她采取了一切合理步骤以确保这些要求被遵守，则构成抗辩。[435]

公布的账目须载明代表董事会签署账目之人的名称。如果在没有签字人名称的情况下公布文本，公司和每一位失责高管一经简易程序定罪，将被处以罚款。[436]

有限公司的账目和报告还必须提交给公司登记处，任何人都可以通过公司登记处来查阅。[437] 未能履行这一义务的董事则构成刑事犯罪，除非他们能够证明他们采取了所有合理步骤以确保这一义务被遵守。[438] 此外，法院可根据公司任何成员或债权人的申请命令董事弥补失职。[439] 公司登记处还可以对公司进行民事处罚。[440]

上市公司的董事须在公司的网站上公布这些信息。[441] 如未做到，也会引发刑事责任。[442]

可能有人会说，编制和公布账目及报告的要求是一个旨在提高股东福利，使他们能够以知情的方式行使其公司权利的工具。毕竟，股东有权利收到账目和报告的文本。虽然这是事实，但是这并不能完全解释现行法律。

公布账目和报告的义务是董事对公司而非股东个人所负。股东个人有接收账目和报告的法定权利，但是该权利是针对公司而非董事个人的。

---

[433] ibid s 431(3) and(4).

[434] ibid s 437.

[435] ibid s 438.

[436] ibid s 433(4).

[437] ibid s 441.

[438] ibid s 451(1) and(2).

[439] ibid s 452.

[440] ibid s 453.

[441] ibid s 430.

[442] ibid s 430(6) and(7).

此外,收到账目和报告文本的权利不限于股东,债券持有人也有权利收到文本。股东无法取消向公司登记处提供账目和报告以供查询的要求。未能按规定提交和公布账目和报告的刑事责任与股东无关。此外,除所有成员外,法律还允许任何债权人和公司登记处向法院申请命令,指示董事提交法律规定的账目和报告。[443]

有关账目编制和公布的规则不仅仅是为了股东的利益。法律承认,向所有人提供有限公司的标准化财务和叙述性信息存在公共利益因素。公司经营的业务规模越大,公认的公共利益就越大,须披露的信息就越多。

7.10.7 关于特定社会和环境事务的报告

《2015 年现代奴役法》《2010 年平等法(性别薪资差距信息)条例(2017 年)》《2015 年小型商业组织、企业和就业法》《2016 年金融法》中规定了额外的报告要求。本部分将对这些规定进行分析。

《2015 年现代奴役法》第 54 条第 4 款要求某些大公司在其网站上公布声明,说明他们采取了哪些措施来确保奴隶制和人口贩运不会在其供应链或其自身业务的任何部分发生,或声明其未采取此类措施。

对于活跃于采掘业或涉及原始森林采伐行业的公司,如其证券获准在受监管市场上交易,则必须在其网站上公布每个财政年度向政府付款的报告。[444]采掘业是指石油、天然气或采矿业。这类披露的目的是帮助资源丰富的国家的政府实施采掘业透明度倡议的原则和标准,并向其公民说明政府收到的款项。[445] 采掘业透明度倡议是一个国际组织,旨在制定标准,以促进采掘业资源的公开和负责任的管理。[446]

《2010 年平等法(性别薪资差距信息)条例(2017 年)》要求在英国有至少

[443] ibid s 452.

[444] LR DTR 4. 3A.

[445] Accounting Directive 2013/34/EU of 26 June 2013, Preamble(44) – (53) and Articles 41 – 48, OJL 182/19 of 29 June 2013; EU Transparency Regulation 2004/109/EC of 15 December 2004, Preamble (14), OJL 390/38 of 31 December 2004.

[446] www. eiti. org.

250 名雇员的私营和志愿部门雇主在其网站上公布与男女雇员薪资差异有关的信息。[447] 这些信息还必须在国务大臣为此目的指定的网站上公布。[448] 此信息必须附有由董事签署的书面声明，以确认这些信息的准确性。[449]

《2015 年小型商业组织、企业和就业法》要求某些大公司必须在其网站上报告付款条款、惯例、政策和实践。[450] 报告必须描述公司的标准付款条款、付款惯例和政策，以及参照这些惯例和政策的实践。[451]

《2016 年金融法》附表 19 要求英国集团和某些大公司在其网站上公布集团税收战略。该战略必须列出集团与英国税收相关的风险管理及治理安排的方法、集团对影响英国的税收计划的态度、集团准备接受的与英国税收有关的风险或标准，以及集团如何与英国皇家税务与海关总署打交道。其目的是阻止企业在组织业务时，积极利用现有法律框架将收入转移到英国境外。政府希望阻止集团采用迫使英国皇家税务与海关总署提起昂贵诉讼以收回公平税收份额的方式去利用法律。

7.10.8 制裁

不报告将受到制裁。制裁措施各不相同，其反映了立法机关对应责行为想要表达的不同态度。可以通过强制令让公司执行报告奴隶制和人口贩运的要求，不遵守这样的强制令构成藐视法庭，可被处以无限罚款。[452] 未报告付款实践则构成犯罪，会引发公司和每位曾担任董事的主体承担责任。如果董事能够证明他们采取了所有合理步骤以确保这些规定被遵守，则可以避免责任。[453] 未能遵守公布税收策略的要求，将导致集团负责人被处以 7500 英镑的罚款，如

---

〔447〕 Equality Act 2010 (Gender Pay Gap Information) Regulations 2017/172, regs 2 and 15; see also https://www.gov.uk/government/collections/gender-pay-gap-reporting.

〔448〕 Equality Act 2010 (Gender Pay Gap Information) Regulations 2017/172, reg 15(2).

〔449〕 ibid reg 14.

〔450〕 Small Business, Enterprise and Employment Act 2015, s 3.

〔451〕 Reporting on Payment Practices and Performance Regulations 2017/395, reg 3.

〔452〕 Modern Slavery Act 2015, s 54 (11) and Home Office Guidelines: Transparency in Supply Chains, s 2.6.

〔453〕 Reporting on Payment Practices and Performance Regulations 2017/395, reg 8.

果长期不遵守,则罚款额度会增加。对于未报告性别薪酬差距信息的行为,没有具体的制裁措施,但是根据《2006 年平等法》第 20 条,平等和人权委员会(Equality and Human Rights Commission)可以强制执行未被遵守的行为。[454]

本部分所探讨的报告要求并未载入公司法。然而,它们适用于公司,不适用于个体经营者或其他个人。它们的目的是鼓励公司回顾其与某些利益相关的做法,并进行相应的报告。诚然,股东们会对这些信息感兴趣,但就其内容而言,股东无法凌驾于法定要求之上,而且信息必须向所有人公布,这是强制性规定。这些事实表明,法定要求的目的是让所有人都能在知晓这些信息的基础上和公司打交道。仅以股东和董事之间的代理冲突来解释这一报告要求是错误的。

7.10.9 结论和理论观察

法规要求公司董事置备会计记录,每年编制和公布账目和报告。各项要求的规定相当详细。记录会计和报告的要求随着公司规模的增大而增加。公司规模还会影响叙述性报告的深度和广度,公司规模越大,须报告的与雇员、客户、环境和社会事务有关的信息就越多。

这是有道理的。对股东和其他选民来说,与小公司进行非正式的互动并不困难。公司越大,正式的记录和报告程序就越有用。此外,规模越大的公司对更广泛的选民产生的影响也越大。

《2006 年公司法》将置备记录、会计和报告的责任分配给了董事。此外,上市公司的股东要批准薪酬报告。公众公司的账目和所有报告都要提交股东会。

置备记录和报告是强制性的法定义务。公司章程不能将这一义务分配给经理或第三方顾问,他们也不能修改这些要求的内容。

未能使公司置备记录、制作和公布法定账目和报告的董事将承担个人刑事责任。在此,有必要对各规则进行一个简要总结。

董事失职应承担严格的刑事责任:

- 置备会计记录,但是董事若证明他诚实行事并且在开展公司业务的情形

[454] Explanatory Memorandum to the Gender Pay Gap Regulations, para 7. 12.

中该失责可以被原谅,则构成抗辩。[455]

• 向股东和债券持有人发送账目和报告的文本。[456]

• 在没有代表董事会签字之人的名称和签名的情况下公布账目。[457]

• 在未附法律规定的审计报告的情况下公布账目。[458]

• 公布非法定账目,而不按规定公布该账目不是公司法定账目的声明。[459]

• (上市公司)在公司的网站上公布账目和报告。[460]

• 向公司登记处提交账目和报告,但是如果董事能证明他们已经采取了所有合理步骤以确保这些要求被遵守,则构成抗辩。[461]

• (公众公司)向股东会提交账目和报告,但如果董事能证明他们已经采取了所有合理步骤以确保这些要求被遵守,则构成抗辩。[462]

未能确保公布的账目和报告符合法定要求,个人也要承担刑事责任。在这种情况下,并非严格责任。董事只有在知道或因过失不知道账目或报告不符合要求,或者没有采取合理措施以确保符合这些要求时,才承担责任。[463]

我们在本部分得出的结论是,置备记录以及编制和公布账目的义务符合股东的利益,但是如果仅按照董事和股东之间的代理冲突来解释现行法律是错误的。

股东无法修改法定要求,也无法免除董事的相关刑事责任。除此之外,法规还规定了调查权,这种调查权可以让国务大臣和他授权的各方要求修正有缺陷的账目和报告。

记录置备以及财务和叙述性报告综合了许多目标。它们服务于治理目的,

---

〔455〕 CA 2006, s 387; see also s 389.

〔456〕 ibid ss 425, 431, and 432(未能发送账目和报告).

〔457〕 ibid s 433.

〔458〕 ibid s 434.

〔459〕 ibid s 435.

〔460〕 ibid s 430(6) and(7).

〔461〕 ibid s 451.

〔462〕 ibid s 438.

〔463〕 ibid s 414(4) and(5) (annual accounts); s 414D(2) and(3) (strategic report); s 419(3) and (4) (directors' report); s 422(2) and(3) (remuneration report).

它们使董事能够持续获得有关公司的信息。编制财务和叙述性报告的工作还要求董事每年对公司业务的状况进行评估。此外,年度报告为股东提供了信息,以帮助他们行使对公司的权利。

有关雇员、社会及环境问题的信息对股东来说是有用的。它使以下情形成为可能:股东在履行尽职管理职责以及行使他们的权利之时,不仅以实现自己的短期财务利益为目的,还旨在让公司以可持续的方式行事,以造福整个社会。

账目和报告须分享给单个债券持有人。这些信息都是通过公司登记处公开的,对于上市公司来说,在其网站上也可以看到。这使债权人能够获得有关债务人公司标准化和经核实的信息。

公开提供公司的标准化信息对于那些打算成为股东或向公司提供贷款的人来说也很有用。它可以帮助潜在的股东和债权人做出更明智的投资决定,这不仅提高了股票和债务市场的质量,也提高了消费者和其他市场的质量。

叙述性报告还可以将更广泛的利益纳入公司决策。这是通过一种可以被称为民事监管(civil regulation)的策略来实现的。[464] 法律确定公司在决策过程中应该考虑的选民利益。法律并没有告诉公司如何去做,在某些情况下,法律甚至没有让公司做任何事情。它要求公司提供一份声明,说明他们是否整合了某项利益,如果是,那么是如何整合的。这就把主动权交到公司手中,它要求有关公司弄清楚他们的业务与相关利益的关系。这是一种软性的政府干预,但是这非常适合于组织决策。规则制定者的希望是,通过这种方式,能触发一个自我反思的过程,帮助公司以最适合其组织框架的方式纳入相关利益。声明的发布有助于公众监督,使股东、债权人、客户和公众能够根据公司自己的声明来审查公司的行为。其目的不仅仅是告知市场,还鼓励公司积极整合相关利益。该策略适用于不同规则中定义的大公司。

可能有人认为,叙述性报告不太可能为其旨在促进的更广泛利益带来多大

〔464〕 John Parkinson, *Disclosure and Corporate Social and Environmental Performance: Competitiveness and Enterprise in a Broader Social Frame*, 3 Journal of Corporate Law Studies 3(2003).

好处。的确,财务报告委员会在其对《2018 年英国公司治理准则》的审查中指出,许多公司只是专注于严格遵守该准则的规定,但并没有深入了解它们的治理实践。[465] 叙述性报告机制的风险在于,公司可能会忽视将相关主题纳入其决策的鼓励,转而制作公式化的报告。最坏的情况是,这些要求可能会鼓励官僚主义行为,从而助长那些帮助公司"走形式"的顾问行业。

7.11 遵守法定分配规则的义务

7.11.1 引言

董事在确定可支付给股东的回报方面发挥着重要作用,他们有权建议向股东分配多少利润。[466] 但是,他们不能自由确定这一数额,而是要受到法定分配规则的约束。这些规则与规范公司年度账目的规则有关。公司"只能从可用于该目的的利润中进行分配"[467]。公司的利润由其累计实现的利润减去累计实现的损失组成。[468] 在编制账目时,应根据"公认会计原则"确定利润或亏损是否实现。[469]

根据这些规则,公司须每年确定是否有利润或亏损。利润是参照损益表来计算的。如果某一年发生了亏损,该亏损将记录在资产负债表中,其会被结转到下一年。如果有几年的亏损,这些亏损会累积起来,资产负债表上与亏损有关的记录也会相应增加。如果公司在某一年扭亏为盈,并在该年实现了盈利,则公司不得分配该利润,这些利润将被用来减少从过去几年结转的亏损。只有在没有累计亏损或利润超过累计亏损的情况下,才能分配利润。

对于公众公司来说,还有一个额外的要求。利润只能在其净资产(资产减

---

[465] Financial Reporting Council, *Annual Review of the UK Corporate Governance Code*, Jan 2020, p. 1, avalaible from www. frc. org. uk/getattachment/53799a2d - 824e - 4e15 - 9325 - 33eb6a30f063/Annual-Review-ofthe-UK-Corporate-Governance-Code-Jan – 2020_Final-Corrected. pdf.

[466] Model Articles(private) para 30(2) and Model Articles(public) para 70(2).

[467] CA 2006, s 830.

[468] ibid s 830(2).

[469] ibid s 830(4).

去负债)大于其已催缴股本和不可分配储备金的情况下才能分配。[470] 因此,这些公司须保留比他们目前所需更多的资产来平衡他们的负债。这就是为什么股本和不可分配储备金有时被称为缓冲区。

计算分配的制度从两个方面考虑了债权人。它与要求公司置备所有资产和负债记录的会计规则相联系。债权人受到保护是因为会计规则要求公司跟踪其债务。负债须根据公司法的规定进行估值,并符合账目显示真实和公允信息的要求。此外,以前年度的损失须结转。只有在前几年的亏损得到补偿,且资产大于负债的情况下,才会产生可分配利润。因此,在计算对股东的回报时,债权人利益得到了优先考量。这既适用于股息的分配,也适用于资本的回收。

计算利润的规则是强制性的。它们对董事和股东都有约束力。目前,计算利润的方法与公司账目挂钩,并将法定资本纳入了考量。[471]

分配制度可以追溯到现代会计实践之前的时代。它曾被批评为并不奏效。在采用《国际会计准则》之后,辩论愈演愈烈。[472] 在一些备受关注的破产案件中,人们发现,公司在财务崩溃前不久曾支付过股息,这使辩论变得更加激烈。[473] 最近,《英国经济和社会事务部白皮书》(BEIS White Paper)建议董事置备一份声明,以确认股息的合法性,并确认任何拟议股息不会威胁到公司未来两年的偿债能力。[474] 此外,政府还建议,应要求公共利益实体发布一份复原力声明(以说明公司在短期内探索和缓解风险及不确定性的方法)、一份中期复原力声

[470] ibid s 831.

[471] ibid s 836.

[472] Jonathan Rickford, *Report of the Interdisciplinary Group on Capital Maintenance*, The British Institute of International and Comparative Law, (April 2004), www. biicl. org/files/ 916 _ capital _ maintenance_report_ – final. pdf.

[473] BEIS, *Insolvency and Corporate Governance*, 20 March 2018, p. 28 – 29, available from https:// assets. publishing. service. gov. uk/government/uploads/system/uploads/attachment _ data/file/ 691857/ Condoc_Insolvency_and_Corporate_Governance_ FINAL_. pdf.

[474] Department for Business, Energy and Industrial Strategy, *Restoring Trust in Audit and Corporate Governance*, March 2021, [2. 2. 20] – [2. 2. 23].

明,以及对长期复原力风险的考量。[475]

这些计划是对现有规则的补充,而非取代。但是,即使政府决定用偿付能力测试取代资本维持制度,这种测试也会将债权人的利益置于股东利益之上。

此外,该制度还很有可能继续保持强制性。在最近的报告中,并没有提及应该让股东凌驾于法定分配规则之上。公司法的一个基本原则是,只有当债权人的债权优先于支付给股东的回报时,股东才能获得有限责任。问题不在于债权人"是否"享有优先权,问题在于"如何"做到这一点。争论的焦点是法律应该采取什么机制来确保债权人的债权优先于股东的主张。

7.11.2 股东无法批准非法分配

我们将在下文中看到,股东不能授权、追认或以其他方式允许非法分配。[476] 这也是普通法的立场,杰塞尔法官(Jessel MR)在 *Flintcroft* 案中认为,股东的批准无法"许可"非法股息的支付。[477]

7.11.3 董事的责任

如果董事支付的股息超过了公司账目中显示的可分配金额,那么他们个人要承担严格责任。[478] 如果董事以股息进行分配,其金额超过了公司账目中显示的可分配储备金,那么董事个人要负责偿还这些款项。以下情况不能构成抗辩:如果公司让其有可分配储备金的子公司支付这些款项,公司本可以显示出

---

[475] ibid[3.1.6] – [3.1.18]; Sir Donald Brydon, *Assess, Assure & Inform, Improving Audit Quality and Effectiveness, Report of the Independent Review into the Quality and Effectiveness of Audit*, December 2019,[2.4.4]and[18.0.1] – [18.1.7], available from https://assets.publishing.service.gov.uk/government/uploads/system/uploads/ attachment_data/file/852960/brydon-review final-report.pdf.

[476] 本书第8章。

[477] *Re Exchange Banking Co, Flintcroft's Case*(1882)21 ChD 519, 533(Jessel MR); see also *Precision Dippings Ltd v. Precision Dippings Marketing Ltd* [1986] Ch 447; *Allied Carpets Group Plc v. Nethercott*[2001]BCC 81; *In Re Burnden Holdings, Hunt v. Fielding*[2019]EWHC 1566(Ch),[2019]Bus LR 2878,[113](Zacaroli J).

[478] *In Re Marini*[2003]EWHC 334(Ch),[2004]BCC 172,[36]and[43]. 该案中,董事对其支付的金额超过账目上显示的可分配金额部分负有责任; see also *Re Ruscoe Ltd*(2012)ChD(Companies Court)07 August 2012.

利润;[479] 如果董事根据其尚未收到审计师完全报告(fully report)的账目进行分配,也要承担责任。[480]

如果董事分配股息的金额等于或小于账目中显示的可分配金额,后来发现账目不准确,则需要区别对待。如果董事知道账目上的记录不准确,那么他们个人也要承担严格责任。[481] 如果他们应该知道账目有误导性,也要承担责任。[482] 这将根据技能和注意义务的现代标准来判断。[483]

因此,合理谨慎编制账目并使其得到审计的董事可以放心,如果他们继续支付股息,且金额等于或小于这些账目中显示的可分配储备金,则不用承担责任。在这种背景下,能够证明董事依赖会计和法律专业人员的意见,将有助于证明他们在编制账目时是合理谨慎的。[484] 法院还认识到,"理性的商人和会计师对准确性和全面性的认识存在差异,因此,对财务状况的看法可能不止一种,其中任何一种都可以被称为真实和公允"[485]。

---

[479] *Bairstow v. Queen's Moat House*[2001]EWCA Civ 712,[2001]BCLC 531. 在该案中,董事对其支付的超过账目上显示的可分配金额部分负责。

[480] *Precision Dippings Ltd v. Precision Dippings Marketing Ltd* [1986]Ch 447. 在该案中,董事在收到非"无保留"(unqualified)的审计报告后授权进行分配。他们后来收到的关于保留的信息对分红而言并不重要,这一点无关紧要。

[481] *Bairstow v. Queen's Moat House*[2001]EWCA Civ 712,[2001]BCLC 531. 在该案中,就 1991 年的账目而言,董事们知道这些账目有误导性,因此无法从现行《2006 年公司法》第 1157 条中的救济获益; see also *In Re Exchange Banking Co*, *Flintcroft's case*(1882)21 Ch 519(CA).

[482] *Dovey v. Corey*[1901]*AC* 477.

[483] *In Re Burnden Holdings*(*UK*), *Hunt v. Fielding*[2019] EWHC 1566(Ch),[2019] Bus LR 2878,[148]and[157] - [159]; see also *Revenue and Customs Commissioners v. Holland*[2010]UKSC 51,[2010]1 WLR 2793. 法官在附带意见中指出,如果霍兰德先生(Mr. Holland)被认定为是事实董事,那么他要对在他收到律师关于公司所采取的税务立场站不住脚的建议后所支付的股息负责。法院在一审中将该日期确定为 2004 年 8 月 18 日,并给予了短暂的思考宽限期,该宽限期于 2004 年 8 月 22 日结束。

[484] *In Re Burnden Holdings*(*UK*), *Hunt v. Fielding*[2019] EWHC 1566(Ch),[2019] Bus LR 2878,[139]and[158]; *Dovey v. Corey*[1901]AC 477.

[485] *In Re Burnden Holdings*(*UK*), *Hunt v. Fielding*[2019] EWHC 1566(Ch),[2019] Bus LR 2878,[201] - [202]. 赞同"几乎是标志性的"关于"真实和公允"的观点,该观点由王室法律顾问伦纳德·霍夫曼(Leonard Hoffmann QC)和玛丽·阿登(Mary Arden)(时任)所写,后来由王室法律顾问马丁·摩尔(Martin Moore QC)更新(available from www. frc. org. uk/accountants/accounting-and-reporting-policy/true-and-fair-concept); see also *BTI* 2014 *LLC v. Squana SA*[2019]EWCA Civ 112,[2019]1 BCLC 347. 在该案中,法院认定董事在评估一项长期负债时行为合理。

7.11.4 股东的责任

如果股东在分配股息时知道或有合理的理由相信该分配是非法的，则他或她必须退还所获得的股息。[486] 股息分配最近被定性为可根据《1986 年破产法》第 423 条被撤销的交易。[487]

7.12 理论观察

《2006 年公司法》将公司宪章作为董事权力的来源。该宪章由股东制定，但是股东不能自由决定其内容。公司法对股东设定公司运作条款的自由进行了限制。《上市规则》对此进行了补充，《收购准则》也对此做了补充。通过这些法定干预措施，债权人和公共市场的利益被纳入了公司的基础性文件。

法院的分析源于对宪章的解释。这涉及对权力范围的解释，还涉及根据公司的宪章设置，对各权力的目的分析。

董事对公司而不是对股东负担所有义务。他们必须遵守公司宪章；他们必须促进公司的成功；他们必须制定适当的程序以及时了解公司的财务信息、监督其委托的任务，并确保监管要求得以遵守；他们还须遵循与规制其自身利益冲突有关的程序，包括他们与第三方进行的交易以及他们与公司进行的交易。董事必须置备会计记录，并制作年度财务报告和叙述性报告。在确定公司是否有利润可以分配给股东时，他们须适用强制性规则。

从理论角度来看，我们已经观察到，法院主要保护公司程序，而不是保护任何特定经济利益。股东、债权人和其他参与者的利益只是被间接保护。我们还看到，股东是规范董事义务规则的主要间接受益人，但是他们并不是唯一的受益人。法律将债权人的利益以及更广泛的社会利益纳入了董事义务。值得注

---

〔486〕 CA 2006, s 847; *It's a Wrap (UK) Ltd v. Gula* [2006] EWCA Civ 544, [2006] 2 BCLC 634 and *Precision Dippings Marketing Ltd* [1986] Ch 477; for a critique of this see Jennifer Payne, *Unjust Enrichment, Trusts and Recipient Liability for Unlawful Dividends*, 119 Law Quarterly Review 583 (2003).

〔487〕 *BTI 2014 LLC v. Sequana SA* [2019] EWCA Civ 112, [2019] BCC 631.

意的是，在涉及分配决策时，债权人利益优先。

代理理论在解释利益冲突对董事决策的影响方面发挥了一定作用。[488] 但是，法院明确指出，董事不是公司或股东的代理人。此外，将股东定性为经济意义上的代理人会忽视成文法和判例法之间的细微差别。

总的来说，现行法律最好被理解为：为自主组织行动制定一个决策过程。董事在这一过程中发挥了主导作用，但也受到了约束：其需要主要考量和股东相关的因素，但是在很大程度上，也要考量与债权人和更广泛社会相关的因素。

[488] See also Paul Davies, *Introduction to Company Law*, 3rd edition, OUP, 2020, p. 10 – 11.

CHAPTER 08 >>

8. 股东的地位

8.1 引　　言

股东对公司的影响力很大。因此,我们可以得出结论,英国的公司法实行的是以股东为中心的公司模式。尽管如此,本章将论证,法律并不支持股东是公司委托人的结论。最佳理解是:法律是为一个组织的运作而服务的;而股东则是在一个自主组织的决策过程中所扮演的特定角色。

我们将在本章 8.2.1 部分中看到,股东通过私人行动组建公司,他们也可以决定结束公司,但是他们必须遵循法定的公司设立和清算程序。这两个程序都服务于与公司互动的第三方利益,因此这两个程序都可以通过本书所提理论得到很好的解释。

本书提出的理论还解释了为什么股东不能迫使公司放弃修改章程,以及为什么法院一般不愿意限制多数股东通过章程修正案的能力。允许修改宪章的规则创造了灵活性,这有助于组织适应不断变化的环境(8.2.2 部分)。

从历史上看,产权授予契约公司是在没有立法参与的情况下设立的。因此,这些公司的治理是由设立它们的人决定的。现代法律仍然显示出这种模式的痕迹,成立公司的人有一定的自由来决定谁做哪些决策。但是,法律已不再将公司决策程序的决定权完全交给私人行为了。我们已经看到,有大量的强制性规则限制了那些设立公司的人创建自己的宪章性模型(constitutional model)的自由。[1] 多年来,公司法为股东保留了越来越多的权力,且不能将这些权力授权给董事或其他任何人。公司法还包含了大量的强制性规则,将股东以外的利益相关者纳入分析范围,而且股东不能凌驾于这些规则之上。与私人公司相比,公众公司受到更大程度的法定干预。

股东和董事之间权力分配的来源首先是法规,其次是宪章。宪章作为法律规定的次要权力分配来源,对法规进行补充。法规与宪章共同规制公司的决策过程,它们为不同的参与者分配了角色。第7章对董事的角色进行了分析。

在本章中,我们将分析股东的角色。我们将看到,股东通常会任命董事,并且他们有罢免董事的法定权力(8.2.3部分)。他们还可以任命和罢免审计师(8.2.5部分)。这可以证明英国采用的是股东中心模式(8.2.3部分)。然而,我们将看到,法院已经明确拒绝董事是股东代理人的主张(8.2.4部分)。

股东负责批准某些交易(8.3部分)。这些交易包括:股票发行、[2]收购防御措施、[3]政治捐款、公司暂停营业时对雇员的规定,以及(根据《上市规则》进行的)某些大宗交易。[4] 他们批准公司与其董事之间的交易,如某些利益冲突的交易、长期服务合同、上市公司薪酬政策、重大财产交易和对失去职务的赔偿。[5] 股东可以追认董事的失职行为。[6]

总之,这些权力使股东对公司的管理有重大影响力。然而,股东的权利也受到了限制。这些限制是为了保护少数股东和债权人的利益。

当公司发行股份时,少数股东受到优先购买权和估值规则的保护。[7] 他们还受到不公平妨害救济的保护,法院通过该救济审查公司与多数股东之间的交易。[8]《2006年公司法》第239条通过防止兼任董事的股东追认自己的不

[1] 参见本书6.2部分。
[2] 参见本章8.3.1部分。
[3] 参见本章8.3.2部分。
[4] 本章8.3.3部分。
[5] ibid.
[6] 本章8.3.4部分。
[7] 本章8.3.1部分。
[8] 本章8.3.3不公平妨害部分。

当行为以保护少数股东。

通过禁止变相资本返还的规则，债权人的利益被纳入股东决策中。这一规则在公司与股东进行交易时发挥作用。它可以防止在没有可分配利润的情况下，将此类交易作为向股东支付回报的工具。[9] 债权人还受到法律为公司报告而制定的强制性要求的保护。股东不能修改有关资产和负债评估的规则，[10]他们也不能推翻决定董事如何计算利润的规则。[11] 虽然股东在公司治理方面有相当大的影响力，但是他们无法操控公司向他们支付回报的能力。

我们将进一步研究《2020 年英国尽职管理准则》，通过该准则，政府试图对机构股东施加压力，使其不要求短期回报。[12] 最后，我们将分析反射损失原则，该原则限制了股东在公司有竞争性请求的情况下向第三方提出损害赔偿请求。[13]

本章得出的结论是，英国公司法是以股东为中心的，但是如果认为股东是董事或公司的委托人，那就错了。公司法不是围绕股东和董事之间的二元冲突而设计的，它确立了一个过程，以使组织能够独立于其参与者而自主采取行动。

我们还将观察到，在规范层面上，一个整合股东以外利益的好办法是在公司决策过程中任命一个代表他们利益的人。这出现在了《2018 年英国公司治理准则》中，其目的是保护员工利益。

8.2 宪章性事项

8.2.1 公司的组建和结束

股东决定公司的开始和结束，但公司的组建和结束过程都要受到法定限

〔9〕 本章 8.3.3 变向资本返还部分。
〔10〕 本章 8.4 部分。
〔11〕 本章 8.5 部分。
〔12〕 本章 8.6 部分。
〔13〕 本章 8.7 部分。

制。组建和清算公司的决定须经法定程序才能落到实处,该程序整合了与公司互动的第三方的利益。

我们在前几章中看到,公司的组建与某些旨在促进公司与第三方互动的法定程序有关。[14] 我们还看到,尽管登记制公司的组建受到欺诈或其他有损其效力的缺陷的影响,其也不能被视为无效。[15] 公司想要结束须经清算。

同样,股东不能有效同意以非正式的方式清算公司。[16] 公司可以通过股东的特别决议来结束,但是会触发一个清算程序。[17] 此外,个人股东不可能向公司发出通知。这与合伙企业法中的情况形成鲜明对比,在合伙企业法中,任何合伙人都可以通过"向其他人发出解散合伙企业的意向通知"来结束未确定期限的合伙企业。[18] 公司的个人成员只有在他或她能证明有公正和公平的理由时,才能让公司清算。[19]

8.2.2 修改宪章的权力

每个公司都有宪章。[20] 我们已在本书6.3部分得出结论,宪章不能被定性为合同,根据《2006年公司法》第21条的规定,股东可以通过特别决议修改宪章。我们将在本部分看到,修改宪章的权力可以用公司法促进组织运作这一事实来解释。

允许修改宪章的条款是强制性的。股东可以在股东协议中同意以某种方式行使其投票权。[21] 但是,一家公司不可能同意不修改其宪章。[22] 宪章也不

---

〔14〕 本书2.5部分。

〔15〕 本书2.5及6.3.2部分。

〔16〕 *Mac Pherson v. European Strategic Bureau Ltd*[2000]2 BCLC 683.

〔17〕 Insolvency Act 1986(IA 1986), s 122(1)(a).

〔18〕 Partnership Act 1890, s 32(c).

〔19〕 IA 1986, s 122(2)(f).

〔20〕 Companies Act 2006(CA 2006), s 18;如果第一任股东没有制定或登记定制的宪章,则适用示范章程。(CA 2006, s 19 and 20);[The Companies(Model Articles) Regulations 2008, SI2008/3229, Sch 1(Model Articles for Private Companies Limited by Shares) and Sch 3(Model Articles for Public Companies)].

〔21〕 *Russel v. Northern Bank Development Corporation Ltd* [1992]1 WLR 588.

〔22〕 *Punt v. Symons & Co Ltd*[1903]2 Ch 506.

可能完全取消或限制公司修改宪章的能力。[23]

从本书提出的理论来看,这种让公司能够修改其宪章的强制性制度是合理的。公司是为经营组织而设计的,这些组织必须适应它们所处的环境。这一背景有助于解释为什么法律不允许公司通过合同取消修改宪章的能力。允许股东修改宪章的规则是一个基本机制,通过这个机制,公司的正式法律程序框架可以适应环境的变化。

除了让公司有能力通过特别决议程序来修改宪章外,为组织的灵活性,法院还提供了另一个渠道。*Duomatic* 原则免除了在股东一致行动的情况下与股东决议相关的手续,[24]该原则也适用于意图修改宪章的股东合意。在 *Cane v. Jones* 案中,法院判决该原则适用于修改宪章的合意,在该案中,并没有在股东会上通过正式修改宪章的决议。[25] 当公司在没有任何一个股东反对的情况下按照修改后的章程开展业务时,*Duomatic* 原则也可适用。[26] 虽然手续可以省去,但是股东必须有修改宪章的意图。[27] 在 *The Sherlock Holmes International Society* 案中,王室法律顾问马克·安德森(Mark Anderson QC)认为,需要有证据表明存在修改章程的意图,仅凭一致决定就得出宪章已修改的结论是不够的。因此,与章程不一致的决定,即使是以一致同意的方式通过的,也不会使这些条款被修订。[28]

这种对组织灵活性的要求也在一定程度上解释了为什么法院在很大程度上拒绝允许少数股东质疑多数股东修改章程的决定。在普通法中,只有当多数

---

〔23〕 *Walker v. London Tramways Co* (1879) 12 Ch D 705; see also *Russel v. Northern Bank Development Corporation Ltd* [1992]1 WLR 588.

〔24〕 参见6.2.6部分。

〔25〕 *Cane v. Jones*[1981]1 All ER 533;see also *Re Sherlock Holmes International Society Ltd*[2016] EWHC 1076(Ch),[2017]2 BCLC 14, para 61——然而,在 *Sherlock* 案中,并没有明确的协议。

〔26〕 *Re Home Treat Ltd*[1991] BCLC 705 cited in *Re Sherlock Holmes International Society Ltd* [2016]EWHC 1076(Ch),[2017]2 BCLC 14, para 63.

〔27〕 See also *Dixon v. Blindley Health Investments Ltd*[2015]EWCA Civ 1023,[2016]4 All ER 490 (108). 该案提出了对以下情形的质疑:当一些股东的投票权被其他股东代理行使时,*Duomatic* 原则是否能适用。

〔28〕 *Re The Sherlock Holmes International Society Ltd* [2016]EWHC 1076(Ch),[2017]2 BCLC 14.

人的行为不是为了公司的整体利益时,宪章的修订才能被质疑。[29] 该测试建立的屏障很高。只有当有证据表明批准修正案的多数人的意图不是促进公司利益时,才无法通过测试。如果没有证据证明存在恶意,则该修正案将有效。[30]

曾经有一个法官在一审判决中写道,问题在于一项修订是否"事实上……真正为了公司的利益",并得出结论,"根据多数人的意志和愿望"剥削股东不能说是"为了公司的整体利益"。[31] 澳大利亚还有支持更照顾少数股东利益的测试。[32]

然而,在英国,这种方法被公司法审议指导小组拒绝了,理由是,众所周知的 *Gambotto* 案中的修订符合公司利益,该案中的少数股东得到了充分补偿。[33]

法官们也拒绝遵循 *Gambotto* 案,并且最近的判决重申了 *Shuttleworth v. Cox* 案中的立场。在 *Cito v. Pusser* 案中,枢密院明确拒绝 *Gambotto* 案,认为该案并未得到英国法律的认可。[34] 霍夫曼勋爵继续宣称,只有在有证据质疑股东的诚实性,或者拟议的修订非常不合理,以至于没有一个合理的股东会认为它对公司有利时,法院才有理由进行干预。[35] 在 *Charterhouse Capital Ltd* 案中,上诉法院认为,除非有"恶意或不正当动机的证据",否则修订将是有效的,只要"一个合理的人认为"修改是"符合公司利益的"就足够了。[36]

从本书的角度来看,值得注意的是,公司修改其宪章的能力为其提供了作为组织运作的法律支柱所需的灵活性。这也有助于解释为什么股东无法迫使

---

〔29〕 *Allen v. Gold Reefs of West Africa Ltd*[1900]1 Ch 656.

〔30〕 ibid; *Shuttleworth v. Cox Brothers and Co(Maidenhead)Ltd*[1927]2 KB 9.

〔31〕 *Dafen Tinplate Co Ltd v. Llanelly Steel Co*(1907)Ltd[1920]2 Ch 124, 141 –42.

〔32〕 *Peters' American Delicacy Co Ltd v. Heath* (1939) 61 CLR 457 (High Court of Australia); *Gambotto v. WPC Ltd* (1995)182 CLR 432(High Court of Australia).

〔33〕 Sarah Worthington, *Sealy and Worthington's Texts and Materials on Company Law*, 11th edition, OUP 2016, p. 241; CA 2006, s 979. 该条规定,持股 90% 的多数股东有权收购少数股东的全部股份,这使 *Gambotto* 案的判决变得过时。

〔34〕 *Citco Banking Corporation NV v. Pusser's Ltd*[2007]UKPC 13[19] –[20](Lord Hoffmann).

〔35〕 ibid[16](Lord Hoffmann).

〔36〕 *Re Charterhouse Capital Ltd*[2015]EWCA Civ 536,[2015]BCC 574,[65]and[90]; see also *Staray Capital Ltd v. Yang(aka Stanley)*[2017]UKPC 43[34].

公司通过合同排除允许其修改宪章的规则。

8.2.3 任命和罢免董事的权力

《2006 年公司法》没有规定如何任命董事。该法只规定,公众公司需要有两名董事和一名公司秘书,私人公司只需要一名董事。[37]

因此,应该由股东在宪章中决定如何任命董事。《示范章程》规定,董事由股东的普通决议或董事决议来任命。[38] 公众公司的成员大会不得提出以单个决议任命两人或数人担任公司董事的动议,除非在该会议上首先已经一致通过了应当这样做决议的决议。[39] 此外,《2018 年英国公司治理准则》建议上市公司通过以下一种或多种方法与雇员互动:从雇员中任命董事、成立正式的雇员咨询小组,或指定一名非执行董事。[40] 这是一种将雇员利益纳入公司决策的方法。通过在董事会中创建一个代表这些利益的特殊角色,雇员的利益可以得到体现。当然,也可以用同样的方法来整合其他利益相关者的利益。[41]

根据《示范章程》,公众公司的董事必须在公司首次年度股东会上退任。在此后的每次年度股东会上,自上次年度股东会以来由董事任命的所有董事,或任何没有在前两届年度股东会之一被任命或重新任命的董事必须退任。[42]《2018 年英国公司治理准则》建议每年重新选举所有董事。[43]

章程可以规定有关董事退任的额外规则。在 *Stobart Group v. Tinkler* 案中可以找到这方面的例证。[44] 在该案中,章程载有一项条款,允许董事在所有其

---

〔37〕 CA 2006, s 154.

〔38〕 Companies(Model Articles)Regulations 2008, No. 3229, Model Articles(private)reg 17; Model Articles(public)reg 20.

〔39〕 CA 2006, s 160.

〔40〕 UK Corporate Governance Code 2018, provision 5.

〔41〕 Irene-Marie Esser & Iain MacNeil, *Disclosure and Engagement: Stakeholder Participation Mechanisms*, 30 European Business Law Review 201(2019); Benedict Sheehy, *Sustainability, Justice and Corporate Law: Redistributing Corporate Rights and Duties to Meet the Challenge of Sustainability*, 23 European Business Organization Law Review 273(2022).

〔42〕 Model Articles(public)reg 21.

〔43〕 UK Corporate Governance Code, provision 18.

〔44〕 *Stobart Group v. Tinkler*[2019]EWHC 258(Com).

他董事的一致要求下被免职。

根据科恩委员会1945年的建议,公司法载有一项强制性规则,允许股东在任何时候通过普通决议罢免董事。[45] 我们现在可以在《2006年公司法》第168条中找到该规则。公司可在董事任期届满前通过普通决议罢免董事。这项权利不限于特定原因,但适用特殊程序,要赋予相关董事在会议上就该决议发表意见的权利。针对该会议,有特别通知要求,且相关董事有权收到会议通知的文本。[46] 罢免董事的权力是强制性的。无论是公司章程还是公司与董事之间的合同都不能凌驾于该权力之上。[47] 此外,该权力也不能被委托给其他董事或公司内部可能存在的任何其他委员会。[48] 公司章程可以包含罢免董事的额外权力,但是不得修改成员通过普通决议罢免董事的权力。[49]

股东能够在任何时候罢免董事,这是支持英国实行股东中心模式这一结论的一个要素。罢免权是确保对特定选民负责的强有力的机制。例如,在宪法背景下,卡尔·波普尔爵士(Sir Karl Popper)认为,罢免权比任命权持有人的权利更重要。[50]

8.2.4 董事并非股东的代理人

由于股东负责制定和修改章程,历史上的一个突出问题是,股东是否可以酌情撤销董事管理公司的权力,以及他们是否能够通过缺省简单多数要求来做到这一点。在代理模式中,这个问题的答案很简单。指示代理人的委托人可以在任何时候取消其代理人的权力。这一点可以通过合同来修改。例如,房产代理商有时会使用在一段时间内约束卖主的条款。然而,如果合同中没有此类条款,委托人可以自行决定撤销代理人的权力。

---

〔45〕 *Report of the Committee on Company Law Amendment* (*Cohen Report* 1945), Cmd 6659, p. 130.

〔46〕 CA 2006, s 169.

〔47〕 ibid s 168(1).

〔48〕 ibid s 168(1)要求“在会议上”行使权力。

〔49〕 Simon Mortimore, *Company Directors*, 3rd edition, OUP, 2017, para 1.05 and 1.41.

〔50〕 Sir Karl Popper, *The Open Society and its Enemies Revisited*, The Economist, 1988, p.25.

公司法以不同的方式运作。宪章规定了决策程序。法院不认为股东是委托人,也不认为董事是代理人。他们不关注任何一个利益集团,而是通过解释宪章的文字以确定其面前各方的权力和权利。[51] 正如我们所讨论的那样,宪章是由股东制定和修改的。[52] 但是,这并没有赋予他们任何超越其不时制定的宪章所载内容的特殊地位。

在这方面,一个早期具有里程碑意义的案件是 *Ilse of White Railway Company v. Tahourdin*。[53] 该案涉及一家成文法上的公司。[54] 该公司的章程由《1845 年公司条款统一法》补充。[55] 该法第 90 条通过以下表述限定了董事权力:"所有这些权力的行使还应受到为此目的而专门召开的任何股东会的控制和监管。"[56] 该案表明,曾经有一段时间,默认的立场是,在公司的一般管理问题上,股东有权通过简单多数向董事发出指示。[57]

与登记制公司有关的立场是从 *Automatic Self Cleansing v. Cuninghame* 案的判决中发展起来的。[58] 在该案中,章程没有规定多数股东能够指示董事的条款。[59] 然而,简单多数的股东向董事发出指示,将资产出售给另一家为此目的成立的公司。

上诉法院维持了一审判决,认为这是一个需要通过解释章程条款来解决的问题。章程中载有一项规定,即董事管理公司的权力"受制于……法规和本章程的规定,以及不时由特别决议制定的与本章程不相抵触的规定"。[60] 还有一项条款规定通过特别决议罢免董事。[61]

---

〔51〕 参见本书 7.3 部分。

〔52〕 参见本章 8.2.2 部分。

〔53〕 *Ilse of White Railway Company v. Tahourdin* (1884) LR 25 ChD 320.

〔54〕 ibid 335 (Fry LJ).

〔55〕 ibid 326 (Kay J).

〔56〕 ibid 331 - 32; see also 335 (Fry LJ).

〔57〕 Alan Dignam & John Lowry, *Company Law*, 9th edition, OUP, 2016, para 13.4.

〔58〕 *Automatic Self Cleansing v. Cuninghame* [1906] 2 Ch 24.

〔59〕 ibid 46 [科曾斯·哈迪法官 (Cozens-Hardy LJ)] 该案仅判决不授予任何强制令以阻止股东召开会议。

〔60〕 ibid 35.

〔61〕 ibid 35.

多数股东的律师提出了这样的论点：董事须遵守代理人必须服从其委托人指示的一般规则。公司“不会通过将权力下放给董事来放弃权力”[62]。他指出，公司是委托人，因此可以在任何时候以正常的方式通过普通股东决议撤销章程中的授权。这一论点假定标准代理原则适用于章程中的授权。它还假设，股东要么“是”公司，要么代表公司，无论如何，他们都可以通过普通决议来做到这一点。

法院并没有采纳这一论点。柯林斯法官的理由是：毫无疑问，出于某些目的，董事是代理人。他们是谁的代理人？毋庸置疑，在理论和法律上，有一个实体，即公司，它可能是一个委托人，但当考虑董事的特殊地位时，必须支持这一点……如果要改变对董事的授权，只能在备忘录和章程本身的机制下进行。[63]

科曾斯·哈迪法官（Cozens-Hardy LJ）认为，这并不是“一方是雇主，一方只是雇员”的情况。[64]“你在这里处理的是……有独立权利的当事人，为了他们的共同利益而做的共同规定。”[65]

在 *Salmon v. Quin &Axtens* 案中，上诉法院和上议院维持了 *Automatic Self Cleansing* 案的裁决。实体性判决是在上诉法院作出的。这些判决说明了法官的首要目标是执行宪章。其表明，股东和董事一样受宪章约束，他们不应被视为公司的委托人。

在上诉法院，菲尔维尔法官（Farewell LJ）写道：董事不是服从股东个人指示的受雇人；他们不是由作为委托人的股东任命的代理人，也没有义务把股东当作他们的委托人来服务。他们是可以根据规章制度被授权控制企业的人，如果被授权，他们只能被可以改变章程的法定多数剥夺控制权。其认为，即使是以个人身份行事的所有成员的指示，董事们也没有义务去遵守。[66]

在 *Shaw v. Shaw* 案中，有附带意见解释说，宪章由法律严格执行，因为它是

---

〔62〕 ibid 37.

〔63〕 ibid 42 – 43.

〔64〕 ibid 45.

〔65〕 ibid 45.

〔66〕 *Salmon v. Quin &Axtens* [1908]1 Ch 311 at 319.

一个自主组织行动的框架。格里尔法官(Greer LJ)写道:公司是一个不同于其股东和董事的实体。根据其章程,它的一些权力可以由董事行使,其他权力则可以保留给股东在股东会上行使……股东会控制章程授予董事之权力行使的唯一方法是修改章程,或者如果根据章程有机会的话,拒绝重新选举他们不赞成其行为的董事。他们自己不能篡夺章程授予董事的权力,就像董事不能篡夺章程授予股东会的权力一样。[67]

沿着类似的思路,斯莱瑟尔法官(Slesser LJ)提到:"如果……董事根据章程有权提起[一个]……诉讼,我看不出股东如何能干涉这种权力,除非他们修改章程,而他们并没有提议这样做。"[68] 适当的程序是由股东首先修改章程,然后根据修改后的版本发出指示。

随着时间的推移,*Automatic Self Cleansing v. Cuninghame* 案代表了这样的观点:"董事在其管理权力范围内,可以做违背多数股东意愿的决定,而且,事实上,多数股东不能在董事任职期间控制其行使这些权力。"[69]

现代的立场是,《示范章程》载有一项规定,即股东可以通过特别决议向董事发出指示。目前的立场仍然是股东没有剩余权力。[70] 当董事会无法行事、陷入僵局或不复存在时,则另当别论。[71]

从理论角度来看,本部分的分析支持本体性公司理论,而非代理模式。第一批股东经私人行动制定了公司章程,但是这些章程随即成为公司宪章。该宪章决定了公司的组织结构。它在不同机构之间分配决策权,并由此受到法律的保护。宪章是一份包含规则的文件,该文件反映了各种利益和因素的平衡。其规则共同创造了规范决策的程序,这一程序框架体现了公司的运作方式,并因此受到法律的保护。

从理论角度看,法院明确表示,股东不是董事的委托人,董事也不是股东的

---

〔67〕 *Shaw v. Shaw* [1935]2 KB 113 at 134(Greer LJ).

〔68〕 ibid 143.

〔69〕 *Howard Smith v. Ampol* [1974] AC 821 at 837 E (Lord Wilberforce); Most recently *AS (Nominees) Ltd v. Nottingham Forest FC Plc* 5 April 2001 para 39.

〔70〕 Brenda Hannigan, *Company Law*, 5th edition, OUP, 2018, para 9 - 5.

〔71〕 ibid para 9 - 5.

代理人。

8.2.5 任命和罢免审计师的权力

我们在上文中看到,董事有责任置备记录、编制报告,并确保其得到审计。[72] 股东负责审计师的任命和罢免。[73] 他们还要批准法律允许的限制责任协议。[74] 股东在法定报告程序中的这种影响进一步证明了英国实行的是以股东为中心的公司模式。

8.3 管理公司

在本部分,我们将分析股东对公司管理的影响。我们将看到,股东对一些管理决策有重大影响力,但也受到了限制。这些限制有利于少数股东和债权人。这支持了这样的结论:把股东说成董事或公司的委托人是错误的。股东的利益要向少数人利益和债权人权利低头。

8.3.1 股份发行

引言

发行股份的权力分配曾经是章程的问题,股东可以自由决定如何发行新股。例如,他们可以授予董事不受约束地发行新股的权力。确立正当目的原则的早期里程碑案例就是在那个时候做出的。[75]

现在的情况已经不一样了。公司法的介入限制了宪章决定如何发行股份的能力。正当目的原则赖以发展的模式仅适用于只有一类股份的私人公司。它们的董事可以发行更多该类股份。股东可以在章程中取消这一权力。[76]

---

〔72〕 参见本书 7.10 部分。

〔73〕 CA 2006, ss 485, 489, and 510.

〔74〕 ibid ss 534 – 36.

〔75〕 参见本书 7.3 部分。

〔76〕 CA 2006, s 550(b).

对于所有其他公司而言,章程或股东决议只能授予董事有限的发行股份的权力。授权到期的日期不得超过自公司成立之日或包含授权的决议通过之日起 5 年。[77] 授权可以续期,但其期限不得超过 5 年。[78] 也可以通过普通决议而非特别决议随时撤销或更改授权。[79] 股东必须说明根据授予董事发行股份的权力可以配售股份的最高数额。[80] 与衡平法规则相比,法规坚持对发行股份的权力规定了更细致的股东监督。

此外,《2006 年公司法》还载有旨在保护少数股东的规则。这些规则将在下文进行探讨。

优先购买权

现在有关于优先购买权的法定规则。[81] 这些规则允许少数股东参与股份发行,旨在保持他们在公司的相对影响力。这些规则由《1980 年公司法》引入。[82] 当发行普通股,发行可转换为普通股的权利凭证,以及公司出售库藏股时,都会引发优先购买权。[83] 股东不得授权董事向任何人配售此类证券,除非公司已经"以相同或更有利的条款",并以"尽可能接近该股东持有的公司普通股本的面值比例"向每个现有普通股东发出了要约。[84] 有关股东可以将获得这些股份的权利转让给其他人。[85] 这使无意接受优先购买要约的股东能够实现有关该要约的货币价值。还有一些强制性要求指示公司以纸质或电子形式发出优先认购要约。[86] 这些规定不适用于红利股、全部或部分以非货币方式支付对价的发行,以及根据员工持股计划进行分配的发行。[87]

---

〔77〕 ibid s 551(3)(b).

〔78〕 ibid s 551(4)(a).

〔79〕 ibid s 551(4)(b).

〔80〕 ibid s 551(3)(a).

〔81〕 ibid s 561.

〔82〕 Companies Act 1980(c 22).

〔83〕 CA 2006, s 560.

〔84〕 ibid s 561(1); 在计算优先购买权的相关权益时,不考虑公司持有的库存股[ibid s 561(4)]。

〔85〕 ibid s 561(2).

〔86〕 ibid s 562(2).

〔87〕 ibid ss 564 – 66.

优先购买权对公众公司来说是强制性的。[88] 这类公司的股东只有在发行了一类以上股份的情形下才能修改优先购买权条款。在此情形下,其章程可以规定,优先购买权是以每个类别为基础授予的。[89]

私人公司的股东可以在章程中排除优先购买权,或排除一般的与公司配售权益证券相关的要求以及与特定类别的配售相关的要求。[90] 私人公司示范章程目前并没有排除优先购买权。希望排除优先购买权的股东必须遵守修改章程的法规。

此外,还有一些特殊的法规允许不适用优先购买权。对于大多数公司来说,优先购买权只能通过股东特别决议来取消或修改,而且该决议只能就特定配售作出。[91] 该决议只有在经董事推荐的情况下才能通过。在决议通过之前,董事必须作出书面声明,以说明其推荐的理由,对于权益证券的配售而向公司缴付的数额,以及他们提出该数额的正当理由。[92] 该声明必须与会议通知一起分发。[93] 如果是书面决议,则必须在提交决议之时或之前将声明分发给成员。[94]

该声明的内容受《2006 年公司法》第 572 条规定的保护。任何人如果"明知或过失"授权或允许在声明中加入"就重要详情而言具有误导性、虚假或欺诈"的任何事项,即构成犯罪,可被判处监禁或罚款,或者并罚。[95]

只有一类股份的私人公司适用的规则没有那么苛刻。如果这类公司的章程或股东特别决议授权其董事发行股份,则董事也可以被授予发行这些股份而不授予优先购买权的权力。这项授权的有效期仅为 5 年。该期限可以被延长,但延长期限不得超过 5 年。[96]

私人公司的董事和多数股东还需要了解禁止不公平妨害规则。股票发行

[88] ibid s 567.

[89] ibid s 568.

[90] ibid s 567.

[91] ibid s 571(1).

[92] ibid s 571(6).

[93] ibid s 571(7)(b).

[94] ibid s 571(7)(a).

[95] s 572(2).

[96] ibid ss 570(3) and 551(3)(b).

有可能构成不公平妨害。[97] 股东无法将自己或公司与不公平妨害诉讼隔离开来,因此关于不公平妨害的规则是股东无法逾越的屏障。

实物出资的估值

还有一些关于实物出资的估值规则。这些规则是为了防止现有股东的权利在公司发行股份以换取非现金资产时被稀释。当公司收到的资产价值远远低于作为回报发行的股份时,就会发生稀释。[98]

如果公众公司为非现金资产配售股份,则公司收到的股份对价必须根据《2006 年公司法》第 593 条的规定进行独立估值。[99] 合同须经公司的普通决议批准。[100] 评估师报告的文本必须发送给有权获得会议通知的成员以及拟议交易的另一方。[101] 该决议的文本必须提交给登记官。[102] 这些规则被批评为收效甚微,同时还造成了行政负担。[103] 脱欧后,英国可以取消或放宽这些要求。但是,即使这些规定从法规中删除,股东也将受到判例法的约束,判例法已经发展出了与实物出资相关的规则,这些规则也是强制性的。

衡平法规则目前适用于私人公司。实物出资须由公司评估。根据标准宪章框架,董事负责对实物出资进行评估。然而,估值标准并不苛刻。[104] 法院适用《2006 年公司法》第 172 条的规定,并假定一切正常,不愿意对董事赋予资产

---

〔97〕 *Re A Company*(No. 007683 of 1984)[1986]BCLC 362(367);*Sunrise Radio*[2010]1 BCLC 367[113];see also *Clemens v. Clemens*[1976]2 All ER 268(ChD);有可能不公平妨害救济(当时不存在)会有助于格林哈尔(Greenhalgh)先生对阿尔德恩电影院有限公司(Arderne Cinemas Ltd)的索赔。*Greenhalgh v. Arderne Cinemas* [1951]Ch 286(CA).

〔98〕 *Pilmer v. Duke Group Ltd* [2001]HCA 31,(2001)207 CLR 165.

〔99〕 *Zavarco UK Plc v. Sidhu*[2021]EWHC 1526(Ch).

〔100〕 CA 2006, s 601.

〔101〕 ibid s 601(1).

〔102〕 ibid s 602.

〔103〕 Eilis Ferran, *Revisiting Legal Capital*, 20 European Business Organization Law Review 521 (2019);John Armour, *Legal Capital: An Outdated Concept?*, 7 European Business Organization Law Review 5(2006).

〔104〕 有人指出,与估值要求相关的低标准,有可能会诱使那些需要资金且股票除折价外无法出售的企业向愿意接受股票的人支付过高的价格换取实物或劳务,参见 *Tintin Exploration Syndicate v. Sandys* [1947]177 LT 412(after the citation of *Ooregum Gold Mining v. Roper*[1892]AC 125)。

特定价值的决定进行事后猜测。[105] 董事须诚实地认为其所给予的对价公平地代表了股票的现金名义价值。[106] 但是,如果事实清楚地表明其并没有进行过估值,法院将进行干预。[107] 换句话说,公司不能以固定的当前对价有效地约定以下事项:公司不时发行的一定比例的股份应按已全额支付股款配售给该资产的出资人。[108] 如果估值不合理或不诚实,法院也将进行干预。[109] 举个例子,公司接受债务工具作为股份的支付,而这些债务工具的价值完全是投机性的,且公司董事对这一事实非常了解。[110] 估值要求虽然并不烦琐,但却是董事和股东都无法推翻的强制性要求。

与实物出资估价有关的判例法可以追溯到 19 世纪末/20 世纪初。目前关于董事义务的制度比当时的制度更为严苛。特别是,技能和注意义务现在要求董事按照客观标准行事。[111] 可以说,在现代背景下,需要的不仅仅是善意的证据。

折价发行

还有一些旨在使债权人受益的股份发行规则。长期以来,普通法有一条规则,禁止折价发行股份。[112] 折价发行是指公司以低于票面价值的价格发行股份。公司发行的所有股份的票面价值构成了公司的资本。折价发行是被禁止的,因为普通法假定第三方信赖公司披露的数字即为公司资本。普通法还假定,第三方在看到公司有一定数量的资本时,会得出结论认为,公司要么已经从股东那里得到了这笔钱,要么将来有权获得这笔钱。折价发行会产生误导,因为公司会发出这样的信号:它收到的钱比实际拥有的多,或者有权收到的钱比实际拥有的多。

---

〔105〕 关于 CA 2006, s 172 的分析,参见本书 7.4 部分。

〔106〕 *Tintin Exploration Syndicate v. Sandys*[1947]177 LT 412(after the citation of *Ooregum Gold Mining v. Roper* [1892]AC 125).

〔107〕 ibid.

〔108〕 *Hong Kong and China Gas Company v. Glen*[1914]1 Ch 527.

〔109〕 *Re Wragg*[1897]1 Ch 796.

〔110〕 *Re White Star Line Ltd*[1938]Ch 458, 478.

〔111〕 参见本书 7.6 部分。

〔112〕 CA 2006, s 580; *Ooregum Gold Mining v. Roper*[1892]AC 125.

这一推理没有经受住时间的考验,因此已经有人提出了几项废除这一规则并允许无面值股的建议,[113]但都没有得到实施。最近,瑞克福德报告(Rickford Report)又重新引发了这一探讨。[114] 然而,《第二号公司法指令》阻止了公众公司就这一规则的改革,并且《第二号公司法指令》也没有进一步对私人公司进行改革。英国脱欧后,政府是否会让无面值股成为可能还有待观察。[115] 值得指出的是,虽然与法定资本有关的其他规则有重要作用,但是股价低于面值的问题可以通过使用低面值来解决。

结论

我们在本部分看到,股东在发行股票方面有一定的权力,因此可以影响公司的融资能力。然而,这些权力受到旨在保护少数股东和债权人利益规则的限制。在这些规则中,关于优先购买权的规则和不公平妨害的规则比估值要求和折价发行规则更具有实际意义。然而,作为一个原则问题,值得注意的是,与公司法的其他领域一样,在这一领域,少数股东和债权人的利益均被纳入了成文法和判例法。

8.3.2 收购

我们可以观察到,英国法律非常关注股东利益的另一个领域是收购。《收购准则》要求股东批准董事为防御收购而采取的行动。[116] 《收购准则》适用于在英国登记、其任何证券被获准在英国受监管的市场或多边交易设施进行交易

---

〔113〕 Gedge Committee 1954(Cmnd 9112), Jenkins Committee 1954(Cmnd 1979), paras 32 – 34, and the Wilson Committee 1980(Cmnd 7937).

〔114〕 Jonathan Rickford, *Report of the Interdisciplinary Group on Capital Maintenance*, The British Institute of International and Comparative Law(April 2004), www. biicl. org/files/916_capital_maintenance_report_ – final. pdf.

〔115〕 Eilis Ferran, *Revisiting Legal Capital*, 20 European Business Organization Law Review 521 (2019).

〔116〕 City Code on Takeovers and Mergers, rule 21, available from www. thetakeoverpanel. org. uk/wp-content/uploads/ 2021/01/25227_008_The_Take_Over_ Bookmarked_31. 12. 20. pdf? v = 7Nov2019; The Takeover Code is underpinned by CA 2006, ss 942 – 91.

的公司。它也适用于在英国登记、其管理中心在英国，并且在过去10年中，其任何证券曾在英国受监管的市场或多边交易设施进行交易的公司。[117]

《收购准则》为提出收购要约的公司和股东收到收购要约的公司制定规则。该法旨在确保目标公司同一级别的股东得到平等待遇，并确保他们有足够的时间和信息以使他们能够在知情的情况下就收购要约做出适当的决定。[118]目标公司的董事必须以公司的整体利益为出发点，不得剥夺证券持有人决定收购要约优劣的机会。[119]

为紧贴本书核心，我们需要讨论禁止阻碍规则（non-frustration rule）。[120]在要约过程中，如果被收购公司的董事会有理由相信善意要约可能即将到来，那么董事会在未经股东会批准的情况下，不得采取任何可能导致任何要约或可能的善意要约受阻，或者剥夺股东决定其优劣的机会的行动。[121] 特别是，被收购公司的董事会不得发行任何股份或出售库存股，发行或授予期权，发行可转换为股票的证券，出售、处置或收购重大资产，或在正常业务之外签订合同（除非获得股东批准）。这些要求独立于公司宪章规定和允许的内容，也独立于任何董事可能有或没有干扰股东对要约价值之判断的主观意图。

即使董事有充分的商业理由支撑发行证券、购买或处置资产符合公司利益的结论，禁止阻碍规则仍然适用。[122] 不论有关公司宪章是否载有任何规定，该规则均适用。[123] 股东不能在章程中插入破坏这一程序的条款。他们不能在宪章中放弃这些权利。[124] 该程序须在收购要约即将到来时获得股东批准，而不是在此之前的任何时候。

《收购准则》有若干目的。其中一个目的是监督董事。代理理论的支持者强

---

〔117〕 Takeover Code, para 3.

〔118〕 ibid principles 1 and 2.

〔119〕 ibid principle 3.

〔120〕 ibid rule 21.1(a).

〔121〕 ibid rule 21.1(a).

〔122〕 David Kershaw, *Principles of Takeover Regulation*, OUP 2016, para 11.05.

〔123〕 David Kershaw & Edmund Schuster, *The Purposive Transformation of Company Law*, The American Journal of Comparative Law(forthcoming).

〔124〕 Takeover Code, rule 21.1.

调了这一目的。他们提出了一个众所周知的论点,即收购规则支持“公司控制权市场”(market for corporate control)。其论证如下:在收购的情况下,董事们面临的风险是,现有股东出售他们的股份,新股东赶走现有董事并任命自己的新董事。由于预测到被罢免的可能性,公司董事有动力去促进股东的利益。[125]

公司控制权市场被称为约束管理层和降低分散股东代理成本的工具。[126] 它被认为是一种比董事义务更有力的促进股东利益的机制。[127] 在规范层面上,有人认为,收购的威胁使董事对股东的回应过度,并导致他们采取行动,以期在短期内提高股东价值。但是,从长远来看,这可能会对股东产生负面影响,也可能对公司的其他利益相关者产生负面影响。[128] 本书不参与有关控制权市场的辩论。[129] 我们只需在此指出,即使我们假设存在这样一个市场,并且假设它会引导董事向股东利益倾斜,本书所提出的理论依旧适用。

值得进一步注意的是,《收购准则》并不仅仅要求股东对防御收购的措施进行监督,该准则还载有确保股东受到平等待遇的规则。这些规则旨在保护那些可能没有议价能力维护自己利益的少数股东。[130]

《收购准则》还解决了收购要约对目标公司的正常经营造成干扰的问题。

---

〔125〕 本书不会参与有关董事会中立规则之利弊的辩论,相关辩论可参见 David Kershaw, *Principles of Takeover Regulation*, OUP, 2016, paras 11. 32 – 11. 38。

〔126〕 Paul Davies & Sarah Worthington, *Gower & Davies: Principles of Modern Company Law*, 10th editionn, OUP, 2016, para 28 – 1(作者在脚注中提到,公司控制权市场的论点是有争议的).

〔127〕 ibid para 28 – 19.

〔128〕 ibid para 28 – 19.

〔129〕 相关辩论,参见 David Kershaw, *The Illusion of Importance: Reconsidering the UK Takeover Defence Prohibition*, 56 International and Comparative Law Quarterly 267 (2007); Richard Noland, *The Proper Purpose Doctrine and Company Directors*, in B. A. K. Rider ed., The Realm of Company Law-A Collection of Papers in Honour of Professor L. Sealy, Kluwer 1998, p. 7 – 13; Paul L. Davies & Sarah Worthington, *Gower: Principles of Modern Company Law*, 10th edition, Sweet & Maxwell, 2016, para 16 – 46; Andrew Keay, *Directors' Duties*, 2nd edition, Jordan, 2014, para 5. 11; US: F. H. Easterbrook & D. R. Fischel, *The Proper Role of a Target's Management in Responding to a Tender Offer*, 94 Harvard Law Reveiw 1161(1981)。作者指出,为了保持董事会的中立性,董事应保持被动; L. Bebchuk, *The Case for Facilitatng Competing Tender Offers*, 95 Harvard Law Review 1028(1982)。作者提出一项规则,即允许董事征求竞争性收购要约,只要这不会阻碍现有的收购要约。

〔130〕 Paul Davies & Sarah Worthington, *Gower & Davies: Principles of Modern Company Law*, 10th edition, OUP, 2016, para 28 – 1.

为了尽量减少这种干扰,该准则规定了一个明确的时间表。发出要约的主体须在一个相对较短的时间内"要么直接行动要么闭嘴"(put up or shut up)。其目的是使收购成为一个相对来说瞬间即逝、自成一格的事情,并且不可能无限重复。[131] 从理论角度看,值得注意的是,这优先为公司服务,而不是为其股东服务。个别股东可能会因为持久战而有机会获得越来越高的报价。

《收购准则》还为股票市场中的公众利益服务。董事阻止股东出售其股份的能力会干扰这种市场的运行。[132] 此类市场的适当运行不仅要符合个人股东的利益,还要符合公众的利益。萨姆欣勋爵指出,在"股票市场的适当运行中""不仅存在私人利益,还存在重大公共利益"[133]。

从理论角度看,我们可以得出这样的结论:我们认为,现行收购规则中包含的董事会中立规则是一种将公众公司董事的关注点导向股东利益的工具。然而,值得注意的是,《收购准则》还保护作为组织经营者的公司不受干扰,并支持有序的证券市场,以维护公众利益。

8.3.3 批准交易

英国法律对股东的关注还表现在,股东在批准某些交易方面发挥着重要作用。

公司法规定股东决定所有政治捐款。[134] 他们还批准在公司暂停营业时对雇员的规定。[135] 对于上市公司来说,股东须批准公司与第三方进行的重大交易。这些交易是指已经超过了一定数量门槛,并且超出了公司正常业务范围的交易。[136]

---

〔131〕 ibid para 28 – 2.

〔132〕 这一点在英国收购法的开端就已被阐明。《收购准则》之前的《昆斯伯里规则》(Queensberry Rules)规定,不应干涉公司股票和证券的自由市场(Notes on Amalgamation of British Businesses, 1959, available from https://webb-site.com/codocs/UKcode1959.pdf)。

〔133〕 *Eclairs Group Ltd v. JKX Oil and Gas plc*[2015]UKSC 71,[2016]1 BCLC 1,[36](所有其他法官都赞成).

〔134〕 CA 2006, s 336.

〔135〕 ibid s 247.

〔136〕 Financial Conduct Authority Listing Rules 10, Significant transactions.

股东在批准公司与其董事之间的交易中起着至关重要的作用。在整个董事会都受到利益冲突影响的情况下，他们有责任批准利益冲突的交易。[137] 他们还负责批准长期服务合同[138]、薪酬政策[139]、重大交易[140]、贷款[141]，以及对失去职务的赔偿。[142]

在这一背景下，股东的影响力支持了英国公司法以股东为中心的结论。然而，以这种见解结束分析是错误的。股东并不能自由批准自我交易，现行规则对股东批准此类交易的能力进行了限制。这些规定适用于公司董事同时是公司股东的情况，服务于少数股东和债权人的利益。当公司集团成员相互签订合同时，这些规则也适用于集团公司。

不公平妨害

公司与同时是股东的董事之间的交易经常发生在私人公司中，这些交易和禁止不公平妨害的规则有关。[143] 法院特别关注支付给同时是股东的董事的报酬。法院在此也强调，薪酬是一项商业决定，法院一般不会干预。[144] 然而，他们指出，董事的薪酬决定"必须符合公司的适当需要，以确保公司没有以风险的方式进行交易并有足够的储备金用于商业目的"[145]。

此外，董事在确定其薪酬时必须遵循宪章中规定的程序。如果他们在没有根据章程实际确定薪酬的情况下提取薪酬，则须通过参照"客观商业标准"来证明该公司的股息政策是合理的，并且董事的薪酬"在肩负他们所肩负的责

---

〔137〕 CA 2006, ss 180(4) and 281(3)(a).

〔138〕 ibid s 188.

〔139〕 ibid ss 226B and 226C.

〔140〕 ibid s 190.

〔141〕 ibid ss 197, 198, 201, and 203.

〔142〕 ibid ss 217, 218, and 219.

〔143〕 CA 2006, s 994; *Re Blue Arrow plc* [1997] BCLC 585.

〔144〕 *AMT Coffee Ltd* [2019] EWHC 46(Ch), [2020] 2 BCLC 50, [120].

〔145〕 ibid [141] 遵循 *Re A Company, Ex p Gossop* [1988] BCLC 570, [576] – [577]，并指出，根据《2006年公司法》，不公平妨害包括普遍适用于成员的管理安排。

任，以及承担他们所承担的义务的高管人员所预期获得的报酬范围内”。[146]

在公司有足够储备金的情况下不宣告分红，而以奖金的方式向股东董事支付“大笔款项”，构成不公平妨害。[147] 同样，当董事会大幅提高作为主要股东之一的公司首席执行官的报酬，而该行为是基于“个人原因”而非“适当地给他报酬”，也构成不公平妨害。[148] 向股东提供贷款也可能构成不公平妨害。[149] 这构成了不正当的利润分配，并损害了其他股东的利益。[150]

如果股东董事在提取自己的报酬时仅考虑到负债，而没有适当或根本不考虑公司利益，并且若他们的报酬“超过公平的商业报酬水平”（公司营业额的10%），也构成不公平妨害。[151] 如果股东董事仅仅“在公司堆积利润，自己未受益”，不考虑“有多少利润可以适当分配给成员”，也构成不公平妨害。[152]

宪章不能凌驾于《2006 年公司法》第 994 条之上。损害公司的不公平妨害行为也不能通过 *Duomatic* 原则得以认可。[153] 在此背景下制定的规则限制了股东批准公司与其董事之间交易的能力。这些规则服务于少数股东的利益。

变相资本返还

在这一部分，我们将分析那些保护债权人，同时限制股东批准公司交易能力的规则。这些规则涉及公司与股东董事之间或公司与不是董事的股东之间的交易。从历史上看，这种支付是通过越权原则的视角进行分析的，越权原则

---

〔146〕 *AMT Coffee Ltd*[2019] EWHC 46(Ch), [2020] 2 BCLC 50, [121] endorsing *Irvine v. Irvine* [2006] EWHC 206(Ch), [2007] 1 BCLC 349, [267] - [268].

〔147〕 *AMT Coffee Ltd*[2019] EWHC 46(Ch), [2020] 2 BCLC 50, [144].

〔148〕 *Re Edwardian Group Ltd*[2018] EWHC 1715(Ch), [2019] 1 BCLC 171, [537] - [542].

〔149〕 *AMT Coffee Ltd*[2019] EWHC 46(Ch), [2020] 2 BCLC 50, [126].

〔150〕 *Re Edwardian Group Ltd*[2018] EWHC 1715(Ch), [2019] 1 BCLC 171, [562] - [565].

〔151〕 *Re Blue Index Ltd* [2014] EWHC 2680 [47] and [53].

〔152〕 *AMT Coffee Ltd*[2019] EWHC 46, (Ch) [2020] 2 BCLC 50, [141] 遵循 *Re A Company, Ex p Gossop*[1988] BCLC 570, [576] - [577]，并指出，根据《2006 年公司法》，不公平妨害包括普遍适用于成员的管理安排。

〔153〕 *AMT Coffee Ltd*[2019] EWHC 46, (Ch) [2020] 2 BCLC 50, [180] and [181].

一直关注可疑的无偿交易。[154] 在越权原则分析的背景下,与股东的交易必须满足比与其他个人交易更严格的测试。[155] 越权原则理论后来已从限制公司能力的理论转变为决定董事内部权力的理论。[156] 随之而来的问题是,在这一发展之后,该如何分析公司与其股东之间的交易。

一种方法是,注意到越权原则一直不仅仅适用于现已废除的规则,即公司的能力受其目标限制,它还可以使公司法禁止公司从事的交易无效。这种交易也是"在公司的权力之外",因此可以被定性为越权。[157] 然而,公司不能进行这种交易的原因不是目标条款,而是公司法本身。在这种分析中,若股东从公司获得价值,而没有支付某种形式的对价,那么这种交易将被定性为分配。这违反了公司法的原则,即只有在债权人得到支付后才能向股东支付回报。[158]

对于一个持续经营的公司来说,这意味着必须遵守分配规则。《2006 年公司法》第 830 条规定,分配只能从"可分配利润"中提取。这些都是根据公司账目来确定的。[159] 如果不这样做,向股东转让价值等于变相返还资本。这是不合法的,因为公司法不允许。[160] 由于不合法,股东即使一致同意,也无法批准该交易。

最高法院在 *Progress Property v. Moore* 案中采用了这种方法。沃克勋爵指出,除非通过减少资本的方式,否则未进行清算的公司不能合法地将资本返还给股东。[161] "利润可以分配给股东,但是,只能从按照公司法复杂的条款计

---

〔154〕 Eva Micheler, *Disguised Returns of Capital-An Arm's Length Approach*, 69 Cambridge Law Journal 151(2010).

〔155〕 ibid.

〔156〕 参见本书 3.3 部分。

〔157〕 See eg *Progress Property v. Moore*[2010] UKSC 55, [2011] 1 WLR 1, [15] (Lord Walker) referring to *Rolled Steel v. British Steel*[1986] Ch 246, 276 – 78.

〔158〕 Eva Micheler, *Disguised Returns of Capital-An Arm's Length Approach*, 69 Cambridge Law Journal 151(2010).

〔159〕 参见本书 7.11 部分。

〔160〕 Eva Micheler, *Disguised Returns of Capital-An Arm's Length Approach*, 69 Cambridge Law Journal 151(2010).

〔161〕 *Progress Property v. Moore*[2010] UKSC 55, [2011] 1 WLR 1, [15].

算出来的可分配利润中提取。"[162] 他还指出,现在载入法律的这一规则有普通法基础。"为保护公司债权人而制定的普通法规则是很明确的:除非按照特定法定程序,如公司清算,否则向股东分配公司资产就是返还资本,这是不合法的,也是越权的。"[163] 该规则本质上是"法官制定的","几乎与公司法本身一样古老,源于议会允许公司以有限责任设立的法规所蕴含的基本原则"[164]。上诉法院在 *Clearwell International Ltd v. MSL Group Holdings Ltd* 案中也采用了这一方法,在该案中,无法说明通过一致同意分配给董事的金额"与服务明显不相称",因此败诉。[165]

最近,该方法在 *Toone v. Ross* 案中得到了应用。[166] 该案涉及一家公司,该公司制订了一个避税计划,但被英国皇家税务与海关总署拒绝。该计划的目的是逃避预扣所得税和国民保险费。法院在审理该案时,该公司已经破产。其唯一的责任是因重新定性该计划而产生的税收。该诉讼是由清算人提起的。法官布里格斯(Briggs J)适用 *Progress Property* 案,得出结论:向股东董事支付的款项构成非法分配。[167] 他审查了各方的主观意图,但也考虑了客观标准。[168] 他还注意到,这些付款是没有"董事会会议记录确认'相关账目'或记录对这些账目之审议"的分配,[169] 也"没有任何相关的决议"。[170]

有必要设计一种测试,以识别变相资本返还的交易。法院没有阐明一个特定的测试标准,但强调他们留有"较大的自由裁量权",而且他们确实会仅通过事后来看该交易对公司是否有利并进行干预。[171] 一项交易是否被定性为向股

---

〔162〕 ibid[1].

〔163〕 ibid[15].

〔164〕 ibid[15].

〔165〕 *Clearwell International Ltd v. MSL Group Holdings Ltd*[2012]EWCA Civ 1440[40]-[47]and[51]. 引用自[47],而该引用则引自一审判决[42].

〔166〕 *Toone v. Ross* [2019]EWHC 2855(Ch).

〔167〕 ibid[7],[73]-[80].

〔168〕 ibid[76]称:"旨在"和"确实充当了一个渠道,通过这个渠道,同时也是(公司)董事和/或雇员的股东可以从公司资本中获得一笔免税款项";see also[78]-[80]。

〔169〕 *Toone v. Ross* [2019]EWHC 2855(Ch)[96].

〔170〕 ibid[96].

〔171〕 *Progress Property v. Moore*[2010]UKSC 55,[2001]WLR 1,[24]and[29].

东的分配并不取决于各方选择如何称呼它。“法院看的是实质,而不是外在表象。”[172] 他们还会考虑相关董事的诚信,如公平商业交易(arm's length commercial transaction)* 就是董事诚信的一个例子。[173] 如果一家公司以低价出售一项难以精确估价,但可能非常有价值的资产,则该交易可能需要得到进一步审查,公司的财务状况和董事的实际动机和意图都高度相关。[174] 可能会提出的问题有:该公司是否面临财务压力,迫使其在不合时宜的时候出售?采纳了什么建议?如何测试市场?交易条款是如何谈判的?[175] 虽然这意味着公平交易将继续有效,但这并不意味着交易必须满足公平交易测试才合法。法院不准备走到接受董事的(适当)主观动机总会让交易变得合法的地步,因为可能会出现这样的情况:考虑到所有相关因素,一项安排不能被视为实质上涉及除资本返还或分配以外的任何其他内容。[176]

支付“与担保本金极不相称”的利息(附带意见)被认为是对公司资金的任意(因此也是非法)处置。[177] 在 *Aveling Barford v. Perion* 案中,一项财产的价值至少为 65 万英镑。艾芙琳巴夫特有限公司(Aveling Barford Ltd)以 35 万英镑的价格将其出售给派瑞森有限公司(Perion Ltd)。两家公司都是由同一个人间接持有。派瑞森有限公司后来以 150 万英镑的价格出售了该财产。霍夫曼法官(时任)认为,资本不得返还的规则是保护债权人的规则,即使在公司没有破产的情况下也是如此,并得出结论,该转让是非法的。[178]

此后,法规进行了干预,《2006 年公司法》第 845 条对实物分配进行了规制。当公司为股东的利益出售、转让或以其他方式处置资产时,适用上述规则。

---

[172] *Aveling Barford Ltd v. Perion Ltd*[1989]BCLC 626(631)(Hoffmann J)被最高法院在 *Progress Property v. Moore*[2010]UKSC 55,[2001]WLR 1,[1]中认可。

* 这是指当事人相互独立,无主宰操纵情况的交易。——译者注

[173] *Progress Property v. Moore*[2010]UKSC 55,[2001]WLR 1,[29].

[174] ibid[29].

[175] ibid.

[176] ibid[42].

[177] ibid[17].

[178] *Aveling Barford Ltd v. Perion Ltd*[1989]BCLC 626(633)(Hoffmann J)被最高法院在 *Progress Property v. Moore*[2010]UKSC 55,[2001]WLR 1,[21]中认可。

如果公司当时有可分配利润,可分配的金额被认为是资产的账面价值。如果股东为该资产提供了对价,则分配金额的计算方法是用该资产的账面价值减去对价。[179] 这样做的结果是,有可分配利润的公司可以按账面价值向股东出售资产,而不必考虑是否违反了禁止变相资助的规定。没有可分配利润的公司则不能从该条款中获益。

我们无法精确划分非法分配和合法不良交易之间的界限。然而,这里有一个为债权人利益而设的边界,股东不能逾越它。

审查公司向股东董事支付报酬的另一种方法是适用《2006 年公司法》第 171 和 172 条的规定。[180] 理由是,当股东董事决定向自己支付不合理的薪酬时,他们的行为超出了自己的权力范围。此外,薪酬不合理的事实可以作为证明他们没有考虑公司利益的证据,因此他们的行为违反了《2006 年公司法》第 172 条。

这似乎是 *Chalcot Training Ltd v. Ralph* 案所采用的方法。该案涉及一种税收结构,该结构旨在使公司逃避公司税和预扣所得税,并协助股东董事逃避个人所得税。

不出所料,英国皇家税务与海关总署对此提出了质疑。[181] 其依据是,对股东董事的付款是“薪酬”。作为回应,先前采用该结构的股东董事则转而主张解除这些交易,理由是它们是非法资本返还。在此背景下,作为一审法官的王室法律顾问迈克尔·格林(Michael Green QC)指出,曼斯勋爵(Lord Mance)认为“法院不会就任何交易条款的适当性或明智性对公司进行事后猜测”[182]。王室法律顾问迈克尔·格林接着指出,他面前的案件并不是一个价值被低估的交易,因此他回到了 *Progress Property* 案之前的案件。[183] 他继续从违反义务而不是非法的角度来分析。[184] 他指出,在 *Re Halt Garage* 案中,该公司已经资

[179] CA 2006, s 845(2)(b).

[180] See also David Kershaw, *The Foundations of Anglo-American Corporate Fiduciary Law*, CUP, 2018, p.48.

[181] *Chalcot Training Ltd v. Ralph*[2020]EWHC Ch[1].

[182] ibid[139].

[183] ibid[138]and[140].

[184] ibid[150].

不抵债。[185] 在他面前的案件中,该公司并没有资不抵债,因此董事们可以通过薪酬而不是股息的方式来奖励自己,而这正是他们的所为,因为他们认为这样做可以节省巨额税收。[186] 他还发现,在 *Re Halt Garage* 案中,奥利弗法官(Oliver J)考虑了董事"强烈的主观意图因素"。他认为,问题在于"是否善意行使了支付薪酬的权力"。[187] 经上诉,一审判决被维持。李维森法官(Lewison LC)引用了一审判决中的一段话,在该判决中,法官指出,公司并没有"辩称薪酬过高,从某种意义上来说,这表明一个较小的数额是可以接受的"。[188] 值得进一步指出的是,迈克尔·格林为非法行为留了余地。他在附带意见中认为,"即使在有偿债能力的公司中,也可能出现这样的情况:董事给自己的报酬非常离谱,以至于将其描述为变相资本返还更为恰当"[189]。此外,*Chalcot Training* 案是一个不寻常的案例,股东董事在面对英国皇家税务与海关总署的质疑时,坚持要重新定性交易。

以董事义务为基础的方法也需要有一项测试,以确定构成违反义务的薪酬决策。这里的测试也包含客观和主观因素。客观因素来自《2006 年公司法》第 171 条,该条要求确定董事权力的边界。主观因素产生于《2006 年公司法》第 172 条,该条引出的问题是,董事是否以其善意地认为符合公司最佳利益的方式行事。在此,也不可能确定一条明确的界限。从这个意义上讲,这两种方法并没有太大的区别。

然而,当涉及股东批准未通过测试的薪酬决策的能力时,会出现差异。股东不能追认非法交易,但是他们原则上能够追认董事违反义务的行为。我们将在下文中看到,《2006 年公司法》第 239 条规定,违反义务的股东董事的投票在股东会上不能被计算在内。[190] 如果已经向所有董事支付了薪酬,并且他们都是股东,则违反义务的行为不能被追认。然而,按照这一途径,如果公司有一个

---

[185] ibid[149].

[186] ibid[233].

[187] ibid[156].

[188] *Chalcot Training Ltd v. Ralph*[2021]EWCA Civ 795[32].

[189] *Chalcot Training Ltd v. Ralph*[2020]EWHC Ch[132].

[190] 参见本章 8.3.4 部分。

或多个没有收到报酬的股东,并同意追认支付给其他人的报酬,那么追认就可能发生。

这里需要提出的是,无论公司是否资不抵债,分配规则都适用。[191] 根据《2006 年公司法》,持续经营的公司只能从可分配利润中而非从其他方面回报股东。该利润目前是参照相关账目来确定的。这种方法虽受到了批评,但仍然适用。如果它被偿付能力测试所取代,分析将保持不变。债权人要首先得到偿付。股东只能从利润中得到回报,无论该利润是如何确定的。分配规则为债权人服务,并限制了股东批准致使向股东支付回报之交易的能力。

8.3.4 追认董事违反义务的行为

除了批准某些交易外,股东还可以授权和追认董事违反义务的行为。[192] 法院在决定是否同意派生诉讼时,也会考虑多数股东的意见。[193] 这进一步表明,英国法律以股东为重点。

然而,这里的情况很微妙。公司法允许股东追认违反义务的行为,并让违背多数股东意愿的派生诉讼难以被提起,但同时又限制了股东设计董事责任制度的能力。股东不能在宪章中规定董事免于承担责任的条款。[194] 股东授权对董事进行补偿的程度受到法规的限制。[195]

此外,股东不能追认或授权自己作为董事违反义务的行为。《2006 年公司法》第 239 条规定,公司追认董事违反义务或违反信托的决定必须由公司成员通过决议作出。但是如果有关董事也是股东,他和任何与他有关联的成员都不

---

〔191〕 See also *Re TXU Europe Group Plc*[2011]EWHC 2072(Ch),[2012]BCC 363:纽维法官没有批准这项计划,因为它涉及向股东返还资本。尽管事实上债权人的利益不会受到损害。

〔192〕 CA 2006, s 239; *Re D'Jan of London* [1994] 1 BCLC 561. *In Multinational Gas & Petrochemical Co v. Multinational Gas & Petrochemical Services Ltd*[1983]Ch 258. 该案判决,所有股东授权的行为就是公司的行为。在 *Multinational Gas* 案中,被指控的过失行为是由股东特别授权的。在 *Re D'Jan* 案中,两位股东均未考量过董事的行为。在我看来,*Multinational* 原则要求股东应正式或非正式授权或追认有关行为。在清算取消他们这样做的权力之前,如果他们知道或经考虑后可能会追认,这是不够的。关于只有一个股东时,Duomatic 原则的适用,See *Rolfe v. Rolfe*[2010]EWHC 244(Ch)。

〔193〕 CA 2006, s 263(3)(e).

〔194〕 ibid s 232.

〔195〕 ibid s 234; 股东批准与审计师签订的限制责任协议的能力也受到限制(ibid s 531)。

得参与决策。他和与他有关联的任何成员也没有资格参与书面决议。[196] 他可以出席会议,但是该决议只有在该董事和与其相关联的任何成员赞成该决议的投票不被计算在内的情况下获得必要多数赞成票才算通过。[197]

股东也不能批准或追认非法交易。因此,破产公司或支付能力可能变遭或濒临破产的公司的唯一股东董事不能授权他自己违反义务。这是因为一旦公司破产,其债权人的利益便会凸显。[198] 当公司有偿付能力时,其利益通常与公司成员利益一致;如果公司出现财务困难,债权人利益就会变得重要起来。[199]

尽管如此,在公司没有接近破产的时候,债权人的利益也很重要。禁止变相返还资本的规则在此也适用。在 *Bilta v. Nazir* 案中,判决称"股东从公司提取资产的唯一途径……是根据《2006 年公司法》第 830 条进行分配"[200]。这也适用于一个人持有所有股份并担任唯一董事的一人公司。"此类公司的财产也属于公司",而不属于公司董事或股东。[201] 因此,唯一的股东/董事不能"利用其对公司的控制权追认其对公司的欺诈行为,特别是在债权人的利益会受到损害的情况下"。[202]

单一股东无法在股东会上追认自己的不当行为,且这一点并不能因 *Duomatic* 原则而得到缓和。[203] 即使是持有公司 100% 股份的董事也不能"简单地将公司资产据为己有"。这种行为不能被视为善意的利润分配,如果没有法院的许可,这将被视为减少资本和公司的越权行为。[204]

---

〔196〕 ibid s 239(3).

〔197〕 ibid s 4.

〔198〕 *Goldtrail Travel v. Aydin*[2014]EWHC 1587,[2015]1 BCLC 89,[114].

〔199〕 ibid. 引用自 *Newy J in Vivendi SA v. Richards*[2013]EWHC 3006(Ch).

〔200〕 *Bilta v. Nazir*[2013]EWCA Civ 968,[2014]1 BCLC 302,[20]由罗斯法官(Rose J)在 *Goldtrail Travel v. Aydin*[2014]EWHC 1587,[2015]1 BCLC 89,[116]案中适用。

〔201〕 *Bilta v. Nazir*[2013]EWCA Civ 968,[2014]1 BCLC 302,[20]由罗斯法官在 *Goldtrail Travel v. Aydin*[2014]EWHC 1587,[2015]1 BCLC 89,[116]案中适用。

〔202〕 *Bilta v. Nazir*[2013]EWCA Civ 968,[2014]1 BCLC 302,[20]由罗斯法官在 *Goldtrail Travel v. Aydin*[2014]EWHC 1587,[2015]1 BCLC 89,[116]案中适用。

〔203〕 *Goldtrail Travel v. Aydin* [2014]EWHC 1587,[2015]1 BCLC 89,[117].

〔204〕 *Ultraframe v. Fielding*[2004]RPC 479,[40]由罗斯法官在 *Goldtrail Travel v. Aydin*[2014]EWHC 1587,[2015]1 BCLC 89,[117]案中适用。

因此,债权人的利益被纳入了允许股东追认董事违反义务的规则中,这表明股东有重大权力,但并非作为委托人在公司法中发挥其特殊作用。

8.4 会计记录和年度账目

前文已经提到,股东任命审计师并确定其报酬。[205] 这使他们对谁来核查账目具有影响力。然而,也仅此而已。股东对公司年度账目和报告的编制只有最低限度的参与。[206] 年度账目和报告的格式和内容须符合《国际会计标准》或《英国公认会计原则》。[207] 股东无法推翻或修改这些要求,他们无法决定如何置备会计记录以及如何编制年度账目,而且基本上无法推翻有关审计的规则。[208]

公众公司的股东将账目和报告提交给股东会。[209] 所有股东都有权收到公司年度账目和报告的文本。[210] 有人认为,提交账目的目的是向股东通报公司的财务状况,使他们能够行使其成员权。[211]

尽管股东通过股东会参与了审计,但是如果说审计程序只为他们服务,那就错了。关于审计师的规则是强制性的,而且在很大程度上通过公共责任得到强化。股东不能推翻这些规则。他们与审计师商定条款的能力也受到限制。[212] 我们已经看到,国务大臣可以任命审计师。[213] 在某些情况下,其还可以向法院申请罢免审计师。[214] 这表明,审计程序涉及公共利益。

此外,少数股东有特定的法定权利。例如,要求对法规不要求审计的公司

---

〔205〕 本书 7.10.5 部分。

〔206〕 本书 7.10 部分。

〔207〕 本书 7.10.3 部分。

〔208〕 参见本书 7.10.5 部分。

〔209〕 CA 2006, s 431.

〔210〕 ibid s 423.

〔211〕 *Caparo Industries Ltd v. Dickman*[1990]2 AC 605.

〔212〕 关于限制责任协议的限制,参见 CA 2006, ss 532 – 38;参见本书 7.10.5 部分。

〔213〕 CA 2006, ss 486(1), 486A(1)and(2), 490(1), and 490A(1)and(2).

〔214〕 ibid s 511A.

账目和报告进行审计。[215] 私人公司的少数股东可以否决再任命审计师。[216] 如果有正当理由，公共利益实体的少数股东有权向法院申请罢免审计师。[217] 上市公司的少数股东可以要求发表声明，以说明与公司账目审计有关的任何事项。[218] 如未做到，则公司和每名失职高管都构成犯罪。[219]

更通俗地说，审计程序保护的是公司而非股东。审计师对公司负有义务，股东通常不能对过失的审计师提出损害赔偿请求。这种请求只能以公司法以外的理由提出。例如，当审计师单独签订合同为特定股东提供服务时，或存在特殊事实可以得出审计师对股东承担注意义务时。[220]

除了分配给国务大臣的职责外，还有一个规制审计师的执业责任制度，该制度近年来日趋健全。[221] 其中包括谴责、罚款，以及吊销执业许可证等制裁。这些措施表明，审计师的角色与公共利益息息相关。

关于审计的有效性，可以说的有很多，最近的改革建议证明，审计工作已经取得了很大进步，并且很可能还有很大的改进空间。这里没有进一步详细探讨法定审计程序的余地。[222] 可以这么说，为提高审计程序的效率而进行的斗争并不影响本书提出的观点。通过赋予一个组织独立的法律地位，外加一个强调股东利益同时又兼顾少数股东、债权人和公众利益的程序，公司法为一个组织的自主运作建立了一个框架。

8.5 分　　配

股东对是否向他们支付回报之决定的影响是有限的。是否进行分配的决定由董事作出。根据《示范章程》，只有在董事就金额提出建议的情况下才能

---

〔215〕 ibid s 476(不低于公司已发行股本面值 10% 的股份).

〔216〕 ibid s 488(5% 表决权).

〔217〕 ibid s 511A(5)(不少于 5% 表决权).

〔218〕 ibid s 527(5% 表决权).

〔219〕 ibid s 530(2).

〔220〕 *Caparo Industries Ltd v. Dickman* [1990]2 AC 605.

〔221〕 *Caparo Industries Ltd v. Dickman* [1990]2 AC 605.

〔222〕 *Caparo Industries Ltd v. Dickman* [1990]2 AC 605.

宣告派发股息。[223] 股东通过普通决议批准年度股息。[224] 对于期中股息，无须股东批准，这一点最近受到了批评。[225]

此外，我们已经看到，只有在公司账目显示有可分配利润的情况下才能支付股息。[226] 同样，只有在出现可分配利润的情况下才能宣告派发期中股息。[227] 通过这种方式，债权人的利益被纳入关于股东回报的决策中。其以两种方式被整合。《国际财务报告准则》和《英国公认会计原则》都要求董事跟踪公司的所有资产和负债（无论股东是否乐意听到这些信息或是否同意根据法定制度所做的估值）。

目前，账目是确定可分配利润的基础。与置备会计记录和编制年度账目的要求一样，计算利润的方法也被纳入了强制性法律，对股东也有约束力。

我们在前面已经讨论过，目前的分配规则被批评为无效。有人建议将目前的资产负债表测试替换为以偿付能力为重点的测试。政府则建议保留资产负债表测试，并以偿付能力声明作为补充。[228] 无论这次讨论的结果如何，我们需要注意的是，基于偿付能力的制度也是旨在将债权人利益置于股东利益之上。董事和股东受新制度约束的程度将与他们受现行规则约束的程度相同。

减资也遵循类似的逻辑。减资由董事提出，须得到股东的批准。[229] 此外，减资只有经法院确认，或者就私人公司而言，只有在董事进行偿付能力认证的基础上，才有可能实现。[230] 在批准过程中，法院从公司债权人的角度审查拟议减资，并设定保护其利益的条件。法院应当制作一份有权对减资提异议的债权

---

〔223〕 Model Articles, para 30 (private) and para 70 (public).

〔224〕 ibid.

〔225〕 The Investment Association, *Shareholder Votes on Dividend Distributions in UK Listed Companies*, Roxhill Media (May 2019), http://cdn. roxhillmedia. com/production/email/attachment/740001_750000/Shareholder% 20votes% 20on% 20dividend% 20distributions% 20in% 20UK% 20listed% 20companies. pdf.

〔226〕 参见本书 7. 11 部分。

〔227〕 Model Articles, para 30 (6) (private) and para 70 (6) (public); Zacaroli J in Burnden Holdings (UK) Ltd v. Fielding [2019] EWHC 1566 (Ch), [2019] Bus LR 2878.

〔228〕 参见本书 7. 11 部分。

〔229〕 CA 2006, s 641 (1).

〔230〕 ibid s 641 (1).

人名单。[231] 在名单上的债权人如果能够证明减资确实有可能导致公司在其债务或请求权到期时无法清偿其债务或实现其请求权,则有权对减资提异议。[232]

在此背景下,债权人利益的重要性还因下述事实而凸显:公司高管如果故意或过失隐瞒有权提异议的债权人的名称,或虚报其债权或请求权数额,则构成刑事犯罪。[233]

因此,股东个人从公司获得回报的手段受限。[234] 他们可以要求董事召开会议,由股东通过特别决议向董事发出指示,但这一决议不能凌驾于分配规则之上。

董事持续不分配利润可能构成不公平妨害行为,但要构成该行为,必须在很长一段时间内持续不支付回报。[235]

从理论角度看,这表明有大量治理权的股东并不具有董事或公司委托人的地位。不能把这样的地位赋予一个对公司产生的收益几乎没有控制权的群体。

8.6 尽职管理

到目前为止,我们已经得出结论,股东在公司治理中发挥着重要作用。他们负责作大量管理决策。这些决策都是由股东通过多数决作出的。在作出这些决策时,股东并不像委托人那样可以自由处理自己的事务。他们受保护少数股东和债权人规则的限制。结论是,在一个独立于股东自主行动的组织中发挥特定作用是对股东的最佳理解。

然而,我们需要注意的是,股东与董事不同,其股东不对公司负信义义务。[236] 萨姆欣勋爵在 *Eclairs Group Ltd v. JKX Oils & Gas Plc* 案中说道:"董事对公司

---

〔231〕 ibid s 641(2).

〔232〕 ibid s 641(1)(b).

〔233〕 ibid s 647.

〔234〕 一旦宣布派发股息,股东个人就可以采取个人行动,以宪章规定的方式强制公司支付股息。[*Wood v. Odessa Waterworks Co*(1889)42 ChD 636]

〔235〕 CA 2006, s 994; *Re Saul D Harrison & Sons Plc* [1994] BCC 475; *Re CF Booth Ltd*; *Booth v. Booth*[2017] EWHC 457(Ch).

〔236〕 *Northern Counties Securities Ltd v. Jackson & Steeple Ltd*[1974] 1 WLR 1133.

负有忠实义务,但股东对公司或其董事会都不负有忠实义务……(他们)有权为了自己的利益行使他们的权利,并以好的或坏的理由挑战现有管理层。"[237]

尽管如此,我们将在本部分看到,对于股东应该如何行使其权利,人们还是有一定期待的。这些期待适用于上市公司的机构股东。

这一发展始于《1992 年吉百利准则》,并在 2008 年金融危机后得到加强。《2020 年英国尽职管理准则》的出台又进一步推动了这一发展。政府一直在努力鼓励投资者充当他们所投资公司的尽职管理者。过去,尽职管理被定义为能够提高投资者财务回报的活动。现在,政府已经扩大了其范围。如今,尽职管理被定义为"负责任地分配、管理和监督资本,为客户和受益人创造长期价值,为经济、环境和社会带来可持续的利益"[238]。

《2020 年英国尽职管理准则》不具有法律效力。它适用于那些选择采用它的人。然而,该准则背后有强大的政府力量。财务报告顾问/审计报告和治理局,金融行为监管局,竞争和市场管理局,英国财政部,商业、能源和工业战略部,就业和养老金部,以及养老金监管机构都有旨在鼓励投资者参与尽职管理的工作小组。[239]

此外,政府有雄厚的财力,可以帮助说服投资产品的供应商采纳并遵守《2020 年英国尽职管理准则》中的建议。在 20 世纪 60 年代,还没有资产管理公司和支持他们的行业。[240] 股东个人依赖收取高额费用的经纪人。投资服务行业的发展与养老金供应方面的重大变化同步进行。现在,政府不再通过国有

---

[237] *Eclairs Group Ltd v. JKX Oils & Gas Plc*[2015]UKSC 71[40]; see also *Greenhalgh v. Arderne Cinemas*[1951]Ch 286; but see *Lehtimaki v. Cooper*[2020]UKSC 33,[2020]3 WLR 461(和慈善公司相关).

[238] UK Stewardship Code 2020, p. 4, available from https://www. frc. org. uk/getattachment/5aae591d-d9d3 - 4cf4 - 814a-d14e156a1d87/Stewardship-Code_ Final2. pdf.

[239] Dionysia Katlouzou & Eva Micheler, *The Market for Stewardship and the Role of the Government*, in Dionysia Katelouzou & Dan W. Puchniak eds., Global Shareholder Stewardship: Complexities, Challenges and Possibilities, CUP, forthcoming; Anna Tilba & Arad Reisberg, *Fiduciary Duty under the Microscope: Stewardship and the Spectrum of Pension Fund Management*, 82 Modern Law Review 456(2019).

[240] John Kay, *The Kay Review of UK Equity Markets and Long-Term Decision Making*, GOV. UK (July 2012), https://assets. publishing. service. gov. uk/government/uploads/system/uploads/attachment_data/file/253454/bis - 12 - 917 - kay-review-of-equity-markets-final-report. pdf.

机制来提供养老金,而是将税收收入用于支持私人机构设立的养老金计划。竞争和市场管理局在2018年发现,投资顾问和信托管理行业90%的收入来自养老金。国家统计局报告称,2017～2018年养老金税收减免成本为378亿英镑。从资产管理公司和其他金融中介机构的角度来看,政府是一个重要客户(即使是间接的)。虽然政府目前没有正式将养老金补助和其他税收优惠与积极尽职管理联系起来,但每个与该主题相关的政府部门已经都发出了强有力的要求,这必然会对该行业产生一些影响。这将导致表面上的改变还是导致金融服务业态度的根本转变,还有待观察。[241]

《2020年英国尽职管理准则》有可能像其前几版一样没有效果。但是,这并不影响这里的观察。从本书角度来看,我们可以注意到,股东现在在很大程度上是为养老金和其他储户服务的机构,他们不是为其自己的利益行动。这种设置服务于社会政策目标。政府推动了这种发展,并为这一努力提供了资金支持。相关金融服务提供者不仅公开可见,还要接受公众的监督。由于社会政策背景,也由于其自身的财政贡献,政府有参与的合法性。[242] 它制定了一个框架,让现今的股东在该框架中行使自己的权利。目前的干预方法可能会招致批判,但这并不影响公众公司股东的转变。他们现在被视为尽职管理者,人们对他们抱有不以追求短期货币回报最大化为目标的期望。[243]

---

〔241〕 有关政府应将税收抵免与尽职管理工作联系起来的建议,see Dionysia Katelouzou & Eva Micheler, *The Market for Stewardship and the Role of the Government*, in Dionysia Katelouzou & Dan W. Puchniak eds., Global Shareholder Stewardship: Complexities, Challenges and Possibilities, CUP, forthcoming。

〔242〕 ibid.

〔243〕 支持对股东决策进行合理性审查的论点,see John Lowry & Ernest Lim, *Reconsidering the Rule on Shareholders' Exercise of Voting Powers*, 8 Journal of Business Law 345 (2020); see also Dionysia Katelouzou, *Reflections on the Nature of the Public Corporation in an Era of Shareholder Activism and Stewardship*, in Barnali Choudhury & Martin Petrin eds., Understanding the Company, CUP, 2017, p. 117 and Tom Giles Kelly, *Institutional Investors as Environmental Activists*, 21 Journal of Corporate Law Studies 467(2021); see further Ernest Lim, *A Case for Shareholders' Fiduciary Duties in Common Law Asia*, CUP, 2019。

8.7 反射损失

8.7.1 引言

反射损失原则是法律干预的一个例子,其基于股东在公司中的角色而对股东施加限制。与《2020年英国尽职管理准则》不同,该原则由法律规定。它是对公司法的补充。几十年前,反射损失只是在派生诉讼中讨论的一个次要问题。[244] 现在,反射损失原则在公司法领域有了自己的地位。[245] 它与 *Foss v. Harbottle* 案的规则有关,也与股东只能对公司执行"成员权利"的规则有关。[246] 它引发了司法和学术界的广泛关注。

反射损失原则适用于公司和股东对第三方索赔的情形。在这些情形下,公司的索赔会阻碍股东的索赔。直到最近,该原则还被认为适用于债权人的索赔。[247] 然而,最高法院在 *Marex Financial Ltd v. Sevilleja* 案中拒绝了这一观点。[248] 因此,当公司和其债权人之一对第三方有诉因时,反射损失原则不再适用。[249]

重要的是,从一开始就有必要强调,该原则并不影响股东的诉因,而是剥夺了公司股东向不当行为人就某些损失进行索赔的能力。[250] 他们不能对那些如

---

〔244〕 Andrew Tettenborn, *Creditors and Reflective Loss-A Bar Too Far*?, 135 Law Quaterly Review 182(2019); *Marex Financial Ltd v. Sevilleja* [2020] UKSC 31, [2021] AC 29, [25] (Lord Reed).

〔245〕 *Marex Financial Ltd v. Sevilleja*[2020] UKSC 31, [2021] AC 39.

〔246〕 参见本书9.2部分。

〔247〕 *Sevilleja v. Marex Financial Ltd*[2018] EWCA Civ 1468, [2019] QB 173, [35] - [36] (Flaux J).

〔248〕 *Marex Financial Ltd v. Sevilleja* [2020] UKSC 31, [2021] AC 29; *Naibu Global International Co Plc v. Daniel Stewart and Co Plc* [2020] EWHC 2719(Ch), [2021] PNLR 4; 它也不适用于通过一系列托管人间接持有股份,但其名称未载入股东名册的个人,参见 *Broadcasting Investment Group Ltd v. Smith* [2020] EWHC 2501(C)。

〔249〕 *Naibu Global International Co Plc v. Daniel Stewart and Co Plc* [2020] EWHC 2719(Ch), [2021] PNLR 4; *Broadcasting Investment Group Ltd v. Smith*[2020] EWHC 2501(Ch).

〔250〕 *Gardener v. Parker*[2004] 2 BCLC 554, [49] (Neuberger LJ); *Marex Financial Ltd v. Sevilleja* [2020] UKSC 31, [2021] AC 29, [47] (Lord Reed); see also Bank Mellat v. HM Treasury[2016] EWCA Civ 452, [2017] QB 67. 在该案中,法院认为,股东没有单独的诉因。一个有争议的案件认为,该原则不适用于请求根据股东协议实际履行向公司付款之义务的诉讼,参见 *Latin American Investments Ltd v. Maroil Tranding Inc* [2017] EWHC 1254(Comm), [2017] 2 CLC 45; but see *Marex Financial Ltd v. Sevilleja*[2020] UKSC 31, [2021] AC 29, [52] - [55] and *Broadcasting Investment Group Ltd v. Smith* [2020] EWHC 2501(Ch)。

果公司对不当行为人提出索赔就会消失的损失提出索赔。无论公司的潜在索赔是否追索或有能力追索,都会阻碍其股东向第三方索赔。[251] 但是,如果股东出售了其股份,并因此遭受损失,则不适用该原则。这是因为支付给公司的赔偿不会消除不再是股东的索赔人所遭受的损失。[252]

股东不能索赔的反射损失例子可以在 *Prudential v. Newman* 案和 *Johnson v. Gore Wood* 案中找到。在 *Prudential v. Newman* 案中,董事促使股东批准了一项协议,根据该协议,公司为其收购的一项资产支付了明显过高的价格。董事是通过欺诈性陈述诱使股东通过该项决议的。上诉法院认为,股东可以向董事索赔。因为董事有义务"善意而非欺诈性"地向股东提供建议。[253] 然而,股东无法就他们因此而遭受的股票价值的减少提出索赔,他们也不能因分红减少而提出索赔。这些损失"只是反射了该公司遭受的损失"。[254] 在 *Johnson v. Gore Wood* 一案中,一家律师事务所在为一家公司及其主要股东提供有关财产交易的建议时出现了过失。该公司与该事务所就索赔达成了和解。该和解协议载明不影响股东可能提出的索赔。该案判决股东有自己的诉因,但是反射损失原则使股东无法就其所持股份价值的减少以及公司因其律师的过失建议而无法支付的养老金缴款损失提出索赔。[255] 这些损失是反射损失。

支持反射损失原则的理由有四个:禁止双重赔付、因果关系、便于解决争议,以及保护公司的自主权。下文将依次研究这些理由。我们将证明,只有第三个和第四个论点能充分解释禁止对反射损失提出索赔的规则。我们还将论证,在第三和第四点下提出的论点与本书所提出的理论完全吻合。

8.7.2 双重赔付

英国法律禁止双重赔付。这一禁止保护了不当行为人。他必须对他们造

---

〔251〕 *Marex Financial Ltd v. Sevilleja*[2020]UKSC 31,[2021]AC 29,[69] – [71]and[74]未遵循 *Giles v. Rhind*[2002]EWCA Civ 1428,[2003]Ch 618 这一判决。

〔252〕 *UCP Plc v. Nectrus Ltd Damages*[2019]EWHC 3274,[2020]PNLR 9,[26].

〔253〕 *Prudential Assurance v. Newman Industries*[1982]1 Ch 204(CA)222.

〔254〕 ibid 223.

〔255〕 *Johnson v. Gore Wood* [2000]UKHL 65,[2002]2 AC 1, 36 – 37(Lord Bingham), 41 – 42(Lord Goff).

成的损失进行赔偿,但仅此而已,他们不需要做更多。

诚然,反射损失原则确实可以防止双重赔付。它将一个受害者(公司)确定为主要和唯一的索赔人。这就保护了不当行为人,使其不必支付超过他所造成的损失的金额。

然而,反射损失原则超出了防止双重赔付的范畴。公司股东被永久地排除在对反射公司损失之损失提出索赔以外。[256] 即使在公司放弃索赔的情况下,这种排除仍然存在。[257] 此时,对不当行为人的担忧消失了,因为他不再有被公司起诉的风险。[258]

更通俗地说,反射损失原则是一个偏向于公司的机制。[259] 通常认为,只允许一个受害者为两个或更多的受害者所分摊的损失提起损害赔偿诉讼是不公平的,还有其他更公平的方法来防止双重赔付。[260]

旨在防止双重赔付的标准英国方法是允许任何受害者起诉并追偿损失,对其中一个受害者的赔偿可以消除不当行为人的责任,这就防止了双重赔付。任何其他受害者都可以对从不当行为人那里获得赔偿的受害者提起不当得利之诉;[261] 也可以坚持要求所有受害者都参与诉讼,并通过同时处理所有请求来避免双重赔付问题。[262] 这两种方法都能保护不当行为人,这也更能体恤那些对不当行为人有独立诉因的公司股东和债权人的利益。

因此,禁止双重赔付并不能完全解释反射损失原则。[263]

---

[256] 该原则不影响那些已经出售自己股份的个人(*UCP Plc v. Nectrus Ltd Damages* [2019] EWHC 3274, [2020] PNLR 9)。

[257] 在 *Johnson v. Gore Wood* [2000] UKHL 65, [2002] 2 AC 1 中,公司和不当行为人达成了和解; *Marex Financial Ltd v. Sevilleja* [2020] UKSC 31, [2021] AC 29, [10] (Lord Reed).

[258] *Marex Financial Ltd v. Sevilleja* [2020] UKSC 31, [2021] AC 29, [10] (Lord Reed).

[259] ibid [193] (Lord Sales).

[260] Charles Mitchell, *Shareholders' Claims for Reflective Loss*, 120 (3) Law Quaterly Review 457 (2004); see also *Marex Financial Ltd v. Sevilleja* [2020] UKSC 31, [2021] AC 29, [4] – [7] (Lord Reed).

[261] Charles Mitchell, *Shareholders' Claims for Reflective Loss*, 120 (3) Law Quaterly Review 457 (2004).

[262] ibid at 463 – 64.

[263] *Marex Financial Ltd v. Sevilleja* [2020] UKSC 31, [2021] AC 29, [33] – [34] and [51] (Lord Reed) but see [117] (Lord Sales).

8.7.3 因果关系

与缺乏因果关系有关的论点为反射损失原则提供了理由。这里提两点。第一点在 *Prudential v. Newman* 案中有所表述。维罗特法官(Vinelott J)在一审中认为,公司董事的欺诈行为诱使公司股东批准了一项协议,根据该协议,公司支付的金额比所收购资产的价值高出约 45 万英镑。这里有两个诉因:该公司因董事的失职行为提起诉讼;股东也可以对董事提起诉讼。股东提出的是侵权之诉,因为他们是董事所策划骗局的受害者。

维罗特法官在一审中得出结论,股东有权向董事提出个人的诉讼。上诉法院认为,这种个人的诉讼是“判断失误”的。[264] 当然,董事在向股东提供建议时,有义务善意而非欺诈性地提供,这是正确的。同样正确的是,如果董事在欺诈通知的基础上召开会议,股东将有权追偿他个人因欺诈通知而遭受的任何损失,这可能包括出席会议的费用。但是,他不能仅仅因为他所拥有权益的公司遭受了损失而要求赔偿。他不能追回相当于其股票市值缩水或股息可能缩水的金额,因为这种“损失”仅仅反映了公司遭受的损失。

股东并没有遭受个人损失。股份仅代表根据公司章程的条款参与公司的一种权利。股份并没有受到影响,原告仍然持有所有的股份作为其绝无产权负担的财产。对原告实施的欺诈行为并不影响其股份。[265]

这一论点被正确地批评为对股份价值的看法过于狭隘,根本站不住脚。[266] 它假定股份价值只包括参与公司治理的权利。[267] 这与私法中普遍采用的方法不一致。诚然,在一个事件和股价之间建立因果关系并不简单,[268] 但这通常并不妨碍在可以建立这种因果关系的情况下索赔。因此,缺乏因果关系并不是解

---

〔264〕 *Prudential Assurance v. Newman Industries*[1982]1 Ch 204(CA) at 222.

〔265〕 ibid 222 – 23.

〔266〕 Charles Mitchell, *Shareholders' Claims for Reflective Loss*, 120(3) Law Quaterly Review 457 (2004); *Marex Financial Ltd v. Sevilleja* [2020] UKSC 31, [2021] AC 29, [147] (Lord Sales).

〔267〕 Charles Mitchell, *Shareholders' Claims for Reflective Loss*, 120(3) Law Quaterly Review 457 (2004).

〔268〕 *Prudential Assurance v. Newman Industries*[1982]1 Ch 204(CA), 223; *Marex Financial Ltd v. Sevilleja*[2020] UKSC 31, [2021] AC 29, [32] – [33] and [38] (Lord Reed).

释反射损失原则的依据。[269] 瑞德勋爵(Lord Reed)在 *Marex Financial Ltd v. Sevilleja* 案中认为,该原则并非以"公司资产与其股份(或其分配)价值之间的任何必要联系"为前提。[270]

因果关系论点的第二种阐述适用于公司已经和解或放弃索赔的情况。其内容如下:如果公司决定不向不当行为人索赔,则股东的损失由该决定而非违法行为造成。该论点将公司决定不索赔的行为定性为中断不当行为人与股东之间因果关系的事件。仔细研究一下这个论点就会发现,股东的损失事实上只是因为反射损失原则施加的限制而产生。[271] 如果没有这样的原则,将适用正常的程序规则:股东可以索赔;公司也可以索赔。对公司或股东的支付将消除不当行为人的责任。如果公司不索赔,股东的索赔不会受到影响。这个版本的因果关系论证似乎也不能解释反射损失原则。

8.7.4 便于解决争议

第三个论点是,反射损失原则使公司更容易与不当行为人解决争议。赫顿勋爵(Lord Hutton)对这一论点阐述如下:其进一步认为,(反射损失)原则的好处是,它可以避免在审查原告(股东)对被告(律师)提出的索赔是否合法的复杂审判中,将对债权人和其他股东是否提供保护的决定权留给法官。在董事与一些股东之间或清算人与一些股东之间可能出现利益冲突的情形下,该原则可以在诉讼程序开始时就确保,如果原告(股东)遭受的损失是因公司资产库遭受损失而造成,不会出现以被告(律师)的牺牲为代价的双重赔付,也不会给公司的债权人和其他股东带来损失。[272]

由此可见,其关注点是"董事和一些股东之间的利益冲突"或"清算人和一

[269] Charles Mitchell, *Shareholders' Claims for Reflective Loss*, 120(3) Law Quaterly Review 457 (2004); *Marex Financial Ltd v. Sevilleja*[2020] UKSC 31, [2021] AC 29, [42], [32] – [38], and [57] (Lord Reed).

[270] *Marex Financial Ltd v. Sevilleja*[2020] UKSC 31, [2021] AC 29, [49] (Lord Reed).

[271] Charles Mitchell, *Shareholders' Claims for Reflective Loss*, 120(3) Law Quaterly Review 457 (2004); *Marex Financial Ltd v. Sevilleja*[2020] UKSC 31, [2021] AC 29, [152] – [153] (Lord Sales).

[272] *Johnson v. Gore Wood*[2000] UKHL 65, [2002] 2 AC 1 at 55 (Lord Hutton).

些股东之间的利益冲突”。诚然,当代表公司与第三方就争议的解决进行谈判的人也对同一第三方享有个人请求权时,可能会出现利益冲突。

但这并不意味着我们需要一个关于反射损失的规则永久阻止股东和董事的索赔。公司法已经形成了处理利益冲突的机制。《2006 年公司法》第 175 条规定了处理利益冲突问题的常规方法。[273] 此外,在 *Item Software v. Fassihi* 案中,一名董事引导公司采取激进的谈判策略,最终导致公司失去合同,从而帮助该董事为自己争取到了合同。[274] 上诉法院认为,董事有义务向公司披露与第三方正在进行的谈判。当董事代表公司参与谈判,而谈判结果会影响其向第三方索赔的能力时,可以该案作为起点。

反射损失原则有消除利益冲突的作用,但同样,该原则超出了消除利益冲突的范畴。即使在有关股东不是董事的情况下,它也禁止股东索赔。如果已经向董事会申报冲突,该原则也适用。那么,为什么除了常规的信义规则外,法律还要对那些没有参与公司和第三方之间争议解决谈判的股东对第三方不当行为人索赔的能力施加限制呢?

这种想法似乎是,与其事后调查有关董事义务和分配的规则如何影响股东和公司都对第三方提出索赔的情形,不如将反射损失的处理留给公司。法院倾向于由公司程序来处理公司遭受的损失,而不是事后解开之前的个人利益之网。[275] 这些考量将我们带到了最后一个已被大家接受的作为反射损失原则理由的论点。

8.7.5 保护公司的自主权

关于公司自主权的论点是基于这样一种观念:让公司索赔优先于股东索赔不会造成任何损害。根据这一理念,反射损失原则不会对索赔受影响的股东造

---

〔273〕 参见本书 7.7 部分。

〔274〕 *Item Software(UK)Ltd v. Fassihi* [2004] EWCA Civ 1244, [2005] 2 BCLC 994.

〔275〕 *Marex Financial Ltd v. Sevilleja* [2020] UKSC 31, [2021] AC 29, [38], [47], and [51] (Lord Hodge), but see [126], [128], [162] – [165], [197] (Lord Sales).

成不公平。[276] 它按照他们借钱给有限公司或入股有限公司时同意的条件对待他们。

当股东索赔与公司索赔竞合时,公司所得的赔偿将按照公司法的程序间接地流向该股东。这可能会也可能不会导致分配,这可能会也可能不会增加他所持股份的价值。但无论发生什么,都将符合股东已接受的条件。[277]

里德法官在 *Marex Financial Ltd v. Sevilleja* 案中指出,股东已"将公司诉讼权的管理委托给其决策机构了"[278]。如果诉讼决策"不是在适当行使相关权利的情况下做出的,则法律为股东提供了一些补救措施,其中包括派生诉讼以及对不公平妨害行为的公平救济"[279]。否则,公司就会受到公司决策程序的约束。

在 *Marex Financial Ltd v. Sevilleja* 案中,对于法院是否有能力通过审判处理因果关系和双重赔付问题,多数人和少数人之间存在分歧。萨莱斯勋爵(Lord Sales)写道,股东为简单快速地解决纠纷所付出的代价"太高了"。[280] 他还得出结论,因果关系和双重赔付问题能够"以一种实际的方式"得以解决,从而实现"所有……当事人的整体公平"。[281]

然而,最高法院多数法官接受了里德法官的观点,里德法官认为,"在复杂的审判中,不应将对债权人和公司其他股东的保护留给法官"[282]。他进一步指出,这些"复杂性不应该被低估"[283]。这与法官倾向于不参与决定公司实质性事项这一点相吻合,而这一点与股东在宪章所限范围内承担责任的原则一样,是公司法的一项长期既定原则。在反射损失原则的背景下,对股东可能把公司卷入诉讼的担忧似乎比对股东可能被剥夺在法庭上证明个人损失的担忧更大。

---

[276] But see ibid[191]-[193](Lord Sales).

[277] ibid[31]and[51](Lord Reed).

[278] ibid[81](Lord Reed).

[279] ibid[81](Lord Reed);塞勒斯勋爵(Lord Sales)作出了不一致裁决。他的理由是,反射损失原则的效果是对股东施加义务,让其放弃个人资产。(ibid[127]and[150])

[280] ibid[192](Lord Sales).

[281] ibid[126].

[282] ibid[38](Lord Reed).

[283] ibid[38](Lord Reed).

类似地，通过判例法保护公司自主权的愿望也可以证明反射损失原则的合理性。里德勋爵赞同宾汉姆勋爵（Lord Bingham）的附带意见，即"尊重公司自主权原则"很重要。法院应"确保公司债权人不因个别股东的行为而受到损害"[284]。米莱勋爵（Lord Millet）认为，允许股东对反射损失提出索赔，要么是以牺牲不当行为人为代价的双重赔付，要么是股东"以公司及其债权人和其他股东为代价"的求偿。"这两种做法都是不被允许的。"对不当行为人的公平要求排除了另一方对同一请求提出索赔。"为保护公司债权人的利益，必须允许公司而非股东追偿。"[285]

很明显，不能让被告承担总额超过10万英镑的责任。然而，同样明显的是，如果损失可由股东而非公司追偿，将实现对公司资本的榨取，损害公司债权人的利益，就像被告的挪用行为一样。[286]

库克勋爵还指出，"可能需要考量债权人利益"[287]。

8.7.6 理论观察

公司法提供了一种机制，该机制通过程序（该程序囊括了扮演不同角色的参与者）做出决策，从而支持公司的自主组织行动。法律规定了各个参与者的权利和义务，并将这些权利和义务导入程序中。[288] 股东受到这个程序的约束。这证明了这样的结论：他们只能通过公司间接地弥补反射损失。

8.8 结　论

股东组建公司，并可以决定结束公司。在这样做的时候，他们受保护第三

---

[284] *Johnson v. Gore Wood*[2000]UKHL 65,[2002]2 AC 1, 36; *Marex Financial Ltd v. Sevilleja*[2020]UKSC 31,[2021]AC 29,[48], but see[197](Lord Sales).

[285] *Johnson v. Gore Wood*[2000]UKHL 65,[2002]2 AC 1,[62].

[286] ibid[62](Lord Millet).

[287] ibid see also[55](Lord Hutton).

[288] See also Giora Shapira, *Shareholder Personal Action in Respect of a Loss Suffered by the Company and "Reflective Loss" in English Company Law*, 37 International Lawyer(ABA)137(2003).

方程序的约束。他们做有关宪章的决定,但不能剥夺公司与宪章修改相关的组织灵活性。虽然通常由股东任命董事,并且股东可以根据《2006 年公司法》第 168 条罢免董事,但法院明确指出,股东不是董事的委托人。

股东参与一些管理决策。他们有监督股份发行的法定权力,但受优先购买权规则的约束,而优先购买权只有经特殊程序才能被取消,同时他们还受禁止不公平妨害的限制。法律对实物出资的认定也有要求。除此之外,法律禁止折价发行股份。股东需要监督收购防御措施。

股东还负责批准某些交易。特别是,他们要参与监督公司和其董事之间的交易。在做这些决定时,私人公司的股东受禁止不公平妨害规则的限制,这些规则保护少数股东。禁止所有公司的股东在没有可分配利润的情况下授权将价值转移给他们自己的交易。股东可以追认董事的失职行为,但不能追认自己的不当行为。

可以说,有关股东的限制并不苛刻。适用于私人公司的实物出资估值要求仅需要董事善意估值。对于公众公司来说,需要一份评估报告,但这在英国脱欧后可能会有所改变。不允许折价发行规则在实践中并不重要,因为公司会使用低票面价值。不公平妨害禁止多数股东忽视少数股东的财务利益而将报酬分给自己。但是法院并不准备干涉商业判断。股东和公司之间变相资本返还的交易是违法的,但是法院用来识别这种交易的测试给董事和股东留了很大的自由。只有当公司放弃的价值与从股东处获得的回报严重不匹配时,才会影响交易的合法性。此外,公司法明确允许有偿付能力的公司与其股东之间按账面价值进行交易。

然而,作为一个原则问题,我们需要注意,这种限制是存在的。此外,我们已经看到,对股东的影响力还有更多更严格的限制。他们不能凌驾于资产评估和财务信息编制的规则之上。他们不能修改关于利润计算的规则。所有这些都考虑到了债权人的利益,并直接影响股东获得回报的能力。

我们还看到,政府正在对公众公司的机构股东施加压力,要求他们充当尽职管理者,而不是着眼于短期回报的最大化。最后,反射损失原则要求股东弃权,让公司决定是否向第三方索赔。

总的来说，法律赋予了股东比其他任何选民都更大的影响力，但是它并没有赋予股东一个足以证明他们是董事或公司委托人这一结论的地位。

我们还看到，《2018 年英国公司治理准则》已确定了将利益相关者的利益纳入公司决策过程的方法。其建议上市公司确定一个个人或咨询小组，负责向董事会呈现员工的关切，这与组织的运作方式非常吻合。如果有整合其他利益相关者利益的意愿，可将《2018 年英国公司治理准则》作为一个参考。

股东是董事的委托人这一论断是一个理论模型的产物，与所有模型一样，它简化了分析对象。代理理论在二元基础上确定公司的参与者，它问的是谁的福祉取决于谁的决定。在这个分析中，董事是股东的代理人，因为股东的福祉取决于董事的决定。公司的盈利能力以及由此产生的股东回报是由董事决策决定的。这种说法当然是正确的，但是它是不完整的。公司法所做的不仅仅是确保股东获得回报，而且这是无益的。同样正确的说法是，董事的福祉取决于股东的决定。在法定框架下，股东可以在任何时候通过简单多数决议罢免董事。上市公司的股东决定董事的薪酬政策。所有公司的股东都要批准长期服务合同。

代理理论使公司法学术研究有可能与其他学科的学术研究接轨，并从中受益。该理论强调，股东与公司的互动方式与其他参与者不同。这一说法在最高的抽象层次上是准确的。在微观层面上，它对分析公司法中关注股东利益的条款也很有用。然而，代理理论存在严重缺陷。它将分析的重点转移到了法律中以股东为中心的内容上，并因此妨碍了学者理解公司法的规定是如何创造一个支撑组织运作的框架的。

就宪章限制董事权力的能力而言，有一些法定限制，这些法定限制要求股东的强制性参与，因此可以说这强化了股东利益。然而，股东利益本身并不能解释为什么法律是强制性的。强制股东决定某些事项的规则通常是为了解决附带公共利益因素的问题。企业经营不善的问题不仅是私人投资者的担忧，也是公共宏观经济的担忧。投资者可以“用脚投票”，完全离开股票市场。然而，这将对经济产生不良后果，它将使企业失去一个重要的资金来源，而这可能会抑制经济的增长。

强化股东监督是应对公司治理丑闻的标准做法。这并不是一个完美的解决方案,因为分散的股东缺乏行使这些治理权利的动机。在这种背景下,增加股东的影响力只是为股东参与创造了一种理论上的可能性,这并不能保证股东会利用这个机会。即使股东行使这些权利,也不能保证他们行使权利的方式符合公众对长期可持续发展的偏好。目前的策略利用了股东大多是机构投资者而非个人的事实,并通过《2020 年英国尽职管理准则》鼓励这些投资者接受政府对可持续发展的偏好。这是否会产生预期效果,我们拭目以待。

增加股东影响力可能并非万全之策,甚至还可能产生反作用。然而,目前还没有公认的替代方案,因此股东影响力似乎是政府能够想出的最佳工具,以保护运营良好的公司中的公众利益。

CHAPTER 09 >>

9. 执行

9.1 引　言

本章分析有关董事义务执行的规则。我们将区分私人执行和公共执行。

董事对公司负有义务,因此公司有责任执行这些义务。我们将在 9.2 部分看到,法律更倾向于由公司通过其正常程序做出此类诉讼决定。只有在该程序不能独立于不当行为人运作时,法院才会进行干预。违背独立多数人意愿的派生诉讼是不可能成功的,因此股东是法律关注的主要焦点这一观点是正确的。但同时,此处的法律更加微妙,其还整合了少数股东和债权人的利益。

我们将在本部分看到,董事的义务还可通过公法手段来执行。我们将在 9.3 部分看到,公法制裁尤其适用于那些旨在强化与公司互动的利益第三方的义务。由此得出的结论是,至少在形式上,这些利益比股东利益得到了更好的保护。

9.2 私人执行

9.2.1 引言

派生诉讼是公司法的一个领域,它完全支持本书提出的立场。法律将公司视为具有组织性自主权的实体。*Foss v. Harbottle* 案中的规则认为,针对董事违反义务的行为,公司是提出赔偿请求的适当原告。这是因为公司是一个独立的法人,董事为公司行事,对公司负有义务。如果他们违反了这些义务,就会对公司造成损害。公司不是一个自然人,因此存在一个公司决策程序,对董事索赔的决策通过该程序作出。该程序的运作以公司法和公司宪章为基础,但不限于此。

随着时间的推移,法院已经发展出了一些规则,以确定在哪些情况下不能信任由公司程序来决定对失职董事的索赔。公司决策程序已经取得了受司法裁判保护的独立法律地位。只有当公司决策程序不能独立于不当行为人运作时,法院才会进行干预。

9.2.2 公司决策程序至上——*Foss v. Harbottle*

法院尊重公司决策程序的证据可以在确立该理论的基础性案例中找到。*Foss v. Harbottle* 案阐明了适当原告原则和多数原则。〔1〕 在确定公司是适当的原告之后,〔2〕爵士詹姆士维格姆副大法官(Sir James Wigram, VC)*继续根据摆在他面前的事实,探讨了公司是否有能力作出诉讼决定。他深入研究了公司的决策程序。他的结论是,虽然在实践中,这一程序的运作可能有问题,但该程序可以运作,且可以处理公司是否应起诉董事的问题。该分析的广度和深度突出了决策程序作为一个整体的重要性。多数股东可以制裁失职行为的事实是这一分析的一部分,但该分析的范围要比这广泛得多。

法院首先审查了创建公司的法规,随之得出结论:根据该法规,"所有人"(proprietors)是公司的"最高治理机构"(supreme governing body)。只要该机构在持续运作,小股东就无权代表公司提出索赔。〔3〕 法院随后指出,如果能证

〔1〕 *Foss v. Harbottle*(1843)2 Hare 461, 67 ER 189.

〔2〕 ibid 2 Hare 461, 491; 67 ER 189, 202.

* "VC"全称为"Vice Chancellor",一般被译为"副大法官",负责主持英国高等法院衡平庭工作。英国高等法院共设三个分庭,另两个为王座庭和家事庭,分别由皇家首席大法官(Lord Chief Justice, LCJ)和家事庭庭长(President of the Family Division)主持工作。——译者注

〔3〕 ibid 2 Hare 461, 494; 67 ER 189, 204.

明“让公司程序启动起来的所有手段都已被使用且无效”,那么个人股东的诉讼将被受理。[4] 例如,法律要求召开会议的请求必须向公司的文员或秘书提出,然而没有人被任命担任这一角色。法院的结论是,股东召集会议的程序是能够发挥作用的。该法规定的请求送达方式只是“指示性的”。将请求送达至董事开展公司业务的地点是有可能的。[5] “聚集在股东会上的所有人(proprietors)在行使控制公司业务的权利方面没有任何不可逾越的障碍……而且这种股东会也确实举行了。”[6] 与股东会一样,董事会没有完全遵守公司法规定的要求,但其仍然能够运作。[7] 因此,福斯先生(Mr Foss)无法提起派生诉讼。

最重要的问题不是多数人是否可以制裁失职行为,而是公司是否能够运行一个独立于不当行为人的决策程序。[8] 这种审查方式在普通法中得以沿用。随着时间的推移,这些案例发展出一套示例,以明确公司决策程序不可信因而可以提起派生诉讼的情形。

9.2.3 欺诈和不当行为人控制

Foss v. Harbottle 案本身指明了一个事实,即适当原告规则存在例外,[9] 其中最著名的是对少数股东欺诈的例外。欺诈在这一背景下的定义很宽泛,包括多数人直接或间接将属于公司或股东作为一个整体有权共享的金钱、财产或利益据为己有。[10] 在普通法中,如果不当行为的董事没有使自己受益,少数股东就不能提起派生诉讼。少数股东无权仅凭董事的过失提起派生诉讼。[11]

除了证明存在欺诈外,提起派生诉讼之人还应证明不当行为人处于“控制

---

〔4〕 ibid 2 Hare 461, 496; 67 ER 189, 204.

〔5〕 ibid 2 Hare 461, 496; 67 ER 189, 204.

〔6〕 ibid 2 Hare 461, 502 – 03; 67 ER 189, 207.

〔7〕 ibid 2 Hare 461, 496; 67 ER 189, 204.

〔8〕 ibid 2 Hare 461, 492; 67 ER 189, 203 – 07.

〔9〕 ibid 2 Hare 461, 494; 67 ER 189, 204.

〔10〕 *Estmanco v. Greater London Council*[1982]1 WLR 2, 12.

〔11〕 *Pavlides v. Jensen*[1956]Ch 565; Recently *Harris v. Microfusion* 2003 – 2 LLP[2016]EWCA Civ 1212,[2017]1 BCLC 305.

地位”。正是在这一点上，法院审查了公司决策程序的独立性。普通法中关于多数人控制要求的现代权威是 *Prudential v. Newman* 案。[12]

上诉法院拒绝了“只要正义需要”就可以提起派生诉讼的主张。[13] 法官随后对派生诉讼的可行性进行了深入论证。该论证表明法院旨在确定股东和董事之间，公司是否有可能通过独立的程序做出诉讼决定。

法官们指出，一个董事会，除一名董事外，所有董事都是无利益冲突的，而且是根据独立意见行事的，在诉讼开始之前已得出结论，认为诉讼程序可能弊大于利。他们认为，董事会的决定“可能被证明是一个合理或不合理的判断，但是，这是一个明显独立的董事会的商业判断”[14]。“董事会显然对是否有足够的理由认为公司到最后能逢凶化吉持有疑虑，同时，显然担心公司可能会被善意所扼杀。”[15]公司法和公司章程均未明确将诉讼决定权交给独立的董事会。尽管如此，法院的结论是，可以委托这样一个董事会对公司自己的诉讼决定进行独立判断。[16]

法院还指出，“对于(一个)……审理初步问题的法官来说，准许充分的休庭，让董事会能够召开股东会议，以便其可鉴于该会议的召开和程序得出结论，这是非常正确的”[17]。在这里，法院并不是简单地判定多数股东是否同意或拒绝诉讼。其所建议的是对“(该)……会议的召开和程序”进行调查。

最后，在整个判决中，上诉法院在引号中使用了不当行为人的“控制”一词。例如，法官认为：“通常说来，如果公司由与案涉欺诈行为有关的人士所‘控制’，而这些人又不允许在诉讼中使用公司名称作为原告，则为 *Foss v. Harbottle* 案规则的例外。”[18]他们接着解释了“控制”：

---

〔12〕 *Prudential Assurance v. Newman Industries*(CA)[1982]1 Ch 204.

〔13〕 ibid 212[H].

〔14〕 ibid 221[D].

〔15〕 ibid 221[D]-[E].

〔16〕 See also *Bhullar v. Bhullar* [2015]EWHC 1943(Ch),[2016]1 BCLC 106.

〔17〕 *Prudential Assurance v. Newman Industries* (CA)[1982]1 Ch 204, 222[A]-[B].

〔18〕 ibid 219[D].

> 其范围很广，从一端的总体绝对多数票，到另一端的多数票——该多数票的组成可能包括不当行为人本人投出的票，加上那些由于受其影响或冷漠而随他一起投出的票。[19]

在 *Smith v. Croft*（No 2）案中，多数股东被不当行为人控制。提出派生诉讼请求的少数股东辩称，在编入报告的案例中，没有哪个法院"不仅要看不当行为人是否处于控制地位，还要看其他股东（原告和不当行为人以外的股东）认为应该怎么做"[20]。诺克斯法官（Knox J）接受了这一观点，但是其接着指出，以前没有进行过这种调查并不意味着不能进行这种调查。随后，他接受了公司方提出的观点，即法院有权对"股东投票活动的适当性"进行"仔细审查"。[21]他依据 *Prudential v. Newman*（No 2）案得出结论，被告对投票的控制"不一定是调查的唯一对象"。[22] 用诺克斯法官的话来说，为了确定 *Foss v. Harbottle* 案中的规则是否适用于阻止少数股东作为原告为公司利益寻求救济，必须回答的问题是原告是否被不适当地阻止代表公司提起这些诉讼。[23] "如果是由一个适当的独立机构表达公司意愿，阻止原告起诉，他就没有被不适当地阻止，而是被适当地阻止，因此，问题的答案为'否'。"[24]

接着，他对"适当的独立机构"这一概念作了更多的阐述。"适当的独立机构将根据有关公司的宪章和被告的身份（大多数情况下，被告将被剥夺通过投票参与表达公司意愿的资格）而有所不同。"[25]他接着指出，他仍然"不相信，在所有其他少数股东出于无利益冲突的原因都认为诉讼弊大于利的情形下，单个小股东有权将公司卷入为公司追偿的诉讼并能取得公正的结果"。他在论证这些结论时指出，派生诉讼"最初仅仅是以必要性为由引入的，以防止不当

[19] ibid 219[E].

[20] *Smith v. Croft*(No 2) [1988] Ch 114, 184[D].

[21] ibid 184[F].

[22] *Prudential Assurance v. Newman Industries*[1982] Ch 204, 219.

[23] *Smith v. Croft*(No 2) [1988] Ch 114, 185[B].

[24] ibid 185[B].

[25] ibid 185[B] – [C].

行为发生而得不到补救”[26]。

问题不在于不当行为人是否控制了股东的多数票,而在于公司是否能够以独立于不当行为人的方式运作一个允许公司意志形成的程序。

9.2.4 越权和非法行为

法院允许派生诉讼的另一个例子是越权或非法行为。多数股东当然不能授权或追认越权或非法行为。[27] 例如,在没有利润的情况下进行分配,或在没有得到法院同意或没有作出偿付能力声明的情况下减少资本。多数股东也不能授权其他违反法规的行为。例如,他们不能授权公司违反监管要求的行为。正是在这一点上,股东以外其他选民的利益得到了考量。

在 *Smith v. Croft*(No 2)案中,董事授权进行某些付款,而这违反了禁止财务援助的规定。[28] 诺克斯法官驳回了少数股东总是可以提起派生诉讼,就董事的越权行为或非法行为所造成的损害提出索赔的主张。他指出,在实践中,可能有很充分的财务理由支持不提起这种索赔的结论。[29]

诺克斯法官将限制董事非法或越权行为的索赔与代表公司追回公司因越权或非法交易而有权追索的金钱或财产索赔区分开来。[30] 个人股东可以提出限制公司的请求。但是,赔偿请求是公司的请求,只能由个人股东通过派生诉讼提出。

就赔偿请求而言,在授权/追认和决定起诉董事失职之间还有进一步的区别。虽然公司不能授权或者追认越权或者违法行为,但是可以对导致公司越权或者违法行为的董事作出不起诉的决定。[31] 例如,股东无权追认涉及财务援助的交易,但他们仍可作出以下决定:起诉导致这种援助的董事不符合公司利益。[32] 诉讼决定必须遵循正常的公司程序。少数股东不能提起派生诉讼,除

[26] *Smith v. Croft*(No 2)[1988]Ch 114, 185[C]-[D].

[27] *Edwards v. Halliwell*[1950]2 All ER 1064, 1066-67.

[28] *Smith v. Croft*(No 2)[1988]Ch 114, 165[F].

[29] ibid 166[G].

[30] *Smith v. Croft*(No 2),[1988]Ch 114, 168[H], 170[B], and[F]-[G].

[31] ibid 172[H]-173[A]; see also Sarah Worthington, *Corporate Attribution and Agency: Back to Basics*, 133(1)Law Quaterly Review 118(2017).

[32] *Smith v. Croft*(No 2),[1988]Ch 114, 172[G]-173[C].

非他们能够证明公司无法运行与诉讼决定相关的独立决策程序。法院正在寻找一个有权力和能力代表公司作出决定的适当机关。

这使独立的股东或董事可以为了公司利益做出诉讼决定,而无须完整地处理索赔。不同的董事会或公司清算人可以在稍后阶段决定执行该索赔。法律将诉讼决定留给了正常的公司决策程序,同时又防止了永远都由其来处理索赔。

9.2.5 特别决议

类似的方法也适用于只能由股东特别决议做出的决定。[33] 股东可以提起诉讼,以阻止公司执行需要股东特别多数决通过的行动。例如,除非通过特别决议,公司不得增加成员费,而且成员可以获得指示公司遵守其宪章的强制令。[34]

然而,这并不意味着个人股东可以自动代表公司对董事的失职行为提起诉讼。[35] 授权和追认与作出诉讼决定之间的区别也适用于此。对董事提起损害赔偿诉讼的决定受普通公司决策程序的约束。只有当这个过程不能独立运作时,少数股东才能起诉。[36]

9.2.6 法定制度

与普通法一样,法定制度也遵从公司的决策程序。个人成员可以就"因公司董事的过失、失职、违反义务或违反信托的实际或拟议作为或不作为所产生的诉因"提出派生诉讼;[37] 可以对董事、前董事和影子董事提起诉讼;[38] 也可以对其他人提起诉讼,例如,不诚实地协助违反信义义务的第三方,或明知是信托财产而故意收受的第三方。[39] 针对第三方的诉讼,如果不是"因董事作为或

〔33〕 *Cotter v. National Union of Seamen*[1929]2 Ch 58[69]–[70](Romer J);*Edwards v. Halliwell*[1950]1 All ER 1064, 1067.

〔34〕 *Edwards v. Halliwell*[1950]1 All ER 1064.

〔35〕 Law Commission, *Shareholder Remedies Consultation*, LC 142, 1996, [4.34].

〔36〕 *Smith v. Croft*(No 2)[1988]Ch 114, 182[E]–[F]and 183[C].

〔37〕 Companies Act 2006(CA 2006), s 260(3).

〔38〕 ibid s 260(5)(a)and(b).

〔39〕 *Iesini v. Westrip Holdings Ltd*[2011]1 BCLC 498[75].

不作为而产生的诉因”,就不能以派生方式提起。[40] 它们不应该由股东提出。《2006 年公司法》第 260 条第 3 款明确规定,“派生诉讼……只能因……提起”,[41] 与普通法相比,其略微限缩了股东以派生方式提起诉讼的情形。

9.2.7 第一阶段

法定派生诉讼是分阶段进行的。[42] 在第一阶段,想提出派生诉讼的股东应该向法院提交初步证据。在这个阶段,公司并不参与,这个阶段也不涉及听证。[43] 法院会收到一份诉讼请求和股东用以支持其诉讼请求的书面证据。公司通常会收到有关诉讼的通知,但不会被要求或期望提交材料。如果公司自愿参与,则不能要求费用补偿。《2006 年公司法》第 261 条试图避免这样一种情况,即公司必须参与漫长的审判,以确定是否应就请求的实质内容进行另一次漫长的审判。[44] 除非公司自愿参与,否则股东不能将公司卷入对初步问题的审判。通过设置股东提起派生诉讼必须克服的第一个障碍,成文法比普通法更大程度地保护了公司决策程序的自主性。

法院根据提交的文件考量是否存在允许股东提起派生诉讼的初步证据。法院要确定(从初步证据来看)公司是否因董事的作为或不作为而有充分的诉因。第一阶段所涉及的“正好是上诉法院在 *Prudential v. Newman* 案中的判决”。[45]

9.2.8 第二阶段——必须拒绝许可

第二阶段包括两个子阶段,载有一些要求法院拒绝许可的淘汰标准。[46]

---

〔40〕 ibid[103]-[104].

〔41〕 作者的强调。

〔42〕 这些阶段必须得到法院的遵守,其不是程序上的“小事”,参见 CJC Media Ltd v. Clark[2020] SAC(Civ)110。

〔43〕 只有当股东的申请被拒绝并请求进行口头听证时,才会举行听证。该请求须自申请被拒绝之决定的通知送达之日起 7 日内提出[Civil Procedure Rules 19.9A(10)]。

〔44〕 在 *Prudential Assurance v. Newman Industries*(CA)[1982]1 Ch 204, 221[B]中,法官认为:“为了让(初审法官)能够……决定原告是否在法律上有权将公司卷入 30 天的诉讼……这是不对的……”

〔45〕 *Iesini v. Westrip Holdings Ltd*[2011]1 BCLC 498[78].

〔46〕 CA 2006, s 263(2).

如果这些标准都不适用，则法院可以继续评估《2006 年公司法》第 263 条第 3 款之规定。淘汰标准和评估标准都反映了一个原则，即应该将诉讼决定留给公司的内部程序。法院只有在该公司程序无法独立运作时才会介入。这些标准还整合了公司债权人的利益。

公司的授权或追认

如果被起诉的作为或不作为已得到公司的授权或追认，则必须拒绝提起派生诉讼的许可。[47] 股东有权追认董事违反义务的行为。[48] 值得注意的是，只有在授权或追认已经发生的情况下，派生诉讼才能被阻止。在普通法中，可以被追认就足以阻止派生诉讼的发生。

法院要做的不仅仅是核实是否有正式的授权或追认，他们要审查决策的过程。例如，追认某一交易的股东决议并不能自动阻止派生诉讼。如果不当行为人策划了一系列事件，构成对少数股东的权力滥用，那么这种追认可能无效。[49] 此外，只有当股东收到"公平和坦诚"的信息时，所谓的追认才会阻止派生诉讼。[50]

在此，法院还要考量不能由股东追认的不当行为。例如，违反资本维持规则的分配，或未经法院批准的减资，或者对于私人公司来说，在未提供必要偿付能力声明的情况下进行的减资。此外，股东也不能批准违反《2006 年公司法》第 172 条第 3 款规定的针对债权人的义务。[51] 这将债权人和其他利益相关者的利益纳入了分析。对违反这些规则的交易进行所谓的追认并不能阻止派生诉讼。

布伦达·汉尼根将针对挪用公司大量现金、财产或损害其他利益的行为列

---

〔47〕 ibid s 263(2)(b) and(c); for an example see *Brannigan v. Style* [2016] EWHC 512 (Ch) (unreported).

〔48〕 CA 2006, s 239.

〔49〕 *Hook v. Sumner*[2015]EWHC 3820,[2016]BCC 220,[86]and[92]-[96].

〔50〕 *Stainer v. Lee* [2010]EWHC 1539,[2011]BCC 134,[43]and[45]-[46]; see also *Cullen v. Brown*[2015]EWHC 473,[2016]1 BCLC 491,[38]-[47].

〔51〕 Brenda Hannigan, *Company Law*, 5th edition, OUP, 2018, paras 20-49.

入了股东不能追认的违法行为类别。[52] 这意味着,针对此类行为的诉讼将自动参照根据《2006 年公司法》第 172 条行事的人的做法进行评估。

在普通法中,不当行为的股东董事曾经有可能以股东的身份追认其失职行为。现在这已经不可能了。《2006 年公司法》第 239 条规定,不得考虑失职董事或任何其关联人士的投票。现在,失职行为只能由与失职行为无关的股东批准。这强化了对独立决策程序的要求。

按照第 172 条行事的人

法定派生诉讼对"按照第 172 条(促进公司成功的义务)行事的人"如何评估诉讼给予了极大的重视。[53] 该测试在法定制度中出现了两次。它既是一个淘汰因素,也是一个酌情裁量因素。如果法院确信按照第 172 条行事的人"不会继续诉讼",则必须拒绝许可。[54] 在自由裁量阶段,法院必须将按照第 172 条行事的人"要继续(诉讼)"的"重要性"纳入分析。[55]

该测试要求法院从公司的角度评估诉讼的可取性。在 *McCaskill v. Fulton* 案中[56],诺睿斯法官认为,问题是"该案件是不是一个得到适当建议和治理的公司会为追求其自身利益而投入资金的那种案件"。如果法官断定,一些董事按照第 172 条行事,会得出结论认为至少在目前,继续诉讼是值得的,而其他董事也根据第 172 条行事,会得出相反的结论,那么他就没有义务拒绝许可,可以继续行使自由裁量权。[57]

李维森法官列出了根据第 172 条行事的人在这种情况下考虑的 8 个标

〔52〕 ibid paras 20 – 49; *Franbar Holdings Ltd v. Patel* [2008] EWHC 1534(Ch), [2009] 1 BCLC 1 [45].

〔53〕 CA 2006, s 263(2)(a) and s 263(3)(b).

〔54〕 ibid s 263(2)(a).

〔55〕 ibid s 263(3)(b).

〔56〕 *McCaskill v. Fulton*, 31 October 2014 cited with approval in *Montgold Capital LLP v. Ilska* [2018] EWHC 2982(Ch), [2019] BCC 309, [21].

〔57〕 *Iesini v. Westrip Holdings Ltd* [2009] EWHC 2526(Ch), [2011] 1 BCLC 498, [85] – [86]; *Hook v. Sumner* [2015] EWHC 3820, [2016] BCC 220, [96]; *Cullen v. Brown* [2015] EWHC 473, [2016] 1 BCLC 491, [29].

准。[58] 这些标准已被广泛接受,最近的案件就是以这些标准为出发点来评估第 172 条所述人士有关诉讼方面的立场的。[59] 这 8 项标准是:诉讼请求的规模;诉讼请求的力度;诉讼请求的费用;公司资助诉讼的能力;潜在被告履行判决的能力;如果公司在诉讼中败诉,不仅要支付自己的费用,还要支付被告的费用,这对公司的影响;诉讼过程对公司活动的任何干扰,[60] 以及诉讼是否会以其他方式损害公司(如失去有价值的雇员的服务或疏远关键供应商或客户)。[61]

法官会进行成本效益分析。[62] 例如,在 *Goodwin v. Cook* 案中,公司没有资产,且透支了大约 7000 英镑。它已停止营业。其中一名被告也没有资产,另一名被告对该公司有诉权。[63] 该案的理由并不充分,而且其费用可能很高。[64] 因此,法院拒绝允许继续诉讼。[65] 在 *Zavahir v. Shankleman* 案中,公司发现自己没有什么资产,也没有未来前景。即使考虑到赢的机会比输的机会大得多,但输的坏处和成本却远远超过赢的好处。因此,许可被拒绝。[66]

在 *Stainer v. Lee* 案中,罗斯法官认为"如果案件非常有说服力,即使可能获得的赔偿数额不大,继续诉讼也是合适的,因为这样的诉讼很有可能引发早期和解,或在事实上符合简易判决的条件"[67]。"如果潜在的请求金额非常

---

〔58〕 *Iesini v. Westrip Holdings Ltd*[2009]EWHC 2526(Ch),[2011]1 BCLC 498[85].

〔59〕 *Montgold Capital LLP v. Ilska*[2018]EWHC 2982(Ch),[2019]BCC 309[22]-[34]; *Bridge v. Daley*[2015]EWHC 2121(HC), 2015 WL 4744908[17]; see also *Bhullar v. Bhullar* [2015]EWHC 1943,[2016]1 BCLC 106.

〔60〕 在 *Hook v. Sumner* 案中,诉讼引起的干扰不是支持拒绝许可的因素,因为个人之间的关系已经很糟糕了,而且失去所有可能的未来收入的现实风险很小(*Hook v. Sumner*[2015]EWHC 3820,[2016]BCC 220[115]-[117])。

〔61〕 *Iesini v. Westrip Holdings Ltd*[2011]1 BCLC 498[85]; *Franbar Holdings Ltd v. Patel*[2009]EWHC 2526(Ch)[2009]1 BCLC 1; Airey v. Cordell[2006]EWHC 2728(Ch)[2007]BCC 785, 800.

〔62〕 See eg *Brannigan v. Style*[2016]EWHC 512(Ch)(unreported). 在该案中,法院认为董事会按照第 172 条行事,其起诉的理由并不充分。数额可能并非不重要,所以法院没有在淘汰阶段拒绝许可。然而,在自由裁量权阶段,许可被拒绝,因为按照第 172 条行事的人会得出结论,虽然数额并非不重要,但达成诉讼的积极结果将非常困难,而且不符合成本效益。

〔63〕 *Goodwin v. Cook*, Chancery Division 21 June 2018 HC-2017-000742[11]and[64].

〔64〕 ibid[49],[67].

〔65〕 ibid[85],[87].

〔66〕 *Zavahir v. Shankleman*[2016]EWHC 2772,[2017]BCC 500,[39].

〔67〕 *Stainer v. Lee*[2010]EWHC 1539,[2011]BCC 134,[29].

大,那么即使是理由不太充分的案件,继续诉讼也可能符合公司的利益。”〔68〕在 *Hook v. Sumner* 案中,法院认为,虽然诉讼费用会很高,但是如果胜诉,损害赔偿金也可能会很高,因此法院允许派生诉讼。〔69〕

在 *Cullen v. Brown* 案中,公司已不再经营,起诉的股东没有申请费用补偿。因此,王室法律顾问马克·安德森认为,一个假设的董事可能会问,公司可供分配给其成员的资金在多大程度上可能会因继续诉讼而增加或减少。由于诉讼的资金完全由股东提供,很难看到假设的董事有任何理由不愿意继续诉讼。〔70〕

9.2.9 第二阶段——法院的自由裁量

一旦法院确定不存在拒绝许可派生诉讼的理由,就会进入自由裁量阶段。《2006 年公司法》第 263 条第 3 款列出了法院在此阶段要考量的因素。我们已经看到,法院需要在自由裁量阶段将以下事项作为一个考量因素:一个按照《2006 年公司法》第 172 条行事的人将会提起诉讼。此外,《2006 年公司法》第 263 条第 3 款列出了其他 5 个因素。然而,该清单并不详尽,除了《2006 年公司法》第 263 条第 3 款所列的因素外,法院可以自由考量其他因素。法院的自由裁量权是广泛的。在这里,法律也尊重公司程序。下面将研究在自由裁量阶段法院需要考量的其他因素。

成员在提请继续诉讼时是否善意

这是为了排除那些别有用心的诉讼。只要原告不是为了加剧争端或获得别有用心的利益而提起诉讼,法院就接受所涉个人之间“相当数量的尖锐批判”。〔71〕 原告有可能是善意的,但却是不被允许提起诉讼的适当人员。在 *Bridge v. Daley* 案中,原告自己出庭,其被描述为是“一个非常固执己见的人”,“没有能力对摆在他面前的证据进行任何客观分析”。他声称公司存在相当严

---

〔68〕 ibid[29].

〔69〕 *Hook v. Sumner*[2015]EWHC 3820,[2016]BCC 220,[119] - [120].

〔70〕 *Cullen v. Brown*[2015]EWHC 473,[2016]1 BCLC 491,[55].

〔71〕 *Hook v. Sumner*[2015]EWHC 3820,[2016]BCC 220,[124] - [126].

重的腐败，董事们以这种或那种方式违反了公司法的每一条规定。[72] 法院还认为，原告不会按照他可能收到的适当专业建议负责任地行事，他继续进行诉讼将"后患无穷"。[73] 法院的结论是，任何理性的董事都不会"允许他提起派生诉讼"。[74]

授权/追认的可能性

我们已经看到，授权和追认会阻止派生诉讼。在普通法中，不当行为可被追认（无论该追认是否已经发生），即可阻止派生诉讼。法定程序采取了一种更微妙的方法。不当行为可被追认与这一事实仍然是相关的，但其仅仅是法官在自由裁量阶段考虑的一个因素。这就为针对可被追认的不法行为成功提起派生诉讼提供了可能性。

对于不可被追认的不当行为（违反针对债权人或其他法定失职行为的禁止性规定），追认不仅是"不太可能"，而是完全不可能。因此，一个失职行为无法得到多数股东的追认是一个有利于派生诉讼的因素。

公司决定不提起诉讼

法院热衷于为公司找到一个作出诉讼决定的方法。例如，他们不允许在绝大多数无利益冲突股东反对继续诉讼以及独立董事决定不继续诉讼的情况下继续诉讼。[75]

法院还会利用其自由裁量权，将决定权交还给公司。例如，在 *Iesini v. Westrip* 案中，李维森法官认为公司有充分理由对另一家公司持有的资产提出信托索赔。董事会最初决定不提起诉讼，但那是基于法律分析，而该法律分析以有利益冲突的个人提供给律师的事实为基础。因此，李维森法官根据《2006年公司法》第 261 条第 4 款（c）项的规定，暂停了听证会，并指示董事会重新考

〔72〕 *Bridge v. Daley*[2015]EWHC 2121(HC), 2015 WL 4744908,[84],[85].

〔73〕 ibid[86].

〔74〕 ibid[84].

〔75〕 *Bridge v. Daley*[2015]EWHC 2121(HC), 2015 WL 4744908,[74].

虑公司在信托索赔方面的立场。[76]

债权人的立场也被纳入这一分析中。就破产的公司而言,法院审查了债权人的意见。[77] 对债权人意见的调查显示,他们反对诉讼程序,并对延迟付款感到不满。王室法律顾问西蒙贝克法官随后分析了派生诉讼是否会大大延长债权人得到偿付的时间。他的结论是,情况并非如此,并允许了继续诉讼。[78]

成员的诉因源自其自身权利

从公司的角度来看,根据《2006 年公司法》第 994 条提起的诉讼"要好得多,主要是因为公司只是名义上的一方,不会产生任何法律费用"[79]。如果问题可以通过不公平妨害诉讼得到更好的解决,法院一般不会允许继续派生诉讼。例如,*Goodwin v. Cook* 案涉及三个成为商业伙伴的朋友,他们运营一家亏损公司。他们三个人中的每个人都对另外两个人有潜在请求权。派生诉讼明显不是解决他们之间实际纠纷的法律手段,因此不允许继续诉讼。[80]

然而,可以根据《2006 年公司法》第 994 条提起不公平妨害诉讼并不是绝对的障碍。[81] 即使股东在争议过程中要求被收购,也不妨碍他之后寻求对不当行为的财务补救和对某些董事作出的赔偿令。这两种补救措施都不能通过不公平妨害诉讼获得。[82] 如果原告希望保留其对公司所持主要资产("新秩序"乐队的曲目编排)的未来价值的利益以及对开发该资产的利益,也构成支持派生诉讼的理由。[83] 根据联营协议提出的个人诉讼可能受到反射损失原则

---

〔76〕 *Iesini v. Westrip Holdings Ltd*[2011]1 BCLC 498,[108].

〔77〕 *Montgold Capital LLP v. Ilska*[2018]EWHC 2982(Ch),[2019]BCC 309,[45].

〔78〕 ibid[45]-[46].

〔79〕 *Iesini v. Westrip Holdings Ltd*[2011]1 BCLC 498[124].

〔80〕 *Goodwin v. Cook*, Chancery Division 21 June 2018 HC-2017-000742[79]; see also *Mission Capital plc v. Sinclair* [2008]EWHC 1339(C),[2010]1 BCLC 304.

〔81〕 *Mumbray v. Lapper*[2005]EWHC 1152,[2005]BCC 990 citing *Barrett v. Duckett* [1995]BCC 362, 367.

〔82〕 *Stainer v. Lee*[2010]EWHC 1539,[2011]BCC 134,[49]-[52].

〔83〕 *Hook v. Sumner*[2015]EWHC 3820,[2016]BCC 220,[132].

的影响,这一事实被认为是有利于派生诉讼的一个因素。[84]

没有个人利益之成员的意见

法院“应特别考虑向其提交的与以下内容相关的任何证据:在该事项中不享有直接或间接个人利益的公司成员的意见”[85]。这与 *Smith v. Croft*(No 2)案的判决相呼应。如果绝大多数无利益冲突的股东反对继续诉讼,法院将不予许可。[86]

在 *Stainer v. Lee* 案中,原告是一个小股东。他持有公司 0.08% 的股份,而且他收到了其他 35 个小股东的支持信和财务捐助。自其他股东给予初步支持以来,诉讼已经有了重大进展。因此,重点关注《2006 年公司法》第 263 条第 4 款规定的内容是不合适的,尽管如此,法院还是认为原告寻求和获得支持的行为是他善意行事的“有力证据”。[87]

9.2.10 第二阶段——未规定证明标准

《2006 年公司法》第 263 条第 2 款和第 3 款没有为第二阶段规定具体的证明标准。这遵循了法律委员会的建议,即不应该有这样的测试,一方面是为了避免在许可阶段对案情进行详细调查的风险,另一方面是为了避免根据特定规则的措辞而做细微的区分。[88]

法院根据原告在诉讼中的第一次诉讼内容陈述、基本论据和各方提交的书面证据进行裁决。这个阶段的证据包括证人陈述、打印出来的电子邮件、从网站下载的信息、报纸文章、书面协议的文本、信用卡账单或公司账目,[89]各方提供的书面专家报告。[90] 目前不涉及全面的披露工作,[91]不涉及听取证人的证

---

〔84〕 *Cullen v. Brown*[2015]EWHC 473,[2016]1 BCLC 491,[60].

〔85〕 CA 2006, s 263(4).

〔86〕 *Bridge v. Daley*[2015]EWHC 2121(HC), 2015 WL 4744908,[73]–[74].

〔87〕 *Stainer v. Lee*[2010]EWHC 1539,[2011]BCC 134,[49].

〔88〕 *Kleanthous v. Paphitis*[2011]EWHC 2287,[2012]BCC 676,[41]and[42].

〔89〕 See eg *Saatchi v. Gajjar*[2019]EWHC 2472(Ch)(unreported)[9]–[23],[64], and[73].

〔90〕 *Montgold Capital LLP v. Ilska* [2018]EWHC 2982(Ch),[2019]BCC 309,[4]and *Hook v. Sumner*[2015]EWHC 3820,[2016]BCC 220[4].

〔91〕 *Cullen v. Brown*[2015]EWHC 473,[2016]1 BCLC 491,[36].

词，也不涉及交叉询问。

法院认为，原告必须提交比初步证据“更有说服力的证据”，但不一定是“强有力的证据”。[92] 这是因为初步证据已经在第一阶段确立。这里不一定需要“强有力”，因为“对任何事项进行任何类似小型审判的做法都是非常错误的……”法院必须对诉讼是否有充分理由形成意见，以便适当考虑第 263 条第 2 款(a)项和第 263 条第 2 款(b)项的要求。当然，在诉讼尚未审理的情况下，任何观点都只能是临时性的，但我认为，法院必须根据其面前的材料尽力而为。[93]

法院可以“在不确信有充分理由的情况下允许继续进行派生诉讼”。[94]

在 *Hook v. Sumner* 案中，法官允许诉讼继续，因为原告“至少有合理的可能”在审判中证实董事违反了其义务，致使公司签订了一项商标协议。[95] 此外，“至少有一个充分的理由”是，涉嫌不当行为的董事以股东身份通过的追认其行为的决议是无效的。[96]

在 *Montgold Capital LLP v. Ilska* 案中，原告声称该公司的董事与一名会计师、一名破产从业人员和一家另类投资市场上市公司共谋，在预先打包安排中低价出售该公司。王室法律顾问西蒙 · 巴克认为，从一开始来看，可以公正地说，这些指控“在本质上是不可能的”。但是，原告的证据和原告律师的陈述引起了人们对某一时间跨度内的事件以及被告未披露的情况的关注，这“指向了一个非法合谋的现实案例”。[97] 他总结道，当董事让公司进入管理程序的时候，有充分的理由推断(公司)并没有资不抵债。[98] 还有“可靠的证据”表明，一些独立的餐饮业从业人员曾提出以更高的价格收购该公司业务。[99]

---

〔92〕 *Iesini v. Westrip Holdings Ltd*[2011]1 BCLC 498[79]; *Saatchi v. Gajjar*[2019]EWHC 2472(Ch)(unreported)[29].

〔93〕 *Iesini v. Westrip Holdings Ltd*[2011]1 BCLC 498[79].

〔94〕 *Kleanthous v. Paphitis*[2011]EWHC 2287[40](Newey J).

〔95〕 *Hook v. Sumner*[2015]EWHC 3820,[2016]BCC 220,[66].

〔96〕 ibid[92]-[93].

〔97〕 *Montgold Capital LLP v. Ilska*[2018]EWHC 2982(Ch),[2019]BCC 309,[25].

〔98〕 ibid[29].

〔99〕 ibid[23].

9.2.11 对继续诉讼的有限许可

法院在允许派生诉讼方面谨慎行事并保持克制。他们不愿意直接给予许可,即使在看起来有充分理由的情况下,他们也倾向于将许可限制在某些有限的程序性步骤中。例如,在 *Stainer v. Lee* 案中,法院允许诉讼进入披露阶段,并将费用补偿的上限定为 40,000 英镑。[100]

9.2.12 费用补偿

在 *Iesini v. Westrip Holdings Ltd* 案中,法院认为,如果一项诉讼是为了公司利益而正当开展,通常应命令公司支付相关费用。[101] 然而,该附带意见后来受到了修正。原告不要求补偿费用这一事实可能是有利于准予继续诉讼的一个因素。[102] 在 *Hook v. Sumner* 案中,法院认为,在股东之间的纠纷中,"法院可以适当地关注……公司对一方或另一方的赔偿会给该方带来不公平的优势"[103]。此外,关于究竟是派生诉讼还是股东诉讼是更好的解决方案,是一个难以回答的问题,这一事实也使法院不愿行使自由裁量权以支持费用补偿。[104]

9.2.13 理论观察

派生诉讼是支持本书所提理论一个很好的例子。法律承认组织是以其程序框架为特征的自主行动者。公司法吸收了这一理念,并制定了以股东利益为重点,同时兼顾其他利益的程序。*Foss v. Harbottle* 案的规则和法定派生诉讼都是为了保护公司的决策程序。

这一原则有时被称为"多数决规则"。[105] 我们已经看到,在多数股东已经

---

[100] *Stainer v. Lee* [2010] EWHC 1539, [2011] BCC 134, [55] - [56].

[101] *Iesini v. Westrip Holdings Ltd* [2011] 1 BCLC 498, [125] - [126].

[102] *Cullen v. Brown* [2015] EWHC 473, [2016] 1 BCLC 491, [55].

[103] *Hook v. Sumner* [2015] EWHC 3820, [2016] BCC 220, [139].

[104] ibid [138] - [141].

[105] Sarah Worthington, *Sealy and Worthington's Texts and Materials on Company Law*, 11th edition, OUP 2016, p. 667.

追认或能够追认董事失职行为的情况下,派生诉讼在普通法中不可能成功,在法定制度下也不太可能成功。“多数决规则”这一标签确实描述了此类情形,但它并没有充分说明普通法和规定在法定制度中的审查范围。

法院不仅要确定在数量上是否有多数股东作出或能够作出诉讼决定,还要确定是否有一个独立的机构能够作出这一决定。他们要审查是否有一个独立并可以适当形成“公司意志”的程序在运作。[106] 这承认了独立于任何参与者意志的“公司意志”的存在。

在普通法中,这一点在 *Knox J in Smith v. Croft*(*No* 2)案的附带意见中得到了很好的表达:法院的目的是确保“对未来诉讼的实际可取性进行现实的评估,并且,应该由有权力和能力代表公司作出决定的机构来评估”。[107]

如果是由一个适当的独立机构来表达公司的意愿从而阻止原告提起诉讼,那么原告就不是被不适当地阻止,而是被适当地阻止。适当的独立机构将根据有关公司宪章和被告身份而定,在大多数情况下,被告将被剥夺通过投票参与表达公司意愿的资格。[108]

在他们的分析中,法院所做的不仅仅是适用公司法或宪章规定的程序。如果多数股东与不当行为人有关联,法院会将决定权交给那些独立于不当行为人的董事会成员或股东。这两种做法都是在普通法中确立的,并不依赖于任何公司法或公司宪章的规定。现在,它们已经作为自由裁量权的因素被纳入法定派生诉讼。

法院承认,自我利益可能会使不当行为的股东失去追认失职行为的资格。但是,他们并没有以多数股东和少数股东之间的二元冲突为出发点来分析这一领域出现的问题,他们没有提到任何特定参与者群体的利益,他们指向的是公司的利益,他们要决定的是公司是否能够运作一个独立的决策程序。通过这样做,他们将股东和股东子集团的利益以及债权人的利益纳入分析。

---

〔106〕 *Smith v. Croft*(No 2)[1988]1 Ch 114, 184[F]and 185[A]–185[C]; see also John Armour, *Derivative Actions: A Framework for Decision*, 135 Law Quaterly Review 412(2019).

〔107〕 *Smith v. Croft*(No 2)[1988]1 Ch 114, 184[A].

〔108〕 ibid 185[B].

法定派生诉讼所依据的原则和普通法原则相同。《2006年公司法》对普通法做了若干修改。例如,股东董事不能再追认他们自己的失职行为,[109]但这保留了普通法的逻辑。[110] 公司是适当的原告。就公司决策程序而言,规定法定程序是因为普通法已经变得过于复杂和笨拙。[111] 然而,其理念仍然是,只有在没有找到独立于不当行为人的决策程序时,法院才会进行干预。

与普通法一样,法定派生诉讼坚持的原则是,就某一不当行为提起诉讼的决策"由公司内部决定,也就是说,由其董事会决定,如果对董事会的决策不满意,则由其多数股东决定"[112]。法院"不会对公司根据其自身结构做出的决定进行事后猜测"[113]。这些原则的例外仅适用于"公司自身结构无法正常运作的情形"[114]。

检验是否出现这种情形的法定标准借鉴了普通法的基本考量因素。然而,这些考量因素已经从围绕它们而形成的僵化结构中被剥离出来。现在,在评估公司程序作出诉讼决定的能力方面,法院有了更大的灵活性。[115]

有时,法院会以自己商业才能有限作为他们尊重公司决策程序的理由。例如,当李维森法官在阐述他的8个标准,以明确一个按照《2006年公司法》第172条行事的人会怎么做时,其指出,"权衡所有这些考量因素在本质上是一个商业决定,法院做出这一决定的'能力不足'(ill-equipped),除非案件非常清晰"[116]。有人认为,李维森法官并不是在评论法院有限的商业能力。英国法官

---

[109] CA 2006, s 239(2).

[110] 大卫·科索(David Kershaw)认为,多数规则是适当原告规则的必要组成部分。他认为,如果不接受多数规则,就不可能采用适当原告规则。两者之间存在联系,但是这种联系是在适当原告规则和当时审查公司决策过程的法律要求之间运作的。可以将诉讼决定分配给多数股东,也可以将其分配给5%的股东。我们还可以采用一项规则,即一名股东无论其持股多少,都有权提出派生诉讼。而无论采取哪种方式,公司都是适当的原告。

[111] Law Commission, *Shareholder Remedies Report*, Law Com No 246[6.4].

[112] *Iesini v. Westrip Holdings Ltd*[2009]EWHC 2526(Ch),[2011]1 BCLC 498,[73].

[113] ibid.

[114] ibid.

[115] 然而,这将导致股东诉讼增加的预期并没有实现。[David Gibbs-Kneller & Chidiebere Ogonnaya, *Empirical Analysis of the Statutory Derivative Claim: De Facto Application and the Sine Quibus Non*, 19(2) Journal of Corporate Law Studies 303(2019)]

[116] *Iesini v. Westrip Holdings Ltd*[2009]EWHC 2526(Ch),[2011]1 BCLC 498[85],[107].

完全有资格评估提起法律诉讼的好处。在获得司法任命之前,他们花了很多年时间观察和协助客户分析和权衡围绕诉讼决定的各种因素。是否进行诉讼的决定无疑是一个商业决定,但这是一个法官有资格参与的决定。最好将法院“能力不足”的看法理解为法院倾向于不参与决策(无论法官的商业头脑如何)。这与普通法的分析相呼应,表明法官在可能的情况下,更倾向于让公司的程序自发运作。

尤其是 *Iesini* 案,董事们在收到律师的法律建议后采取了某些法律措施。[117] 李维森法官毫无保留地就摆在董事会面前的法律问题和律师准备的法律建议发表了观点。[118] 例如,他认为“信托案”很有说服力,并对澳大利亚律师没有对某些文件予以一丝重视感到惊讶。[119] 然而,他的结论是,对他而言,最好的做法是行使《2006 年公司法》第 261 条第 4 款(c)项规定的权力,指示董事会重新考虑公司的立场。[120]

在 *Carlen v. Drury* 案中,埃尔登勋爵发表了他众所周知的观点:“不必在任何场合都要求本法庭来管理王国的所有娱乐场所和酿酒厂。”[121] 然后,这一观点又被以下附带意见所补充:如果“案件证明”这种干预是合理的,法院将进行干预。为此,“必须有积极的必要性……该必要性源于(负责决定的)委员会拒绝采取行动或过失行动”[122]。

可以将法院不愿意通过派生诉讼进行干预这一点解释为法院故意决定服从公司的决策过程,这一点也得到了法院愿意用不公平妨害补救措施进行干预这一事实的支持。从他们对派生诉讼的态度来看,这是出乎意料的。[123] 在不公平妨害方面,干预通常通过购买令进行,这使法院可以在不干预公司自主决

---

〔117〕 ibid[87].

〔118〕 ibid[91]–[98].

〔119〕 ibid[107], see also[106].

〔120〕 ibid[109]–[110].

〔121〕 *Carlen v. Drury*(1812)1 Ves and B 149, 158; 35 ER 61, 62.

〔122〕 ibid 63.

〔123〕 Paul Davies & Sarah Worthington, *Gower & Davies: Principles of Modern Company Law*, 10th edition, OUP, 2016, para 20–3.

策的情况下解决问题。

目前,对于上市公司或其他不能被定性为准合伙企业的公司来说,不公平妨害补救措施似乎并不容易获得。[124] 在规范层面,可以建立这样一种认识:如果给予法院一个允许他们尊重公司决策程序的工具,会减少他们对干预的犹豫。本书不知道是否需要更多的董事问责制,如果需要,还需要多少董事问责制。[125] 如果希望有更多的问责制,那么可以设计这样一种补救措施,即允许失职董事所在公司的多数股东要求不当行为董事以法院认为合适的条件购买其股份。

此外,即使在公司没有自己的业务,只是一个组织向其股东分配收入的实体的情况下,法院也会假定存在公司利益。在 *Hook v. Sumner* 案中,法院被告知该公司没有自己的业务,它只是一个空壳。它从"新秩序"乐队创作的音乐目录中获得收入,并将该收入分配给股东。法院认为,就是否允许派生诉讼而言,这不是一个相关的考量因素。公司如何处理它所获得的收入是"无关紧要"的。"一个公司开展业务的利益包括从其活动中获得收入,无论它将收入用于公司自己的目的,例如支付其债权人和债务,还是分配给股东。"[126] "在本案中,分配是根据服务协议下的付款方式而为,但无论这被定性为对债权人的支付还是对股东的分配,在我看来都没有区别。无论如何,公司都希望最大限度地增加收入和交易额。"[127]

任何金额都将支付给公司,并按照董事应尽的义务来处理。它成为公司收入的一部分。然后,该收入将由董事根据其义务为公司利益而使用。股东将从公司业务价值的增加中间接受益,他们也可以通过分配直接受益。分配规则将

---

〔124〕 *Re Blue Arrow plc*[1997]BCLC 585; *Re Leeds United Holdings plc*[1997]BCC 131; Re Astec (BSR) plc[1998]2 BCLC 556.

〔125〕 关于对派生诉讼提供更多支持的论点, see eg Andrew Keay, *Assessing and Rethinking the Statutory Scheme for Derivative Actions under the Companies Act* 2006, 16(1) Journal of Corporate Law Studies 39(2016); see also Arad Reisberg, *Derivative Claims Under the Companies Act* 2006: *Much Ado About Nothing*?, in John Armour & Jennifer Payne eds., Rationality in Company Law: Essays in Honour of Dan Prentice, Hart Publishing, 2009, p. 17。

〔126〕 *Hook v. Sumner*[2015]EWHC 3820, [2016]BCC 220, [112].

〔127〕 ibid[113].

债权人利益纳入公司的程序框架。无论哪种方式,股东的回报都是通过公司来实现的。

债权人利益在普通法和成文法补救措施中都有体现。债权人导向的不当行为和其他法定不当行为不能被股东追认。因此,在普通法中,派生诉讼通常不可行。在成文法制度下,任何声称对此类不当行为的授权或追认都不会阻碍法定派生诉讼的进行。在自由裁量阶段,不当行为不能被追认的事实是允许派生诉讼的一个相关因素。

法律不仅仅保护公司免受恶意原告的影响。我们已经看到,当原告的诉讼是“灾难的根源”时,法院也不愿意允许他们继续诉讼。〔128〕 这是因为任何合理的董事都不会允许这样的人代表公司进行法律诉讼。〔129〕

有关派生诉讼的规则通过调解不同参与者的利益来保护“公司利益”。在最细微的层面上,将两个参与者分离出来,讨论法律如何调解他们之间的冲突是有可能的。同时,在最高的抽象层次上,我们也可以观察到,股东的决定最终将对阻止诉讼产生很大影响。但对于介于两者之间的一切,二元分析并不能从正面反映法律。债权人利益被纳入分配规则中,这些规则决定了股东将在多大程度上从派生诉讼中收回的任何资金中获益。股东不能推翻这些规则。他们也不能批准违反这些规则的行为,因此 *Foss v. Harbottle* 案中的规则不会妨碍派生诉讼。少数股东的利益被纳入召集会议的程序中。其还被纳入了特别多数要求的规则中,违反这些要求的行为也不能被多数股东追认,并且这里也没有禁止派生诉讼。仅仅从代理理论的角度来分析派生诉讼,会忽略这些规则是如何相互作用,从而形成一个平衡相关参与者利益的程序网络的。

---

〔128〕 *Bridge v. Daley*[2015]EWHC 2121(HC),2015 WL 4744908.,[86]类似的考量因素在普通法中也有表述,尽管其表述方式更为温和。在 *Prudential Assurance v. Newman Industries* (CA)[1982]1 Ch 204 at 224 中,原告在法庭上提出了 30 多项欺诈指控,将法庭淹没,但最终退回到 6 项。在这 6 项中,第 2 项被撤回。大量资金被花费在了诉讼上。这对那些与欺诈无关也没有参与索赔的股东来说是不公平的。

〔129〕 *Bridge v. Daley*[2015]EWHC 2121(HC), 2015 WL 4744908.,[84].

9.3 公共执行

在本书中,我们看到了一些例子,在这些例子中,董事因未遵守公司法的某些要求而面临公共执行的责任。例如,我们看到,这种责任与董事有义务使公司登记处保存的资料保持最新相关。[130] 未遵守会计记录的置备以及账目的编制、批准、核实和公布等要求还会产生刑事责任。[131] 未确保公布的账目和报告符合法定要求也会引发个人刑事责任。然而,董事只有在知道或因过失不知道账目或报告不符合要求,或者没有采取合理措施确保符合要求的情况下,才会承担责任。[132] 前文还讨论了对未就具体社会和环境事项编制报告的制裁。[133]

从理论角度看,我们可以发现,旨在保护第三方利益的董事义务背后有一个公共资助的执行机制。然而,政府承认,对有偿债能力的公司提起诉讼的情况很少,目前正在就实施一项更有力的董事责任制度进行磋商。[134] 尽管如此,以利益相关者为导向的义务与公共执行相关这一点仍然成立。

我们在前文还看到,《1986 年取消公司董事资格法》规定了一个法定制度,通过该制度,可以取消破产和非破产公司的董事资格。法院还可以命令董事赔偿公司所遭受的任何损失。[135] 我们已经看到,如果一名董事证明他或她不适合参与公司的管理,那么取消资格制度就会发挥作用。我们还看到,在取消资格方面,债权人利益是一个主要焦点。[136] 当董事因公司业务触犯刑事犯罪时,取消资格的规则就会发挥作用。董事如果被判犯与成立、组建、管理、清算或注销公司有关的可公诉罪行,持续违反公司立法,犯欺诈罪或欺诈交易罪,或者违

---

〔130〕 本书 6. 2. 4 部分。

〔131〕 本书 7. 10. 9 部分。

〔132〕 CA 2006, s 414(4) and(5)(annual accounts); CA 2006, s 414D(2) and(3)(strategic report); CA 2006, s 419(3) and(4)(directors' report); CA 2006, s 422(2) and(3)(remuneration report).

〔133〕 本书 7. 10. 8 部分。

〔134〕 Department for Business, Energy and Industrial Strategy, *Restoring Trust in Audit and Corporate Governance*, March 2021, [5. 1].

〔135〕 本书 7. 6. 4 部分。

〔136〕 本书 7. 6. 4 部分。

反公司立法中要求向公司登记官提交申报表、账目或其他文件以及向公司登记官发出通知的任何规定,即可能被取消资格。[137]

在积极层面上,我们可以看到,立法机关对董事失职行为附加了公共强制执行的制裁,可以说,这些制裁是为了第三方的利益。在规范层面上,值得注意的是,目前正在就对个人决策者实施的个人监管制裁进行更广泛的讨论。[138]这类制裁旨在激励此类决策者遵守监管要求。最近,有人批评这种做法没有将影响组织遵守法规之能力的一个重要因素纳入考量,它忽视了企业文化对于确保组织遵守监管要求的重要性。[139] 企业文化可能是破坏合规性的一个因素。[140] 仅仅关注个人行动者及其激励是不够的。有时,组织的运作过程会产生一种有毒的文化,这个问题不能仅仅通过分析和调整激励措施来解释或解决。

---

〔137〕 Company Director Disqualification Act 1986, s 2 – 5.

〔138〕 See eg the discussion provided in Law Commission, *Criminal Liability in Regulatory Contexts*, Consultation Paper No 195, August 2010.

〔139〕 See Nien-he Hsieh et al., *Getting Clear on Corporate Culture: Conceptualisation, Measurement, and Operationalisation*, 6 Journal of the British Academy 155 (2018); Christopher Hodge, *Science-Based Regulation in Financial Services: From Deterrence to Culture*, Oxford Legal Studies, Research Paper No 19/2020, SSRN, (January 2020), https://papers.ssrn.com/sol3/papers.cfm?abstract_id=3590176; see also Amir N. Licht, *Culture and Law in Corporate Governance*, in Jeffrey N. Gordon and Wolf-Georg Ringe eds., The Oxford Handbook of Corporate Law and Governance, OUP, 2018, p. 129.

〔140〕 有关这种现象的一个说明性例子,see Kweku Adoboli, *How to Stop Finance Companies from Succumbing to Cultural Failure*, Financial Times, (March 13, 2017), https://www.ft.com/content/5a4019d8-f842-11e6-bd4e-68d53499ed71。

CHAPTER 10 >>

10. 利益相关者

本书提出的观点是，我们在分析公司时，不应局限于将法律从正面剖析为两个特定参与者之间的二元冲突。本书已经表明，法律赋予股东的影响力比债权人、雇员，以及其他选民更大，但这些利益相关者的利益也被纳入了公司法中。

我们已经看到，债权人利益贯穿了公司法的结构。设立公司的过程和更新记录的要求确保了与公司打交道的第三方可以掌握信息，以便与公司达成合同安排。公司法人人格始于登记，终于注销。与已登记公司打交道的任何第三方都不必考虑其基本程序可能受到破坏性因素的影响。[1] 越权原则被废除，因为它使公司难以在商业环境中互动。[2]

普通法上的刺破公司面纱是很罕见的。但是，如果董事或影子董事进行不当交易、经营凤凰公司或被证明不适合参与公司管理，有限责任（而不是独立的法律人格）将被取消。侵权法提供了一种对不以股东身份参与其子公司业务的母公司施加责任的机制。[3] 公司集团作为超越公司正式法律边界

[1] 本书 2.5，2.6，6.2.4，以及 6.3 部分。

[2] 本书第 3 章。

[3] 本书第 4 章。

的组织而运作,这一现象日益受到成文法的关注。[4]

公司在侵权法和刑法中都被认为是自主行动者,这确保了第三方可以触及公司所有资产,同时还激励了公司决策者运行一套程序以防止发生应归责的组织行为。

《2006年公司法》第172条要求董事考虑利益相关者的利益。[5] 技能和注意义务要求董事确保公司遵守通过规章施加给公司的法律要求。它是一个渠道,通过这个渠道,受法律保护的利益相关者利益被纳入公司法。[6] 法院明确指出,规范利益冲突的规则也为债权人利益服务。

公司法规定了大量的记录和报告要求,旨在确保董事对其公司的资产和负债有真实和及时的了解。除此之外,公司法还有叙述性报告要求,旨在鼓励董事说明并报告公司在更广泛的社会利益方面的立场。[7]

股东有权作某些公司决定,但在作这些决定时,他们受到保护少数股东之规则的约束,同时他们也不能凌驾于保护债权人的规则之上。[8]

董事和股东都受到强制性分配规则的约束,这些规则旨在确保股东只有在满足债权人的需求后才能获得回报。[9]

利益相关者的参与程度随着时间的推移而变化。2008年金融危机和2016年英国脱欧公投的结合促使改革从早期公司治理辩论中以股东为中心的辩论开始转向。《2018年英国公司治理准则》建议公司关注目的,而不仅仅是盈利。[10] 立法机关引入了一些以利益相关者为中心的报告要求,鼓励公司在其需要发布的报告中考虑并处理他们对某些利益所产生的影响。这种技术被称为民事监管。[11]

---

〔4〕 本书4.4部分。
〔5〕 本书7.4.2部分。
〔6〕 本书7.6部分。
〔7〕 本书7.10部分。
〔8〕 本书8.3部分。
〔9〕 本书7.11和8.5部分。
〔10〕 本书3.4部分。
〔11〕 本书7.10.7和7.10.9部分。

本书所采用的理论从正面解释了公司法。组织是真实的社会行动者，其本质特征是人类互动时自然形成的习惯、惯例、过程和程序。法律建立在这一现象的基础之上，并以本书所述的方式将其正式化。关于股东与利益相关者的影响力应该有多大，本书持中立观点。

无论如何，从本书所提理论出发，可以得出三个规范性结论。

第一，我们应该放弃财务激励可以为董事以外的利益服务的想法。鉴于在设计薪酬以使其符合股东利益方面遇到的困难，笔者认为，任何试图将薪酬与《2018 年英国公司治理准则》中建议的长期目标或者与生态或社会目标挂钩的做法都注定要失败。[12] 与业绩薪酬相关的问题并非确定一个合适的决策者，而是很难确定适当的可以促进实现特定目标的业绩指标。同时，董事有能力博弈强加给他们的任何业绩指标。

第二，鼓励公司制定一个目标或鼓励董事等同对待利益相关者与股东利益的纲领性声明都不太可能产生太大效果。[13] 这是因为它们没有深入公司的社会结构。

第三，从本书角度看，如果有意愿将非股东利益进一步纳入公司法，最好是通过将他们的利益纳入公司的决策过程来实现。[14] 可以通过创建代表非股东利益的角色将其利益纳入公司法。目前，组织结构中的某些责任人格化的技术被应用于金融服务领域，在这些领域中，已经创建了一些角色，以确保金融监管被遵守。[15] 根据高级管理人员认证制度，某些高级管理职位必须事先获得监

---

〔12〕《2018 年英国公司治理准则》P 原则规定："薪酬政策和实践……旨在支持战略并促进长期可持续的成功。"高管人员的薪酬应与公司的目标和价值观保持一致，并与公司长期战略的成功实施明确挂钩。

〔13〕本书 3.4 和 7.4.4 部分。

〔14〕最近一份备受关注的学术声明赞成将利益相关者的关切更多地纳入公司法中，see Andrew Johnston et al., *Corporate Governance for Sustainability*, SSRN,(December 11, 2020), https://papers.ssrn.com/sol3/papers.cfm?abstract_id=3502101; see also Abraham A. Singer, *The Form of the Firm*, OUP, 2019。

〔15〕我很感谢黛博拉·萨巴洛特·迪恩(Deborah Sabalot Deane)帮助我找到高级管理人员认证制度的资料。

管机构的批准或内部认证。[16] 金融行为监管局授权的企业还必须有一个管理责任图谱。[17] 类似地，某些大公司需要任命一名高级会计官员，以确保公司能够履行其税务会计职责。[18]

更为普遍的是，《2018年英国公司治理准则》建议通过从雇员中任命董事、设立正式的雇员咨询小组或指定非执行董事的方式来整合与雇员相关的利益。其他社会利益也可以用同样的方式来整合。可以鼓励公司确立董事会中代表生态或社会目标的特定董事会成员或委员会。前面已经提到，确立某些角色并非万全之策，也有其风险。一个组织的文化有可能破坏该角色所代表的利益，而且特定角色的指定有可能会沦为组织内其他成员忽视这些利益的借口。[19] 但是，总的来说，在企业决策过程中设定一个代表特定利益的角色这一技术比设置个人财务激励更接近组织的行为方式。

---

〔16〕 For an overview see: Deloitte, *Senior Managers Regime*, *Individual Accountability and Reasonable Steps*, 2016, available from www. deloitte. com/content/dam/Deloitte/uk/Documents/financial-services/deloitte-uk-seniormanager-regime. pdf; Bank of England, Prudential Regulation Authority and Financial Conduct Authority, *Senior Managers Regime*: *Statement of Responsibilities*, Sep. 2019, available from www. bankofengland. co. uk/ –/media/boe/files/prudential-regulation/authorisations/senior-managers-and-senior-insurance-managers-regimes-approvals/smr-statement-of-responsibilities-september – 2019. pdf; Financial Conduct Authority, *The Senior Managers and Certification Regime*, *Guide for FCA solo-regulated firms*, July 2019, available from www. fca. org. uk/publication/policy/guidefor-fca-solo-regulated-firms. pdf; Bank of England, *Strengthening Accountability*, December 2020, available from www. bankofengland. co. uk/prudential-regulation/key-initiatives/strengthening-accountability.

〔17〕 Financial Conduct Authority, *Finalised Guidance* 19/2 *Senior Managers and Certification Regime*: *Guidance on Statements of Responsibilities and Responsibilities Maps for FCA Firms*, October 2018, available from www. fca. org. uk/publications/finalised-guidance/fg19 – 2 – smcr-guidance-statements-responsibilities-and-responsibilities-maps.

〔18〕 本书7. 10. 2部分。

〔19〕 本书3. 4部分。

CHAPTER 11 >>

11. 结论

本书通过本体性公司理论解释了公司法。在本书所提的理论中,法律并不创造组织,而是将其视为一种实在的社会现象。

当人类互动时,习惯、惯例、过程和程序便会形成。这些习惯、惯例、过程和程序影响着组织参与者的行为方式,因此组织在其后果中是真实的。组织以这种社会结构为特征。同时,存在个人能动性,它能够使参与者偏离社会结构并随着时间的推移改变社会结构。

从正面来说,公司法让组织更容易自主行动,其提供了一个决策过程,创设并规制董事、股东、审计师和公司秘书的角色。

并非所有的组织都是公司,也并非每个公司都作为一个组织运作。尽管如此,我们在本书中已经看到,公司法的设计是为了促进自主的组织行动。

组织在其后果中是真实的,但是组织没有永久的物理表现形式。独立法律人格克服了这个问题,它使通过公司运作的组织具有自主的法律地位。

公司能力曾受到其备忘录的限制。这在特许理论和基于合同的分析中都是合理的。但事实证明这并不适合商业组织的运作,因此越权原则被废除了。组织自主行动,它们需要灵活性,故,将公司与首任股东所确定的目标联系在一起的规则无一例外地都从法律中消失了。

与普通合同不同，即使存在影响宪章效力的因素，公司也不会因此而被消灭。公司须经清算才能结束。法律的一击可以让合同消失，而组织却不能以这种方式被消灭。

普通法中允许在有限的基础上刺破面纱的规则并不影响公司独立法律人格，而是在特定情况下取消了有限责任原则。有许多规制滥用法人形式的法定条款，如欺诈性交易、不当交易和董事资格的取消。过失法允许被侵权人“刺破公司面纱”。然而，在所有这些情形中，公司法律人格仍然存在。刺破面纱只影响有限责任。

为了促进与第三方的互动，公司法还禁止非慈善公司的股东通过宪章限制董事的权力。公司还要承担侵权行为和刑事犯罪的责任，这表明法律承认它们是自主行动者。刑法最近还发展了一种界定组织过错的技术。

公司法是公司内部决策权分配的基础。它设定了4个角色：股东、董事、审计师和公司秘书。该法还规定了每个角色的责任。虽然股东受这种设定的约束，但是其可以进一步细化公司的决策程序。宪章不是合同，而是经私人行动在法定基础上制定的文书。

董事对公司负有义务。法律主要要求董事受宪章性权力的约束，并遵循公司法和宪章规定的程序。其目的不是直接提高经济利益，其也不要求董事将回报最大化。股东是董事努力的间接受益者。他们的利益比债权人或更广泛社会的利益更大程度地反映在法律中。但是，总体而言，将董事定性为股东的代理人或者将股东定性为董事或公司的委托人是错误的。法律通过成文法和判例法整合了债权人和广大社会的利益。董事需要关注这些利益，股东也受到这些利益的限制。针对违反义务的行为，存在公共资助的强制执行机制，该机制的主要特征是保护第三方利益。

代理理论在分析影响董事决策的利益冲突方面发挥了重要作用。它有助于阐明法律所要解决的问题。但是，经济推理不能完全解释规范这类冲突的规则，它们更符合本书所提出的本体性公司理论。

就股东相对于其他选民而言应该有多大影响力这一问题，本书并无任何倾向。本书也没有对董事是否受到股东或外部监督的充分监督发表意见。相反,本书承认,没有一个单一的因素可以解释权力的分配。本书作者认为,经济因素是一个重要的解释因素,但是政治、历史和文化因素也在发挥作用。在规范层面上,这些因素会而且也应该为未来的法律发展提供参考。本书提出的本体性公司模型并没有告诉我们法律"是否"应该干预。然而,它告诉了我们,法律应该"如何"干预。

本书提出的规范性建议是,不应将组织行动划分为二元冲突,在任何时候都仅关注两个参与者之间的关系。作者认为,引导组织行动的最佳方式是以程序为导向的干预。改变公司决策程序的干预措施触及组织行动的核心。我们可以从"未能防止"模式中看到这一点,该模式要求公司在没有有效的风险管理程序时承担责任。我们还可以在公司法和《2018 年英国公司治理准则》中看到这一点,这些规则创建了角色,并在这些角色之间分配决策权。这可能比操纵个人激励更有效。

事实证明,旨在操纵个别参与者经济激励的干预措施太难实施。迄今为止,与绩效相关的薪酬尚不能确保董事在成功时获得回报较多而在失败时获得回报较少。本书作者认为,股东应该放弃与业绩挂钩的薪酬对他们有利的想法(尽管这可能很难实现)。我们也应该放弃薪酬方案的设计可以为利益相关者利益服务的愿景。

如果希望加强对董事会的问责,最好是通过修改执行规则而非修改规定董事义务内容的规则来实现。法院不愿意干涉组织的决策,这种不情愿不仅根深蒂固,而且从本书所提的理论来看,法院的做法也是合理的。然而,法院已表明,在不公平妨害诉讼中,他们准备审查董事的行为,前提是有不涉及入侵公司决策过程的补救措施。如果想要强化董事问责,可以为董事义务的执行设计一个模式,让主要个人股东有权要求违反义务的董事以消除董事不当行为之影响的价格将其买断。可以使用 5% 的标准门槛来确定对公司有主要投资并因此可以提出索赔的股东;还可以允许法院下令采取他们认为合适的补救措施。通过这种方式,法院可以克服其目前不愿意对诉讼决定进行实质性审查的问题,同时可以加强对董事的监督。

从本书角度来看,如果希望将非股东利益进一步纳入公司法,最好是通过将其利益纳入公司的决策过程来实现。

程序性干预不是万能的,可能会沦为形式主义,但它的优势在于能与以其社会结构为特征的组织行动相契合。

图书在版编目（CIP）数据

本体性视野下的公司法 /（英）伊娃·米歇尔著；韦子唯译. -- 北京：法律出版社，2025. -- ISBN 978-7-5197-9673-0

Ⅰ. D912.290.4

中国国家版本馆 CIP 数据核字第 2024YK3087 号

本体性视野下的公司法
BENTIXING SHIYE XIA DE GONGSIFA

[英]伊娃·米歇尔 著
韦子唯 译

策划编辑 田亚飞
责任编辑 田亚飞
装帧设计 鲍龙卉

出版发行 法律出版社
编辑统筹 法律出版社
责任校对 王语童
责任印制 胡晓雅
经　　销 新华书店

开本 710 毫米×1000 毫米　1/16
印张 21.25　**字数** 279 千
版本 2025 年 6 月第 1 版
印次 2025 年 6 月第 1 次印刷
印刷 唐山玺诚印务有限公司

地址：北京市丰台区莲花池西里 7 号（100073）
网址：www.lawpress.com.cn
投稿邮箱：info@lawpress.com.cn
举报盗版邮箱：jbwq@lawpress.com.cn
销售电话：010-83938349
客服电话：010-83938350
咨询电话：010-63939796

书号：ISBN 978-7-5197-9673-0　**定价**：86.00 元

凡购买本社图书，如有印装错误，我社负责退换。电话：010-83938349